海军新军事变革丛书

信息系统中的风险管理（第二版）

MANAGING RISK IN INFORMATION SYSTEMS, 2E

[美] Darril Gibson 著

徐一帆 吕建伟 史跃东 译
吴晓平 主审

电子工业出版社
Publishing House of Electronics Industry
北京·BEIJING

ORIGINAL ENGLISH LANGUAGE EDITION PUBLISHED by Jones & Bartlett Learning, LLC, 5 Wall Street, Burlington, MA 01803 USA
Managing Risk in Information Systems, 2e, ISBN:9781284055957, by Darril Gibson
Copyright©2015 JONES & BARTLETT LEARNING, LLC. ALL RIGHTS RESERVED

本书简体中文版专有翻译出版权由 JONES & BARTLETT LEARNING, LLC 公司授予电子工业出版社。未经许可，不得以任何手段和形式复制或抄袭本书内容。版权所有，侵权必究。

版权贸易合同登记号 图字：01-2016-0781

图书在版编目（CIP）数据

信息系统中的风险管理：第二版 /（美）达瑞尔·吉布森（Darril Gibson）著；徐一帆，吕建伟，史跃东译. —北京：电子工业出版社，2018.1
（海军新军事变革丛书）
书名原文：Managing Risk in Information Systems, 2e
ISBN 978-7-121-33197-8

Ⅰ. ①信⋯ Ⅱ. ①达⋯ ②徐⋯ ③吕⋯ ④史⋯ Ⅲ. ①信息系统－风险管理 Ⅳ. ①G202

中国版本图书馆 CIP 数据核字（2017）第 303182 号

责任编辑：张　毅
印　　刷：三河市鑫金马印装有限公司
装　　订：三河市鑫金马印装有限公司
出版发行：电子工业出版社
　　　　　北京市海淀区万寿路 173 信箱　邮编：100036
开　　本：720×1000　1/16　印张：29　字数：464 千字
版　　次：2018 年 1 月第 1 版
印　　次：2018 年 1 月第 1 次印刷
定　　价：105.00 元

凡所购买电子工业出版社图书有缺损问题，请向购买书店调换。若书店售缺，请与本社发行部联系。联系及邮购电话：（010）88254888，88258888。
质量投诉请发邮件至 zlts@phei.com.cn，盗版侵权举报请发邮件至 dbqq@phei.com.cn。
本书咨询联系方式：（010）57565890，meidipub@phei.com.cn。

海军新军事变革丛书

丛书总策划	魏 刚
编委会主任	马伟明
编委会副主任	李 安　王传臣　赵晓哲　邱志明
	何 友　何 琳　鲁 明　杨 波
	王航宇　李敬辉　曹跃云
常务副主任	贲可荣
编委会委员	（以姓氏笔画为序）
	王公宝　王永斌　王 东　王德石
	卢晓平　邢焕革　宋裕农　杜 奎
	吴旭升　张永祥　张立民　张明敏
	张晓晖　张晓锋　陈泽茂　杨露菁
	侯向阳　楼京俊　察 豪　蔡志明
	黎 放
选题指导	裴晓黎　邹时禧　徐 勇　许 斌
	吴雪峰
出版策划	卢 强　吴 源　张 毅

信息系统中的风险管理（第二版）

主审 吴晓平
主译 徐一帆　吕建伟　史跃东
翻译 谢宗仁　王广强　张国华

《海军新军事变革丛书》第二批总序

当今世界，国际战略格局正在发生深刻变化。传统安全和非传统安全威胁因素相互交织，霸权主义、强权政治有新的表现，恐怖主义、极端主义、民族分裂主义此起彼伏，和平与发展的车轮在坎坷的道路上艰难前行。

发端于20世纪70年代的世界新军事变革，从酝酿、产生到发展，经历了近四十年由量变到质变的过程。海湾战争、科索沃战争、阿富汗战争及伊拉克战争这几场高技术条件下局部战争确定了世界新军事变革的发展轨迹和基本走向，展现了未来信息化战争的主体框架。这场新军事变革就是一场由信息技术推动，以创新发展信息化的武器装备体系、军队编制体制和军事理论为主要内容的世界性军事变革。

世界军事变革大势促使军队改革步伐加快。世界范围的军事变革正在加速推进，这是人类军事史上具有划时代意义的深刻变革。美国凭借其超强的经济和科技实力，加快部队结构重组和理论创新，大力研发信息化武器装备，积极构建数字化战场与数字化部队。目前正大力深化军事转型建设，通过发展航空航天作战力量等40多项措施，进一步提高军队信息化程度和一体化联合作战能力。俄军也以压缩规模、优化结构、组建航天军、争夺制天权等为重点，全面推行军事改革，着力恢复其强国强军地位。英、法、德等欧洲国家和日、印等亚洲大国，则分别推出军队现代化纲领，努力发展最先进的军事科技，谋求建立独立自主的信息化防务力量。

世界新军事变革的发展趋势是：在人才素质方面，加速由简单操作型向复合知识型转化；在军事技术方面，加速由军事工程革命向军事信息革命转化；在武器装备方面，加速由机械化装备向信息化装备过渡；在战争形态方面，加速由机械化战争向信息化战争转变；在作战理论方面，正在酝酿着全方位突破；在军事组织体制方面，正朝着小型化、一体化、多能化的方向发展。此外，诸如战争本质、军事文化、军事法规等方面都在悄然发生变化。

胡锦涛同志指出："我们要加强对世界新军事变革的研究，把握趋势、揭示规律，采取措施、积极应对，不断加强国防和军队现代化建设，为全面建设小康社会、加快推进社会主义现代化提供可靠的安全保障。"今天的人民海军正承担着完成机械化和信息化建设的双重历史任务，时不我待，形势逼人，必须顺应潮流，乘势而上，积极推进中国特色军事变革，努力实现国防和军队现代化建设跨越式发展。

信息时代的人民海军，责无旁贷地肩负着国家利益拓展、保卫领土完整的历史重任，我们只有以大胆创新和求真务实的精神全面推进军事技术、武器装备、作战理论、体制编制、人才培养等方面的变革，才能赶上时代的步伐，逐步缩小与西方强国之间的差距，最终完成信息化军队建设的重大任务，打赢未来的信息化战争。

根据海军现代化建设的实际需求，二〇〇四年九月以来，海军装备部与海军工程大学以高度的政治责任感和思想敏锐性，组织部分学术造诣深、研究水平高的专家学者，翻译出版了《海军新军事变革丛书》。丛书着重介绍和阐释世界新军事变革的"新"和"变"。力求讲清世界新军事变革进入质变阶段后的新变化、新情况，讲清信息化战争与机械化战争、信息化军队建设与机械化军队建设在各个领域的区别和发展。其中，二〇〇四年至今陆续出版的第一批丛书，集中介绍了信息技术及其应用，出版以来深受读者好评。为更好地满足读者的需求，丛书编委会编译出版了第二批系列丛书。与第一批丛书相比，更加关注武器装备、军事思想、战争形态、军队建设编制等全局性问题，更加关注大型水面舰艇、新型潜艇、作战飞机、远射程导弹等新一代武器装备,是第一批系列丛书的发展深化。

丛书编委会和参加编写的同志投入了很大精力,付出了辛勤劳动,取得了很好的成果。相信第二批丛书为深入学习领会军委国防和军队建设思想、了解和研究世界新军事变革提供有益的辅助材料和参考读物,在加速推进中国特色军事变革的伟大实践中发挥应有的作用。

中央军委委员
海军司令员
二〇〇九年七月十五日

序　言

本书的目的

本书是 Jones & Bartlett Learning 出版社信息系统安全与保障丛书中的一部。该丛书为信息技术安全、网络安全、信息保障、信息系统安全相关课程而设，是对这些关键领域的最新思考和趋势，并对这些领域秉承持续而广泛的关注。丛书标题体现了与现实应用及案例密切相关的信息安全基本准则。该丛书由多位注册信息系统安全专家（CISSP）担任作者，介绍了信息安全的全方位信息，并由信息安全领域领先的技术专家逐一审稿。本丛书不仅立足当前，而且具有前瞻性思考，引导读者应对当今及未来的网络安全挑战。

本书为信息系统中的风险管理提供了一个广泛而综合的视角，既涵盖了风险和风险管理的基本原理，又包括了更为广泛的风险管理问题细节。本书主要包括以下三个部分。

第一部分是风险管理业务的挑战，主要介绍当今管理业务的相关问题，涵盖风险、威胁及漏洞的细节，有助于读者理解组织机构中风险管理的重要性，并包含了许多管理风险的相关技术。这部分内容还详细介绍了当前在组织机构中彼此密切相关的诸多法规，并用一章的篇幅论述了风险管理计划的相关内容。

第二部分是风险缓解，重点是介绍关于风险评估的内容，主要介绍了各种不同的风险评估方法及其实施步骤，涵盖了资产识别、潜在威胁与漏洞识别的重要性。这部分内容用一章的篇幅介绍了用于风险缓解的各类控制措施，并在其他章节中介绍了如何制定组织机构的风险缓解计划，以及如何将风险评估转化为风险缓解计划。

第三部分是风险缓解计划，涵盖风险缓解计划的诸多要素，包括业务影响分析及业务持续性计划。这部分内容的最后两章具体介绍了灾难恢复及计算机事件响应小组计划的相关内容。

本书的阅读方法

本书表达风格实用通俗，通过文字描述将信息安全概念和程序的相关案例清晰地呈现给读者。文中图表既能清晰简洁地表达内容，又丰富了内容的展现形式。每章小结为读者提供了内容要点，有助于读者了解相关概念的重要性。

适用本书的读者范围

本书适用于计算机科学、信息科学专业本科生和研究生，两年制技术学院或社区大学拥有相关技术基础背景知识的学生，以及了解信息技术安全基础并希望扩展相关知识的读者。

译 者 序

随着信息系统广泛而深刻地进入和改变人们的生活，信息安全已不再仅仅是大学课堂或科幻电影所讨论和演绎的话题。在刚刚过去的不平凡的2016年，以黑客攻击为代表的信息系统安全威胁挑战国际组织、搅动社会舆论，目标甚至指向超级大国的总统大选。2016年12月美国一家安全公司 Recorded Future 宣称，负责测试和认证投票系统的美国选举援助委员会（EAC）遭到了黑客攻击。2016年12月16日美国联邦调查局和中央情报局根据调查报告认为，俄罗斯黑客入侵了民主党个人邮箱、曝光众多邮件，干扰了美国大选的民意走向。时代周刊甚至将2016年称为"黑客之年"。

信息系统所面临的风险和挑战业已成为任何国家、组织和个人都无法回避的重大问题。在国防领域，国防信息化建设是以信息技术为基础，对国防建设各方面进行信息化改造，实现军事指挥和控制的自动化，以提高军队战斗力。军事领域中军用信息系统作为军方搜集、分析、处理信息的平台，是现代战争指挥、通信、后勤保障等诸多决定战争胜负关键因素的依靠和保证。然而，军事组织的信息化程度与其所面临的风险成正比。在国防信息化建设过程中，以计算机网络为基础的信息系统的广泛建设和应用，使得军事信息面临着越来越严重的威胁。风险管理是信息安全的基础工作和核心任务之一。当军事训练、指挥决策、后勤保障、情报传输等基本军事活动越来越依赖于计算机网络时，军事信息系统面临的安全风险益发凸显。面对日益增长的信息系统安全需求，开展军事信息安全风险管理十分必要。如何分析和构建安全的军用信息系统，如何科学地加强风险管理至关重要。信息系统安全伴随信息系统的全寿命周期，科学有效地管理信息系统安全涉及的风险问题，具有重大的战略意义和军事效益。

本书是美国 Jones & Bartlett Learning 出版社关于信息系统安全与保障系列丛书的一部，是针对信息技术安全、网络安全、信息安全保障等背景的专著。本书从综合、系统的视角，探讨信息系统中的风险管理问题，既包含了风险和风险管理的基本原理，又深入到风险管理中各项子问题的细节，主要内容包括以下三部分。

1. 信息系统风险管理面临的挑战：涵盖风险、危害、系统漏洞的本质和细节、风险管理的技术方法、当前所涉及的法律、法规和标准、风险管理计划等内容。

2. 信息系统风险管理的风险缓解：涵盖各类风险评估方法、信息系统风险评估的完整流程、对信息系统涉及的各类资源及可能所受潜在威胁的辨识方法、信息系统风险缓解的控制类型、在组织机构中信息系统风险缓解要素的认定，以及风险评估成果向风险管理计划的转化问题。

3. 信息系统风险管理的风险缓解计划：涵盖业务影响分析、业务持续性计划等风险缓解计划中的关键要素，对信息系统灾难恢复及应急事件响应等问题亦做了翔实的探讨。

由于本书论述风格和内容组织方式与中国读者的习惯存在一定差异，下面对相关历史沿革、主要方法及相关标准体系作简要介绍，以方便读者在阅读本书之前对信息系统安全及风险管理有一个概貌性的了解。

一、信息系统风险管理的发展历史

风险管理是信息安全的基础工作和核心任务之一。20 世纪 60 年代风险管理理论应用于信息系统及信息安全领域。到目前大致经历了三个发展阶段。

1. 信息系统风险管理理论及实践的初期阶段（20 世纪 60—80 年代）

20 世纪 60 年代，随着资源共享计算机系统和早期计算机网络的出现，计算机安全问题初步显现。1967 年美国国防部委托兰德公司等多家研究机构进行了为期 3 年的第一次大规模计算机安全风险评估，出版的《计算机安全控制》奠定了国际安全风险评估的理论基础。在此基础上，美国率先推出了首批关于信息安全风险管理及相关的安全评测标准，其中包括美国国家标准局制定的自动数据处理系统物理安全和风险管理指南及风险分析指南，还包括美国国防部国家安全局制定的 40 余项计算机系统安全评估系列标准（由于采用不同颜色的出版物封皮，俗称"彩虹系列"）。

2. 信息系统风险管理理论及实践的发展和逐步成熟阶段（20 世纪 80 年代末—90 年代末）

美国于 1989 年率先建立了计算机应急组织，1990 年建立信息安全事件应急国际论坛，1992 年国防部建立了漏洞分析与评估计划，1995 年国防部提出了"防护—监测—反应"（PDR）的信息安全动态模型，1997 年国防部发布了《信息技术安全认证和批准程序》（DITSCAP），成为美国涉密信息系统安全评估和风险管理的重要标准和依据。同期，其他国家也开始制定本国的信息安全测评标准。其中代表性的有：1993 年欧美 6 个国家启动建立共同测评标准（即后来的 CC 标准，被国际标准化组织采纳为国际标准 ISO 15408），以及英国研发的基于风险管理的 BS 7799 信息安全管理标准等。

3. 信息系统风险管理理论及实践的全球化运用阶段（20 世纪 90 年代末至今）

随着互联网、移动通信和国际跨国光缆的高速发展，信息安全成为世界各国面临的共同挑战。美国于 2002 年通过了联邦信息安全管理法案（FISMA），法案规定美国国家标准和技术委员会（NIST）负责为美国政府和商业机构提供信息安全管理相关的标准规范。该委员会发布的 NIST SP 800 系列已出版 90 余份同信息安全相关的正式文件，形成了从计划、风险管理、安全意识培训与教育及安全控制措施的一整套信息安全管理体系。2005 年，国际标准化组织（ISO）和国际电工委员会（IEC）将 2000 年发布的 BS 7799 改版为 ISO/IEC 27000 系列，形成了以信息安全管理体系为核心的、涵盖信息安全管理体系要求、风险管理、度量与测量及实施指南的信息安全管理体系，成为世界范围内被广泛接受和使用的国际认证体系。

我国也于 1999 年参照美国《可信计算机系统安全评估准则》（TCSEC），

制定和发布了《计算机信息系统安全保护等级划分标准》(GB 17859)，并于 2006 年发布了《信息安全风险评估指南》，成为我国信息安全领域的里程碑。2015 年新颁布的《国家安全法》首次以法律形式提出"维护国家网络空间主权"，并在刑法修正案（九）中明确了网络服务提供者履行信息网络安全管理的义务，加大了对信息网络犯罪的刑罚力度，进一步加强了对公民个人信息的保护。

二、风险管理的主要内容和方法

风险管理的主要内容包括风险识别、风险分析、风险决策、风险控制等。

1. 风险识别

风险识别是风险管理的前提和基础，风险管理是风险识别的目的和归宿。风险识别包括确定风险来源、产生条件、确定哪些风险可能对系统构成影响。常用的风险识别方法包括头脑风暴法、情景分析法、Delphi 法、SWOT 分析、敏感性分析、问卷调查、现场勘查等。

2. 风险分析

风险分析是通过对不确定性和风险要素全面系统地分析风险发生概率及对系统的影响程度，目标是确定风险的优先级排序，弄清风险事件之间的因果关系，确定哪些事件需要制定应对措施，并有助于找到最有价值的应对措施。风险分析常用的方法包括关键路径法、PERT 法、故障树分析法、故障模式影响及危害性分析（FMECA）、事件树分析法、层次分析法（AHP）、综合分析法等。

3. 风险决策

风险决策是根据风险分析结果，制定相应对策，降低、转移、规避、分担或接受风险。这个过程包括选择合适的风险控制方式（规避、转移、降低等），确定适当的控制措施并评估剩余风险。在对策效果确认的基础上形成风险处置计划，制定风险管理策略和技术执行手段。风险决策常用的方法包括对措施的费用效益分析（CBA），以及对本领域实施措施后剩余风险与可接受程度的度量。

4. 风险控制

风险控制是对风险的监视、管控和审查。首先是要监视和控制风险管理过程，保证过程的有效性；其次是要对成本效益进行分析与平衡，保证成本的有效性；最后是要跟踪受保护系统自身及所处环境的变化，保证结果的有效性。通过对风险的监视、管控和审查，可以及时发现各种问题，及时进行控制和纠正，保证风险管理的持续更新和改进。

虽然风险分析与管理的相关理论和技术已经十分成熟，信息系统风险分析与管理方法与其他领域中的应用十分相似，可以类比使用，但在信息系统领域的确存在一些使问题更为复杂化的特征。一般来说，认定信息安全事故并非易事，其中包含很多因素，包括不断涌现的新技术和新威胁、难以预估的蓄意行为、缺乏足够的统计数据等。如今，技术的不断发展与威胁的快速变化已成为信息系统的重要特征。因此，历史数据可能没有太多价值。另外，阻挡恶意攻击的防护措施、攻击者的动机和手段对攻击成功性影响很大，攻击往往很难预测。这些挑战与信息系统的本质不无关系，同时也反映出信息系统还远未达到人们所想象的那样成熟，信息系统风险管理从理论技术到应用实践都还有很长的路要走。

三、信息系统安全管理及风险评估标准

世界上很多国家都制定了信息安全管理及风险评估的相关标准，而本书内容主要涉及美国行业标准和相关法规。因此，下面就国内外的代表性标准作简要介绍。

1. 信息系统安全管理标准

BS 7799：BS 7799是国际公认的信息安全管理的权威标准。它主要包括两个部分，BS 7799-1：1999《信息安全管理细则》和 BS 7799-2：2002《信息安全管理体系规范》。BS 7799-1（即 ISO/IEC 1799：2000）主要为组织机构建立并实施信息安全管理体系提供指导性准则和建议，涵盖管理要项、管理目标、控制措施及控制要点。BS 7799-2 详细说明了建立、实施

和维护信息安全管理体系的要求,并提供了建立信息安全管理体系的具体实施步骤。

ISO/IEC 13335:ISO/IEC 13335《信息技术/信息技术安全管理指南》是一个关于信息技术安全管理的指南,该标准的主要目的是提供有效实施信息技术安全管理的建议和指南,涵盖信息技术安全概念与模型、管理与计划、管理技术、防护措施的选择、网络安全管理指南等。该标准提出了以风险为核心的安全模型,阐述了信息安全评估的思路,对信息安全评估工作具有指导意义。

ISO/IEC 27001:2005:ISO/IEC 27001:2005《信息技术/安全技术/信息安全管理体系要求》是有关信息安全管理的国际标准,源于 BS 7799 标准。该标准可用于组织机构的信息安全管理体系的建立和实施,保障组织机构的信息安全,采用 PDCA(Plan-Do-Check-Action)过程方法,基于风险评估的风险管理理念,全面系统地持续改进组织机构的安全管理。

CC 标准:CC(Common Criteria)标准是目前国际上最为通行的信息技术产品与系统安全性评估准则,也是信息技术安全性评估结果国际互认的基础。CC 标准是多项标准的综合,与 ISO/IEC 15408 信息技术安全性评估准则、GB/T 18336 信息技术安全技术/信息技术安全评估准则符合同一标准。CC 标准定义了一套能满足各种需求的信息技术安全准则,将评估过程分为功能和保障两个部分。一方面可以支持产品中安全特征的技术性要求评估,另一方面描述了用户对安全性的技术需求。不过,CC 标准没有包括物理安全、行政管理措施、密码机制等方面的评估,且未能体现动态的安全要求。因此,CC 标准主要还是一套技术性标准。

GB/T 19715、GB/T 19716-2005:这两项标准均为信息安全管理领域的中国国家标准。GB/T 19715《信息技术/信息技术安全管理指南》与 ISO/IEC 13335 相似,亦涵盖信息技术安全概念与模型、管理与计划、管理技术、防护措施的选择、网络安全管理指南等,提供了关于信息技术安全管理的一般性指南。GB/T 19716-2005《信息技术/信息安全管理实用规则》以 ISO/IEC 1799:2000(即前面介绍的 BS 7799-1)为基础,对十大管理要项的符合性进行了相应修改。

2. 信息安全风险评估标准

除了上述介绍的信息系统安全管理标准之外，国内外信息安全风险评估标准主要有国际的 OCTAVE、SSE-CMM、GAO/AIMD-99-139，以及国内的 GB/T 20984-2007。

OCTAVE：OCTAVE（可操作的关键威胁、资产及漏洞评估）是美国卡耐基梅隆大学软件工程研究所下属 CERT 协调中心开发的一种信息安全风险自评估方法，提供了一种信息安全风险评估规范，是从组织的角度开发的一种信息安全保护方法。OCTAVE 强调自主评估和全员参与原则，使组织机构能够厘清复杂的组织问题和技术问题。

SSE-CMM：SSE-CMM 是系统安全工程能力成熟度模型的缩写，是 CMM（能力成熟度模型）在系统安全工程领域的应用，适用于所有从事某种形式安全工程的组织，是组织和实施安全工程的通用方法。SSE-CMM 将信息系统安全工程划分为风险评估、工程实施和可信度评估 3 个相互联系的部分及 11 项关键过程，建立了横轴为 11 项系统安全工程的过程域、纵轴为 5 个能力成熟度等级的二维架构。

GAO/AIMD-99-139：GAO/AIMD-99-139《信息安全风险评估指南——向先进公司学习》是由美国审计总署（GAO）发布的对 GAO/AIMD-98-68《信息安全管理指南——向先进公司学习》的支持性文件。GAO/AIMD-99-139 有针对性地对风险评估过程进行了分析和阐述，介绍了代表性组织机构的风险评估案例，为开展类似企业风险评估工作过程提供了参考标准。

GB/T 20984-2007：GB/T 20984-2007《信息安全技术/信息安全风险评估规范》是中国在信息安全风险评估领域颁布的国家标准，涵盖风险评估框架与流程、风险评估的实施、信息系统全寿命周期各阶段的风险评估要求、风险评估的工作方式及计算方法和评估工具等内容。

四、本书的特色和使用

本书是信息系统、风险管理、信息安全等多学科领域的交叉融合之作，具有其独到的特色。一是多学科融合特色突出，将信息系统管理中涉及的风险管理、信息安全问题有机结合起来，加以探讨。二是强调实用性，指导性强，由于本书作者 Darril Gibson 兼具业内专家和企业家的身份，内容结合作者所经历的丰富业内经验，与信息系统管理实践联系紧密。三是采用工业标准化视角，综合分析典型信息系统平台中涉及的风险评估、应急响应和灾难恢复等问题。四是内容简明务实，结构安排合理，条分缕析，可读性、易用性较好。

本书内容与当前企业级信息系统安全和风险管理问题切合紧密，包含了理论背景、行业标准和应用实践等方面的丰富内容，反映了信息技术发达国家对信息系统中风险管理问题的成熟方案和全面思考，对我国国防建设中信息系统安全体系的科学化、标准化、军民融合式发展等问题具有积极的借鉴意义。

本书可以作为信息安全、计算机科学与技术、管理科学与工程、信息系统管理、电子商务等专业本科和研究生教学使用，也可作为信息系统建设与管理的工程技术人员、监管人员及管理者的参考用书。

作为《海军新军事变革丛书》的其中一部，本书得到国家自然科学基金（71401171）、军队院校"2110工程"建设项目（4142D4557）的资助，由徐一帆、吕建伟、史跃东译，吴晓平主审。其中，徐一帆负责译者序、第2、3、4、5、15章、附录及全书统稿校对；吕建伟负责第1、6、7、8、9、10章；史跃东负责第11、12、13、14章。谢宗仁、王广强、张国华协助译者进行了本书初稿的翻译，王广强、廉振宇、王静协助译者参与校对、排版等工作，对他们的辛勤工作表示衷心感谢。在本书翻译过程中，还得到海军工程大学电子工程学院计算机系贲可荣教授的悉心指导和帮助，何智勇老师第一时间为译者提供本书的电子版本，在此一并表示感谢。

囿于译者水平和经验，译文中错漏不当之处敬请广大读者批评指正。

目 录

第一部分 风险管理业务的挑战

第1章 风险管理基础 ·· 1
1.1 什么是风险 ·· 1
1.2 信息技术基础设施风险的主要组成 ·· 5
1.3 风险管理及其对组织机构的影响 ·· 13
1.4 风险识别技术 ·· 18
1.5 风险管理技术 ·· 23
本章小结 ·· 27

第2章 风险管理：威胁、漏洞及攻击 ·· 29
2.1 对威胁的认识与管理 ·· 29
2.2 对漏洞的认识与管理 ·· 35
2.3 对漏洞攻击的认识与管理 ·· 41
2.4 美国联邦政府的信息系统风险管理实践 ·· 48
本章小结 ·· 54

第3章 合规性的依据 ·· 55
3.1 美国合规性法规 ·· 55
3.2 合规性的管理机构 ·· 62
3.3 合规性的组织机构政策 ·· 66
3.4 合规性的标准与指南 ·· 67
本章小结 ·· 81

第 4 章 风险管理计划的制定 ·· 82
- 4.1 风险管理计划的目标 ·· 82
- 4.2 风险管理计划的范围 ·· 85
- 4.3 风险管理计划中的职责分配 ·· 88
- 4.4 风险管理计划中系统实现步骤与进度的描述 ························ 92
- 4.5 需求报告 ··· 94
- 4.6 行动和里程碑计划 ·· 100
- 4.7 风险管理计划进展的图形表达 ··· 103
- 本章小结 ·· 106

第二部分 风险缓解

第 5 章 风险评估方法的概念 ·· 107
- 5.1 对风险评估的认识 ·· 107
- 5.2 风险评估的关键步骤 ·· 110
- 5.3 风险评估的类型 ··· 112
- 5.4 风险评估的挑战 ··· 124
- 5.5 风险评估的最佳做法 ·· 130
- 本章小结 ·· 131

第 6 章 风险评估的实施 ··· 132
- 6.1 风险评估方法的选择 ·· 132
- 6.2 管理结构的辨识 ··· 136
- 6.3 风险评估范围内资产与活动的辨识 ··································· 137
- 6.4 关联威胁的辨识与评估 ··· 142
- 6.5 关联漏洞的辨识与评估 ··· 144
- 6.6 应对措施的辨识与评估 ··· 146
- 6.7 基于评估需求的方法选择 ·· 150
- 6.8 制定风险缓解建议 ·· 153
- 6.9 提交风险评估结果 ·· 156

6.10 实施风险评估的最佳做法......156
本章小结......157

第 7 章 受保护资源及活动的辨识......158
7.1 系统访问及可用性......158
7.2 系统的人工和自动功能......161
7.3 硬件资产......163
7.4 软件资产......164
7.5 人力资源......166
7.6 数据及信息资源......167
7.7 典型信息技术基础设施七个领域的资产和库存管理......173
7.8 维持运营所需设施及供应的辨识......178
本章小结......184

第 8 章 威胁、脆弱性及漏洞的辨识与分析......185
8.1 威胁评估......185
8.2 脆弱性评估......193
8.3 漏洞评估......205
本章小结......212

第 9 章 风险缓解安全控制的辨识与分析......213
9.1 现场控制......213
9.2 计划控制......214
9.3 控制类别......214
9.4 程序控制范例......218
9.5 技术控制范例......226
9.6 物理控制范例......234
9.7 风险缓解安全控制的最佳做法......238
本章小结......239

第 10 章 组织机构中的风险缓解计划......240
10.1 组织机构中风险缓解的起点......240

10.2　组织机构中风险管理的范围…………………………………241
　　10.3　合法性及合规性问题对组织机构影响的认识和评估…………252
　　10.4　合法性及合规性意义的诠释…………………………………261
　　10.5　典型信息技术基础构架七个领域合法性及合规性意义
　　　　　的影响评估……………………………………………………261
　　10.6　安防措施对风险缓解助益的评估……………………………263
　　10.7　对合法性及合规性需求操作意义的认识……………………263
　　10.8　组织机构中风险缓解及风险降低的要素辨识………………264
　　10.9　费用效益分析的实施…………………………………………265
　　10.10　组织机构中风险缓解计划的最佳做法………………………267
　　本章小结………………………………………………………………267
第 11 章　风险评估向风险缓解计划的转化………………………………268
　　11.1　对信息技术基础设施风险评估的审查………………………268
　　11.2　风险评估转化为风险缓解计划的实施过程…………………274
　　11.3　应需缓解的风险要素排序……………………………………283
　　11.4　风险要素及其缓解方法的确认………………………………286
　　11.5　已辨识风险要素的费用效益分析……………………………287
　　11.6　风险缓解计划的实施…………………………………………289
　　11.7　风险缓解计划的跟进…………………………………………293
　　11.8　风险评估向风险缓解计划转化的最佳做法…………………295
　　本章小结………………………………………………………………296

第三部分　风险缓解计划

第 12 章　基于业务影响分析的风险缓解…………………………………297
　　12.1　什么是业务影响分析…………………………………………297
　　12.2　业务影响分析的范围…………………………………………300
　　12.3　业务影响分析的目标…………………………………………302
　　12.4　业务影响分析的步骤…………………………………………312

12.5 确定任务关键型业务功能和流程 ·· 318
12.6 从业务功能及流程到信息技术系统的映射 ······························ 319
12.7 业务影响分析的最佳做法 ··· 320
本章小结 ·· 321

第 13 章 基于业务持续性计划的风险缓解 ·· 322
13.1 什么是业务持续性计划 ·· 322
13.2 业务持续性计划的要素 ·· 324
13.3 业务持续性计划如何缓解组织机构的风险 ······························ 348
13.4 灾难恢复计划的最佳做法 ··· 349
本章小结 ·· 349

第 14 章 基于灾难恢复计划的风险缓解 ·· 351
14.1 什么是灾难恢复计划 ··· 351
14.2 关键成功因素 ·· 354
14.3 灾难恢复计划的要素 ··· 365
14.4 灾难恢复计划如何缓解组织机构的风险 ································· 377
14.5 灾难恢复计划的最佳做法 ··· 378
本章小结 ·· 379

第 15 章 基于计算机事件响应小组计划的风险缓解 ··························· 381
15.1 什么是计算机事件响应小组计划 ··· 381
15.2 计算机事件响应小组计划的目的 ··· 383
15.3 计算机事件响应小组计划的要素 ··· 385
15.4 计算机事件响应小组计划如何缓解组织机构的风险 ·················· 407
15.5 实施计算机事件响应小组计划的最佳做法 ····························· 407
本章小结 ·· 408

附录 A 缩写词 ··· 409

附录 B 关键术语 ··· 418

参考文献 ··· 437

第一部分 风险管理业务的挑战

第 1 章 风险管理基础

风险管理对于每个成功的企业都非常重要——一个没有处理过风险相关问题的企业不可能兴盛。换句话说，对于一个忽视了风险的企业，只要有一个威胁被人利用，就可能遭遇失败。现在，信息技术系统可以给许多企业带来成功，但是如果不能恰当地管理信息技术风险，它也会使你的企业遭受失败。

有效的风险管理源于对威胁和漏洞的深入理解，你可以通过找出降低风险的方法来理解这一点。你可以通过减少漏洞或减小风险的影响来降低风险。可以制定不同的降低风险计划用于企业的不同部门，在一个公司里也可以实施若干不同的风险管理计划。

本章可以帮助你建立关于信息系统安全的风险管理的坚实基础。接下来的段落可以概括本章乃至全书的内容。也许你不会成为本领域的专家，但当你学到的越多就越有望成为解决这些问题的专家。

1.1 什么是风险

风险是损失发生的可能性。当漏洞暴露在威胁之下，就会招致损失。任何规模的组织机构都会面临风险：有些风险会非常严峻，可能导致业务的失败；而对于其他较小的风险，可以不加考虑地接受。组织机构可使用风险管理技术将严峻的风险和较小的风险加以识别和区分。只要处理得当，管理者面对任何风险都可以做出明智决策，最终结果可能是做出关于风险规避、分担和转移、风险降低或者接受风险等方面的决策。

这些定义的主题包括威胁、漏洞和损失。尽管通用知识体系（CBK）——没有专门提到损失，而只是隐含了其内容。下面则是对这些术语的简要定义。

威胁——威胁是可能带来危险的任何行动。

漏洞——漏洞是易受攻击的弱点。

损失——损失会导致对业务功能或资产的损害。

对于商业活动而言，风险会带来具有负面影响的损失。商业活动通常也会尽量避免暴露于风险之中。总的目的是减少风险发生后所带来的损失。对于商业活动，与风险相关的问题包括：

- 对业务功能的损害。
- 对商业资产的损害。
- 业务成本的驱动力。
- 收益率和生存能力。

1.1.1　对业务功能的损害

业务功能是指产品销售或提供服务的各种活动，如果其中任何一项功能受到了不利的影响，活动就不能正常开展，收益便会减少，从而导致全局的损失。

以下是一些业务功能和潜在损害的例子：

- 销售人员通常打电话或给客户发邮件，如果电话或邮件功能受损，销售就会减少。
- 网站在互联网上销售产品，如果受到攻击或失效，销售就会受到损失。
- 作者撰写的论文必须在截稿期之前提交才能正常出版，如果作者的计算机被病毒感染，截止期一过，论文的价值就会降低。
- 分析者完成报告用于管理者做决策之用，其中的数据是从内部服务器和网络上搜集的。如果网络连接失效，致使分析者无法访问当前数据，管理者就可能依据不准确的数据做出决策。

- 某个仓库软件可用于将客户所订购的产品发货，它可以识别哪些产品已订购，产品要送到哪里去，产品在仓库的什么位置。如果软件失效了，产品就难以及时发货。

因为任何对这些业务功能的损害都会导致效益的减少，它们都是风险。考虑风险的任务之一，就是识别业务的重要功能。

任何商业活动的重要性都是和业务联系在一起的。换句话说，对于某家企业，如果它的所有产品和服务都是通过网站进行的，那么网站的失效就是灾难性的。而对于另一家拥有网站的企业，其网站若只是给潜在客户提供信息服务，那么网站失效的影响就较小。

1.1.2 对业务资产的损害

业务资产是任何一种对企业有可度量价值的东西。如果一项资产有潜在失去价值的可能性，那么它就正处于风险之中。价值可以定义为一项资产对于业务活动的价格多少。价值经常以货币的形式表达，如值 5000 美元。

资产可具有有形的或无形的价值：有形的价值是可以用实际的价格度量的；而无形的价值则难以用价格度量，如客户的信任。在一般公认的会计准则（GAAP）中就将客户信任归结为商业信誉。

假设企业通过一个网站销售产品，网站每小时可获利 5000 美元。现在如果网站服务器失效了 2 小时，其修理总费用为 1000 美元，那么有形损失一共是多少呢？

- 损失利润——5000 美元×2 小时=10000 美元。
- 修理费用——1000 美元。
- 总的有形损失——11000 美元。

无形的损失不那么容易计算，不过也很重要。想象一下有几个顾客在网站失效时要来购货，如果同样的产品在别的商家也能买到，他们就可能会向那些商家购买了。这样损失的利润就会转化为有形的价值。

不过，这种事对于其他企业而言则是好事。这些顾客下次采购这些产品时会去哪儿？很可能其他企业得到了一些新客户，而你却失去了。因此，这些无形的损失包括：

- **未来的利润损失**——顾客对其他企业产品或服务的额外购买都是本企业的损失。
- **赢得顾客的成本**——大量的费用都花在吸引顾客上，销售给老顾客比吸引一个新顾客要容易得多。如果损失了一个顾客，也就损失了这些投资。
- **顾客之间的影响**——顾客有朋友、家庭和业务伙伴，他们通常与这些人共享经验。当这些经验特别正面或负面时，这一现象尤其突出。

某些有形资产的例子如下：

- **计算机系统**——服务器、台式机和笔记本电脑都是有形资产。
- **网络部件**——路由器、交换机、防火墙，以及任何维持网络运转的其他部件都是有形资产。
- **应用软件**——任何能安装在计算机上的应用软件都应看作有形资产。
- **数据**——包括对于许多商业活动不可或缺的大规模数据库，其中包含雇员和顾客所使用和处理的数据。

风险管理的早期步骤之一就是将企业资产和与之对应的费用联系起来，这些数据可用于将不同资产的风险进行排序。一旦风险确定了优先级排序，就能容易地判断出为了保护资产应当优先采取哪些风险管理步骤。

1.1.3 业务费用的驱动力

风险也是业务开支的驱动因素之一。一旦风险被识别出来，就必须采取行动去降低或管理风险。风险通常是由采取对策或控制手段的形式来进行管理的，因此管理风险的费用也应当计入总的业务开支中去。

如果在风险管理上花费过多的金钱，那么总利润就会减少。但是如果在风险控制方面所投入的钱太少，也会由于忽视了那些可避免的威胁和漏洞而造成损失。

1.1.4 收益率和生存能力

对于风险，**收益率**和**生存能力**都必须考虑到：

- **收益率**——企业获取收益的能力。收益率是以收入减去开支来计算的。

- **生存能力**——企业从风险造成的损失中得以幸存的能力。某些损失是灾难性的，如火灾会导致企业倒闭。

从收益率来看，损失会对企业业务造成不利影响。对于生存能力而言，损失则会导致企业从此不能获利。风险管理所带来的开支并不能直接增强获利能力；相反，这些开支能够确保企业持续运转，即便它有时甚至会造成不利的影响。

当考虑收益率和生存能力时，应当考虑下列问题：
- **现金支出成本**——为减少风险从现有资金里产生的开支。
- **损失的机会成本**——用在减少风险上的费用就不能用于其他目的，这可能失去将资金用于其他地方所能创造的机会价值。
- **未来成本**——某些措施需要持续不断的投入。这些费用包括更新硬件或软件，未来的费用还包括为了采取措施所产生的雇佣成本。
- **客户和利益相关者的信任**——客户和利益相关者的信任价值也十分重要。如果风险得不到重视，当威胁利用了某个漏洞时，客户和利益相关者可能会失去信任感，从而招致企业的重大损失。

对于杀毒软件而言，在计算机上安装杀毒软件对任何机构都是一笔巨大的开支，所花费的每一块钱都会减少总利润，而且对于使用方，杀毒软件不具有获利的潜力。

然而，其他选择又是什么呢？如果不安装杀毒软件，任何一个系统都会有风险。如果系统被感染了，病毒就会释放蠕虫，并且感染整个网络、破坏数据库，服务器上的数据会被删除。邮件服务器也可能崩溃，整个业务就会陷入停滞。如果这种现象频繁出现，或出现的时间过长，经营就会失败。

1.2 信息技术基础设施风险的主要组成

当开始探讨风险和风险管理时，你会认识到这里面有大量的问题需要考虑。所幸这里有几种方法和技术可以将这个主题分解为较小的部分：

方法之一是逐个研究典型信息技术基础设施的七个领域。可在每个域的范围内分别研究所面临的风险。当考虑某个域的风险时，会看到具体的威胁、漏洞和影响，下面内容将探讨这些问题。

1.2.1 典型信息技术基础设施的七个领域

不同的信息技术组织机构之间有很多相似性。例如，任何一个信息技术组织机构都有用户和计算机。典型信息技术基础构架都有七个不同的领域。

图 1-1 给出了典型信息技术基础设施的七个领域，当阅读对这些领域的描述时可以参考该图。

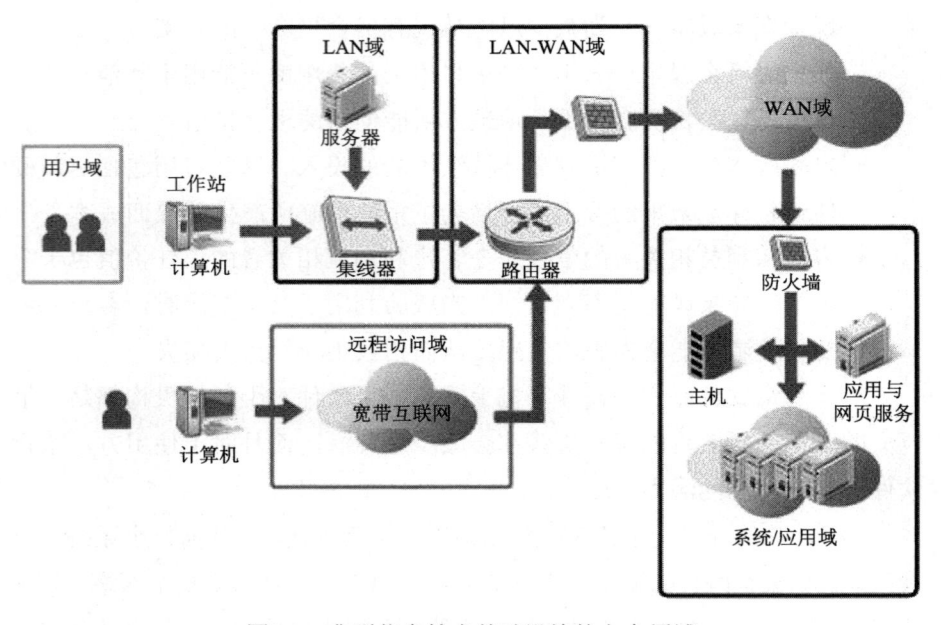

图1-1　典型信息技术基础设施的七个领域

对于风险管理问题而言，可以分别研究每个域。每个域都是一类攻击者可能针对的目标。有的攻击者具有欺骗用户的技术和能力，他们就专注于用户域。其他攻击者可能是某个专门应用方面的专家，他们则专注于相应的系统或应用域。

攻击者只须在某个域中具有利用漏洞的能力即可。然而，一项业务必须在每一个域中具备应有的防护能力。因此，只要任何一个域中存在弱点，即便其他六个域中没有任何漏洞，仍有可能被攻击者所利用。

1.2.2 用户域

用户域与各类人员有关，他们可能是用户、雇员、承包商或者顾问。人们通常所说的，一个链条的强度只取决于它最薄弱的环节，这句话对于信息技术安全也适用，而人通常是信息技术安全中最薄弱的环节。

你也许会有最强的技术和物理安全保证，但如果人员不理解安全的价值，就可能忽视安全问题。例如，为了技术上的安全可以使用强大、复杂而难以破解的口令，但是一个社会工程师[①]（social engineer）可能会诱骗某个雇员泄露这个口令。此外，用户也可能将这个密码记录在便条上，而且简单地认为没人会想到去看他们键盘下面贴的便条。

用户可能访问有风险的网站并下载和执行感染的软件，他们也许不知道从家里的 USB 驱动器上会带来病毒。当他们接入 USB 驱动器时，正在工作的计算机就会被感染，接下来还会感染其他计算机及整个网络。

1.2.3 工作站域

工作站是终端用户的计算机，工作站容易遭受恶意软件的感染。如果未安装杀毒软件，这台工作站就是漏洞。如果这台工作站未能及时更新杀毒补丁，那么它也是漏洞。

某些恶意软件感染单机，而另一些恶意软件所释放的病毒会在整个网络中扩散。

杀毒软件公司会针对出现的新病毒定期更新病毒库。除了安装杀毒软件之外，企业必须紧跟病毒库做定期更新。如果安装了杀毒软件并及时更新，系统被感染的可能性就会降低。

缺陷（Bugs）和漏洞经常会在操作系统和应用中发现。有些缺陷是无害的，而其他的就可能有重大风险。

[①] 译者注，本文中社会工程师是通过伪装诱骗对受害者实施欺诈的人，参看附录"关键术语"。

揭开"社会工程"的神秘面纱

"社会工程"是一种很普遍的技术,用来诱骗人们泄露敏感信息。莱昂纳多·迪卡普里奥(Leonardo DiCaprio)在电影《逍遥法外》(*Catch Me If You Can*)中所扮演的弗兰克·阿巴内尔就展示了"社会工程"的威力。一个社会工程师不会直接说"把你的秘密给我"。相反,这些攻击者通常会使用奉承和欺诈等手段。

漏洞评估通常会请求雇员提供他们的用户名和密码,该请求可能通过一封电邮、一个电话或干脆就是面对面谈话的形式提出。

漏洞评估的一种常用方法是发一封邮件来请求得到用户名和密码,该邮件经过了精心修饰使它看起来就像来自某位行政主管。这样的邮件一般都显得很急迫,且包含某个重要项目的参考信息。例如,用户或许会收到如下的邮件:

发信人:首席执行官
主题:项目升级
致全体人员

XYZ 项目有进度延迟的风险,大家知道该项目是我们来年业务成功不可缺少的组成部分。现在出现了用户身份认证方面的问题,我们认为这是由于密码中包括了特殊的无法辨认的字母。

我需要每一个人回应该邮件,提供你们的用户名和密码。大家必须于今天完成这个测试,所以请尽快回复本邮件。

谢谢你的协助。

如果雇员受过保护密码的培训,他们通常会意识到风险,不回复该邮件。然而,对于未经受培训的雇员而言,证据显示大约有 70% 的人会回复邮件、告知密码。

微软和其他软件公司会经常发布软件补丁和修正版。当系统能够及时更新时,修正版可以确保系统受到保护。反之,系统可能面对显著的威胁。

1.2.4 LAN 域

LAN 域指的是防火墙以内的范围。它可以是在一个小的家用办公网络内互联的几个系统，也可以是与数千台计算机相连的大型网络。网络内的每个单独设备都应当得到防护，否则所有设备都会暴露在风险中。

人们使用网络设备如集线器、交换机和路由器将系统和局域网连接在一起，内部的局域网通常认为是可信区域。在局域网内部传送的数据所受到的保护，不如对那些发送到局域网以外的数据那样彻底。

例如，攻击者使用协议分析工具来捕捉数据包，称为嗅探攻击。协议分析工具也可称为嗅探器，一个有经验的攻击者可以从中读到包里的实际数据。

当人们使用了集线器而不是交换机时，发生嗅探攻击的风险就会增加。一个攻击者可以在网上接通任意端口来捕捉有价值的数据。

当人们使用了交换机而不是集线器时，攻击者就必须在物理上实地访问交换机才能捕捉到同样的数据，而大多数机构都会通过服务器专用房间或保密室来保护网络设备。

1.2.5 LAN-WAN 域

LAN-WAN 域将局域网和广域网连接起来。LAN 域受到信任是因为它受企业管控，WAN 域不受信任是因为其不受控制且攻击者易于访问。在信任区域和不受信任区域之间是一道或多道防火墙，因此也被称为边界或边沿。在这里的安全措施也可认为是边界防护或边沿防护。

边界的公共部分连接到互联网，有一个公开的 IP 地址。IP 地址可以从世界上任何地方访问，攻击者可以不停地窥探这个 IP 地址。他们希望能找到漏洞，一旦发现，就会抓住不放。因此，外部互联网是不受信任的区域。

为了保持 LAN-WAN 域的安全，需要确保较高的安全水平。

1.2.6 远程访问域

移动中的人们在远离公司时，也有访问内部局域网的需要。远程访问就是用来确保移动人员的此类访问需求的。远程访问可以确保通过直接拨号连接或虚拟专用网（VPN）的访问安全。

虚拟专用网提供了一种在公共网络上对私有网络的访问方式，而且虚拟专用网使用的这种公共网络通常是互联网。由于外部互联网在很大程度上不被信任，可能存在大量攻击者，因此远程访问就意味着潜在风险。攻击者可以访问未加保护的连接，并进入远程访问服务器。虚拟专用网（VPN）是一种降低风险的控制手段，但也有其漏洞。

漏洞存在于虚拟专用网连接的两个阶段：

- 第一阶段是认证。认证是在用户证明自己身份提供证书时发生。如果能找到证书，攻击者就能利用它们来冒充用户。
- 第二阶段是在当数据从服务器到达用户时发生。如果数据是以明文的形式发送，攻击者就能捕捉并读到数据。

1.2.7　WAN 域

对于许多业务而言，广域网就是互联网。然而，某项业务也可能需要从私营电信公司租用半专用的线路。这些线路是半专用的，因为它们很少仅由单个公司租用，一般都是与其他公司合用。

在前述的"LAN-WAN 域"那一节里提到，外部互联网是不受信任的区域，任何拥有互联网 IP 地址的主机都有受到攻击的显著风险，而且互联网上任何主机受到攻击也是迟早的事。

半专用线路不像互联网那样易于访问。然而，公司一般都不知道是谁在与它们共享该线路。这些租用的线路需要与 WAN 域中其他主机同样级别的安全措施。

为了 WAN 域中主机的安全，应采取强有力的安全措施。

1.2.8　系统/应用域

系统/应用域指的是作为服务器级别应用的服务器。例如，邮件服务器为客户接收和发送邮件，数据库服务器作为供用户、应用或其他服务器访问的数据库，域名系统（DNS）服务器为客户提供 IP 地址的命名。

应始终采用最高级别的措施来保护服务器。例如，断开不必要的服务和协议、修改默认密码、定期升级和更新软件系统、使用本地防火墙等。

知识越来越专门化是系统/应用域中服务器面临的挑战之一。人们往往把注意力放在自己关注的专业领域。例如，对于邮件服务器的安全问题，可能只有操作该服务器的技术人员才掌握。

1.2.9 威胁、漏洞和影响

当威胁利用某个漏洞时就会带来损失，而影响则表明损失的严重程度。

威胁是任何能够造成潜在损失的环境或事件，也可以认为威胁是任何有潜在危险的活动。

威胁总是存在且不能根除，但可以得到控制。

威胁有独立的不受组织机构控制的发生概率。例如，攻击者可能是专门攻击装有各种软件的 Web 服务器的专家。虽然没有哪个企业能够阻止攻击者的这种攻击尝试，但企业可以减少或根除漏洞，从而减少攻击者得手的可能性。

攻击是一种利用漏洞导致业务资产机密性、完整性和可用性损失的尝试性活动，保护机密性、完整性和可用性是信息系统常用的安全目标。

图 1-2 以一个防护三角形的形式给出了这三个安全性目标，如果这个三角形的任意一边破坏或失效，安全性就将被破坏。换句话说，对于机密性、完整性和可用性的风险代表了机构损失的潜在可能性。因此，风险管理的主要注意力都集中在保护这些资源上。

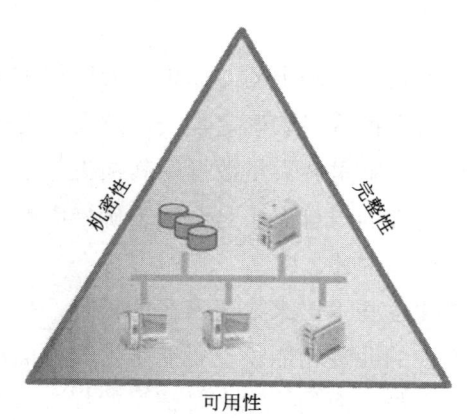

图1-2 信息和信息系统的安全性目标

- **机密性**——阻止未经批准的信息披露。只有经过授权的用户才能获取数据。当无权访问的人也能获取数据时，就失去了机密性。数据通过访问控制和加密技术得到保护。
- **完整性**——确保数据或信息技术系统不被修改或破坏。如果数据被修改或破坏，它对公司就失去了价值。散列法（Hashing）经常用于确保数据的完整性。
- **可用性**——确保数据和服务在需要时可用。信息技术系统通常采用容错和冗余技术进行保护，备份用于确保数据安全，甚至在整个大楼被毁时也能做到。

漏洞就是系统的薄弱之处。它可以是程序、技术或行政方面的问题，也可以是物理安全、技术安全或者操作安全方面的。正如不是所有威胁都会招致损失一样，也不是所有的漏洞都会招致损失。仅仅当攻击者确实利用了漏洞之后，损失才会实实在在地发生。

漏洞存在的原因可能是由于它们从未被纠正，也可能是因为安全性被有意无意地降低了。

例如，服务器所设置的房间，应有门禁保护。某个技术人员可能故意不锁门以方便进出。当然如果门没有关紧的话，也可能是无意中忘记关门。无论是哪种情况，此时服务器所在的房间都是一个漏洞。

影响可以定义为损失的数量。损失可以用货币形式表示，如损失了5000美元。

硬件和软件的价值是易于确定的。如果一台笔记本电脑被偷走，可以很容易地用购买价格或替换价格来确定损失。然而，有些损失是很难确定的。如果被盗的笔记本电脑里有大量数据，其损失就很难计算了。

此时可以使用描述性的语言而不是金钱来确定影响。例如，可以用相对大小，如高、中、低来描述。

一个机构可以量化这些术语来描述潜在的损害，损害可以是操作方面的，如无法操作关键性的业务功能。也可能是资产方面的，如硬件或设备设施。损害也可能是人员方面的，如人员信息的损失、受伤或是死亡。也可能是对其他机构，导致功能或关系方面的损害。损害还有可能涉及国家层面，影响政府运行或国家安全。

国家标准与技术研究所颁布的 NIST SP 800-30《信息技术系统风险管理指南》包含下列术语，可以作为威胁利用漏洞的后果度量：

- **非常高**——代表多重严酷的或灾难性的不利影响。"严酷"或"灾难性"表明关键性的业务功能损失，该损失将导致重大的财务损失或严重的人员损伤。
- **高**——代表一个严酷的或灾难性的不利影响。注意"高"表明只有一个不利影响，"非常高"表明有多个不利影响。
- **中等**——代表一个严重的不利影响。"严重"表明关键性的业务能力显著降低，机构也许能够运转，但已经不能像正常时那样有效率，且造成的损害是显著的。
- **低**——代表一个有限的不利影响。"有限"表明关键性的业务功能降低了，造成的损害较低。
- **非常低**——代表一个可忽略的不利影响。"可忽略"表明对关键业务功能的影响较小，并且是不显著的。

1.3 风险管理及其对组织机构的影响

风险管理是一种识别、评估、控制和降低风险的实践活动，威胁和漏洞是关键性的风险驱动因素，识别与机构相关的威胁和漏洞是一个重要的步骤，然后可以采取行动减少风险可能带来的潜在损失。

重要的一点是，要认识到风险管理并不是要根除风险。相反，风险管理是试图去识别那些可以最小化的风险，并采取控制措施实现风险最小化。风险管理包括如下要素：

- **评估风险**——风险管理起始于风险评估或风险分析。分析评估又包括以下几个步骤：
  - 识别组织机构的信息技术资产和它们的价值，其中包括数据、硬件软件、服务和信息技术基础设施。
  - 识别这些资产的威胁和漏洞并将其排序。
  - 识别漏洞被威胁利用的概率，即面临的风险。

○ 识别风险的影响，对其中具有较高影响的风险应当首先引起重视。
- **选择待管理的风险**——可选择避免、分担或转移、降低或接受风险。可基于风险发生的概率及风险一旦发生所能造成的影响，用以做出决策。
- **选择控制措施**——在决定了要重视哪些风险之后，可以确定和选择风险控制方法。控制方法有时也称为对策，控制方法应主要关注如何减少漏洞和降低影响。
- **实施和考察控制措施**——一旦实施了控制措施之后，可以考察这些控制措施，以便确认它们能够提供预期的防护效果。
- **评估控制措施**——风险管理是一个连续的过程，人们应当定期评估所实施的控制措施，以便确定它们是否能够提供预期的防护效果。通常评估是以定期进行漏洞评价的形式进行。

1.3.1 风险对组织机构生存能力的影响

收益率和生存能力在本章前面的内容中已述及，当人们选择待管理的风险时，应当考虑这些因素。就是说应当考虑采用或不采用控制措施的成本。如前所述，花钱去管理风险很少能够直接产生效益，但重要的是，花钱管理风险可以帮助确保业务活动的生存能力。

例如，对于数据及其备份，数据通常是一项业务最有价值的资产，包括客户数据，也包括会计账目（应付和应收账目），还可能包括雇员数据等。对于一项成功的业务而言，这些数据都是必不可少的，所以应当定期备份数据。

假定一项业务每年花费 15000 美元用于数据备份，这项开支并不会增加效益或获利。假设在整整一年的时间里，数据都没有丢失，也没有用上备份。仅从收益率的角度考虑，管理层或许会决定停掉这笔开支、停止备份。但如果在下一年数据丢失了，则会导致公司失败或破产。

从收益率的角度看，这笔费用也许不需要开支。例如，如果一家企业年度利润仅仅只有 10000 美元，那么每年花费 15000 美元就毫无意义。

但另一方面，假设一家企业年度利润是 100000 美元，并且也不愿在数据备份上花费 15000 美元。这时某个病毒在企业内扩散了，破坏了所有用户和财务数据，企业不再有可靠的应收账目记录，没人能够访问用户数据库，这就会导致业务的灾难性终结。

1.3.2 合理性

一家企业没必要管理每一项可能的风险。有些风险应予以管理，而其余风险则可忽略。

合理性分析是风险管理中的一种考察方法，以便确定某项风险是否应当进行管理，它源自理性人准则。简单地说，人们会面临这样的问题："一个有理性的人会希望管理这项风险吗？"

那些不满足合理性分析的风险就应当接受。例如，核武器存在的风险就是如此，某家企业也许能够负担得起为所有雇员都建造炸弹庇护所，并在里面储存能支持 30 年的食物和水。然而，这样做反而恰恰是不理性的。

再看另外一个例子，假设某家企业位于佛罗里达东海岸，飓风就是真实且应该考虑的风险。但大地震袭击佛罗里达东海岸的可能性却很小，因而不必考虑。不过，位于旧金山的一家企业就又不一样了，和飓风相比，在这里地震就是必须考虑的威胁。因此，在旧金山，飓风是可以接受的风险，而地震不是。

1.3.3 平衡风险与费用

管理风险的费用应当与它造成的影响相平衡。如果可行的话，费用可用实际的货币价值来度量，当然费用也可用相对价值（例如，低、中、高）来度量。

表 1-1 给出了一个相对价值如何计算的例子。表中可能性指标在垂直的列中显示，影响值在水平的行中表示。如果威胁发生的可能性在 0～10% 之间，可定义为低水平；11%～50% 被定义为中等水平；51%～100% 被定义为高水平。与此类似，影响值也可定义为低、中、高这三个档次。

表 1-1　威胁可能性与影响矩阵

	低影响（10）	中等影响（50）	高影响（100）
高威胁可能性 100%（1.0）	10×1.0=10	50×1.0=50	100×1.0=100
中等威胁可能性 50%（0.50）	10×0.50=5	50×0.50=25	100×0.50=50
低威胁可能性 10%（0.10）	10×0.10=1	50×0.10=5	100×0.10=10

某些风险发生的可能性非常高，影响也很严重，对这样的风险则易于决策。例如，未装杀毒软件的系统易于感染，这个威胁是常见的，因而可能性很高。如果事件发生时，系统的感染将导致所有业务数据都被破坏，其后果严重，那么应当降低这种风险。任何杀毒软件的费用都远远低于影响后果的费用。因此，业务中通常应当使用杀毒软件。

在另一种情况下，发生的可能性很低但后果严重。例如，数据中心发生火灾的风险很低，然而其影响却很严重。通常企业都备有检测和灭火设备以防止火灾。购买保险也是一种降低火灾损失的手段。

1.3.4　基于角色的风险观念

在理想情况下，如果风险得不到管理，机构里所有的人都能够轻而易举地理解威胁对于公司的影响。不幸的是，人们对风险和风险管理的理解往往相去甚远。

风险管理的挑战之一就是在安全性和便利性之间取得适当的平衡。如图 1-3 所示，在左半部分，计算机被完全锁住，具有很高的安全性等级，用户将无法使用计算机完成其操作。而在右半部分，使用计算机很方便，但是安全性被忽视了。而中间部分，则实现了两者之间的平衡。

平衡的安全性往往很难让所有人都满意。安全责任人都希望将系统锁得更严，而终端用户都在抱怨安全措施带来了不便，它们希望有更多的便利性。

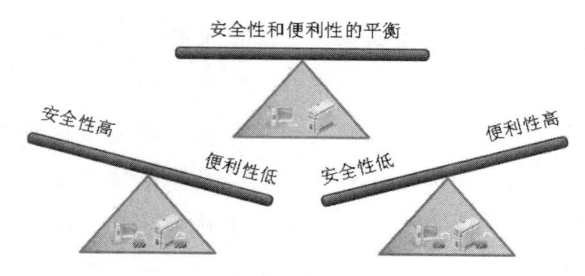

图1-3 机构的安全性和便利性之间的平衡

通常持有不同风险观念的人员类别如下：

- **管理层**——管理层通常较为关心收益率和生存能力。因为攻击可能导致机密性、完整性和可用性的损失，管理层愿意花钱去降低风险。然而，他们的风险观点是建立在风险损失和控制成本之上。管理层需要准确的事实，才能做出实施保护企业资产的控制决策。
- **系统管理员**——管理员是负责保护信息技术系统安全的。当他们考虑风险时，通常倾向于对系统尽可能地严控。但对于管理员来说，由于他们通常是技术层面的专业人员，通常不会去考虑安全费用和收益率之间的平衡。
- **第一级管理员**——第一级管理员位于为信息技术系统提供支持的第一线。当用户需要帮助时，通常是直接找第一级管理员。他们更多地关心便利性而不是安全性或利润率。这些管理员通常只有有限的管理权限，往往将安全控制视为完成工作的障碍，而不能认识到控制的重要性。例如，对于变更管理程序的重要性，他们就不太理解。一位好心的技术人员也许会跳过变更管理程序来解决某个问题，但是无意间产生了其他问题。这些未经批准的变更就可能会导致业务上的损失。
- **开发者**——有的企业拥有内部应用开发人员，他们编写供内部使用或对外销售的应用软件。许多开发者拥有一种安全计算的思维模式，他们认识到安全是一个需要从软件开发阶段到发布阶段都必须加以重视的问题。当开发者没有建立起这样的安全观念时，他们会试图在开发阶段结束时才给安全漏洞打上补丁。这样的打补丁观念很难解决所有的问题，会导致发布的软件仍存在漏洞。

- **终端用户**——终端用户通常只是简单地希望计算机为他们工作。他们最关心便利性的问题，通常并不理解安全控制和限制措施的合理性。相反，他们认为安全性会带来不便。即便没有恶意的用户也可能为了便于自己完成工作任务，而经常试图绕过安全控制。例如，U盘经常在用户没有意识到的情况下传播病毒，公司经常会实施限制U盘使用的策略，但是当用户需要从一台计算机向另一台复制文件时，U盘的便利会让人们格外倾向于使用它。

可以通过有目标的培训，来解决这些不同角色的观点。例如，某项培训可以包括全体雇员，另一项培训则针对某些特定角色。目标培训可以帮助各种立场的人们具有大局观，也可以帮助他们理解安全的重要性，以及安全对于企业成功的价值。

负责管理风险的人员应当把所有的观点都考虑到，当任何控制措施都可能被绕过时，这一点特别重要。

例如，对于任何企业而言，笔记本电脑被盗都是一个常见问题。一个雇员可能会在会议期间离开笔记本电脑去休息一下，回来后发现笔记本电脑丢失。如果企业买了带锁具的笔记本电脑，就可根除这个风险。锁具可以将笔记本电脑锁在书桌或其他家具上。然而，如果使用者不重视该风险的话，则可不上锁。除了要购买锁具之外，还需要采取措施对使用者进行培训。

1.4 风险识别技术

从本章前面的表述中，你已经了解了风险和损失的概念。风险是损失将要发生的可能性。当威胁利用了某个漏洞时，就产生了损失。为了识别风险，需要采取下列三个步骤：

◇ 识别威胁；
◇ 识别漏洞；
◇ 评估威胁利用漏洞的可能性。

后续章节将探讨这些概念。

1.4.1 识别威胁

威胁是任何具有可能导致潜在损失的环境和事件。换句话说，威胁是具有威胁性的任何活动。损失或危险直接与下列某项相关：

- **机密性的损失**——某人看到你的密码或企业机密。
- **完整性的损失**——一封电子邮件在中转站被修改，病毒感染了一个文件，某人对网站做了未授权的修改等。
- **可用性的损失**——一个邮件服务器崩溃，无法发送邮件；或者文件服务器崩溃，所有文件都不可用。

"威胁识别"是一个产生威胁清单的过程，该清单应将对机构所有可能的威胁都罗列进去。这项工作的任务量不小，清单的涉及面会很广。

威胁通常按如下种类划分：

- **外部的或内部的**——外部的威胁处于机构的边界之外，它们也被认为是组织机构控制之外的风险。内部的威胁处于机构的边界之内，它们是与雇员或其他能够访问企业资源的人有关的风险。内部风险可能与任何企业所能控制的硬件和软件有关。
- **天然的或人造的**——自然界的威胁经常与飓风、龙卷风和冰雹等恶劣天气有关，另外地震和海啸也属于来自自然界的威胁。人为的或人造的威胁是来自人的威胁，任何蓄意破坏资源的行为都是人为威胁。火灾可以是自然界的也可以是人为的，这取决于起火原因。
- **有意的或无意的**——任何蓄意对机密性、完整性和可用性的破坏意图都可视作有意的。而雇员的错误和用户的失误则是意外的威胁。一个破坏了数据的错误应用也有可能是无意的。

识别威胁的一种方法是通过头脑风暴会议。在头脑风暴会议中，参与者可以抛出他们头脑中涌现的任何想法。所有想法都应不加任何评价地记录下来，这个创造性的过程可以帮助提出新想法，而这些想法在逻辑分析中是很容易被漏掉的。

对组织机构的威胁包括下面的例子：

- 一个未经授权并试图访问数据的雇员；

- 各类恶意软件；
- 破坏网站的攻击者；
- 拒绝服务（DoS）或分布式拒绝服务（DDoS）攻击；
- 试图访问数据的外部攻击者；
- 数据损失；
- 服务损失；
- 诱使雇员泄露机密的社会工程师；
- 地震、洪水和飓风；
- 闪电雷击；
- 电力、供热或空调中断；
- 火灾。

如果上述威胁利用了系统漏洞，那么这些威胁都有可能带来风险。

当然，还可以根据机构的情况来识别不同的威胁和漏洞。每个机构都有它特定的威胁和漏洞。事实上，一项业务如果位于多个场所的话，对于每个场所都会有不同的威胁和漏洞。

1.4.2 识别漏洞

本章前面的内容已经明确了"漏洞即是弱点"。当威胁利用漏洞时，它就会显现出来。在理想情况下，人们可以在威胁利用弱点之前就将其识别出来。幸运的是，机构拥有大量资源来帮助你做到这一点。

可以使用的资源包括：

- **审计**——许多机构都定期进行审计，对系统和过程进行检查，来确认企业符合现行规则和法律。审计人员将他们的发现写成报告，这些报告会直接列出他们发现的弱点。
- **证书和鉴定记录**——有多项标准用于检验和验证信息技术系统。如果系统能够满足标准，信息技术系统就是质量合格的。完整的过程包括在详细的文档中，该文档可以用来审查，以确认现存的和潜在的弱点。
- **系统日志**——许多类型的日志都可以用于识别威胁。审计日志可以确定用户是否访问了敏感数据，防火墙日志可以识别流量是否试图破坏网络，防火墙日志还可以用于确定计算机是否被恶意软件控制而成为"僵尸"计算机，DNS 日志可以识别未经授权的数据传送。

- **以前发生过的事件**——以前发生过的安全事件是很好的数据来源。已经发生的风险事件可以作为证据，有助于证实控制措施的有效性。这些事件可以反映业已发生的问题和未来的发展趋势。在理想情况下，对于安全事件中发现的弱点应在今后的工作中得以彻底解决。而在实际中，雇员有时很愿意隐瞒这些事件并很快抛诸脑后。不过，即便文档中没有记录这件事情，一些关键性问题也还是能够揭示其中的细节。
- **故障报告**——大多数企业使用数据库记录故障，这些数据库是有价值的信息财富。只要对它们进行一番分析，就可以从中识别出漏洞和趋势。
- **事件响应小组**——某些企业设有事件响应小组，该小组调查企业内部所有的安全事件。可以通过访问小组成员来得到有价值的信息，这些小组通常都很愿意帮助你降低风险。

1.4.3　使用典型信息技术基础构架的七个领域识别漏洞

识别漏洞的另一种方法是逐个考察典型信息技术基础构架的七个领域，这些领域在本章前面的内容中已经描述过了。对每个领域都可以单独考察。而且每个领域都可以由该领域的专家进行考察。下面的清单给出了对每个领域进行考察的例子。

- **用户域**——"社会工程"的存在意味着可能存在很大的漏洞。例如，Sally 接到一个电话："你好，我是客服组的 Bob，我们在你的计算机上发现了病毒。"这个叫作 Bob 的人通过一个很长的详细过程指导 Sally 操作，然后 Bob 说："为什么不由我来帮你解决这个问题呢？你回去工作吧，我只需要你的密码就行了。"这种欺骗用户泄露私人信息的行当就是社会工程。
- **工作站域**——未打补丁的计算机就存在可以利用的弱点。如果未安装杀毒软件，计算机就可能被感染。

- **LAN 域**——任何未经适当的访问控制措施保护的网络数据都可能是漏洞。脆弱的密码很容易破解,从而获得未经授权的访问权限。
- **LAN-WAN 域**——如果允许用户访问恶意网站,他们就可能无意中下载恶意软件。这样可能打开不必要的防火墙端口导致允许从互联网访问内部的局域网。
- **WAN 域**——任何面向公众的服务器都面临拒绝服务(DoS)和分布式拒绝服务(DDoS)攻击的危险。允许匿名上传的文件传输协议(FTP)服务器可能充当黑帽黑客破解软件的主机。
- **远程访问域**——远程用户有可能被感染了病毒而不自知。当他们通过远程访问连接局域网时,病毒就会感染局域网。
- **系统/应用域**——数据库服务器容易受到 SQL 注入攻击。在 SQL 注入攻击时,攻击者可以读取整个数据库,这种攻击还可能修改数据库中的数据。

漏洞还远不止上述清单所列举的内容。信息技术系统中发现的漏洞数量一直在增长。在 MITRE 公司发布的常见漏洞和风险(CVE)分类中,包括了 40000 个条目。

1.4.4 使用理性方式识别漏洞

合理性准则贯穿了本章前面的内容,它提醒人们思考面对这样的问题:"一个有理性的人应当管理这个风险吗?"或者考虑:"一个有理性的人应当采取措施减少这个漏洞吗?"

通常会将注意力集中于组织机构内部或待考察系统内的弱点,而外部漏洞通常得不到重视。例如,如果空调失效,服务器也可能失效。当考察一个服务器机房,识别其中的漏洞时,也许会强调这一漏洞,但不必为机房 50 台服务器中的每一台都强调这一点。与此同理,公共电力有可能中断,可以去购买不间断电源(UPS)和发电机,但不必去寻找多个供电公司作为备选方案。

1.4.5 威胁和脆弱性的匹配

识别风险的第三步是将威胁和脆弱性进行匹配,就是将威胁和现有的脆弱性进行匹配,以确定风险发生的可能性。

在"识别威胁"那一节列出了若干威胁,表 1-2 将这些威胁与漏洞进行匹配,以便确定可能的损失。

表 1-2　风险公共网络区域的信任级别

威胁	漏洞	影响
某个未经授权的雇员试图访问服务器上的数据	机构没有使用适当的授权和访问控制	可能的损失将取决于数据的敏感性,以及怎样使用。例如,如果未经授权的雇员访问了工资数据并将其免费共享,这将影响到员工士气和生产力
任何类型的恶意软件,如病毒或蠕虫进入了网络	杀毒软件没有防护病毒	病毒安装在系统上,将导致机密性、完整性和可用性的损失
某个攻击者修改或破坏网站	网站未得到保护	取决于攻击将怎样修改网站,公司的可信度将受到影响
某个社会工程师诱骗雇员泄露密码	用户未经适当的培训	密码可能泄露,获得了密码的攻击者取而代之,并控制用户的账户

下列公式在将威胁和脆弱性匹配时经常使用。

风险=威胁×脆弱性

不过,这并不一定是具有实际意义的数学公式,因为威胁和漏洞并不总具有数值。相反,该公式仅仅表示两者之间的关系。

如果能确定资产的价值,该公式可以修改为:

总风险=威胁×脆弱性×资产价值

1.5　风险管理技术

在风险识别完成后,就应当决策是否采取措施了。重要的是风险管理并不是要根除风险。一项不愿意承担任何风险的业务是不可能长久存在的,消除所有风险的费用将会耗尽所有的利润。

风险管理的最终目的是保护组织,以确保业务持续进行并获得相应利润。风险管理包括以下步骤:

① 识别风险;

② 评估风险;

③ 确定要处理哪些风险、接受哪些风险;

④ 采取步骤将风险降低到可接受的水平。

当决定要处理风险时,应当从避免、分担和转移、降低或接受风险中选择一个。这些技术将在下面的内容中进一步介绍。

1.5.1 风险规避

管理风险的简要途径之一就是规避风险。规避风险的首要理由是风险的影响大于资产的收益。

组织机构可以采取下列方式规避风险:

- **消除风险源**——企业可以阻止包含风险的活动。例如,某企业可能安装了易受攻击的无线网络,那么拆除无线网络就可以规避这个风险。如果该无线网络对于企业不是一项重要资产的话,就能很容易地做到这一点。
- **消除暴露在风险面前的资产**——企业可以撤走资产。例如,某个数据中心位于地震多发带,因而可能暴露在风险中。可将其搬到没有地震的区域来消除这个风险。搬迁数据中心的费用可能较高,然而如果风险不可接受、数据中心的价值更高的话,搬迁还是有意义的。

1.5.2 风险分担或转移

可以通过将责任转移到另一方来分担或转移风险。风险转移是变更所有的责任和不利因素,风险分担只变更其中的一部分。组织机构可以外购一部分或所有的活动。

- **保险**——可购买保险以保护企业免遭损失。当损失发生时,保险可以避免损失。有许多保险可买,包括火灾保险。
- **外包活动**——例如,企业打算在互联网上创建一个网站。创建该网站可以外包给另一家企业来完成,委托企业和外包企业可以达成协议由谁承担安全性、备份和可用性。

1.5.3 风险缓解

可以用减少漏洞的方式减少风险。在这个过程中,主要的策略就是缓解风险。风险缓解也可以称为"风险降低"。

可以通过实施控制措施或对策的方式减少漏洞，控制的费用应不超过收益。确定费用和收益通常要进行费用效益分析，本章下面将分析这个问题。

风险缓解步骤的例子如下：

- **改变物理环境**——用交换机取代集线器，把服务器置于有门禁措施的房间里。
- **改变程序**——实施备份计划，将备份的拷贝放在另一地点，并对备份进行测试。
- **增加容错**——使用独立磁盘冗余阵列（RAID）来储存重要的数据，使用故障转移集群（failover clusters）来保护服务器。
- **修改技术环境**——通过防火墙增加安全性，增设入侵检测系统，确保杀毒软件及时更新。
- **培训员工**——培训员工如何实施控制，培训终端用户防范社会工程师的诱骗。

通常目标并不是要根除风险，恰恰相反，是使攻击者代价太大而难以实现。考虑如下两个公式：

- **攻击者的代价 < 攻击者的收获**——当该式成立时，对攻击者有吸引力。
- **攻击者的代价 > 攻击者的收获**——当该式成立时，攻击者继续攻击的可能性较低。

采用加密算法是增加攻击者代价的方法之一。如果企业在网上通过明文传递数据，数据就可能被捕获和分析。如果企业对数据进行加密，攻击者在使用数据之前就必须解密。加密的目的不是无法解密。正相反，加密的目的是使攻击者需要为解密耗时过长、代价太高。

1.5.4 风险承担

除了上述方法之外，还可以选择承担风险。企业可以评估一项风险、了解潜在的损失，然后选择是否接受这项风险。当风险控制的代价超过潜在的损失时，接受风险就是一种通常的选择。

例如，可以考虑如下场景：某企业创建了一个电子商务网站，该网站每月产生 1000 美元的收入，可以采用故障转移集群技术来保护服务器。然而，计算表明采用这项技术需要花费 10000 美元。如果服务器失效，只会停工一到两小时，相当于不到 3 美元（每小时收益=1000×12/365/24=1.37 美元）。

如果能够评估损失和收益，做出接受一项风险的决策应较为明确，这一过程称为费用效益分析（CBA）。费用效益分析是风险管理中的一项很有用的技术。

1.5.5 费用效益分析

可以通过费用效益分析来帮助决定实施哪种控制措施或对策。如果收益超过代价，就应决定采取相应措施。

费用效益分析可以比较实施控制措施对业务的影响。例如，文件服务器上的数据损失可能高达一百万美元的研究成本，而实施备份计划确保数据安全的成本可能仅为一万美元。

换句话说，花费一万美元却可节约一百万美元，这样做很划算。

费用效益分析的起点是搜集有关数据以确认实施控制的代价及所获得的收益。

- **控制的代价**——包括采购价格和控制持续期间的使用价格。
- **项目的收益**——包括从实施控制中所获得的潜在收益。可以识别出这些收益，其方法是分别考虑损失的代价，以及实施控制措施可以避免多少损失。

控制措施并不总能避免损失，但可能减少损失。例如，当前风险的年度损失为 100000 美元，如果实施了控制措施，损失将会减少到 10000 美元，那么控制的收益即为 90000 美元。

可以使用下列公式确定是否采取控制措施：

控制之前的损失−控制之后的损失=控制的代价

假设企业去年没有采取任何控制措施，损失为 100000 美元。如果采取了控制措施，估计损失为一年 12000 美元，控制的代价为 7000 美元。计算如下：

100000-7000（控制的代价）-12000（预期的剩余损失）=81000 美元

计算表明效益为 81000 美元。

实施费用效益分析的最大的问题之一是如何得到精确的数据。如果说当前的损失易于计算的话，那么未来的代价和收益则需要估计。然而，代价经常会被低估，效益经常会被高估。

当前发生的控制费用是易于计算的，然而将来的持续费用有时是隐性的，部分隐性费用如下：
- 培训员工的费用；
- 持续的维护费用；
- 软件和硬件的更新费用。

如果代价超过收益，组织可以选择不实施控制。相反，组织可以选择接受、分担和转移或者规避风险。

1.5.6 剩余风险

剩余风险是采取了控制措施之后残余的风险，完全根除所有的风险是不现实的。相反，应采取措施减少风险直至可以接受的水平，那些残余的风险就是剩余风险。

在本章前面曾经给出了如下的两个风险计算公式：

风险=威胁×漏洞

总风险=威胁×漏洞×资产价值

可以采用如下公式计算剩余风险：

剩余风险=总风险−控制降低的风险

高级管理人员应对剩余风险产生的损失负责，应由他们进行决策该风险是否应避免、分担或转移、降低或接受，也应由他们为采取哪些控制措施做出决策，任何由此带来的损失都应由他们负责。

本章小结

当威胁利用漏洞，可能造成损失的时候，风险就发生了。损失可能损害业务功能和业务资产，损失还可能影响业务开支。风险管理可以帮助企业识别需要减少的风险，风险管理的第一步是识别威胁和漏洞，然后使用这两个因素的组合确定风险的严重程度。

可以从四种技术中选择一种来管理风险。风险可以规避、分担和转移、降低和接受。首要的风险管理技术是风险降低。风险降低也可以称为风险减少或风险处理。人们可以实施风险控制来减少漏洞。

第 2 章 风险管理：威胁、漏洞及攻击

认识并管理风险来源是风险管理的第一步重要工作，其中涉及了威胁和漏洞尤其是"威胁/脆弱性配对"，在认识这些因素之后便可更简单地确定缓解技术。作为一种特殊类型的"威胁/脆弱性配对"，漏洞攻击经常包括缓冲区溢出攻击等多种攻击方式。

所幸美国联邦政府已采取多种措施用于对信息技术资源的保护，而且美国国家标准和技术协会也已完成大量有关风险管理的研究，并以特殊出版物的形式免费对外提供研究结果。此外，美国国土安全部也负责其他几项与信息技术安全相关的倡议。

2.1 对威胁的认识与管理

威胁是指可能带来危险的各种活动，包括可能会对企业资产的机密性、完整性和可用性造成潜在负面影响的任何环境或事件。

威胁属于风险计算公式的一个组成部分，即：

风险=漏洞×威胁

风险管理的各项工作均要求充分了解威胁。对此，本节主要讨论以下几个问题：

- 威胁的不可控制性；
- 无意威胁；

- 故意威胁；
- 信息技术基础设施风险管理的最佳做法。

2.1.1 威胁的不可控制性

针对威胁需要了解以下几个基本事实：

- 威胁无法消除；
- 威胁始终存在；
- 可采取措施降低威胁发生的可能性；
- 可采取措施降低威胁的影响；
- 无法对威胁产生影响。

以偷车贼的威胁为例，虽无法避免偷车贼盗窃车辆的事件发生，但仍可采取措施增加或减少车辆所遭受的此类威胁。如果想要增加偷车贼窃走车辆的概率，可把车辆停放在拥挤的停车场，既不拔出车钥匙，也不熄火，而且还在仪表盘放一张20元的美钞，并在前排座位放一些贵重物品，那么车子被盗就是迟早的事了。

然而，也可通过其他措施减少潜在的威胁和影响，例如，拔出车钥匙并锁上车门，安装车辆报警器，并将贵重物品锁在后备箱内。这样一来，即使偷车贼可能光顾停车场，但偷走这辆车的可能性就会大大降低。

当然，偷车贼可能会专门针对某具体型号、年份或颜色的车辆。如果你的车辆刚好符合，也许任何措施都无法避免偷车贼将其偷走。不过，仍可采取措施尽量减少损失所造成的影响。例如，购买车辆保险便可在无法找回车辆时获得补偿。

信息技术也面临与此类似的威胁，如闪电击中建筑物、恶意软件编写者不断编写新程序。虽然"脚本小子"（script kiddies）运行恶意软件程序只不过是出于好奇会造成何种后果，但专业攻击者则会竭尽全力试图攻破政府和企业网络。当然，这些情况均无法阻止。

尽管如此，仍能采用多种措施以减少上述威胁对网络所造成的潜在危害，并缓解威胁造成的影响。

2.1.2 无意威胁

无意威胁是指不存在肇事者、并非因个人有意造成的威胁，包括自然事件和灾害、人为错误和普通事故。

无意威胁分为四大类，具体如下：

- **环境类**——影响环境的威胁。包括天气事件，如洪水、龙卷风和飓风。当然，地震和火山也属于环境类威胁。此外，疾病或时疫会造成劳动力减少，并使系统可用性降低。
- **人为类**——人为造成的错误。常见的按错键会造成输入的数据错误或无效，而且用户还可能会忘记录入关键数据。技术人员可能因没有遵守备份程序而造成备份不足，管理员也可能写入不完整或不准确的备份程序。此外，未知的软件错误也会造成严重问题。
- **事故类**——从小意外到大灾难的各种事故。用挖掘机开挖新电缆沟会意外切断电缆或数据光缆，而员工或许会造成休息室的意外火灾。
- **故障类**——设备的问题。硬盘出现死机，服务器会发生故障，而且路由器也会中断路由流量。可能因空调无制冷效果，而造成多个系统过热和故障。以上任何故障均会造成无法使用数据或服务。

当然，可制订风险管理计划来应对上述无意威胁。几种常见的方法如下：

- **管理环境威胁**——可通过投保来降低众多环境威胁会造成的影响。企业可采取不同措施来降低威胁。例如，位于圣海伦火山地区的企业可搬离该区域以躲避火山喷发的威胁；而处于飓风区域的公司可转移运营活动到其他地点。
- **减少人为错误**——自动化与输入验证是减少错误的常用方法。任何自动化流程会始终以相同的方式运行，并在使用前输入验证检查数据以确保数据的有效性。例如，如果一项程序要求输入姓氏，输入验证器会检查所提供数据是否为有效的姓氏，该验证过程可能遵循以下规则：不超过 20 个字符、不含数字且只能使用专用的特殊字符。虽然输入验证无法检查并确认数据是否准确，但是可以确保数据的有效性。

- **预防事故**——在开始挖掘作业之前联系位于密歇根州的 1-800-MISS-DIG 公司或者其他州的类似公司或代理机构，以确认地下管线的情况，并通过加强安全工作预防常见事故。
- **避免故障**——采用容错和冗余系统防止故障造成直接影响。例如，独立磁盘冗余阵列（RAID）系统可用于保证数据可用性，而故障转移集群则保证用户始终可以访问服务器。

2.1.3 故意威胁

故意威胁是指对组织机构存在敌意的行为。威胁会涉及一名或多名肇事者。通常情况下，肇事者可能会因受到以下任意一种因素的刺激而实施故意威胁：

- **贪婪**——很多攻击者希望通过攻击来赚钱，也会窃取数据用于欺诈活动。通过从数据库窃取客户数据，攻击者可以剽窃身份。罪犯会窃取竞争者的专有数据，而社会工程师则试图哄骗用户交出金融网站上的个人密码。
- **愤怒**——在愤怒的刺激下，攻击者通常希望受害者为之付出代价，因而试图摧毁其资产或中断其操作，导致受害者无法使用数据。
- **破坏欲望**——部分攻击者只是希望造成破坏，这与攻击者在愤怒的刺激下所造成的结果相同，导致受害者无法使用数据。

通过以上因素，可很好地了解攻击者受到何种刺激，但是无法窥探攻击者的身份。对此，部分人头脑中浮现的仍然是一个十几岁的孩子因为无聊而在自己的房间里面随意发起各种威胁的画面。但是，如今的攻击者要比这种情况复杂得多。

当前，部分最常见的攻击者可分为以下几类：

- **罪犯**——各种通过网络攻击赚钱的机会已经导致犯罪活动增加。此外，如今的犯罪活动变得更加有组织性，包括欺诈和偷窃。例如，流氓软件会诱骗用户安装虚假的杀毒软件，而这些用户必须花钱才能删除。罪犯已利用流氓软件勒索数百万美元之巨。近来，流氓软件已经演变成勒索软件，因而罪犯可以限制系统访问并向用户发出信息，要求其缴纳赎金才能够访问用户自己的计算机或文件。

- **高级持续性威胁（APT）**——攻击者以一个具体目标为对象。高级持续性威胁具有较高的专业水平，享有几乎不受限制的资源，并且其资助人通常是政府机构或恐怖组织。这类攻击者以政府和私营机构为攻击对象。"极光行动"（Operation Aurora）就是一个高级持续性威胁攻击的例子。在一份名为《爆料：暗鼠行动》（*Revealed: Operation Shady RAT*）的白皮书中，迈克菲（McAfee）公司指出了71种不同的高级持续性威胁攻击，其中21种攻击以政府为目标，而50种攻击以私营公司为目标。
- **损害者**——部分攻击者意图制造损失，而这样做不过是为了损坏某些东西，而且通常都是随机性的目标。
- **破坏者**——破坏者会从事破坏活动，往往针对竞争对手或其他企业，其主要目标是使其丧失竞争的可能性。
- **不满的员工**——不满的员工经常会对企业造成严重威胁，而员工可能因各种理由感到不满，例如，员工由于没有涨工资可能心怀不满。如果此时该员工掌握多项权限，就会造成大量损失。
- **积极行动者**——积极行动者有时也会对企业造成威胁。在通常情况下，积极行动者在行动时保持"为达目标不择手段"的心态。换言之，如果企业的行动没有得到积极行动者的认可，积极行动者会认为攻击是可以接受的。
- **其他国家**——国际间谍活动一直以来都是一种威胁。攻击者使用远程访问工具采集信息，而且已经渗入多个政府和私营公司。许多国家将网络战争视作自身攻击性和防御性战略的一部分。
- **黑客**——黑客尝试攻破系统，其动机可能是单纯的好奇心，抑或是恶意企图。

2.1.4 信息技术基础设施风险管理的最佳做法

需要实施各种措施来管理信息技术基础设施面对的威胁。下表列出了被信息技术安全专家认可的最佳做法：

- **制定安全策略**——高级管理层因对安全工作的认可和支持而制定**安全策略**。该策略从较高层面概述了安全目标，但没有详细解释如何实施安全技术。管理层可以利用该策略识别资源并制订计划来实施策略，其中安全策略是降低威胁影响的首要步骤。一旦确认了安全策略，便需要实施和执行该策略。

- 投保——投保可降低威胁的影响，因此组织机构通常对火灾、偷窃和环境事件所引起的损失投保。
- 利用访问控制——要求用户进行验证。仅授予用户必需的访问权限。在此方面，可遵循以下两个原则：
  - 最小权限原则——仅授予用户实施工作所需的权利和许可，则可避免由于意外或故意所造成各种问题。
  - "需者方知"原则——仅授予用户实施工作所需的数据，如人员可能需要接受安全调查之后方可获得机密数据。但是，该人员没有自动获得对所有机密数据的访问权，而且该人员只能访问实施工作所需的内容，从而有助于防止越权访问。
- 利用自动化——尽可能使流程自动化，从而减少人为错误。
- 增加输入验证——测试数据以便在将其应用到任何情况之前确定是否有效。
- 提供培训——利用培训提高安全意识并减少意外，而且还可以通过安全意识的提高来减少安全事件的发生。
- 使用杀毒软件——确保在所有系统上安装了杀毒软件，设定病毒定义的更新时间并确保自动更新。
- 保护边界——至少利用一个防火墙保护内网与互联网的隔离边界，而且还可利用入侵检测系统提供额外的防护。

2010/2011年度CSI计算机犯罪和安全调查

计算机安全协会（CSI）完成了常规调查，并发现了很多与信息技术安全相关的趋势。在2010/2011年度报告中，涉及来自5412名安全专业人员的回答。

该报告中几项值得注意的发现如下：

- 感染恶意软件是最常见的攻击。超过67%的被调查者认为是感染恶意软件，比上一年增加了 3%，而最低值是在 2007 年，最常见的攻击达到 50%。
- 大约 29%选择了网络僵尸（僵尸是指僵尸网络中连接的一台计算机），比上一年增加了 5%。
- 大多数被调查者将损失归咎为外部人员。将近 60%认为损失是由于有恶意的外部人员所造成。
- 只有大约 25%属于内部人员滥用网络访问或电子邮件使用，这与 2007 年较高的 59%相比有大幅度的减少。
- 在选择了事件的被调查者中，45.6%认为自己遭受至少一次针对性的攻击，因而存在受到 APT 攻击增多的趋势。
- 在此期间，由于金融诈骗造成的损失从将近 19%减少到 8%左右。
- 被调查者指出法律合规性方面的努力对安全程序产生了积极影响。
- 几乎半数的组织机构表示正在使用云计算，但只有 10%表示正在使用专用的云安全工具。

2.2 对漏洞的认识与管理

漏洞指资产或环境方面存在的弱点，而弱点也可视为任何系统或任何业务流程中的缺点。

漏洞会造成风险，但自身并不会造成损失，只有漏洞被威胁所利用时才会发生损失。这也被称作"威胁/脆弱性配对"（threat/vulnerability pair）。

图 2-1 描述了威胁与损失之间的影响流图，可利用缓解技术减少漏洞和（或）损失。

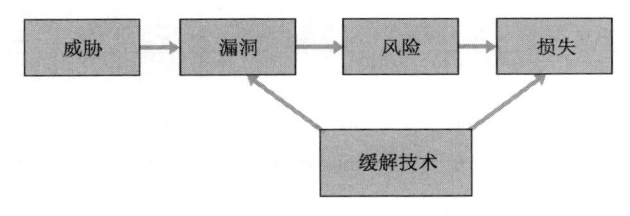

威胁 → 漏洞 → 风险 → 损失
          ↑   ↑   ↑
          └── 缓解技术 ──┘

图2-1 "威胁/脆弱性配对"流图

本节将讨论以下问题：
- 威胁/脆弱性配对；
- 漏洞缓解；
- 缓解技术；
- 信息技术基础设施漏洞管理的最佳做法。

2.2.1 威胁/脆弱性配对

威胁利用漏洞时出现威胁/脆弱性配对。由于漏洞为威胁提供了造成危害或损失的途径，因此应当认识到只有在威胁与漏洞共同作用下才会造成损失。

漏洞取决于所在的组织机构。例如，如果主机采用面向公众的服务器，则服务器存在若干潜在的弱点；如果没有采用任何面向公众的服务器，那么组织机构在该领域不存在任何漏洞，风险则为零。

表2-1提供了威胁/脆弱性配对的例子及其潜在损失，鉴于列出任意单一网络的漏洞过于烦琐，表中仅给出了概要信息。

表 2-1 威胁/脆弱性配对和潜在风险举例

威胁	漏洞	危害事件或损失
火灾	无火灾检测和灭火设备	可能会对业务造成全部损失
飓风、地震、龙卷风	所在位置	可能会对业务造成全部损失
恶意软件	缺少杀毒软件或未更新	感染病毒（根据恶意软件的破坏性确定损失的影响大小）
设备故障	数据未备份	失去数据可用性（根据数据确定损失的影响大小）
数据失窃	没有适当地实施访问控制	失去数据机密性
拒绝服务（DoS）或分布式拒绝服务（DDoS）攻击	面向公众的服务器没有提供防火墙或入侵检测系统保护	失去服务可用性
用户	无访问控制	失去机密性
社会工程师	缺乏安全意识	根据攻击者的目标和是否成功实施攻击来确定损失

2.2.2 漏洞缓解

漏洞可以通过缓解或减少来降低潜在风险，而风险降低可通过以下任何一种方式实现：

- 降低发生率；
- 降低损失的影响。

由于几乎无法完全消除威胁，则较常见的做法是将风险降低到可以接受的程度，风险降低之后仍然存在的风险被称作剩余风险。表 2-2 将表 2-1 中的威胁/脆弱性配对与可能的缓解步骤进行了匹配。

表 2-2 常见的威胁/脆弱性配对与可能的缓解步骤

威胁	漏洞	缓解
火灾	无火灾检测和灭火设备	安装火灾检测和灭火设备 投保
飓风、地震、龙卷风	所在位置	投保 指定备用地点
恶意软件	缺少杀毒软件或未更新	安装杀毒软件 至少每周更新
设备故障	数据未备份	定期备份数据 场外保存备份副本
数据失窃	没有适当地实施访问控制	实施认证和访问控制 采用"需者方知"原则
拒绝服务（DoS）或分布式拒绝服务（DDoS）攻击	面向公众的服务器没有提供防火墙或入侵检测系统保护	实施防火墙 实施入侵检测系统
用户	无访问控制	实施认证和访问控制
社会工程师	缺乏安全意识	提供培训 通过海报、偶尔的电子邮件及简短陈述以提高安全意识

2.2.3 缓解技术

任何企业均可利用多种不同的缓解技术，其中应牢记以下要素：

- 技术的价值；
- 技术的初始成本；
- 持续成本。

例如，杀毒软件存在初始成本，包括订购一定期间（如一年）内的更新，若订购到期则必须续订。

任何技术的价值和成本估算需考虑资源的价值和损失的影响。例如，实施应对"社会工程"策略的培训一年时间可能会耗费 10000 美元；如果用户不接受培训，公司会损失 100000 美元，这意味着培训的价值为 90000 美元。

然而，估算缓解技术的价值要考虑其他变量。公司去年可能损失了 100000 美元，如果人员接受了培训，则该公司估计今年只会损失 5000 美元，因而培训的价值便是 85000 美元。具体计算公式如下：

去年的损失-培训成本-今年的损失，即

100000-10000-5000=85000（美元）。

下面列出几种适用于各类企业的常见缓解技术：

- **策略与规程**——书面策略与规程提供了各种标准，有助于了解其实施的内容及方法。如上文所述，很多组织机构会首先编制安全策略。此外，策略与规程应定期审核。
- **文件**——在很多领域中都会使用文件，如采用最新的网络文件可更加容易地解决各种问题。一旦问题发生，可以更快地修复从而增加了可用时间。而当网络和系统发生改变时，则需要更新文件。
- **培训**——培训可帮助员工理解安全是每个人的职责，其中有些培训针对所有用户，而另一些培训则以特定用户为对象。例如，对所有终端用户提供有关社会工程师（social engineer）的培训，对管理员培训有关当前威胁和漏洞的内容，对管理层培训有关风险管理的战略。培训是一个需要持续进行的事情，若情况发生改变则应提供更新的培训课程。
- **职责分离**——职责分离原则保证任何个人不会控制重大流程的全部功能，旨在避免欺诈、偷窃和错误。例如，记账时将应收账款与应付账款分离，应由一个部门接收并确认账单，而另一个部门对确认后的账单付款。职责分离还有助于避免出现利益冲突。
- **配置管理**——系统配置标准化后，系统更容易检修与维护，可以使用基线进行配置管理。例如，可先进行系统配置然后创建系统映像，再将该映像分发到 100 个系统中使每个系统完全相同，而且这些系统均实施相同的维护。若技术人员对其中一个系统充分了解，便能够了解所有的系统。但是，在没有基线的情况下，系统可以采用 100 种不同的方式配置，而技术人员必须在获得有效支持之前了解各个系统如何配置，并且映像随着配置变更而更新。

大多数组织机构采用了恰当的更改管理流程，以确保仅实施授权的更改，并通过实施合规审计来避免发生未授权更改。因而配置管理能够保证系统不会发生不适当的修改。

- **版本控制**——当很多人使用相同的文件或相同的应用时，数据可能丢失或被损坏，因此通常将版本控制系统应用于各种应用的开发之中。该系统可以跟踪所有的更改，尤其在需要撤销更改时，可减少时间和精力的浪费。在其流程中，要求程序员在修改之前对模块或文件进行检查，而当文件被修改后可进行内部检查，并由其他人员修改文件。另外，部分版本控制软件还允许在单个文件中进行多项更改。

- **补丁管理**——随着时间的推移，会发现软件存在缺陷（bug），而软件缺陷可能会被利用发动漏洞攻击。若发现缺陷，供应商会进行修补；但攻击者也会发现漏洞，所以未修补的系统容易遭受攻击。综合的补丁管理策略规定如何了解和检测补丁，以及如何将补丁提供给系统和客户端。此外，应进行合规审计以确认客户端是否为最新版本，而且补丁管理也可隔离那些没有安装补丁的客户端，这是一个几乎完全连续的流程。

- **入侵检测系统**——入侵检测系统（IDS）设计用于检测威胁，但并不能完全避免威胁。被动式入侵检测系统会记录事件并发出警报，而主动式入侵检测系统会在检测到攻击后修改环境来阻挡攻击。很多入侵检测系统采用定义的方式与杀毒软件使用签名的方式一样。具体而言，网络入侵检测系统为网络提供整体保护，而基于主机的入侵检测系统可以保护单个系统。

- **事件响应**——如果组织准备就绪并能够对事件做出响应，则更容易减少事件的不利影响，这其中一个重要步骤是采取相应的遏制措施，以保证事件不会蔓延到其他系统。事件响应团队则尝试找出所发生的情况，从而找到造成事件发生的漏洞，然后寻找减少未来漏洞发生的方法。另外，有些希望快速消除事件影响的组织只是进行表面的修补却没有处理深层的问题，而如果深层的问题得到处理则会减少造成相同事件再次发生的概率。

- **持续监测**——持续的安全工作要求实施持续监测。可先实施控制再进行检查和审计以确保已经实施到位，或者先安装补丁再通过合规审计确定所有系统均已安装补丁。通过访问控制锁定系统和数据，再检查确定是否没有发生修改，而且在日志中记录各种活动，然后监控这些日志以发现各种趋势及可疑事件。当然，还有很多工具可用来审计和监控网络中的系统。

- **技术控制**——是指使用技术减少漏洞的各种控制，由信息技术专家通过计算机实施。例如，信息技术专家安装好杀毒软件，而该软件可以防止感染病毒。此外，技术控制还包括入侵检测系统、访问控制和防火墙。若发现了新漏洞，还可以实施新的技术控制。

- **物理控制**——物理控制可防止未授权人员对区域或系统的物理访问。例如，服务器应放置在上锁的服务器机房内，而网络设备应置于上锁的布线柜内。物理安全还包括门卫、摄像机和其他监控设备，并且移动设备（如笔记本电脑）可以使用钢丝锁或硬件锁。

2.2.4 信息技术基础设施漏洞管理的最佳做法

漏洞属于"威胁/脆弱性配对"中可以控制的部分，因此可根据最佳做法分步管理漏洞：

- **识别漏洞**——可利用几种工具来识别漏洞，如审计和系统日志有助于识别漏洞，并利用所有可用的工具检查典型信息技术基础设施的全部七个领域。

- **匹配"威胁/脆弱性配对"**——存在与威胁相匹配的漏洞需首先处理，而部分漏洞可能不存在与之相匹配的威胁则无须处理。例如，可利用独立网络进行测试而无须访问互联网。如果仅通过互联网才可能受到攻击，这样的弱点则能够因为不接入网络而可以忽略。

- **尽可能利用各种缓解技术**——本节中列出的几种缓解技术可以同时使用，而且可根据信息技术基础设施的情况，利用更多的技术形成各种安全层。
- **实施漏洞评估**——漏洞评估有助于识别弱点，可通过安排内部人员或雇用外部专家来实施评估。

2.3 对漏洞攻击的认识与管理

当威胁利用系统漏洞时，就会造成损失。如果需要降低风险导致的损失，则须充分认识漏洞攻击的性质并了解如何管理各种攻击。本节主要讨论以下几点：

- 何为漏洞攻击；
- 肇事者发动漏洞攻击的方式；
- 肇事者发现漏洞及漏洞攻击相关信息的途径；
- 漏洞攻击的缓解技术；
- 信息技术基础设施漏洞攻击管理的最佳做法。

2.3.1 什么是漏洞攻击

漏洞攻击是利用漏洞及弱点对信息技术系统执行指令或程序而损害系统、应用或数据的行为，也可视为通过代码发动的攻击。

本书中漏洞攻击主要针对面向公众的服务器，即攻击互联网上可使用的服务器，其中常用的服务器如下：

- 网络服务器；
- 简单邮件传输协议（SMTP）电子邮件服务器；
- 文件传输协议（FTP）服务器。

图 2-2 描述了这些面向公众的服务器在网络中的常见配置方法，即置于两个防火墙之间配置非防护区（DMZ）。非防护区也称作"缓冲区"或"边界区"。互联网接入的防火墙允许访问面向公众的服务器，而内网接入的防火墙则限制与互联网的通信。

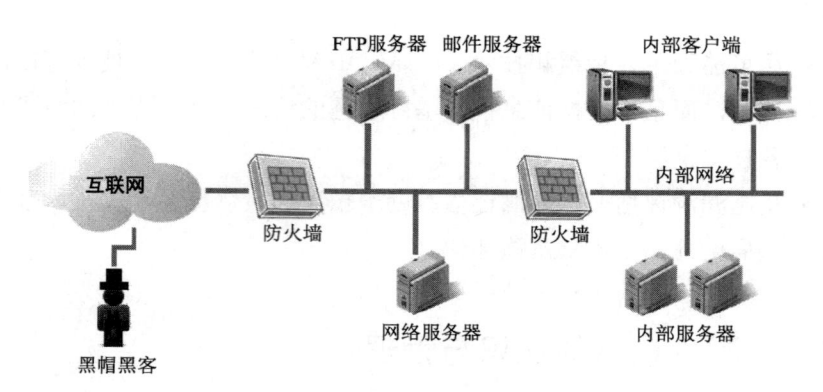

图2-2　两个防火墙之间非防护区中面向公众的服务器

由于非防护区采用面向公众的服务器，可供任意具有公共互联网协议地址的个人使用，其中包括攻击者或黑帽黑客。

内部服务器易受员工攻击，但员工很少对内部服务器发动漏洞攻击，而是直接攻击造成损害，并且更容易窃取数据或实施蓄意破坏。在通常情况下，内部人士不愿意耗费时间编写程序攻击内部系统，而是利用一些最基本的员工特权和内部知识实施攻击。另外，组织机构经常会因内部网络非常可靠而忽视内部网络所遭受的漏洞攻击。

缓冲区溢出属于一种常见的漏洞攻击。因攻击者发出超过系统或应用预期或与之不同的数据而发生。系统或应用会因未能拒绝此类数据而造成漏洞，从而使系统无法可靠运行。此外，如果漏洞攻击者经验丰富，就会运行更多的指令使攻击者享有更多系统使用权利。

系统通常会对数据进行认证以剔除不需要的数据，但偶尔也会存在漏洞允许使用无效的数据。

例如，假设计算公式为 $X/Y=Z$，程序估算须提供 X 和 Y 数值，然后求得两者相除以计算 Z 的数值。如果 X 或 Y 的数值为零，则无法计算 Z 的数值，因为不能用零作为除数。当程序无法检查确保 X 与 Y 均为有效数字时，用户输入零则造成程序失效，而在此错误未有效处理前攻击者可能会借此发动漏洞攻击。

缓冲区溢出错误允许攻击者插入其他数据，而这种数据可能成为恶意软件，一直存在于系统内存中直到重启。也可能是蔓延到整个网络的蠕虫，或者是有搜索能力并破坏系统数据的代码，进而造成服务器停机无法重启。

供应商发现缓冲区溢出漏洞时，应下载补丁来堵住漏洞并通过给代码打补丁避免今后发生错误。

尼姆达病毒

尼姆达病毒是一种利用微软公司互联网信息服务（IIS）中缓冲区溢出问题的早期病毒（older virus）。这种病毒有助于解释在信息技术风险管理方面的许多经验教训。

首先，在 Windows 2000 服务器安装时会默认安装 IIS。因此通常无法对其进行管理，自然更容易遭受攻击。微软发现缓冲区溢出后发布了一个补丁，安装后可以修正该问题。但当时的补丁管理处于初级阶段，很多公司没有建立高效的补丁管理计划也未保持补丁安装的一致性。许多系统管理员得出错误的判断，认为自己不使用 IIS 则系统不易遭受攻击，然而默认安装的 IIS 却早已让系统暴露在危险中。

尼姆达病毒被释放到互联网后便四处蔓延，并利用缓冲区溢出对 IIS 系统实施漏洞攻击。尼姆达的蠕虫部分会搜索并感染内部网络的其他系统，而且四处搜寻互联网上存在相同缓冲区溢出问题的内网 IIS 服务器，使网络活动变慢并破坏数据。

尼姆达促使人们加强了两项基本的安全措施：

- **缩小服务器的受攻击面**——切勿安装无用的服务器和协议，若已安装则应删除。服务器未安装 IIS 就不会遭受尼姆达的攻击。
- **保持系统更新**——IIS 服务器采用发布的补丁更新，就不易受到攻击。

其他漏洞攻击包括：

- **SQL 注入攻击**——**SQL 注入攻击**会利用动态的 SQL。由于很多网站要求用户在文本框中输入数据或网址，若 SQL 指令中直接使用用户提供的数据就会发生 SQL 注入攻击，导致未能提供所需的数据，却提供其他的 SQL 代码串造成数据库损坏。使用参数及已保存的程序审核此代码，便可方便地避免 SQL 注入攻击，只不过数据库开发者都没有意识到这些风险。

- **拒绝服务（DoS）攻击**——拒绝服务（DoS）攻击专门导致系统无法提供服务，如常见的 SYN 洪水式攻击。通常情况下，TCP 采用三次握手（handshake）以启动连接，其中主机发送一个带有 SYN 标志集的数据包，而服务器会对 SYN 和 ACK 标志集做出响应，最后主机对 ACK 标志集做出响应完成握手。在 SYN 洪水式攻击中，主机不会对第三个数据包做出响应，仿佛已经伸出手但在服务器伸手时主机却把手缩回，导致服务器的手一直伸着却没能握到手。如果在短期内这样反复发生，会消耗掉服务器的资源并导致崩溃。
- **分布式拒绝服务攻击**——多个客户端可同时发动分布式拒绝服务攻击，如很多罪犯和攻击者从同一个指令控制中心运行僵尸网络，每个僵尸网络控制多个主机成为"克隆"或"僵尸"，并且可以随时向克隆发出攻击指令让其同时攻击。这类攻击如同一直 ping 通同一台服务器一般简单，若成千上万个客户端同时 ping 通一台服务器，则无法便利地响应其他请求。

2.3.2 漏洞攻击的方式

多数漏洞由攻击者编程开发，并针对存在漏洞的计算机创建和运行。

"脚本小子"（script kiddies）可能是一个众所周知的称谓。这类人往往是一些知识浅薄的攻击者，而且有时不过是些毛头小子，但却能够下载脚本和小程序来发动攻击。对计算机知识以及自身会造成的潜在危害知之甚少。很多程序其实非常简单，只须输入 IP 地址并点击开始便可发动攻击。

然而，大多数企业需警惕更为复杂的攻击者。这些攻击者具有编程能力，知道如何针对具体服务器以及渗透网络的方法，而且能够抹除攻击的证据，因而属于专业攻击者。

试想一个与美国敌对的国家拥有很多计算机专家，可能会建立自己的内部安全部门及其分部，并对每个分部赋予具体的职能或任务，发现漏洞时共同发动漏洞攻击。这样的部门可能包括以下几个分部：

- **公共服务器寻址**——互联网上的每个系统均有一个公共的 IP 地址，利用 ping 扫描器可以识别在使用公共 IP 地址运行的系统。由于 IP

地址根据地理位置分配，因此服务器也可映射到具体的地理位置。

- **服务器指纹**——可通过多种方法尽可能了解所发现的服务器，例如，利用 ping 命令确定系统是否正在运行 UNIX 或微软操作系统，也可通过端口扫描找到开放的端口并据此识别正在运行的协议。例如，端口 80 是超文本传输协议（HTTP）的常用端口，若该端口为开放时则可能正在运行 HTTP，由此可判断服务器可能是网络服务器。安全部门还可利用其他技术确定是否是 Apache 网络服务器或 IIS 网络服务器。

- **漏洞发现**——调查人员及黑客会始终搜寻各种新缺陷，通过尝试新事物了解可以对其实施何种攻击，或探听还不为人所熟知的新漏洞，也会订购专业杂志或阅读信息技术安全专家的博客。若发现任何漏洞，则会传递给程序员或攻击者实施漏洞攻击。

- **程序员**——程序员发现漏洞后会编写代码或应用程序来实施漏洞攻击，可能是植入网页中的几行代码在用户访问网站时被下载，也可能是发布病毒对弱点实施漏洞攻击，或者在僵尸计算机上安装应用程序等待僵尸网络发动攻击指令。

- **攻击者**——攻击者会发动漏洞攻击。例如，攻击者在发现 Apache 服务器的新漏洞时，会考虑以华盛顿特区的服务器为目标，那就需要从其他部门获取华盛顿特区运行 Apache 的服务器列表，然后对这些服务器发动攻击。该小组可能会定期发动遗留攻击（legacy attack），虽然大多数系统的最新补丁能够阻止攻击，但若该小组成员发现未打补丁的系统，就会对其发动漏洞攻击。假如对 10000 台计算机发动攻击，即便成功率只有 1% 也会对 100 台计算机实施漏洞攻击。

此类敌对国家安全部门或许是虚构的，但国家之间的网络攻击却并非虚构。有关网络攻击的新闻报道经常出现，其中"极光行动"与"暗鼠行动"是最近的两个例子（见本章前面相关内容）。怎样做才能对敌对国家发动网络战（cyberwarfare）呢？答案就是设计一个类似的部门。

若单个肇事者发动攻击，则会分开实施上述步骤。攻击者投入时间去调查并尽可能了解更多有关目标的信息，编写程序自动实施攻击，但实际的攻击通常都会快速进行。

攻击者通常会把所有的工作时间投入到攻击上，为了高额的金钱回报往往接受每周工作 40 小时以上。他们投入时间去搜寻目标、找出弱点并计划攻击，一旦机会出现，就纵身一跃如同猫头鹰捕猎田鼠一般快速攻击。

2.3.3 发现漏洞和漏洞攻击相关信息的途径

肇事者可通过各种渠道获得有关漏洞及漏洞攻击的信息，其中安全专家之间分享的信息是一个主要渠道。

当然，安全专家撰写有关漏洞攻击的文章或对漏洞攻击的讨论实际上也在引导对手。这种危险导致一些人认为根本不应该去讨论系统的弱点。然而，若没有这样的讨论，系统被攻击时信息技术专家对漏洞则会一无所知。

目前，主流观点是对漏洞的讨论应主要针对漏洞缓解，即不要公开分析利用漏洞发动攻击的详细方法，而是自由分享有关避免漏洞出现的信息。

分享如何避免漏洞出现的信息甚至也会给攻击者提供信息，使他们能够了解系统弱点、发动漏洞攻击。但是，若没有分享减少弱点的方法，那么更多系统将完全暴露在危险之中，这样反而使情况更糟。

下面列出攻击者获取信息的部分渠道：

- **博客**——很多安全专家会定期发布博客介绍自己的新发现，并且在怀疑存在漏洞时经常会通过博客讨论。很多全职安全专家意识到博客读者鱼龙混杂，因此对自己发布的内容很谨慎，并试图不去透露过多信息。
- **论坛**——信息技术和安全专家经常在不同的论坛上分享自己的观点，而且一些用户会通过论坛发布自己不理解的问题，但这些问题会暴露漏洞、造成攻击。
- **安全通信**——很多安全通信定期发送到电子邮箱联系人列表上的所有人。公司会利用通信宣传和推广自己的产品，并提供有价值的内容，包括有关威胁和漏洞的内容，但是即便美国政府发布的通信也会被攻击者利用。本章后面的内容将进一步讨论部分通信的内容，包括如何订阅这些通信。
- **《2600》：黑客季刊**——该刊物可订购或在书店购买纸质版，经常提供可用于漏洞攻击的代码和信息。
- **通用漏洞列表（CVE）**——本章后面将进一步讨论 CVE 的内容。发现漏洞时可提供给 MITRE 公司增加到此列表中，并且该列表会提供有关漏洞的更多信息。
- **逆向工程**——上文所提及的"周二补丁"指微软发布补丁的当日，即每个月的第二个周二，而之后的一天也被部分人称作"周三漏洞"。攻击者经常对补丁通过逆向工程发现漏洞，在了解清楚系统漏洞后攻击这个弱点。

若存在已知漏洞，那么坏人也已获知该漏洞，而这样破坏分子足以对未受保护的系统发动攻击。因而需要保护所有系统，才能确保系统处于受保护状态，牢记这一点很重要。

2.3.4 漏洞攻击的缓解技术

缓解技术可分为几个必要步骤来保护存在漏洞的系统。这些步骤通常统称为**强化服务器**，可以使默认安装的环境更加安全。

可采用以下几种缓解技术保护面向公众的服务器：
- **删除或更改默认设置**——若操作系统或应用中存在任何默认设置，要确保在系统安装后立即删除或更改，如更改默认密码或保护密码。此外，常见的做法是更改管理员账户等特权账户的名称，从而避免被猜出密码。
- **缩小攻击面**——攻击面是指服务器可受攻击的数量。例如，10 台服务器正在运行而实际只需要 7 台，可禁用其中 3 台不需使用的服务器便可缩小攻击面。另外，可除去所有不需要的服务和协议来缩小整体的攻击面，即禁用不需要的服务和删除不需要的协议，因为每个运行的服务和协议都会增加系统的风险，而删除不需要的服务和协议可以在不影响服务质量的前提下降低风险。
- **保持系统的更新**——采用补丁管理系统确保系统安装好补丁，并在补丁发布后尽快安装，从而可以减少攻击者对补丁进行逆向工程并启动攻击的时间。合规审计则可保证所有系统统一安装补丁。
- **启用防火墙**——防火墙可对网络流量进行过滤并用于创建非防护

区（DMZ）的网络缓冲区。此外，还可启用每台服务器上基于主机的防火墙作为附加的保护层。
- **启用入侵检测系统（IDS）**——已启用的 IDS 可检测到攻击并采取措施阻止攻击。
- **启用入侵防御系统（IPS）**——入侵防御系统（IPS）与网络流量共同在线，可检测并阻挡恶意流量，从而避免对内网的攻击。
- **安装杀毒软件**——所有系统（含服务器）在连接到网络之前应安装杀毒软件，并且很多服务器要求使用不同版本的杀毒软件。例如，微软的交换邮件服务器须使用专门版本的杀毒软件，从而对存档的邮件进行检查。

2.3.5 信息技术基础设施漏洞攻击管理的最佳做法

可利用下列最佳做法降低漏洞攻击的风险，其中大多数与基本风险管理实践直接相关：

- **强化服务器**——上节中提到了此方法，其中包含缩小攻击面和保持系统的更新等基本步骤。
- **利用配置管理**——确保系统始终采用统一的安全设置，并利用安全基线确保系统的配置方法相同。安全基线可通过赛门铁克公司的 Ghost 软件等工具创建，也可利用微软的组策略等技术将设置应用到所有系统来实现。实施合规审计可确保系统采用相同的方式配置。
- **实施风险评估**——通过风险评估可了解相关威胁及漏洞，然后确定并评价应对措施。
- **实施漏洞评估**——漏洞评估参见本章上文的描述，也可作为一种最佳的做法来管理漏洞攻击。

2.4 美国联邦政府的信息系统风险管理实践

美国联邦政府采取很多措施帮助企业管理信息技术风险。本节主要讨论了以下几个方面的倡导活动：

- 国家标准与技术研究所（NIST）；
- 美国国土安全部（DHS）；
- 国家网络安全和通信集成中心（NCCIC）；
- 美国计算机应急准备小组（US-CERT）；
- MITRE 公司与 CVE 列表。

图 2-3 显示了这些组织机构之间的相互关系，其中存在两条主要路径，一条归美国商务部管辖，而另一条则隶属美国国土安全部。

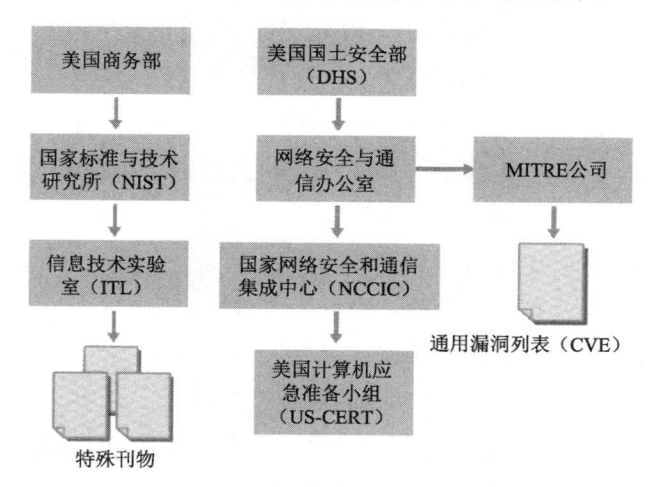

图2-3 美国联邦政府风险管理倡导所涉及的组织关系

国家标准与技术研究所（NIST）直接隶属美国商务部，而其下属机构信息技术实验室（ITL）负责特殊出版物的出版。美国国土安全部下辖网络安全与通信办公室。

国家网络安全和通信集成中心隶属于网络安全与通信办公室，该办公室向民间公司 MITRE 公司提供资助，而 MITRE 公司负责通用漏洞列表的维护，US-CERT 则归 NCCIC 管辖。

2.4.1 国家标准与技术研究所

国家标准与技术研究所（NIST） 属于美国商务部的下属部门，主要负责通过提高测量科学、标准和技术以推动美国创新和技术竞争力。

国家标准与技术研究所（NIST）下辖的信息技术实验室（ITL）负责

制定标准和指南，旨在提高计算机系统的信息安全和隐私。

《特殊出版物 800》（SP 800）系列包括记录 ITL 工作的几类报告，涵盖在计算机安全方面的研究、指导和拓展工作。作为行业、政府和学术组织之间的共同协作成果，SP 800 系列中的很多出版物已经可在网上获取。NIST 已对其中的很多文件进行了修改，而且其编号并非表示当前版本的出版时序。

下面列出其中部分出版物：

- SP 800-153"无线局域网（WLAN）的安全指南"；
- SP 800-124"企业移动设备安全管理指南"；
- SP 800-123"常用服务器安全指南"；
- SP 800-122"个人身份信息（PII）机密性的保护指南"；
- SP 800-121"蓝牙安全指南"；
- SP 800-119"IPv6 安全部署指南"；
- SP 800-115"信息安全检测和评估技术指南"；
- SP 800-100"信息安全手册：管理层指南"；
- SP 800-94"入侵检测和防御系统指南"；
- SP 800-83"台式机和笔记本电脑的恶意软件事件预防及处理指南"；
- SP 800-61"计算机安全事件处理指南"；
- SP 800-55"信息安全的性能测量指南"；
- SP 800-51"漏洞命名计划使用指南"；
- SP 800-50"建立信息技术安全意识培训项目"；
- SP 800-40"建立补丁和漏洞管理项目"；
- SP 800-30"实施风险评估的指南"；
- SP 800-12"计算器安全导论：NIST 手册"。

2.4.2 美国国土安全部

美国国土安全部（DHS）负责保护美国免遭威胁及危机事件，其首要目标是保证美国的安全，保护美国不会遭受恐怖袭击。此外，DHS 还负责应对自然灾害，如飓风和地震。

2001 年 9 月 11 日美国发生恐怖主义爆炸袭击之后，美国国会于 2002

年 11 月通过了《2002 年国土安全法》并依此建立了美国国土安全部。

美国国土安全部下辖众多部门，其中包括：
- 美国特勤处；
- 美国海岸警卫队；
- 美国移民与海关执法署；
- 美国海关和边境保护局；
- 美国联邦应急管理署。

2.4.3 国家网络安全和通信集成中心

国家网络安全和通信集成中心（NCCIC）隶属美国国土安全部（DHS），通过与私人、公共及国际各方共同合作确保网络空间及美国网络资产的安全。

网络安全的职责曾分配到不同部门，而如今 NCCIC 成为各方联系的主要连接点，负责监督以下几个项目：

- **国家网络意识系统**——作为电子邮件提醒系统，允许用户订阅不同类型的电子邮件。
- **美国计算机应急准备小组（US-CERT）执行部**——该部门负责分析与减少网络威胁和漏洞。一旦发现问题，US-CERT 会发布消息并协调事件响应的活动。可参见后续章节了解有关 US-CERT 的更多情况。
- **美国工业控制系统网络应急响应小组（ICS-CERT）**——该小组致力于减少重大基础设施部门的各种风险，包括道路、水源、通信及能源等。

2.4.4 美国计算机应急准备小组

美国计算机应急准备小组（US-CERT）隶属于 NCCIC，主要对网络攻击提供响应支持和实施防御，并向政府的联邦民事行政部门或任何使用.gov 域名的网站提供支持。但是，US-CERT 也与几类组织合作并与之分享资讯，其中包括：

- 国家及当地政府；
- 国际合作方；
- 其他联邦机构；

- 其他公立和私立部门。

US-CERT 获得的信息通过国家网络意识系统与公众分享，其中包括网站、通讯录及简易信息聚合（RSS）通道。

可通过以下链接 http://www.us-cert.gov/mailing-lists-and-feeds/ 订阅 US-CERT 的电子邮件及快讯，并选择以下任何一种或全部订阅源：

- 快讯（Alerts）——快讯涵盖有关当前安全问题、漏洞及漏洞攻击的即时信息。快讯按需发布，并且专为系统管理员和经验丰富的用户编写。可登录 http://www.us-cert.gov/ncas/alerts 查看往期的快讯。
- 公告（Bulletins）——公告总结上一周的安全问题和漏洞，每周发布并且专为管理员和经验丰富的用户编写。可登录 http://www.us-cert.gov/ncas/bulletins 查看往期的公告。
- 当前活动（Current Activity）——提供影响力较高的相关安全活动的信息，根据当前威胁的情况每天或一周发送几次电子邮件。可登录 http://www.us-cert.gov/ncas/current-activity/ 查看往期更新。

2.4.5 MITRE 公司与 CVE 列表

MITRE 公司管理四大联邦政府资助的研究和开发中心（FFRDC），负责为美国政府的各大部门提供研究服务。

MITRE 公司负责维护 CVE 列表，并且作为列表编辑者负责确定编号。美国国土安全部是 CVE 列表的主办部门。

通用漏洞列表（CVE）

CVE 列表广泛收录已知的各种漏洞，若发现新漏洞均可提交进入列表的备选名单。采用标准化的命名和描述是该列表的主要优点。

在 CVE 列表出现之前，某公司可能会把一个问题称作"漏洞 234a"，而另一家公司则会把相同的问题命名为"X42A"。若两家公司均发布有关相同问题的文章，则很难判断所提及的问题之间是否存在差异。

CVE 列表为每个漏洞单独编制的名称采用 CVE-yyyy-nnnn 的格式，其中 yyyy 表示漏洞加入列表的年份，而 nnnn 表示漏洞在该年份中的唯一编号。自 2014 年 1 月 1 日生效以来，列表中的编号已经增加到六位数，而之前仅允许使用四位数，即只有 9999 个 CVE-ID。目前，MITRE 最多可分配

99999 个 CVE-ID。CVE 列表还为每个漏洞提供了简介，并增加了一条或多条参考以便用户了解更多信息。下面以 2013 年加入 CVE 列表的一个漏洞为例：

- **名称**——CVE-2013-1247。
- **简介**——跨站脚本（XSS）漏洞存在于思科初始基础设施（Cisco Prime Infrastructure）的无线配置模块，由于 SSID 在可扩展标记语言（XML）窗口表格显示中未得到正确处理，会允许远程攻击者通过 SSID 注入任意网络脚本或超文本标记语言（HTML），也被称作漏洞 ID CSCuf04356。
- **参考**——URL：http://tools.cisco.com/security/center/content/ Cisco-SecurityNotice/CVE-2013-1247。

NIST 在国家漏洞数据库中使用 CVE 列表中的名称和描述，且 NVD 列表中包含了与 CVE 列表相同的信息，但增加了影响和严重性评分。可登录网页（http://cve.mitre.org/cve/）查看链接，了解出现在 MITRE 的 CVE 列表或 NIST 的 NVD 列表中的 CVE。

信息安全漏洞的命名标准

CVE 列表被视作信息安全漏洞的命名标准，自 MITRE 在 1999 年发布以来便被迅速推广。下面介绍其中几个相关的里程碑事件：

- **2000 年**——超过 40 种产品表示兼容 CVE 列表，并且 29 家组织机构在使用 CVE 列表。
- **2001 年**——超过 300 种产品和服务表示兼容 CVE 列表，并且超过 150 家公司在使用 CVE 列表。
- **2002 年**——NIST 建议美国各个部门使用 CVE 列表，并发布 NIST SP 800-51 "通用漏洞（CVE）列表的使用：漏洞命名计划"。2011 年 SP 800-51 更新并更名为目前的 "漏洞命名计划的使用指南"。
- **2003 年**——启动 CVE 列表兼容性流程，允许产品和服务实现官方兼容状态。
- **2004 年**——美国国防情报系统机构（DISA）要求使用具有 CVE 列表识别符的产品。
- **2007 年**——NVD 对基于 CVE 列表的数据库实施了数项升级，提供了可用性并改进了评分系统。自此，很多机构开始采用 NVD 列表，并已将 CVE 列表作为一种标准来使用。

FBI/SANS 的"20 项最严重互联网安全漏洞列表"也参考了 CVE 列表。

本章小结

威胁始终存在且永远无法消除，可以降低威胁造成危害的可能性，或降低威胁的影响，而非威胁本身。但是，可以采取各种措施减少漏洞，其中最重要的是减少可能会形成"威胁/脆弱性配对"的漏洞。一旦发现可能存在"威胁/脆弱性配对"，则应实施缓解技术。

美国联邦政府提供了很多有关组织机构管理风险的资源，而且国家标准与技术研究所（NIST）已经出版了几类特殊出版物。SP 800 系列包含了很多针对信息技术安全的出版物。美国国土安全部也有很多针对信息技术安全的下属部门。信息技术和安全专家均可以免费获得这些资源。

Chapter 3
第 3 章 合规性的依据

目前已有与信息技术系统保护相关的大量法律法规颁布实施，需要公司遵守自身适用的法律，其中第一步便是了解法律的规定。由于我们并非要成为专业律师，所以只须了解相关法律的基本规定。

确定所适用的法律法规之后，可继续深入以确保组织机构符合规定。无论合规性的代价有多大，都不会超过动辄几十万美元的罚款，也不会比因违规触犯法律更严重。

3.1 美国合规性法规

美国现有的众多法律与信息技术相关，因此，受到法律影响的公司须遵守此类法律，而这通常被称作"合规性"。

很多组织机构通过实施内部计划，确保符合相关法律法规的规定，而这些计划通常须使用内部审计。另外，也会使用认证和认可计划，而在法律规定必须合规时，经常会实施外部审计。这些外部审计提供第三方认证以证明当前已满足要求。

法律领域有句古老的谚语，"无知不能作为（违法的）理由"。换言之，违反法律后随便说句"我不知道"是行不通的。这句话也适用于任何组织，因此各个组织必须了解哪些法律法规与之相关。

虽然并非要成为法律方面的专家，但经理或主管应知道存在这些法律，能够将任何相关的法律法规加入到合规计划中以便进行更详细的检查。

本节介绍以下几种美国法律：

- 《联邦信息安全管理法案》（FISMA）2002 年；
- 《健康保险携带与责任法案》（HIPAA）1996 年；
- 《格雷姆·里奇·比利雷法案》（GLBA）1999 年；
- 《萨班斯·奥克斯利法案》（SOX）2002 年；
- 《家庭教育权利和隐私权法案》（FERPA）1974 年；
- 《儿童互联网保护法案》（CIPA）2000 年。

3.1.1 联邦信息安全管理法案

《联邦信息安全管理法案》（FISMA）于 2002 年通过，旨在确保联邦机构保护自身数据并向联邦机构分派具体职责。

各大机构主要负责以下工作：

- **保护系统与数据**——机构领导对本机构的所有系统及数据负责。
- **遵守《联邦信息安全管理法案》的全部规定**——该法案详细介绍了有关系统及数据的保护方法，包括盘点系统，通过风险评估进行系统及数据分类，根据风险等级实施各种安全控制，并实施系统认证和认可流程。
- **保障全部流程的安全**——在整个机构实施安全工作，并通过连续监控确保系统安全。

该法案要求实施年检并由机构每年对自身计划进行独立评价以确定计划的有效性，具体包括：

- **有效性测试**——由于评价时没有测试任何策略、规程及实践，需对其进行测试。但只须对一个代表性样本进行测试，且该样本应为真实样本。
- **评估或报告**——报告明确机构的合规情况，阐明对照 FISMA 的合规性，以及对照其他标准和指南的合规性。

3.1.2 健康保险携带与责任法案

《健康保险携带与责任法案》（HIPAA）于 1996 年通过，旨在保护健康信息数据。在该法案通过之前，任何人均可获取个人医疗信息。由于数据安全保护方面的疏忽，经常造成数据滥用。

2010/2011 年度 CSI 计算机犯罪与安全调查给出了信息技术安全方面存在的多项发展趋势，其中部分数据证明了该法案的影响。下列数据是根据调查对象的情况得出的：
- 只有 6.6%从事健康服务业；
- 51%以上必须遵守该法案；
- 该法案的应用超过任何其他单项法律或法规。

需要处理健康信息的组织机构适用于《联邦信息安全管理法案》。这使得明确健康信息的定义尤为重要。该法案将健康信息定义为具有以下特征的数据：
- 通过以下机构创建或获得：
  - 医疗保健服务供应方；
  - 医疗保健计划机构；
  - 公共卫生行政部门；
  - 雇主；
  - 人寿保险公司；
  - 学校或大学；
  - 医疗保健信息交流中心（clearinghouse）。
- 与个人健康状况相关的信息，包括：
  - 以往、现在或将来的健康状况；
  - 个人身体健康、精神健康情况；
  - 以往、现在或将来的医疗保健支付情况。

该法案标题 II 中的"简化管理"章节规定了对信息技术的要求和标准，具体包括：
- **安全标准**——处理健康信息的各个组织机构必须对信息进行保护，而组织机构也必须保护信息处理系统，包括创建、接收或发出的任何健康数据。具体使用以下方面的标准：
  - 数据存储；
  - 数据使用；
  - 数据传播。
- **隐私标准**——未经患者明确同意，不得与他人共享数据。在医生办公室或医院，病人可能需要签署一份同意表格，其中说明了为保证其健康信息的隐私所采取的措施。

- **处罚**——若未遵守规则会遭到下列处罚：
  - 过错——每次发生可处罚款 100 美元，每年因过错所产生罚款总额最高 25000 美元。
  - 故意获取或发布数据——最高可处罚款 50000 美元并监禁 1 年。
  - 以欺诈方式获取或披露数据——最高可处罚款 100000 美元并监禁 5 年。
  - 因个人利益或恶意伤害而获取或披露数据——最高可处罚款 250000 美元并监禁 10 年。

若组织机构中涉及《联邦信息安全管理法案》适用的数据，则必须先编制计划。图 3-1 中列出了该法案合规计划的编制流程：

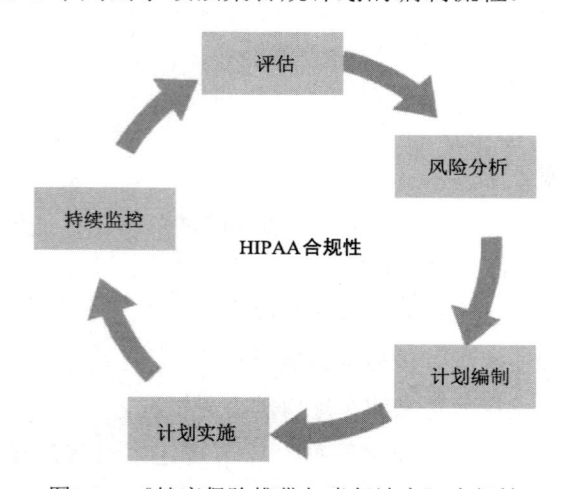

图3-1 《健康保险携带与责任法案》合规性

- **评估**——评估有助于明确组织是否适用于该法案。若适用，则应确定所需保护的数据。
- **风险分析**——风险分析有助于确定风险，并要求分析组织机构处理数据的方式。例如，仅存储数据，或通过电子形式传输数据。
- **计划编制**——确定风险后需要编制计划，其中包括减少风险的各种方法。

- **计划实施**——将计划付诸实施。
- **持续监控**——需持续监控以实现深度安全,包括法规修改的监控、风险变化的监控及确保计划持续使用的监控。
- **评估**——实施定期审核以保证组织机构继续合规。

3.1.3 格雷姆·里奇·比利雷法案

《格雷姆·里奇·比利雷法案》(**GLBA**),也称作《金融服务现代化法案》,该法案于 1999 年通过,其涵盖范围广,主要规定了金融与保险机构合并的方法。

然而,信息技术安全涉及了该法案中的两个部分,且其规定适用于美国境内的金融机构,具体包括:

- **金融隐私规则**——该规则要求公司告知客户自身所采取的隐私措施,如银行及信用卡公司发出的公告,解释其如何采集和共享数据。
- **保障规则**——公司必须具有安全计划以保护客户的信息,应通过计划确保未经授权不得发布数据,并且保证数据的完整性。公司负责保证采用了风险管理计划,并且全体员工必须接受有关安全问题的培训。

3.1.4 萨班斯·奥克斯利法案

《萨班斯·奥克斯利法案》(**SOX**)于 2002 年通过,适用于公开交易的任何公司。专门规定主管和董事会成员应对财务数据负责。如果数据不准确,则可能会面临罚款和监禁的惩罚。

该法案旨在减少诈骗行为。由于个人需对自身行为负责,有义务确保所汇报数据的准确性。而首席执行官(CEO)与首席财务官(CFO)则必须满足以下要求:

- 确认财务报表的准确性;
- 证实报表的准确性。

该法案的大多数规定并非直接适用于信息技术领域,然而第 404 节中部分规定与该领域直接相关。第 404 节涉及了数据的准确性,要求公司通过内部控制来保护数据。

第 404 节还要求内部及外部审计员出具报告确认合规情况。而对很多公司而言，审计成本属于该法案带来的最大影响。

3.1.5 家庭教育权利和隐私权法案

《家庭教育权利和隐私权法案》（FERPA）于 1974 年通过，至今已经至少经过九次修订。该法案旨在保护学生记录的隐私，包括教育数据及健康数据。

该法案适用于得到美国教育部资助的所有学校，其中包括：

- 所有州立或当地教育机构；
- 所有高等教育机构；
- 所有社区大学；
- 所有提供学前教育计划的学校或机构；
- 所有其他教育机构。

FERPA 授权 18 周岁以下学生的父母可检查学生记录并要求纠正错误，而学生年满 18 周岁后也享有此权利。

学生的全部个人可识别信息（PII）必须受到保护，而学校通常在发布 PII 时须获得父母或学生的允许。

另外，还存在几种例外情况可直接访问或发布 PII：

- 部分学校官员可查阅记录；
- 如果学生转学，可将数据转发给新学校；
- 获得部分类型的经济资助时可将数据转发；
- 认证机构可访问数据；
- 法院需要时可访问数据；
- 发生健康和安全紧急情况时可访问数据。

3.1.6 儿童互联网保护法案

《儿童互联网保护法案》（CIPA）于 2000 年通过，专为限制学校和图书馆的计算机访问不当内容而制定。任何接受 E-Rate 计划资助的学校或图书馆适用于该法案。

该法案要求学校与图书馆均遵守以下规定：

- 阻止或过滤对以下图片的互联网访问：
  ◇ 淫秽图片；
  ◇ 儿童色情图片；
  ◇ 对未成年人有害的图片（如未成年人可以使用计算机）。
- 采用并实施未成年人在线活动监控策略。
- 实施互联网安全策略以处理以下问题：
  ◇ 未成年人访问不当内容；
  ◇ 未成年人使用电子邮件及聊天室的安全保障；
  ◇ 越权访问；
  ◇ 未成年人在线违法活动；
  ◇ 未成年人个人信息被未授权使用；
  ◇ 限制未成年人访问有害内容的措施。

上述有些词汇可能很难定义，如"淫秽"或对未成年人有害。因此该法案增加了定义章节，明确注明其他美国法规中定义了这些词汇的具体章节。

利用代理服务器限制访问

大多数组织机构使用代理服务器作为互联网访问的网关。组织机构通过配置自身的计算机使用代理服务器之后，代理便会收到请求并从互联网提取网页，然后将网页提供给客户端。

代理服务器提高了对客户端的服务水平，并可用于过滤内容。如组织机构不希望员工访问具体内容，代理服务器可阻止对具体网站发出请求。

第三方公司根据内容保留网站列表，然后将此类列表的订阅出售给有需要的组织机构。例如，公司可能想要限制从工作计算机访问赌博网站，则可购买赌博网站列表并安装到代理服务器，从而阻止任何试图访问这些网站的行为。

代理服务器还能够记录用户尝试访问未经批准的网站。当网站被阻止时，用户通常会看到这样的信息："警告：依据可接受的使用策略限制访问该网站。您的网络活动正受到监控。"

> 与之类似，学校或图书馆可使用代理服务器过滤内容，而这是一项易于获得和实施的技术。

《儿童互联网保护法案》遭受了来自言论自由方面的挑战。2003 年 6 月，美国最高法院表示遵守该法案，并于 2004 年初要求美国所有图书馆均遵守该法案。据此，预计所有接受 E-Rate 计划资助的学校或图书馆均须遵守该法案的规定。

3.2 合规性的管理机构

除了法律以外，美国根据几项法规建立了不同的机构，而其中大部分属于联邦机构。

部分机构对大部分公司的信息技术倡导产生直接影响，而其他机构仅与从事具体活动的公司相关。本节所涉及的组织机构包括：

- 美国证券交易委员会（SEC）；
- 联邦存款保险公司（FDIC）；
- 美国国土安全部（DHS）；
- 美国联邦贸易委员会（FTC）；
- 州总检察长（AG）；
- 美国总检察长（U.S. AG）。

3.2.1 美国证券交易委员会

美国证券交易委员会（SEC）是一个联邦机构，负责证券业的监管，包括证券的出售或交易。证券包括股权、债券和期权。

如果公司参与证券的销售或交易，应注意遵守以下法律：

- 《1933 年证券法》；
- 《1934 年证券交易法》；
- 《1939 年信托合同法》；
- 《1940 年投资公司法》；
- 《1940 年投资顾问法》；

- 《2002 年萨班斯·奥克斯利法案》；
- 《2010 年多德·弗兰克法案》。

以上法律很多也适用于上市公司，即股票可在投资人以外市场买卖的公司。

3.2.2 联邦存款保险公司

联邦存款保险公司（FDIC）是一个成立于 1933 年的联邦机构，主要负责提高对美国银行的信心。20 世纪 20 年代和 30 年代早期造成经济大萧条的银行破产直接导致联邦存款保险公司的出台。

联邦存款保险公司提供保险使得银行资金得以确保，储户在银行破产时也不至于失去存款，从而避免出现银行挤兑的情况（银行挤兑是指众多储户涌入银行提取存款）。

目前，每位储户得到保险的资金可达 25 万美元。美国国家信用社管理局（NCUA）负责信用社的保障，被保险资金也可达 25 万美元。

3.2.3 美国国土安全部

美国国土安全部（DHS）是一个联邦机构，负责保护美国免遭恐怖袭击并负责对自然灾害做出响应。

2002 年，美国因 2001 年 9 月 11 日发生恐怖袭击而成立了美国国土安全部，其中几个部门与信息技术相关，具体包括：

- 网络安全和通信办公室；
- 国家网络安全和通信集成中心（NCCIC）；
- 美国计算机应急准备小组（US-CERT）。

3.2.4 美国联邦贸易委员会

美国联邦贸易委员会（FTC）是一个成立于 1914 年的联邦机构，其主要目标是促进对消费者的保护，但近年来已经发生一些变化。

美国联邦贸易委员会成立时的主要目标是避免出现不公平的竞争，而当时存在很多特定的托拉斯（Trusts）经常会造成反竞争行为，比如：

- 商业垄断

- 限制交易
- 固定价格

该委员会成立后所实施的众多措施之一便是"消除托拉斯"。多年后，美国国会已通过几项消费者保护法律，由该委员会负责实施并向其授权处理消费者保护及不公平竞争的问题。

曾经的托拉斯已不复存在，但该委员会仍然继续存在，并将注意力转移到促进消费者保护方面。

图 3-2 列出了美国联邦贸易委员会的组织结构，其下辖三个局分别负责下列工作：

- **消费者保护局**——该局负责保护消费者免遭不公平、欺诈或欺骗行为，并实施各种消费者保护法律及贸易法规的规定。
- **竞争局**——该局负责该委员会的反托拉斯工作，并避免出现反竞争行为，包括反竞争合并和反竞争商业行为。
- **经济局**——该局协助该委员会评价其措施所产生的影响，针对不同调查实施经济分析，并评价政府法规所产生的经济影响。

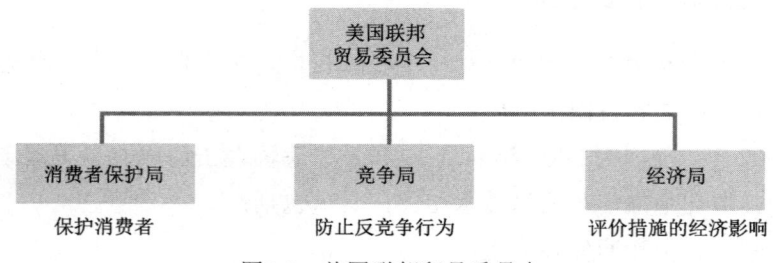

图3-2 美国联邦贸易委员会

美国联邦贸易委员会还建立了几个支持办公室，负责向该委员会提供支持的额外工作。

3.2.5 州总检察长

美国各州均有一名州总检察长（AG），为该州法律事务的主要顾问，并且很多州的州总检察长同时也担任首席执法官。虽然各州均有一名州总检察长，但其具体职责在各州之间存在差异。例如，部分州的州总检察长负责具体的信息技术事务，如避免身份失窃。

下面列出州总检察长所承担的部分职责：
- 代表本州处理所有法律事务；
- 维护本州的各项法律；
- 向本州的各大机构提供法律建议；
- 以首席执法官的身份实施犯罪调查并起诉罪犯；
- 审核本州的所有契约、租约及合同；
- 打击身份失窃及网络诈骗以保护消费者；
- 提出有关立法的建议。

部分州的州总检察长经选举产生，而其他州则由州长或其他州政府官员委派。

3.2.6 美国总检察长

美国总检察长（U.S. AG） 为美国司法部的主管，由美国总统提名。美国司法部的具体职责包括：
- 实施法律；
- 根据法律保障美国利益；
- 确保公众安全免遭威胁；
- 在犯罪防控中起到联邦领导的作用；
- 对证实存在违法行为的人士提出具体惩罚；
- 确保所有美国人享有公平公正权利。

授权委托书

向任何个人授予具体权利时，可同时提供一份授权委托书，例如，可向朋友出具授权委托书尤其负责出售自有车辆，然后朋友便可合法代理出售此车辆。

此外，也可能出具全权委托书，允许个人代表他人处理任何法律问题。对于精神上无自主行为能力的人，有时可采用全权委托书。

州总检察长有权在所有法律事务中代表本州，这与使用全权委托书的情况类似，可将州总检察长视为获得该州全权委托书的人。

美国总检察长采取的众多措施属于信息技术的范围，例如，其于 2010 年 2 月宣布成立的知识产权任务组。公司、机构和政府通常会使用知识产权系统和网络传递数据，旨在应对国家及国际层面的知识产权犯罪。众多政府领导人均认为知识产权的窃取会对经济造成严重危害。

3.3 合规性的组织机构政策

组织机构通常会实施各种政策确保遵守各类法律法规，其中涉及多种规定，但在本章中最重要的规定则是信托责任。

受托人（fiduciary）指存在信托关系、接受信托为他人持有资产的人士，且该受托人的行为应为对方的最大利益服务，并避免出现利益冲突。

向受托人授予信托时信托关系便成立，这将涉及两个独立的实体。信托责任可能以多种形式存在，下面列出其中的几种形式：

- **律师与客户**——客户委托律师为自身的最大利益服务。
- **首席执行官与董事会**——董事会委托首席执行官为公司的最大利益服务。
- **股东与董事会**——股东委托董事会为自身的最大利益服务。

信托关系涉及大量的信托，因此受托人须采取额外的措施支持信托，而其中的两个措施是尽职调查和应有关注，具体如下：

- **尽职调查**——受托人投入合理的时间及工作识别风险，对风险进行调查直到理解为止，若未实施尽职调查则被视为失职。
- **应有关注**——若已知存在风险，受托人须采取合理措施规避风险，若对资产保护未给予应有关注也会被视为失职。

实施应有关注和尽职调查并不意味着能够消除所有风险，而是使剩余风险处于可接受的水平，这也被称作可接受风险。

受托人需要理解并权衡各种风险，并在实施应有关注和尽职调查之后，不使自己处于被人指责为行事草率或疏于职守的境地。

组织机构政策中还存在其他的规定，具体包括：

- **强制休假**——员工需至少每年连续休假五天。强制休假旨在减少欺诈或挪用公款的现象。因为员工被要求去休假时便由其他人履行其职务，从而增加发现违法行为的可能性。
- **岗位轮换**——员工需与其他工作岗位轮换。如果员工被调到新的工作岗位，则经常会审核并检查过去发生的交易，这种监督会发现可疑行为。岗位轮换有助于避免或减少欺诈行为的发生，也可通过交叉培训（cross-training）的方式提高员工的技能。
- **职责分离**——确保整个流程不会为个人所控制，可避免发生欺诈、偷窃和错误，同时也可避免出现利益冲突。
- **可接受使用**——可接受使用策略（AUP）规定了信息技术和数据有哪些可为人们接受的使用方式。组织机构经常在雇用员工时告知其数据的使用情况，并时常通过标志和登录屏幕，将这些策略向工作人员给予提醒。

3.4 合规性的标准与指南

安全评估和改善可利用不同的标准和指南，其中大部分属于可选规定，但部分属于特殊领域的强制规定。例如，使用特殊信用卡的商户须遵守 PCI DSS 的规定。

本节介绍以下各项标准和指南：
- 支付卡行业数据安全标准（PCI DSS）；
- 国家标准与技术研究所（NIST）发布的标准和指南；
- 普遍接受的信息安全准则（GAISP）；
- 信息及相关技术控制目标（COBIT）；
- 国际标准化组织（ISO）发布的标准和指南；
- 国际电工委员会（IEC）发布的标准和指南；
- 信息技术基础设施库（ITIL）；
- 能力成熟度模型集成（CMMI）；
- 国防部信息保障认证认可流程（DIACAP）。

3.4.1 支付卡行业数据安全标准

《支付卡行业数据安全标准》（**PCI DSS**）是一个国际安全标准，旨在提高信用卡数据的安全。该标准由 PCI 安全标准协会通过几大信用卡公司所提供的数据编制，其中包括：

- 美国运通公司（American Express）；
- 发现金融服务公司（Discover Financial Services）；
- JCB 国际公司（JCB International）；
- 万事达卡国际组织（MasterCard Worldwide）；
- Visa 国际组织（Visa Inc. International）。

若窃贼获得某些数据可能导致欺诈，因此该标准旨在阻止信用卡数据的窃取，其中重要数据包括：

- 姓名；
- 信用卡号；
- 到期日期；
- 安全码。

若窃贼获取上述所有信息，则很容易导致盗用发生。

通常情况下，数据会在商户之间通过销售点的设备进行无线传输，并从商户的计算机传输到认证机构。因此在传输中可能随时被截取，若未经加密则很容易读取。

例如，2005 年 7 月到 2006 年 12 月期间近 1 亿张信用卡的数据通过一家大型零售连锁店被截取，给 Visa 卡造成将近 8300 万美元的损失，导致数百万消费者起诉这家零售公司，而且发行这些信用卡的多家银行也同时起诉该零售商。如果采取了一些基本安全措施，便可以避免发生上述问题。

信用卡数据危险行为

PCI 安全标准协会报告指出很多组织的信用卡数据遭受了不必要的风险。组织在存储信用卡数据时可能遭遇数据失窃，但通常并不需要存储这些数据。

假如零售商发生了信用卡交易，则需要用户名、卡号和到期日期，并提供这些数据用以确认。零售商只需要保留交易的金额及批准编号，因此可删除其他数据，但若保存所有数据则会产生风险。

2007年，弗雷斯特咨询公司（Forrester Consulting）受委托对美国及欧洲的业务实施PCI合规调查，并在调查中发现以下情况：

- 81%存储了信用卡号；
- 73%存储了信用卡到期日期；
- 71%存储了信用卡验证码；
- 57%存储了卡磁条中的数据；
- 16%存储了其他个人数据。

隐私权信息交流中心（Privacy Rights Clearinghouse）指出，2005年超过2.34亿条记录被泄露，而这些敏感数据会被用于窃取身份，也可被频繁用于信用卡。

另一方面，不存储这些数据对业务也不会造成损害，因此很多商户无须存储这些信息，可在单次交易时获取数据并在交易完成后立即销毁数据。

PCI DSS建立在六项原则上，其中每个原则均提出一个或两个要求。具体的原则和要求如下：

- **建立并保持安全网络**

要求1：安装和维护防火墙。

要求2：不得使用默认设置，如默认密码。

- **保护持卡人的数据**

要求3：保护存储的数据。

要求4：加密传输。

- **维持漏洞管理计划**

要求5：使用并更新杀毒软件。

要求6：建立和维护安全系统。

- **实施强硬的访问控制措施**

要求7：限制对数据的访问。

要求8：每个用户使用独一无二的登录信息，不得共享用户名及密码。

要求9：限制物理访问。

- **定期检查并测试网络**

要求10：跟踪并监控所有对系统和数据的访问。

要求 11：定期实施安全测试。
- **保持信息安全策略**

要求 12：保持安全策略。

使用信用卡的商户需遵守《支付卡行业数据安全标准》的规定，并且其合规情况应受收单机构（acquirer）的监控，该机构是负责验证交易的公司。

符合《支付卡行业数据安全标准》规定在图 3-3 中表示为一个连续过程，可分为以下三个步骤：

- 评估——商户清点信用卡数据所使用的信息技术资产和流程，并确定现有的持卡人数据，然后分析这些数据和流程找出漏洞。
- 纠正——商户纠正所存在的漏洞，并只有在必要时才存储数据。
- 上报——商户提交合规报告给收单银行（acquiring bank）。

此流程可在不同的时间重复进行。

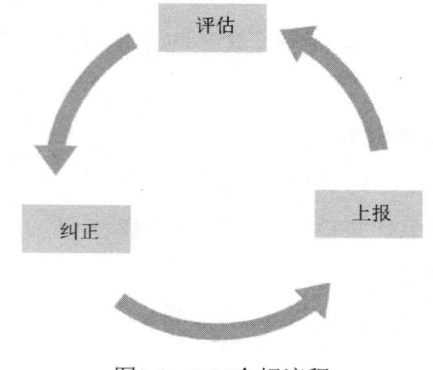

图3-3　PCI合规流程

虽然符合《支付卡行业数据安全标准》的合规性有助于避免损失，但并非万无一失。例如，2013 年末攻击者在对塔吉特公司（Target Corporation）的一次大规模攻击中窃取了 4000 万名客户的信用卡数据，并且同时窃取了超过 7000 万客户的个人信息，而在发生此次攻击时，塔吉特被认证为符合《支付卡行业数据安全标准》的规定。在这一次攻击中，尼曼百货（Neiman Marcus）也丢失了 110 万张信用卡信息。然而其首席信息官 Michael Kingston 曾表示公司的安全措施超过该安全标准。

某次支付卡行业数据安全标准的调查可能会暴露在这些公司认证过程

中该安全标准评估所忽略的一个问题，即该安全标准已经追溯取消了支付卡行业的合规性，因而使这些公司宣称"支付卡行业合规的组织机构从来没有发生过信息泄露"。但很多安全专家建议要更新该项安全标准。

3.4.2 国家标准技术研究所发布的标准和指南

国家标准与技术研究所（NIST）是美国商务部的一个部门，承担着推进美国创新和竞争力的任务。

国家标准与技术研究所下辖的信息技术实验室（ITL）负责制定与信息技术相关的标准和指南，并以前缀 SP 的特殊出版物形式发布。例如，在研究风险管理时 SP 800-30 "实施风险评估的指南"便是很有价值的文件。

SP 800-30 共分为三章：

- 引言——该章简要介绍了文件的目标并指出部分参考文件。
- 基本原理——该章讨论了风险评估的重要性，包括很多重要风险词汇的含义，并提供了风险评估所使用的几种模型。
- 流程——该章介绍了风险评估的流程，包括如何准备风险评估及如何实施评估，并且详细介绍了实施六大风险评估工作的方法。这些评估工作包括：
  - 识别相关威胁源。
  - 识别与威胁源相关的潜在威胁事件。
  - 识别会被利用发动漏洞攻击的漏洞威胁。
  - 确定威胁发生并成功克服的可能性。
  - 确定威胁造成漏洞攻击时的负面影响。
  - 确定可能性与影响共同造成的风险。

3.4.3 普遍接受的信息安全准则

《普遍接受的信息安全准则》（GAISP）属于比较早期的标准，是 1992 年所编制的《普遍接受的系统安全准则》（GASSP）的更新版本。

《普遍接受的信息安全准则》于 2003 年 8 月发布第三版，并为信息系统安全协会（ISSA）所采用。但目前 ISSA 的网站不再提及该安全准则，而且其网站 gaisp.org 也不再维护。

《普遍接受的信息安全准则》分为两大部分：
- **普遍准则**——提供常规指南的准则，旨在形成并维持信息安全。
- **广泛功能性准则**——从常规准则所衍生的准则，针对信息安全（IS）的广泛目标。

3.4.4 信息及相关技术控制目标

信息及相关技术控制目标（COBIT） 是一整套较好的做法，适用于信息技术管理及信息技术治理。**信息技术治理（ITG）** 指确保信息技术资源使得组织机构实现自身目标的过程，而这些过程有助于保证资源的有效性和效率。信息及相关技术控制目标有助于将业务目标与信息技术目标关联起来。

信息技术治理协会（ITGI）与信息系统审计与控制协会（ISACA）共同合作编制了该项控制目标，但目前在文件中仅使用其缩写。可登录ISACA 的网址 http://www.isaca.org/cobit/pages/default.aspx，获取更多免费的 COBIT 资源。

2012 年，ISACA 发布 COBIT 5，其中融合了 COBIT 4.1 的内容并增加了额外的框架，但部分组织机构仍在使用 COBIT 4.1。

COBIT 5 的总目标是从信息技术资源中获取最大的价值，而组织机构需要在保持收益、风险和资源使用之间的平衡。COBIT 5 基于五项原则和七项促成因素（Enabler），基本上适用于任何规模的组织机构。

具体的五项原则如下：
- **满足利益相关方的需求**——利益相关方指受到活动影响的任何实体。这种情况下，典型的利益相关方是能够从信息技术资源获益的决策者。
- **涵盖整个企业**——包含了所有负责的区域。
- **应用单个集成框架**——COBIT 5 采用单个集成框架，避免因多个框架造成冲突。
- **实现整体效果**——确保组织机构作为一个整体来对待。
- **区分治理与管理**——治理包括评价、指导和监控，而管理包含计划、建造、运行和监控。

图 3-4 列出了信息及相关技术控制目标的七项促成因素，具体如下：

- **原则、政策与框架**——可将所需的行为转变成实践指南。
- **流程**——指组织机构内部实施的实践和活动。流程有助于组织实现与信息技术相关的目标。
- **组织结构**——指做出重要决策的实体,而很多组织利用组织结构图来定义。
- **文化、伦理和行为**——这些因素决定了能否成功,并且涵盖个人及整个组织。
- **信息**——组织依靠准确的信息,而这也适用于运营和治理。
- **服务、基础设施和应用**——组织依靠信息技术处理及这些因素所提供的服务。
- **人员、技能和能力**——这些促成因素决定了活动能否成功完成。

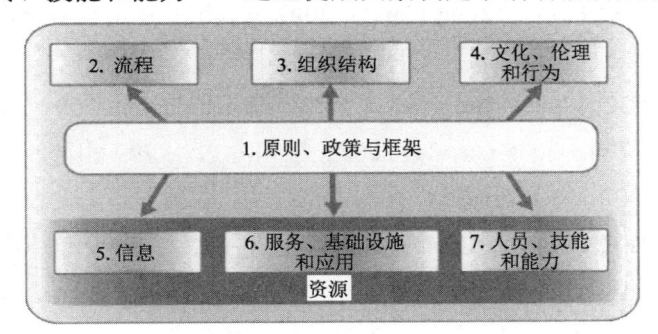

图3-4 信息及相关技术控制目标的七项促成因素

资料来源:COBIT 5 风险 ©2013 ISACA 版权所有,上图经许可使用。

3.4.5 国际标准化组织发布的标准和指南

国际标准化组织(ISO)负责制定并发布标准,拥有来自 164 个国家的成员,总部位于瑞士日内瓦。

ISO 与国际电工委员会(IEC)合作发布了很多 ISO/IEC 标准,但通常会见到以 ISO 为这些标准的缩写编号。例如,ISO/IEC 27002 标准经常缩写为 ISO 27002。

ISO 已经发布了很多与风险及信息技术相关的标准,其中三项重要标准如下:

- ISO 27002《信息技术—安全技术》;

- ISO 31000《风险管理原则与实施指南》；
- ISO 73《风险管理术语》。

可通过网站 http://www.iso.org 购买上述标准文件。

ISO 27002《信息技术—安全技术》

ISO 27002 包含了一整套用于安全管理的指南和原则，其最新版本为 ISO 27002：2013。该标准从英国国家标准（BS）7799 发展而来，已经成为广为认可的标准。

ISO 的编号多年来一直在发生变更，具体如下：

- **ISO/IEC 17799：2000**——该文件的第一个 ISO 版本号。
- **ISO/IEC 17799：2005**——此版本更新自 ISO/IEC 17799:2000。
- **ISO/IEC 17799：2005/Cor 1：2007**——此版本是其中一项更正后的文件。
- **ISO/IEC 27002：2005**——此版本涵盖 ISO/IEC 17799：2005 和 ISO/IEC17799：2005/Cor 1：2007，其内容与 17799 相同，但编号变更为 27002。
- **ISO/IEC 27002：2013**——此版本进行了重大更新，但大多数变更是内容的移动和重新编号。

组织可通过两个步骤获得 ISO 27002 认证，实施具体的最佳做法，然后由外界评价其实践。

上述最佳做法涉及以下方面：

- 安全策略；
- 信息安全的组织机构；
- 资产管理；
- 人力资源安全；
- 物理和环境安全；
- 访问控制；
- 事件管理；
- 业务持续性；
- 合规性。

ISO 31000《风险管理原则与实施指南》

ISO 31000：2009 提供了风险管理的基本指南，但并非针对任何具体的行业或部门。换言之，该标准不仅仅适用于信息技术。

组织机构可在整个全寿命周期中始终采用这些原则与指南，并可将之应用于任何类型的风险。

ISO 31000 不存在认证流程，即存在 ISO 27002 认证的组织机构，但不存在 ISO 31000 认证。

ISO 31000 的两个补充文件如下：
- ISO 73《风险管理术语》；
- IEC 31010 《风险管理—风险评估技术》。

ISO 73《风险管理术语》

ISO 73：2009 提供了与风险管理相关的词语列表，旨在对风险管理中使用的词语给出常用定义。

该标准中的定义可供以下人员使用：
- 负责风险管理的人员；
- 参与 ISO 和国际电工委员会活动的人员；
- 制定其他风险管理标准和指南的人员。

ISO 73 参照了 ISO 31000：2009 有关风险管理的原则和指南，而且 ISO 73：2009 与 ISO 31000：2009 同步发布。

3.4.6 国际电工委员会发布的标准和指南

国际电工委员会（IEC）是一个国际标准化组织，负责电力、电子和相关技术的标准编制及发布。

该委员会的总目标如下：
- 满足全球市场的要求。
- 确保自身标准得到最大程度使用。
- 评估并改进自身标准所涵盖的产品与服务。
- 协助实现各种系统的互用性。
- 提高流程的效率。

- 协助改善人身健康及安全。
- 协助环境保护。

该委员会已发布了 IEC 31010《风险管理—风险评估技术》，作为 ISO 31000 的支持标准。

3.4.7 信息技术基础设施库

信息技术基础设施库（ITIL）是由英国商务部（OGC）编制的书面文件集，自 20 世纪 80 年代发布以来经过多次改进和完善。2011 年 7 月，英国商务部发布 ITIL 2011 取代 ITIL 2007（原编号 ITIL v3），但两者之间的差异非常小，只是在使表述更为清晰等方面做了更新。

在英国，一些使用信息技术的公司获得成功，而其他利用类似技术的公司却正在衰亡。记录这些差异是信息技术基础设施库的各项目标之一，而在其早期版本中确认了各种最佳的做法，均是在众多组织机构中成功实施并经证实可行的活动或流程。

后来，信息技术基础设施库将"最佳的做法"更名为"较好的做法"。较好的做法是经证实并被普遍接受的实践。并非每个组织机构中均需要这类实践，但应在可能的情况下采取较好的做法。信息技术基础设施库建议了几种较好的做法的应用框架，其中两个框架如下：

- 《信息及相关技术控制目标》（COBIT），具体见本节上文论述。
- 能力成熟度模型集成（CMMI），具体见本节下文论述。

ITIL 2011 涉及英国商务部发布的五份书面文件，主要针对信息技术基础设施库的全寿命周期。

五份书面文件具体如下：

- **信息技术基础设施库服务战略**——该文件帮助组织确定其应该提供的服务。
- **信息技术基础设施库服务设计**——该文件详细介绍了如何实施所确定的服务。
- **信息技术基础设施库服务转换**——该文件主要介绍各种服务，以及对服务进行的修改或变更。大多数公司均已清楚如果没有管理好变更会导致系统崩溃，因此对于很多公司而言变更管理非常重要。

- **信息技术基础设施库服务运营**——该文件主要针对各项日常运营。
- **信息技术基础设施库持续服务改进**——该文件介绍了服务改进常用活动的各种方法。

图 3-5 列出了信息技术基础设施库全寿命周期中五个阶段之间的关系。信息技术组织机构实施并管理的任何服务均会经历这几个阶段，并且每个阶段均存在不同的问题和要求。

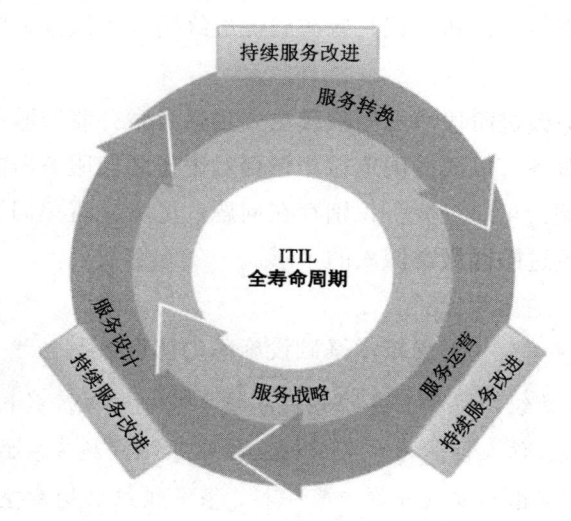

图3-5 信息技术基础设施库的全寿命周期

以电子邮箱的服务提供为例，假设公司将外部购买的电子邮箱服务更换成内部自有电子邮箱服务器，公司应实施信息技术基础设施库的全寿命周期过程，具体如下：

- **服务战略阶段**——评价服务以确定对组织机构是否有价值。电子邮箱能够提高销售，并通过更为便利的沟通提高生产力。若确定内部电子邮箱能够带来价值，则继续进入下一阶段。
- **服务设计阶段**——信息技术设计组织内部将采用的服务。在此阶段，需设计电子邮箱方案。如采用微软的 Windows 域，则设计一个微软交互（Microsoft Exchange）方案。此外，还需明确增加多少个服务器，以及为支持这些服务器所需对网络进行何种变更。
- **服务转换阶段**——该阶段需增加和修改服务,包括删除过期的服务,并保证转换过程不会造成中断。例如，增加一个微软交换电子邮箱方案可能涉及多个方面，包括修改活动目录的计划，增加全局编录服务器，建立微软交换服务器，在用户计算机上安装应用，并且对最终用户和负责维护新服务器的技术人员进行培训。

- **服务运营阶段**——任何服务的日常运营和支持在此阶段进行。以电子邮箱为例，此阶段包括常规维护，处理影响服务的任何事故，以及进行恢复备份和测试，旨在确保最终用户可按预期的要求访问其电子邮箱。
- **持续服务改进阶段**——该阶段主要包括考察并监控服务和流程，旨在确定服务可以改进的地方，包括对电子邮箱服务器的定期监控和性能微调。可通过分析识别存在问题的区域来避免问题的发生，从而对可改进的区域有深入的了解。

信息技术基础设施库的认证

越来越多的组织机构正意识到信息技术基础设施库的价值，要求自己的信息技术工作人员学习并采用信息技术基础设施库实践。正如大家会选择有认证资格的健康保健专家一样，很多组织机构希望自己的部分信息技术员工获得该基础架构库的认证。

信息技术基础设施库认证需确认不同的知识等级，其中第一级为信息技术基础设施库基础级，通常适用于信息技术管理员及信息技术经理。

然后，可细分到信息技术基础设施库的不同领域，其中最高等级为大师级认证。

全球知识公司（Global Knowledge）于2013年进行的一项薪酬调查发现，通过认证的人员属于较高薪酬人群，其中获得基础级证书的人员年薪将近10万美元，而在美国的其他领域中年薪约9.2万美元。

应注意大多数获得信息技术基础设施库认证的人员还具有其他技能，并且负责实施信息技术基础设施库的人员一开始便具有扎实的信息技术基础，进而可能会成为信息技术团队中的信息技术管理员或经理。信息技术基础设施库相关知识则有助于保证信息网络的顺利运行。

3.4.8 能力成熟度模型集成

能力成熟度模型集成（CMMI）是供管理层使用的流程改进方法，它将流程的成熟度划分为不同的等级。

能力成熟度模型集成可应用于以下三大领域：

- **产品和服务开发**——该模型集成经常应用于软件开发，有助于确保最终产品达到最初目标，并且有助于保证产品在规定的预算和时间范围内完成。
- **服务的创建、管理和交付**——该模型集成可用于测量服务的有效性。安全可被视作一项服务，有助于保证数据和系统的机密性、完整性和可用性。
- **产品和服务的采购**——可保证用户购买到所需的产品和服务，并有助于确保其得到所付款购买的产品或服务。

图 3-6 列出了能力成熟度模型集成的六个级别，也可称作该模型集成的特征。

```
5级
优化级

4级
量化管理级

3级
定义级

2级
管理级

1级
初始级

0级
不存在
```

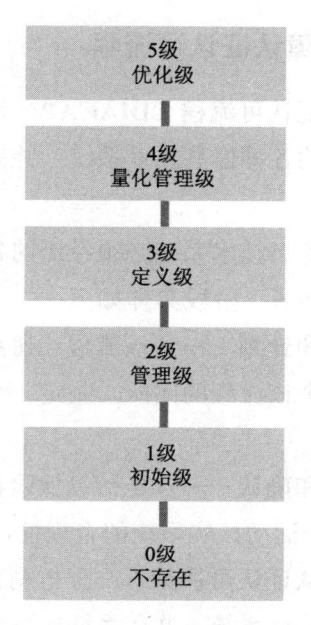

图3-6　CMMI特征

采用这些级别可以确定组织机构内部安全的有效性。下文列出了具体级别并介绍使用这些级别进行安全评价的方法，其中 0 级有时可省略：

- **0 级：不存在**——安全控制未实施，没有发现实施安全控制的必要。
- **1 级：初始级**——有时也被称作自组织网络（ad hoc）或必要级。发生威胁利用漏洞后，开始考虑各种风险。
- **2 级：管理级**——组织机构开始识别风险，以及安全控制的需求，但此时是凭直觉而非根据详细计划实施控制，并且响应也是反应性的。
- **3 级：定义级**——组织机构已经实施了安全策略，并已经注意到安全问题，因此采取了一些前瞻性的措施。
- **4 级：量化管理级**——组织机构开始度量风险和控制安全流程，并已实施了正式的策略和标准，定期进行风险评估和漏洞评估。
- **5 级：优化级**——已在整个组织机构范围内实施了正式的安全流程，并持续监控安全情况，旨在实现流程改进。

5 级为成熟度的最高级别。

3.4.9　国防部信息保障认证认可流程

国防部信息保障认证认可流程（DIACAP）是一个风险管理流程，应用于美国国防部所使用的各种信息技术系统，并完全记录在美国国防部指令 8510.1 中。

该流程详细介绍了信息技术系统必须经历的各个阶段，其核心目标是确保系统满足要求。上述各个阶段具体如下：

- **第 1 阶段：启动和计划**——向该流程注册系统，设置信息保险的控制措施，创建一个该流程的团队，制定一个相应的战略，并启动信息保险计划。
- **第 2 阶段：实施和确认**——实施信息保险计划，必要时更新信息保险计划，通过验证活动核实系统的合规性，并将确认结果形成文件。
- **第 3 阶段：做出认证认可决策**——分析剩余风险，评价确定认证的文件，决定是否认可系统，并在系统认可后获得授权运行（ATO）。
- **第 4 阶段：维持 ATO/审核**——维持系统，旨在确保系统处于符合 ATO 要求的状态，并定期审核系统的合规情况。

- **第 5 阶段：撤销系统**——撤销系统并处理该流程的数据。

（ISC）^{2} 提供了可用于 DoD 8570.1 的人员认证，被称作认证与鉴定专家（CAP）。该认证要求在认证和认可领域具有两年的经验，并且考试得分至少为 700 分。

本章小结

信息技术系统和数据需要得到保护，若组织机构没有实施保护则会面对很多现行法律问题，其中多项法律是专门制定以确保对信息技术系统和数据的保护。

除了法律以外，还有很多适用于具体领域的法规。此外，还有各种与信息技术相关的标准和指南，所有组织机构均可使用其中大多数的标准和指南来协助开展风险评估和改进。

第 4 章 风险管理计划的制定

风险管理计划是一种专业的项目管理工作,因而可将项目管理中采用的多种技术应用到风险管理中,当然其核心工作是计划。俗话说:"失败的计划等于计划失败。"若无风险管理计划,便极有可能失败。

认真编制的风险管理计划有助于确保实现预期目标,因此首先要编制风险管理计划以缓解风险。计划有助于识别风险并选择最佳方案,还有助于跟踪方案以确保符合预算并按时实施。充分实施的计划包括行动和里程碑计划(POAM),可利用该计划跟踪项目。

4.1 风险管理计划的目标

风险管理计划重要的第一步是制定目标,使其成为计划的路线图,以便确定计划的方向及实现计划的时间,因而计划的目标应尽早制定。

目标用于确定项目的终点及计划中应涉及的内容。风险管理计划的几个常见目标如下:

- 威胁列表;
- 漏洞列表;
- 与风险相关的费用;
- 风险降低的建议列表;
- 与建议相关的费用;
- 费用效益分析;
- 一份或多份报告。

在报告中记录上述事项并非意味着风险管理计划的终结。最高管理层在收到报告后可根据数据做出决策,并且会接受部分建议或修改部分建议,也可能会对部分建议推迟做出决定。

风险管理计划的下一个阶段便是计划的实施,具体涉及以下工作:
- 记录管理层的决策;
- 对已接受建议的实施进行记录和跟踪;
- 增加行动和里程碑计划(POAM)。

本章将通过列举两个例子来显示如何为实际项目创建风险管理计划,具体如下:
- **网站**——顶点饰件公司(Acme Widgets)拥有一家网站,在互联网上出售各种装饰小部件,而该网站采用的 Web 服务器归公司所有和掌控。Web 服务器近期遭受攻击瘫痪两天,对公司造成大量损失,在众多客户心中公司信誉受损。这是在过去两个月中该网站遭受的第二次重大中断,而且过去三年中曾发生多次中断。
- **《健康保险携带与责任法案》(HIPAA)合规**——公司近期并购微顶点公司(Mini Acme),而该公司尚未符合该法案的规定。管理层希望识别此类合规性缺失的相关风险,同时也希望保证尽快纠正存在的问题。

本章常在讨论完一个主题后利用上述例子介绍如何编制计划的部分内容,但并非编制计划的唯一方式。实际计划会因公司的需求不同而发生变化。

4.1.1 目标举例:网站

顶点饰件(Acme Widgets)网站经历了多次中断,造成不可接受的损失。但通过网站风险管理可以避免这些损失,并由风险管理计划识别这些风险。

计划的目标如下:
- **识别威胁**——针对会直接影响网站的任何威胁,可能包括:
  ○ 来自互联网的攻击;
  ○ 硬件或软件故障;
  ○ 互联网连接中断。

- **识别漏洞**——针对各种缺点，可能包括：
  ○ 缺少防火墙保护；
  ○ 缺少入侵检测系统保护；
  ○ 缺少杀毒软件；
  ○ 缺少服务器更新；
  ○ 缺少杀毒软件更新。
- **分配任务**——分配数据采集任务给具体的部门，并由这些数据生成相关建议。在后期的计划中，可向各个部门分配职责，以便实施和跟踪计划。
- **确定中断造成的成本**——包括直接成本和间接成本。直接成本为中断期间无法销售所造成的损失，例如服务器停机 15 分钟或更长时间，可根据销售数据得出所损失的收入金额。间接成本包括失去在客户心中的商业信誉，以及恢复商业信誉所需费用。
- **提供建议**——包括风险缓解的建议列表。这些建议能够减少缺陷，并缓解威胁所造成的影响。例如，可建议采用硬件冗余来应对硬件故障威胁，实施更新计划以解决缺少更新的问题。
- **确认建议所需成本**——确认并列出每个建议所需成本。
- **提供费用效益分析（CBA）**——包括对每项建议的费用效益分析。费用效益分析将建议所需成本与为公司创造的效益进行比较，明确在获得收入或减少中断成本方面的效益。
- **记录已接受的建议**——管理层选择将要实施的建议，可确定接受、推迟或修改这些建议，然后在计划中记录所做的选择。
- **跟踪实施**——通过计划跟踪所做的选择及其实施情况。
- **创建行动和里程碑计划（POAM）**——包括职责分配的行动和里程碑计划。管理层可通过该计划跟踪并跟进项目。

4.1.2　目标举例：HIPAA 合规性

公司近期并购了微顶点公司（Mini Acme），在审核记录时发现其中的健康信息没有得到保护。因此公司不符合《健康保险携带与责任法案》的相关规定，而这种不合规的状况会招致罚款和监禁。

此计划旨在确保对上述法案的合规性，其目标如下：

- **识别威胁**——包括内部威胁和外部威胁。
- **识别漏洞**——可能包括下列漏洞：
  ○ 缺少信息违规分享的杜绝措施
  ○ 缺少数据存储时的保护
  ○ 缺少数据传输时的保护
- **职责分配**——将识别威胁和漏洞的职责分配到具体部门。可使用所得数据确定纠正措施，然后将实施和跟踪计划的职责分配到各部门。
- **确定不合规的成本**——成本包括与不合规相关的罚款，以及因诉讼或客户失去信心而造成的额外损失。
- **提供建议**——列出各种建议，包括步骤变更、通过访问控制保护数据以及在数据传输时加密数据。
- **确定建议所需成本**——确定并列出每个建议所需成本。
- **提供费用效益分析（CBA）**——完成每项建议的费用效益分析，将建议所需成本与中断造成的成本进行比较。
- **记录已接受的建议**——管理层选择将要实施的建议，可确定接受、推迟或修改这些建议，然后在计划中记录所做的选择。
- **跟踪实施**——通过计划跟踪所做的选择及其实施情况。
- **创建行动和里程碑计划（POAM）**——包括职责分配的行动和里程碑计划。管理层可通过该计划跟踪并跟进项目。

4.2 风险管理计划的范围

除了目标以外，还需要明确风险管理计划的范围，从而定义计划的边界，即涵盖整个组织机构或单个系统。如果没有定义边界，计划可能会失去控制。

在众多项目中，"范围蔓延"（scope creep）是一个常见的问题，主要由于未受控制的变更造成。由于变更的蔓延造成项目范围扩大并带来更多的要求，因此未受控制的变更会造成成本超支和进度拖延。

在上述《健康保险携带与责任法案》合规性的例子中，项目目标是使得微顶点公司（Mini Acme）符合《健康保险携带与责任法案》的相关规定。假设发现其他未受保护的数据并非健康数据，而是财务数据、研究数据或用户数据。如果将此类数据投入项目中会扩大项目的范围，那么就必须识别威胁和漏洞，计算数据丢失的成本，以及确定更多的建议及其成本，而这些工作均会耗费更多时间和资金。

但是，项目的范围并非一成不变，问题的关键是控制变更。因而风险管理项目经理应与利益相关者一起合作，确定哪些变更可以接受。

应用开发的范围蔓延

范围蔓延问题（scope creep）是应用开发中的常见问题。程序员经常发现对程序任何地方稍作调整便可改善其性能，但善意的变更有时也会造成深远的影响。

例如，程序员对项目中的程序增加额外的功能使得用户能够搜索数据，此功能明显超出该项目的范围。但此项变更并不费时，而且增加时也没有告知每位用户。随后，该应用连同此项新功能一并发送给客户。

客户在成功使用该程序几个月之后改动了数据格式，而此变更不会影响程序的主要使用目的，并且程序仍可按照要求运行，但这项新增的搜索功能无法运行。

由谁来负责修复这个问题呢？当然是应用开发者。

原来似乎带来附加值的变更实际上变成了额外的负担。虽然这个搜索功能属于项目范围之外的工作，但现在已经成了该应用的一部分，而这种附加的功能如同应用中的其他功能一样都需要进行维护，开发者也没有其他选择。如果拒绝修复这个问题，会影响程序的可用性。

现在，删除这个附加的功能并非易事，因为它已经成为实实在在的程序功能。如果一开始没有增加这个功能就不会有什么缺憾，但若现在将其删除反而会造成损失。

利益相关者是指与项目的成功存在利害或利益关系的个人或团体。关键利益相关者是有权对项目做出决策的利益相关者，包括给予额外资源的能力。例如，关键利益相关者可能是公司主管，如首席信息官或首席财务官，也可能是项目完成时"拥有"该项目的副总裁。

在起草范围说明书时，最好安排利益相关者参与其中，包括参与起草声明并进行确认。从而有助于利益相关者获得项目的所有权。所有权也称作对项目的买进（buy-in）。

真正的利益相关者对项目存在既得利益，且希望项目能够成功。而名义上的利益相关者与项目不存在实质性的利害关系，并把项目视作一种麻烦。如果项目没有真正的利益相关者，则经常会因缺乏支持而失败，导致不再对其分配资源、无法做出决策、团队成员意识到没有支持而不再投入工作等情况。

以上述《健康保险携带与责任法案》例子中未受保护的数据为例，如果风险管理团队发现了未受保护的财务数据，则会将此问题告知项目经理（PM）。项目经理评价数据发现均与上述法案无关，但意识到数据很重要，会将此信息作为重要问题告知利益相关者，而利益相关者可能会要求项目经理在风险计划中加入这些数据。这样一来，变更便是受控的。

以下小节的内容提供了网站和《健康保险携带与责任法案》合规项目的范围说明书样本。

4.2.1 范围举例：网站

风险管理计划旨在保证顶点饰件公司（Acme Widgets）网站的安全，其范围包括：

- 作为网站主机的服务器安全；
- 网站本身的安全；
- 网站的可用性；
- 网站数据的完整性。

项目的利益相关者包括：

- 销售副总裁；
- 信息技术支持部门主管。

该计划范围之外的任何活动要求得到书面批准。

4.2.2 范围举例：HIPAA 合规性

风险管理计划旨在确保微顶点公司（Mini Acme）的数据符合《健康保险携带与责任法案》（HIPAA）的规定，其范围包括：
- 所有健康数据的识别；
- 健康数据的存储；
- 健康数据的使用；
- 健康数据的传输。

项目的利益相关者包括：
- 首席信息官；
- 人力资源部主管。

该计划范围之外的任何活动要求得到书面批准。

4.3 风险管理计划中的职责分配

风险管理计划中明确了各项职责并规定了责任，如果未分配职责就很容易忽视一些任务。职责可分配给以下各方：
- 风险管理项目经理；
- 利益相关者；
- 部门或部门主管；
- 执行官，如首席信息官或首席财务官。

需保证被分配职责的任何实体具有完成该任务的权力，这一点对于项目经理而言尤为重要。

例如，团队成员可能并非直接为项目经理工作。技术人员可能属于信息技术部门，后被分配到项目成为团队成员，但其仍然直接向信息技术部门的主管汇报工作，从而导致信息技术部门及项目经理分配的工作之间可能发生冲突。如果项目经理没有解决此类问题的权力，则会影响到项目的成功，至少项目经理应当能够联系利益相关者解决问题。

项目经理对计划的整体成功负有责任，其所承担的几种常见工作如下：
- 保证成本得到控制；

- 保证质量达到要求；
- 保证项目按时进行；
- 保证项目在范围内进行；
- 跟踪并管理所有的项目问题；
- 确保所有利益相关者可以获得信息；
- 指出问题和不足；
- 保证其他人注意到自身的职责和期限。

下列活动可将职责分配到相应人员：

- **风险识别**——包括识别威胁和漏洞，列出大量的潜在风险。
- **风险评估**——需确定每个风险的可能性和影响。威胁矩阵是风险评估的常用方法。
- **风险缓解措施**——确定各种减少缺陷的措施，也可包括减弱风险影响的措施。
- **汇报**——将根据计划形成的文件汇报给管理层。项目经理通常负责编制报告。

下面两节介绍了网站和《健康保险携带与责任法案》合规案例中的相关职责。

4.3.1 职责举例：网站

首席财务官向信息技术部门提供财务支持，必要时聘用安全顾问协助该部门的工作。

信息技术部门负责提供以下内容：

- 威胁列表；
- 漏洞列表；
- 建议的方案列表；
- 每项建议的方案成本。

销售部门负责提供以下内容：

- 持续 15 分钟或 15 分钟以上中断的直接成本；
- 持续 15 分钟或 15 分钟以上中断的间接成本。

首席财务官确认信息技术和销售部门提供的数据，然后完成费用效益分析。

4.3.2 职责举例：HIPAA 合规性

人力资源部门负责确认微顶点公司（Mini Acme）所持有的全部健康信息，并负责提供以下内容：
- 所有健康信息来源列表。
- 对所有数据源是否符合《健康保险携带与责任法案》规定的检查结果。
    - 数据的存储方式
    - 数据的保护方式
    - 数据的传输方式
- 微顶点公司（Mini Acme）所使用《健康保险携带与责任法案》的策略列表。
- 所需上述法案的策略列表。
- 确保上述法案合规性的推荐方案列表。
- 每个推荐方案的成本。
- 与不合规情况相关的成本。

信息技术部门负责提供以下内容：
- 识别不同数据的访问控制等级。
- 确保上述法案合规性的推荐方案列表。
- 每个推荐方案的成本。

使用亲和图

职责分配很容易做到，但是确定任务却并非易事，其中所面对的一个挑战就是生成威胁、漏洞和建议的列表。亲和图可用于辅助实施这些任务。

亲和图的创建可分为四个基本步骤，具体如下：
- **识别问题**——编写一个基本的问题说明。例如，在网站问题中可以做这样的说明：“网站中断造成销售损失。”

- **产生想法**——越多越好。想法可以是针对问题的任何内容，包括威胁和漏洞，以及推荐的方案。头脑风暴是一种可以使用的方法，鼓励参与者讲出大脑中所想到的任何内容，将所有的想法法记录下来但不做任何评判，这种创造性的过程经常会产生大量的想法。
- **汇总想法并分组**——产生想法之后须分组。在风险管理计划方面，想法分组通常包括威胁、漏洞和建议，而且其中的分类还可以做进一步划分。例如，漏洞便可以进一步划分为网络缺陷和服务器缺陷。
- **创建亲和图**——图 4-1 提供了一个亲和图的例子，其中将所有想法进行分组。

在实际情况中，可以将威胁划分为内部威胁和外部威胁，并且存在为数众多的漏洞，因此亲和图的规模可能会大得多。

威胁	建议
攻击者	升级防火墙
缓冲区溢出攻击	管理防火墙
DoS 与 DDoS	增加网络防火墙
SYN 洪水式攻击	增加主机防火墙
恶意软件	增加入侵检测系统（IDS）
	增加管理员

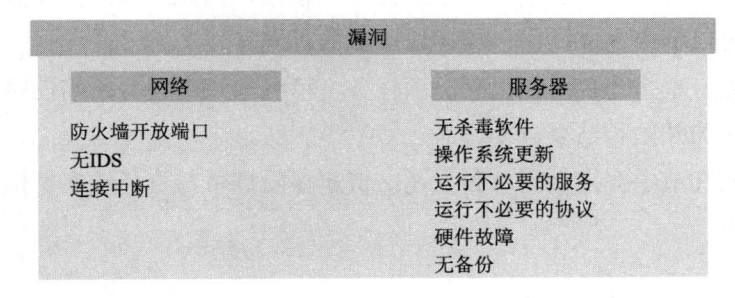

漏洞	
网络	服务器
防火墙开放端口	无杀毒软件
无IDS	操作系统更新
连接中断	运行不必要的服务
	运行不必要的协议
	硬件故障
	无备份

图4-1　亲和图

首席财务官确认信息技术和销售部门提供的数据，然后完成费用效益分析。

4.4 风险管理计划中系统实现步骤与进度的描述

项目启动后，可以创建风险管理计划中的这部分内容，包括对任何威胁或漏洞的建议方案，旨在缓解相关风险。即便可以将方案简要地归纳起来，但它仍包含若干必不可少的步骤。

例如，现有的防火墙使得服务器存在很多漏洞，解决方案是升级防火墙，可将升级过程分为以下几个步骤：

- 确定应允许通过的信息流；
- 创建防火墙策略；
- 购买防火墙；
- 安装防火墙；
- 配置防火墙；
- 测试防火墙；
- 实施防火墙。

可进一步详细描述以上各个步骤，此外也可为每个步骤的完成时间增加一个时限。

此时，应注意以下几点：

- 管理层负责选择所实施的控制；
- 管理层对剩余风险负责。

由于此时管理层还没有审核所提出的建议，因此还未产生实际耗时，但进度可以列出完成任何一项建议所需的时间。

例如，单个建议可能包括五项任务，可列出每个任务所需的时间，并在后期添加开始和结束日期。

下面几节中会提供网站和上述《健康保险携带与责任法案》例子中的部分步骤。

4.4.1 步骤举例：网站

网站容易遭受来自互联网的拒绝服务（DoS）攻击。这种风险虽然无法消除，但可以通过以下几项任务来缓解风险：

- 建议——升级防火墙。
- 理由——现有防火墙是一种基本路由器，可以过滤文件包但无法提供任何高级防火墙功能。
- 步骤——可通过下列步骤升级新的防火墙：

1. 启动防火墙日志。此日志可用于确定目前正在使用的端口，且至少每周应搜集一次日志。

2. 创建防火墙策略。防火墙策略明确允许哪些信息流可通过防火墙，该策略是根据防火墙日志内容创建的书面文件。

3. 购买防火墙设备。防火墙设备提供一个独立的防火墙解决方案，包括为网络提供保护的硬件和软件。硬件设备的价格在 200 美元到 10000 美元以上，而推荐的 SS75 型号价格为 4000 美元，可在订购后 30 天内送达。

4. 安装防火墙。防火墙可以安装到服务器房内，且现场有足够的空间和供电。

5. 配置防火墙。技术人员使用防火墙策略配置防火墙。

6. 使用前测试防火墙。测试应保证不会影响正常运行，且技术人员应在一周内完成测试。

7. 防火墙上线。技术人员可在测试后一周内完成上线。

4.4.2 步骤举例：HIPAA 合规性

微顶点公司（Mini Acme）的员工没有注意到《健康保险携带与责任法案》的规定，也不了解该项法律的要求以及不合规会造成的后果。应实施下列工作以缓解不合规的风险：

- 建议——提高对上述法案合规性的认识。
- 理由——明确不合规会造成总额 25000 美元的罚款以及因过失违法处以一年监禁。
- 步骤——通过以下几个步骤提高认识：

1. 要求全体员工阅读并遵守上述法案的相关策略，不得采用与此不符的策略，要求微顶点公司（Mini Acme）的员工阅读并了解目前实施的策略。这些工作应在 30 天内完成。

2. 向全体员工提供有关上述法案合规的培训，包括该法案所涉及的数据以及不合规情况会造成的后果。如经过批准，可利用大约 60 天的时间编制培训材料，并在 30 天内完成培训。

4.5 需求报告

风险和建议的数据搜集完成后，需要编写成一份报告，然后提交给管理层。这份报告主要帮助管理层确定采用哪些建议。

需求报告可分为以下四大类：

- **提供建议**——针对风险所提出的建议。
- **记录管理层对建议的响应**——管理层接受、修改或推迟任何建议。
- **对已接受建议的实施进行记录和跟踪**——实际风险响应计划。
- **创建行动和里程碑计划（POAM）**——该计划跟踪风险响应措施。

4.5.1 提供建议

将搜集的数据编写成一份报告，列出各种威胁、漏洞和建议，然后提交给管理层，并由管理层使用这些数据确定应采取的步骤。

在此阶段，应注意风险管理计划的总目标，即识别风险并提出降低风险的战略。虽然大部分风险不能消除，但能够降低到可以接受的水平，因此对每一种已识别出的风险要提供相关的风险降低建议。

此报告应包含以下信息：

- 发现；
- 建议成本和时间框架；
- 费用效益分析。

1. 发现

发现可以提供各种事实情况。由于威胁在利用漏洞发动攻击时会造成风险损失，因此风险管理的发现需考虑威胁、漏洞和潜在损失，即致因、标准和影响：

- **致因**——威胁即致因。例如，攻击者可能尝试发动 DoS 攻击，那么攻击者便成为威胁，而在列出致因时需要明确根本原因。成功的攻击取决于攻击者所拥有的访问权利，以及系统本身的漏洞情况，而风险管理试图降低致因的影响或减少漏洞。

- **标准**——明确威胁能够得逞的标准，即漏洞。例如，服务器在满足以下标准时容易遭受拒绝服务攻击：
  - 人力不足——如果人力不足以实施安全措施，则网站容易受到攻击。
  - 未管理防火墙——每个开放端口都是一个漏洞，如果未对防火墙的端口进行必要的管理，就会造成不必要的信息流入。
  - 无入侵检测系统（IDS）——根据入侵检测系统的类型，不仅可以检测入侵，而且可以对入侵做出响应并更改环境。
  - 操作系统未更新——对系统应用发布并经测试的补丁，若不更新，则导致系统容易遭受新的漏洞攻击。
  - 杀毒软件未安装和更新——杀毒软件可以检测到恶意软件，应保持更新，从而确保检测到新的恶意软件。
- **影响**——影响通常包括各种类型的中断。例如，对网站造成的影响是无法访问网站。

在记录发现时需考虑的一个重要方面是资源可用性。虽然所有发现的问题可能都是已知的，但过去可能没有分配资金购买解决方案，也有可能由于人力不足导致无法实施方案。

在没有足够的人力的条件下，经常会牺牲安全来保证简单易用。以网站为例，首要目标是保证网站可以运行。一旦网站开始运行，则可以将资源用于其他工作。但此时网站仍有安全隐患，如没有进行备份或仍存在其他安全问题。

可利用因果图来获得并记录发现，如图 4-2 中所提供的网站因果图举例。在该图中，首要致因是攻击，而其他项目属于导致攻击成功的辅助因素，所造成的后果是网站中断。

使用因果图有几项优势，有助于指导获得过程中的讨论，以及设想文件中致因与影响之间的关系。因果图适用于任何问题。

因果图首先确定主线和最终影响，如图 4-2 中的影响是中断。然后，增加额外的项目（致因）使得图表看上去像一个鱼骨，并可将任何部分继续扩展。例如，可以将"攻击"扩展到具体类型的攻击，包括恶意软件、拒绝服务、缓冲区溢出或其他类型的攻击。

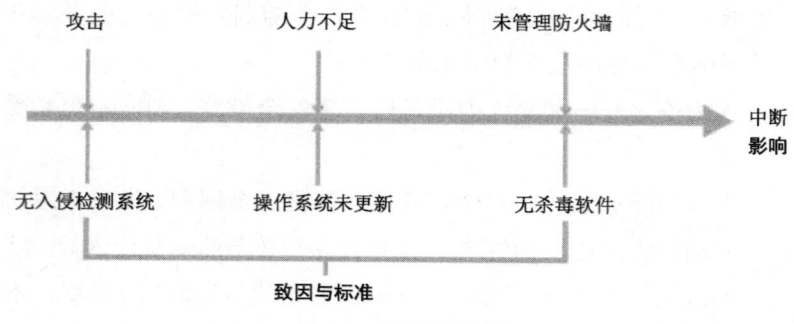

图4-2 网站因果图

创建因果图时会出现想法不足或关注单个主题的情况。为了平衡因果图，应考虑以下五个要素但并非必须涵盖所有要素。可使用任何要素以辅助识别致因：

- **法**——何种方法会导致中断？
- **机**——何种设备问题会导致中断？
- **人**——何种人员问题会导致中断？
- **料**——何种材料问题会导致中断？
- **环**——何种环境问题会导致中断？

图 4-3 提供了另一个因果图的例子，其中致因是失去机密性，而其他各项则显示了导致数据丢失的条件。对于《健康保险携带与责任法案》而言，影响后果则是高额罚款。

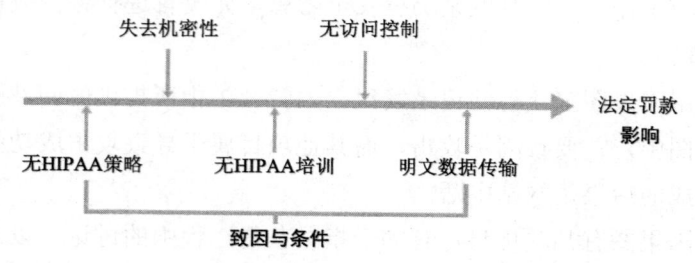

图4-3 《健康保险携带与责任法案》合规性因果图

2. 建议的成本和时间框架

除了发现以外，报告列出了各种建议，主要针对会造成负面影响的潜在致因和条件。

每个项目都应包含其实施所需的成本，以及实施该方案的时间表，以便管理层利用这些数据确定是否实施该方案。

例如，可在网站风险管理计划中加入以下部分建议：

- 升级防火墙——初始成本 4000 美元；持续成本每年 1000 美元。初始成本包括防火墙的采购费用，而持续成本与培训和维护相关。在批准后 30 天内采购并安装防火墙。
- 采购并安装 IDS——初始成本 1500 美元；持续成本忽略不计。在批准后 30 天内采购并安装 IDS。
- 创建计划保持系统更新——初始成本：人力成本；持续成本：人力成本。在批准后 30 天内采购并安装系统。
- 安装服务器杀毒软件——初始成本 75 美元；持续成本忽略不计。在批准后 30 天内采购并安装软件。

成本估算精度

由于费用效益分析（CBA）的价值仅根据成本估算，因此需要获得精确的数据，但这并非易事。费用效益分析有助于了解数据出现偏差的原因。

方案的成本经常被低估，如初始成本估算可能不包含持续成本，而且看上去容易管理的产品可能需要较高的培训费用。

方案成功的可能性也可能被高估，如预计方案能够将意外事件减少 90%，而在实践中可能仅降低 50% 左右。

有时工作人员会对提供精确的信息有既得利益。例如，与初期销售存在利益关系的销售人员有时可能会掩盖持续成本，而且还会强调自身产品中最积极的方面。

- 更新杀毒软件——初始成本忽略不计；持续成本忽略不计。安装后为杀毒软件配置自动更新。

- 增加一名信息技术管理员——成本：谈判确定的工资。由于此类建议存在持续维护需求，需要再增加一名管理员。

3. 费用效益分析

费用效益分析是确定风险管理方法的步骤之一。如果控制所带来的效益超过其成本，可实施控制来降低风险；如果成本大于效益，则风险是可以接受的。这种情况下，费用效益分析应该包含两个项目：

- **建议所需的成本**——相关建议指的是风险管理的控制措施。若预计它将产生持续成本，应在计算时考虑该成本。
- **预计的效益**——以美元为单位计算效益，可表示为所得收益或损失减少。

管理层负责决定风险管理的方法，而精确的费用效益分析使得管理层可以做出明智的决策。

下文举例说明网站建议的费用效益分析：

- **建议**——在 Web 服务器上安装杀毒软件。
- **建议所需成本**——75 美元。
- **背景**——从系统性能的角度考虑，如果过去未在 Web 服务器上安装杀毒软件，导致去年 Web 服务器多次感染恶意软件，造成 Web 服务器的多次中断，且总停机时间达到 5 小时。Web 服务器正常运行 15 分钟可产生大约 500 美元的收入，或每小时产生 2000 美元的收入，此外预计杀毒软件可以避免 90%的病毒感染。
- **安装杀毒软件之前的损失**——30000 美元。中断造成收入的直接损失 10000 美元（2000 美元×5 小时），而间接损失估计为 20000 美元，其中包括为赢回流失客户所需的广告费用。
- **预期使用杀毒软件的损失**——3000 美元。杀毒软件预计将损失降低 90%，即 30000-（30000×0.9）=3000（美元）。
- **杀毒软件的效益**——27000 美元，即 30000×0.9=27000（美元）。
- **费用效益分析**——26925 美元。费用效益分析计算如下：
  安装杀毒软件之前的损失-安装杀毒软件之后的损失-杀毒软件的成本
  30000-3000-75=26925（美元）。

不能过分指望获得精确数据。因为，虽然完成精确的费用效益分析首先要获得精确的数据，但往往难以实现。通常情况下，应深入研究以确定相关成本。

深入研究问题的本质经常能发现数据的缺陷。以下面的情况和问题为例：

- 如果据说控制能使损失降低90%，那么就要问"怎么降低90%的？"
- 如果控制的成本明确了，那么就要问："这个成本包括持续成本吗？"

提出问题并非要去责难，也不是制造冲突，而是为了确认数据。因此提问时要带着"请帮忙了解清楚"的语气。如果数据存在错误，提供者很容易出现抵触心理。如果数据有效，提供者便会用各种事实来支持观点。

4.5.1.4 风险陈述

报告通常会汇总风险陈述的内容。在报告中，可用风险陈述的方式将风险与其造成的影响联系起来。通常情况下，会使用"如果/那么"的句式进行陈述。

陈述中的"如果"部分确定风险的成分，而陈述中的"那么"部分用来确定影响。

例如，对于网站可使用下列的风险陈述：

- 如果杀毒软件没有安装在 Web 服务器上，那么服务器被感染的可能性较高，而 Web 服务器始终保持与互联网的连接。
- 如果服务器被感染，那么可能会发生中断。中断造成每15分钟停机带来500美元的销售损失。

应能够将风险陈述与项目的范围和目标相匹配。如果陈述不在项目范围或目标内，风险评估就可能偏离轨道，进而需要再次返工，并关注相关发现或建议。

4.5.2 记录管理层对建议的响应

在向管理层提供了建议之后，由管理层确定接受、推迟或修改建议，具体分析如下：

- **接受**——管理层批准建议，然后为该建议提供资助并实施建议，再增加到行动和里程碑计划中跟踪实施情况。
- **推迟**——管理层可推迟建议到后期实施，但不会将该建议增加到已接受建议列表中。

- **修改**——管理层也可决定修改建议。例如，若建议使用一个防火墙，管理层可决定在两个防火墙上增加一个非防护区；若建议使用成本为 4000 美元的防火墙，管理层可决定购买成本为 800 美元的防火墙。

4.5.3 记录并跟踪已接受建议的实施

记录管理层所做出的决定很重要。若未记录，决定会随时间流逝而被曲解，尤其在建议被推迟或修改时会发生。

假设你负责管理网站的风险管理计划，在计划中建议购买杀毒软件，但该建议被推迟实施。三个月后，系统感染了恶意软件，并因 4 个小时的中断造成超过 8000 美元的损失，那么就应追问当时为什么没有购买杀毒软件。

如果记录了决定，则这个问题很容易回答；如果没有记录，则最终就会变成互相指责的问题。

记录文件不需要面面俱到，只需要列出建议和决策，具体如下：

- **购买杀毒软件的建议**——在接受建议的情况下，购买杀毒软件。
- **雇用信息技术管理员的建议**——在推迟的情况下，信息技术部门应记录明确的理由。在此期间，授权信息技术部门利用加班时间保证满足安全要求。
- **购买 SS75 防火墙的建议**——在修改的情况下，尽快购买两个 SS75 防火墙，并将这两个防火墙配置在非防护区。

4.6 行动和里程碑计划

行动和里程碑计划是一种用于跟踪计划的文件，可用于多种类型的项目管理，进行职责分配并允许管理跟进。

- **职责分配**——行动和里程碑计划明确各项任务的负责人，若任务未准时完成，也要明确由谁对此负责。
- **管理跟进**——项目经理和高级管理层可利用该计划跟进项目。行动和里程碑计划允许管理层快速确定项目的状态，而且在使用项目管理工具时通常容易识别问题的根源。

此外，行动和里程碑计划也可用于任何项目的审核，如《健康保险携带与责任法案》要求的定期审核。行动和里程碑计划可显示公司实现合规的进度，如果公司未实现 100%合规但却显示取得重大进展，就可能会免除或减少罚款；如果公司没有任何文件显示进度，评估中会考虑最高罚款金额。

行动和里程碑计划没有要求采用具体的格式，因此公司可在微软 Excel 电子表格中创建该计划，每个项目 15 列，或者利用微软 Word 文件创建。

行动和里程碑计划是一种动态变化的文件，不同于一次创建完成的报告，在项目的全寿命周期中应始终更新该计划。此外，该计划可能在项目的不同阶段发生变化，如项目早期的行动和里程碑计划可能比较笼统，而在项目后期更为具体。

以网站的风险管理计划为例，网站已遭受攻击并在过去两个月中发生两次重大中断，而造成这两次事件的致因可能已为人们所知，但人们可能并不清楚所有的威胁和漏洞。在这种情况下，最初的行动和里程碑计划可能包含下列常规项目。

- **确认风险管理计划**：分配给_____，实施期限为_____。
- **识别威胁**：分配给_____，实施期限为_____。
- **识别漏洞**：分配给_____，实施期限为_____。
- **识别潜在的解决方案**：分配给_____，实施期限为_____。
- **编制风险管理计划报告**：分配给_____，实施期限为_____。
- **确认风险响应计划**：分配给_____，实施期限为_____。
- **开始计划实施**：分配给_____，实施期限为_____。
- **完成计划实施**：分配给_____，实施期限为_____。

管理层批准具体建议之后，可为批准和修改的建议编制行动和里程碑计划，并且在该计划中的每个建议均可包含多行条目。例如，升级防火墙的任务可作为一个主要里程碑，当所有任务完成时则表明里程碑已实现了。

- **记录当前防火墙活动**：分配给_____，实施期限为_____。
- **购买两个 SS75 防火墙**：分配给_____，实施期限为_____。
- **创建防火墙策略**：分配给_____，实施期限为_____。

- 测试防火墙：分配给_____，实施期限为_____。
- 实施外部防火墙：分配给_____，实施期限为_____。
- 实施内部防火墙：分配给_____，实施期限为_____。
- 移动 Web 服务器到非防护区：分配给_____，实施期限为_____。

> **项目管理软件**
>
> 目前已有很多不同版本的项目管理软件，如微软的 Office Project 就有不同的版本，包括微软 Office Project 标准版和 Project 专业版。
>
> 项目管理软件还可增加工具来创建图表为项目提供图示，并且能够自动检测项目的状态。
>
> 部分软件会使用不同的颜色来显示项目的状态，如绿色、黄色或红色。绿色可用于进度和预算的显示，黄色可表示存在超期或超预算的危险，而红色表示出现超期或超预算。
>
> 项目经理可在风险管理项目实施过程中输入数据，然后表格可以自动更新。此外，可以使用服务器管理多个项目的数据，而且管理层可通过 Web 浏览器访问任何项目的报告。

每一个风险管理项目均包含以下内容：
- 任务名称；
- 相关威胁或漏洞；
- 风险等级（低、中、高）；
- 步骤或里程碑名称；
- 职责分配；
- 连接点；
- 估算成本；
- 实际成本；
- 完成任务的估算人工时；
- 完成任务的实际人工时；
- 计划的开始日期；
- 实际的开始日期；

- 里程碑到期日期；
- 当前状态；
- 计划的完成日期；
- 实际的完成日期；
- 意见。

可利用不同的工具辅助跟踪行动和里程碑计划，但不可代替该计划，而是为该计划及其进度提供图示。这些工具包括：

- 里程碑计划图（见图4-4）；
- 甘特图；
- 关键路径图。

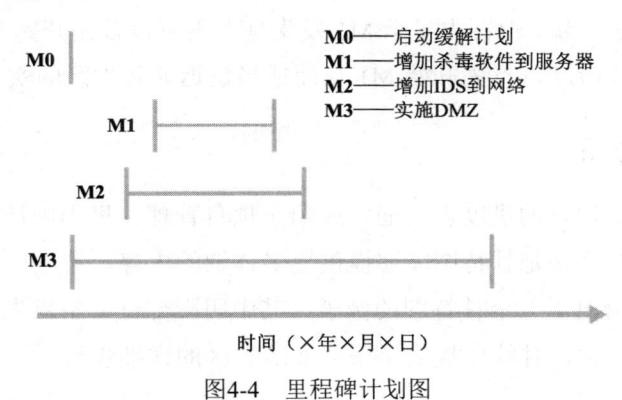

```
M0 ┤                                    M0——启动缓解计划
    │                                    M1——增加杀毒软件到服务器
    M1 ├────────┤                        M2——增加IDS到网络
       │                                 M3——实施DMZ
       M2 ├──────────────┤
          │
          M3 ├──────────────────────┤
                                          ──→
                            时间（×年×月×日）
```

图4-4 里程碑计划图

4.7 风险管理计划进展的图形表达

管理层经常使用图表显示风险管理计划的进展，而图表可以为主要信息提供图形表达。常言道"一幅图胜过千言万语"，而表格亦是如此。以下各节介绍了管理层在跟踪计划进展时常用的图表。

4.7.1 里程碑计划图

里程碑计划图是对主要里程碑的简单图形表达，它以图形格式展示主要的里程碑，而且里程碑之间的彼此关联也在图表中表现出来。换言之，如果 M1 尚未完成，则 M2 无法开始，这便是图表中体现出来的关联性。

图表中通常会提供实际开始和结束日期，如图 4-4 的里程碑计划图所示。

里程碑计划图还可用于资源分配。例如，图 4-4 中各项任务并非彼此关联，但这些任务是交错进行的，因而这些任务有可能同时开始。但是，如果由同一个人或同一个部门实施全部任务，则不可能同时开始任何任务。

这种情况下，应首先启动时间跨度最长的任务里程碑，如图中 M3 要求实施非防护区并且它是其中耗时最长的。订购了防火墙之后，在等待防火墙送达的期间可开始另一项任务，即此时可开始 M2。一旦订购了入侵检测系统软件，便可以开始 M1。

该图还可用于帮助管理层更改里程碑的优先级。杀毒软件的安装被视为最重要的第一步，但图中显示 M1 发生延误则可以首先开始 M3。这种情况也可以进行改动，首先开始 M1 从而适当延迟非防护区的实施。

4.7.2 甘特图

甘特图是项目的进度表，通常应用于项目管理。里程碑计划图与甘特图之间的主要区别是甘特图能够提供更多详细的内容。

图 4-5 给出了一个甘特图的例子，其中阴影部分的条目表示任务已经完成。应当注意，甘特图提供了采取非防护区的详细步骤。

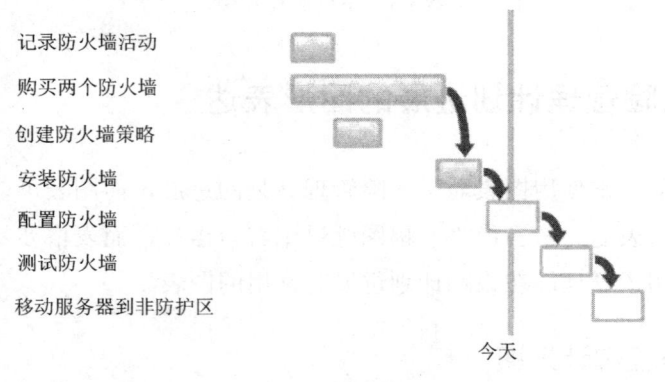

图4-5 甘特图

甘特图使得管理人员可以快速查看项目的进度和状态，而图中所有预计在今天完成的任务应当已经结束。项目经理只须关注进行中的任务或未来的任务。

另一方面,如果之前的任务尚未完成,项目经理可以快速确定应该注意哪些方面。例如,如果防火墙尚未安装,则不会将安装防火墙的任务以阴影显示,项目经理便可以看到这个项目已超期并去处理这个问题。

大多数项目管理软件会自动创建甘特图,而且在该项目任务完成后会自动在图表中显示完成。在计算机尚未普及之前,这些图表需手工绘制。

4.7.3 关键路径图

项目中的部分任务在不影响整体完成日期的情况下可以延迟,而其他任务必须准时完成。**关键路径图**列出必须准时完成的项目任务,而在该路径中的任何任务发生延迟都会导致整个项目的延迟。

例如,购买防火墙之前无法安装防火墙,若购买发生延迟则会延误安装,因此这两个条目均属于关键路径。另外,可延迟创建当前防火墙活动的日志,只要延迟的时间不太长则不会影响整体进度。

图 4-6 给出了一个关键路径图的例子,这是防火墙项目的关键路径。

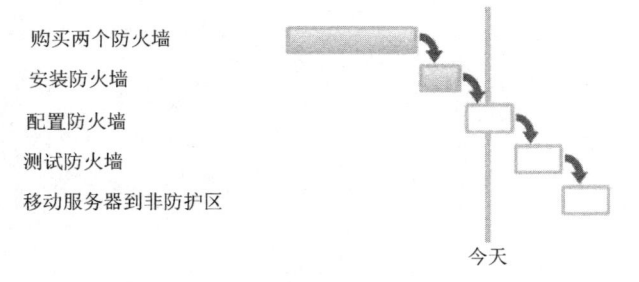

购买两个防火墙
安装防火墙
配置防火墙
测试防火墙
移动服务器到非防护区

今天

图4-6 关键路径图

将图 4-5 和图 4-6 进行对比,并注意到图 4-6 中减少了两个任务,即不在关键路径上的"记录防火墙活动"和"创建防火墙策略"。如果这两个任务稍有延迟,并不会导致整个项目的延误,但要求在开始实施安装防火墙任务之前完成。

本章小结

风险管理计划是一种特殊类型的项目计划,旨在识别并缓解风险。可首先确定目标和项目范围,然后识别各种风险,最后创建响应计划作为风险缓解的建议,并由管理层确定是否接受、推迟或修改风险的应对措施。

然后,需实施这些建议。用于跟踪建议的主要工具是行动和里程碑计划,这是一种需在整个项目过程中持续更新并动态变化的文件。此外,可使用其他图形工具作为补充,以缓解项目管理任务的压力。

第二部分 风险缓解

第5章 风险评估方法的概念

风险评估的目的就是识别最严重的风险,风险管理技术包括规避、分担或转移、缓解或承担风险。风险评估可以确定风险的优先级,从而管理高风险、接受低风险。风险评估有助于确定控制风险的最佳方法,也有助于确保人们控制风险、获得最佳效益。

风险评估的方法主要有两类:定量法和定性法。可以用预先定义好的公式进行定量评估,如可以通过年度发生率(ARO)和单一预期损失(SLE)的乘积来计算年度预期损失(ALE),即 ALE=ARO×SLE。也可以使用定性的方法,用数值和名词分别赋予风险发生的概率和风险发生的后果。重要的是要对这两种方法有深刻的理解,然后在不同的情况下使用。

5.1 对风险评估的认识

风险评估也称风险分析,是用于识别和评估风险的方法,可以根据风险的重要性或影响的严重性将其量化,然后对其进行优先级排序。

风险评估是全面风险管理过程中的主要部分,它有助于识别最重要的风险。风险评估和风险管理过程的主要区别在于风险评估是针对某一个时刻进行的,而风险管理是一个连续的过程。

风险评估有助于明确实施何种保护措施，这些保护措施也就是所谓的控制，它们可用于控制和降低风险。控制可以减少漏洞，或减轻威胁带来的影响，从而降低风险。

任何企业所拥有的资金都是有限的，而安全专家希望在安全方面的投资越多越好，但这有一个限度。如果在安全上的投资太多，就会影响到企业的效益和正常运行。那么投资多少算多，其限值又是多少？风险评估可以帮助人们确定该限值。

假设某企业通过多年的研究搜集了大量的数据，该企业就可以使用这些数据来确定下周餐厅里提供哪些食品。

如果优先考虑安全方面的投资，那么首先保护哪些数据才能获得更大效益呢？当然应该是研究数据。在这个例子中，很容易确定优先级，但事情并非总是这么容易。

假设该企业同时拥有与《健康保险携带与责任法案》（HIPAA）和《萨班斯·奥克斯利法案》（SOX）相关的数据。那么哪类数据更重要？哪类数据拥有更高的优先保护级？应实施何种控制来保护这些数据？这些问题都不容易回答。对上述法案进行风险评估将有助于回答这些问题。

5.1.1 风险评估的重要性

风险评估是风险管理过程中的重要组成部分。没有风险评估就很难确定哪些系统应得到保护，也很难确定如何去保护这些系统。进行风险评估有助于确定哪些重要的系统需要保护，采取何种控制措施可以提供最大的效益。

风险评估的完成时机：

- 当需要对风险进行评估时——风险评估是风险管理全过程的一部分，风险评估在风险管理任何阶段使用都是有效的。在需要优先考虑风险时尤其如此。
- 当需要对某项控制措施进行评估时——可以通过风险评估来确定其有效性。风险管理不会批准所有的控制措施，它只会批准其中一部分。风险评估可以帮助管理层决定采取哪种控制措施。
- 当某项控制措施实施后需要进行定期评估时——风险评估是在一个

时间点进行的。但风险不会一成不变，攻击者正不断升级其技术和策略。因此应该在一项控制措施实施后定期进行评估，其目的是确定措施是否依然有效。

5.1.2 风险评估的目的

风险评估是协助管理的重要工具，它有助于管理层量化风险，也有助于管理层选择控制措施并评估这些控制的有效性。风险评估的作用如下：

- **对决策起到支持作用**——风险评估对风险进行排序，这有助于决策者确定哪些风险应当降低。当然并不是所有风险都必须降低，风险也可以规避、分担或转移、缓解或承担。高风险必须降低，低风险则可以接受。
- **评价控制措施的有效性**——可以通过实施控制来减少风险，风险评估有助于人们深入了解某项控制措施对特定风险的有效性。

风险评估包含很多步骤，它不是一个简单的在办公室坐上一天甚至一周就能完成的任务。要达到风险评估的各项要求，需要诸多关键信息作为信息输入。风险评估的步骤包括：

- **识别威胁和漏洞**——当威胁攻击漏洞时就会发生损失，如果发现了可能的威胁和漏洞，组织机构就能减少损失。
- **确定风险发生的概率**——根据历史数据和经验估计来确定。例如，假设一个风险发生的概率是过去三年平均值的 4 倍，如果不采取任何措施来减少风险，它可能在明年发生 4 次。如果历史数据不可用，专家可提供风险发生可能性的估计值。
- **确定资产价值**——资产价值有助于确定风险的影响。资产可以是硬件资产、软件资产或者数据，有些风险可以同时影响以上三者。
- **确定风险的影响**——根据历史数据和经验估计来确定。假设在过去三年里，一个风险导致平均每年损失 20000 美元，如果不采取任何措施来减少风险，它可能导致明年约 20000 美元的损失。如果历史数据不可用，专家可提供风险发生影响的估计值。
- **确定安全措施或控制的有效性**——安全措施或控制措施可以降低风险或减小风险的影响。对于某项风险而言，有些控制措施会比其他的更有效。风险评估有助于确定实施何种控制措施。

风险评估针对当前系统确定其威胁和漏洞。它假定目前的控制是按预期方式起作用的，即风险评估是基于当前条件在当前时刻进行的。从整体来看，风险评估与风险管理是不同的。风险管理是一个连续过程，而风险评估不是。

5.2 风险评估的关键步骤

在风险评估的早期应完成三个关键步骤，它们是风险评估的重要组成部分，对其成败起到决定性作用。这些步骤包括：
- 确定范围；
- 确定关键领域；
- 确定团队成员。

5.2.1 确定范围

范围就是风险评估的边界。当所有参与者都能很好地理解评估范围时，就不太可能去改变这一评估范围。确定风险评估范围有助于保持风险评估步入正轨。相比之下，不受控制的改变将导致不当的范围蔓延（scope creep）。范围蔓延会造成成本超支或进度超期。

例如，图 5-1 表示网络中配置了 Web 服务器。该服务器承载一个可从互联网访问的网站，客户可以访问该网站并购买产品，Web 服务器承载 Web 应用程序，后端的数据库服务器承载相关数据。

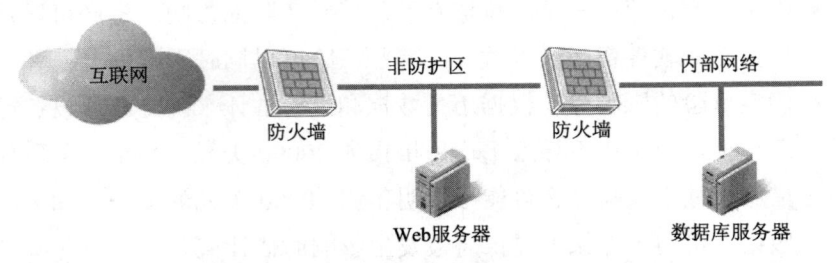

图5-1 由网络和数据库服务器构成的网络图

对于这个配置，可以将该范围仅限于 Web 服务器上。或者也可以包括 Web 服务器和数据库服务器，甚至包含非防护区的防火墙。

假设在过去一年里，Web 服务器被攻击数次。其中一些攻击可能导致网站崩溃或 Web 服务器故障。不过好在现有的控制措施可以保护数据库服务器上的数据不会被错误访问或丢失。在这个例子中，可以将范围确定为不包括数据库服务器。当然将数据库服务器包括进来也是可以的，这样可以确认现有的控制措施是否足以应对当前的风险。

对于范围的选择没有绝对的对错可言，管理层可以决定包括还是排除任何部分，关键是做出何种选择。

5.2.2 确定关键领域

风险评估还应明确所包含的关键领域。这样有助于将风险评估团队的注意力集中于那些重点内容。例如，某项评估的范围可能包括 Web 服务器、数据库服务器和防火墙。该项评估可以考虑以下关键领域：

- **Web 服务器**——要关注 Web 服务器的所有组成部分，包括硬件、操作系统和 Web 应用程序。对于硬件应主要考虑单一故障点，所谓单一故障点（SPOF）是指所有可导致网站关闭的单一硬件故障。在软件方面，除了应用最佳做法来防止网站应用程序被攻击（例如，缓冲区溢出和 SQL 注入攻击）之外，还应该考虑采取定期更新操作系统的方法。
- **数据库服务器**——假设该数据库服务器承载约 20 个数据库，风险评估通常只考虑 Web 服务器所访问的数据库。通常人们肯定会考虑防护 SQL 注入攻击，但主要考虑的应是对 Web 应用程序 SQL 注入攻击的保护。
- **内部防火墙**——内部防火墙控制所有流量进出内部网络。在风险评估中无须把所有流量都考虑进去，只须考虑 Web 服务器和数据库服务器之间的通信规则即可。

在确定关键领域后，应将注意力集中于业务最关键的地方。在本章前面提到过盈利能力和生存能力，风险评估需要平衡潜在收益和潜在损失，其中威胁组织机构生存能力的损失至关重要。

有些数据十分重要，如财务数据和客户数据。其他数据，如公共数据，则不需要相同级别的保护。同理，某些服务器或信息技术服务是最关键的，其他服务器和服务则不那么重要。

虽然只考虑关键领域是一条重要的原则，但问题是风险评估团队有可能不理解对于管理层而言什么最为重要，团队应该集中考虑管理层最为重视的东西。

5.2.3 确定团队成员

风险评估小组的成员不应该是负责纠正缺陷的原班人马，这样有助于避免利益冲突。

例如，假设某个成员负责在 Web 服务器上实施相关控制措施，他可能会倾向于按照个人喜好来实施。

而如果由一个没有利害关系的人来提供输入，就可能有更好的机会得到更加准确而客观的数据。

当然这并不是说不能从责任部门获得输入，其工作人员可能具有良好的洞察问题及解决这些问题的能力。然而，当考虑风险优先级和确定控制措施的作用时，来自纠正缺陷具体操作人员的输入不应作为决定性因素。

5.3 风险评估的类型

在进行风险评估时，首先要确定使用什么方法。在信息技术领域中使用的两种主要方法包括：

- **定量方法**——定量方法是一种客观方法，它使用数字表示，如实际的美元数值。定量方法需要大量数据，搜集这些数据往往需要很多时间。如果数据可用，该类型的评估将成为一个使用公式的数学问题。
- **定性方法**——定性方法是一种主观方法，它采用基于专家意见的相对数值，由专家提供风险概率和风险后果的输入。定性评估使用诸如低、中、高等词汇而不是数值，因而可以快速完成。

在后续章节将深入探讨这两种方法。在接下来的几节中你会发现，没有哪种方法更优，它们都有各自的优点和局限性。然而在特定情况下，一种方法可能比另一种方法更好。当你意识到存在不同选项时,就能在适当的时机选择适当的方法。

5.3.1 定量风险评估

定量风险评估使用货币值之类的数值。通过搜集数据,然后将其代入标准公式。其结果有助于确定风险优先级,也可使用计算结果来确定控制的有效性。

与定量风险评估相关的关键术语包括:

- **单一预期损失(SLE)**——表示单一事件的预期总损失。当威胁攻击漏洞时发生某事件,其损失可表示为货币值 5000 美元,其中包括硬件、软件和数据的价值。
- **年度发生率(ARO)**——表示一年中事件预计发生的次数。如果在过去一年中某个事件每月发生一次,其年度发生率就是 12。假设发生率不变,很可能会在明年再发生 12 次。
- **年度预期损失(ALE)**——表示年度的预期损失。年度预期损失是由单一预期损失×年度发生率计算得到。因为单一预期损失是以货币值的形式表示,那么年度预期损失也以同样的形式表示。例如,如果单一预期损失为 5000 美元,年度发生率是 12,则年度预期损失等于 60000 美元。
- **控制措施的价值**——表示控制措施的成本。控制措施被用来降低风险。例如,为每台电脑安装杀毒软件的平均成本为 50 美元,如果有 100 台电脑,那么控制措施的价值就是 5000 美元。

假设存在如下的情况:组织机构给员工发放笔记本电脑,每台笔记本电脑价值 2000 美元,包括硬件、软件和数据。若有 100 台笔记本电脑正在使用,在过去两年里组织机构平均每季度都有一台笔记本电脑丢失,这些笔记本电脑被盗时系统都无人值守。有了上述信息,你能回答下列问题吗?

- 单一预期损失(SLE)是多少?
- 年度发生率(ARO)是多少?
- 年度预期损失(ALE)是多少?

由于每台笔记本电脑价值 2000 美元,那么单一预期损失为 2000 美元。

又由于每季度丢失 1 台笔记本电脑，因此年度发生率为 4。根据年度损失期望计算方法：2000 美元×4，结果是 8000 美元。

然后，人们可以使用年度预期损失来确定控制的有效性。组织可以为笔记本电脑成批采购单个成本为 10 美元的硬件锁。控制的价值为 10 美元×100 台，也就是 1000 美元。据估计，如果购买了硬件锁，年度发生率将从 4 下降到 1，那么该企业该不该购买这些锁？

可以使用下列计算公式来确定控制的有效性：

- 当前的年度预期损失=8000 美元（年度发生率为 4×2000 美元）；
- 控制后的年度发生率=1；
- 控制后的年度预期损失=2000 美元（年度发生率为 1×2000 美元）；
- 控制后的节约成本=6000 美元（当前的年度预期损失 8000 美元-控制后的年度预期损失 2000 美元）；
- 控制的成本=1000 美元（10 美元×100）；
- 实际的节约成本=5000 美元（控制后的节约成本 6000 美元-控制的成本 1000 美元）。

在这个例子中，第一年节约成本 5000 美元。这就是费用效益分析，其结果清楚地表明应该购买硬件锁。如果没有采取任何措施，组织可能损失 8000 美元。通过购买成本为 1000 美元的锁，组织的损失降低为 2000 美元。换句话说，组织通过花费 1000 美元节省了 6000 美元。

优点

定量风险评估的主要优点之一是评估本身变成了一个简明的数学问题，尤其是在使用自动化评估工具时。例如，有很多应用程序可供使用，在输入单一预期损失、年度发生率和控制成本之后，程序自动给出计算结果，并能提供一些建议。因为是应用程序进行计算，数据往往更精确。

定量评估的另一大好处是，它可以提供费用效益分析。当拥有单一预期损失、年度发生率和控制成本的准确值时，还可以计算费用效益分析的值。这一点在前面章节中已经介绍过。

管理层通常较为熟悉定量评估的结果。例如，定量评估用货币值计算损失。正因为如此，管理层更容易了解评估及其建议的细节。

最后，上述公式使用的是可核查的客观数据。如果网站在一个小时的盈利是 2000 美元，那么网站关闭一小时就会损失 2000 美元的盈利，这是毋庸置疑的事实。

局限性

使用定量分析也有一定的局限性。其中最大的问题是我们并不总是可以得到准确的数据。尤其是在确定年度发生率的变化值时，其估计值的准确性很难得到验证。

例如前面的例子说明，如果购买了硬件锁，年度发生率将从 4 降到 1。换句话说，只有 1 台笔记本电脑会被盗而不是 4 台。这听起来不错，但怎么知道这是真的？这一估计的准确性很难验证，因此向持怀疑态度的管理者汇报并说服他就会很困难。

另一个局限是要确保落实预期的控制措施。硬件锁是在保护笔记本电脑的例子中提到的。只有每个人都使用硬件锁，它才会有用。但是使用者可能会认为不方便，组织购买了硬件锁并不意味着员工真的会使用它们。

这里可能需要采取额外的措施，以确保使用者理解控制措施的重要性。尽管笔记本电脑被盗的事情从未停止，一旦真的发生在自己身上仍会觉得意外。所以需要实施配套措施，如进行培训以强化对控制措施的认识。

5.3.2 定性风险评估

定性风险评估不采用货币价值，而是采用风险发生的概率和风险的影响水平来度量风险。可以通过搜集专家意见来确定这些数值。

概率及其影响的定义如下：

- **概率**——某个威胁攻击漏洞的可能性。当威胁攻击漏洞时就会产生风险。可以用一个尺度来定义风险发生的概率。该尺度可以是低、中、高这样的文字型指标。然后将一个百分比赋值给这些指标。例如，把 10% 赋值给低概率，把 100% 赋值给高概率。
- **影响**——风险发生时的负面结果。影响用来确定风险的大小。风险可能导致某种类型的损失。此处影响评估使用低、中、高这样的指标，而不是货币量化的损失值。也可以使用这些分类来描述概率的大小。只不过，概率为百分率，而影响是一个相对数值。例如，低、中、高可分别赋值为 10、50、100。

可以用下列公式计算风险级别：

风险级别＝概率×影响

表 5-1 和表 5-2 给出了可用于风险评估标度的一种方法。基于已知威胁和漏洞，以及现行的控制措施给每个标尺赋值。需要注意的是，首先应由专家把高、中、低这类描述赋予相应的概率和影响，然后评估人员再根据比例把这些词汇转化为数值。例如，某个风险专家选定了一个低概率，评估时给它赋值为10%。专家不一定需要知道具体的数值和范围，但专家可以根据描述做出自己的判断。

表 5-1 概率的标度

概率	描 述	数值和范围
低	风险不太可能发生，威胁不活跃，漏洞不明显或者已采取缓解措施	10%（0～10%）
中等	风险发生的可能性为中等，过去已经发生过。但是缓解措施降低了近期发生的可能性	50%（11%～50%）
高	风险有较高的可能发生，在过去已经发生过。如果不采取缓解措施，可能会再次发生	100%（51%～100%）

表 5-2 影响的标度

影响	描 述	数值和范围
低	如果风险发生，对组织机构将产生较低的影响，攻击不会影响到任何关键数据和系统	10（1～10）
中等	如果风险发生，对组织机构将产生中等程度的影响，攻击将会影响到关键数据和系统，但是范围不大	50（11～50）
高	如果风险发生，对组织机构将产生较大影响，攻击将会影响到关键数据和系统，产生持续的损失	100（51～100）

定性分析可分为以下两个部分：

- 第一部分确定风险的优先级。
- 第二部分评价控制措施的有效性。

这两部分可以同时进行。为了表达清楚,本章将其分为两个单独的活动。

确定风险优先级

本节的目的是确定哪些风险最为重要。方法是通过给概率和影响赋值来确定。

例如，假设一个企业网站销售产品。由于最近出现网站中断现象，需要确定该网站的最重要风险。根据专家判断列出清单，现在要考虑这些风险的优先级。

其中的风险类别包括：

- **拒绝服务攻击**——任何拒绝服务（DoS）或分布式拒绝服务（DDoS）攻击导致的中断。
- **篡改网页**——未经授权的攻击方修改网站内容。
- **未授权访问导致的数据泄露**——出现数据失密现象。这可能是由于攻击者非法访问客户数据，也可能是攻击者非法访问了内部的私人数据，但不包括可免费访问的公共数据的损失。
- **由于硬件故障导致的网站数据丢失**——其中包括用于向客户展示的网页数据，还包括对网页进行数据恢复和格式化的网站应用程序。

确定风险的调查

假如要确定其网站最严重的风险。可在下表每个类别的标题下填写低、中、高的判断结果，判断应基于当前的控制和保护措施。例如，网站目前接入互联网并受到主机防火墙的保护。假设该防火墙保持不变。

定性分析调查表

分 类	风险发生的概率 （低、中、高）	风险产生的后果 （低、中、高）
DoS 攻击		
网页篡改		
未经授权的访问所导致的数据丢失		
由于硬件故障导致的网站数据丢失		

该网站在非防护区受到保护，还装有杀毒软件。可以把本页的调查表发给相关专家确定风险。

进行上述调查的方式有多种：通过独立填写调查表、专家访谈或召开调研但无讨论的专门会议等。可以设想，如果在会议上讨论将发生什么情况：当企业负责人说"很明显，任何数据的丢失都会造成巨大影响"。这种说法可能会影响下属，有的人可能本来认为这个数值很低，但最终填写了"高"或"中"的评价值。

在搜集了来自专家的数据之后，可对其进行整理和汇总，然后再将数值分别赋予低、中、高这些等级，如 10、50、100，然后就可以计算其均值。

表 5-3 给出了整理结果，其中对平均概率和影响值都进行了汇总，并填入每个空格中。例如，对于拒绝服务攻击，其平均概率确定为 100，并且其影响也确定为 100，这是通过对不同专家的输入值求平均来计算的。然后就可以通过概率×影响来确定风险级别。

表 5-3　定性分析调查结果

类　别	概率	影响	风险等级（1～100）
DoS 攻击	100%	100	100（1.0×100）
网页篡改	50%	90	45（0.5×90）
未授权访问导致的数据泄露	30%	10	3（0.3×10）
由于硬件故障导致的网站数据丢失	30%	90	27（0.3×90）

可以用多种方式来直观地呈现这些数据。图 5-2 所示的风险矩阵就是另一种表达方法。

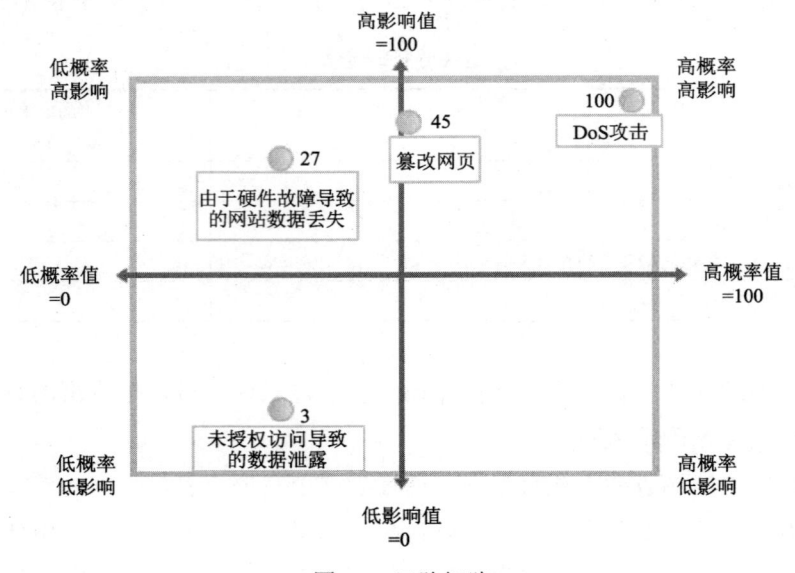

图5-2　风险矩阵

表 5-3 中显示，显然最高风险来自于拒绝服务攻击，其风险等级为 100。未授权访问导致的数据泄露为最低风险等级 3。数据泄露听起来很重要，然而如果现有的控制措施已经消除了大部分风险，其影响将是较低的。例如，管理员可能已经删除了网站上所有的私人数据。虽然有人可能会尝试侵入网站以获取数据，但由于网站只有公共数据，其影响会很低。

另一方面，拒绝服务攻击的风险明显上升为最大风险。根据目前的控制措施，专家们一致认为该系统会受到攻击。当其受到攻击时，他们会认为这种影响程度很高。

根据上述分析，风险优先级从高到低如下所示：
- 优先级 1——拒绝服务攻击，其值为 100。
- 优先级 2——网站篡改，其值为 45。
- 优先级 3——由于硬件故障导致的网站数据丢失，其值为 27。
- 优先级 4——未授权访问导致的数据泄露，其值为 3。

评估控制措施的有效性

到了这一阶段，可以确定为高影响的风险申请保护或控制措施。在这里，调查是很有帮助的。例如，可以使用下面所示的调查表。

需要注意的是，"未授权访问导致的数据泄露"并不包含在下表中。因为专家们一致认为，它并不代表显著风险，没有必要去减轻它。也就是说，在这种情况下，管理层已决定承受其中剩余的风险。

确定安全或控制措施的调查表

在下表的左栏中列出了控制类型，在顶部列出了风险类型。请在每个标题下输入"低""中"或"高"。输入值应表明降低风险的控制价值。例如，如果觉得把 Web 服务器放置在非防护区中将在防止 DoS 攻击上有"高"成功率，就在标题下面填写"高"。如果觉得其成功率并不高，就填写"低"。

缓解选项调查表

控制措施	拒绝服务攻击（低、中、高）	网站篡改（低、中、高）	由于硬件故障导致的网站数据丢失（低、中、高）
把 Web 服务器放置在非防护区中			
增加入侵检测系统			
采用独立磁盘冗余阵列			
建立备份计划			

正如对风险的汇总一样，也可以对控制的有效性进行总结。表 5-4 表明了本次调查的大致结果。就像其他调查结果一样，"高"的数值为 100，"中"的数值为 50，"低"的数值为 10。

表 5-4 风险缓解选择的调查结果

控制措施	拒绝服务攻击	网站篡改	由于硬件故障导致的网站数据丢失
把 Web 服务器放置在非防护区中	100	75	10
增加入侵检测系统	75	25	10
采用独立磁盘冗余阵列	10	10	100
建立备份计划	10	50	100

从表 5-4 可以看出，把服务器放置在非防护区中将是应对拒绝服务攻击最好的保护措施。此外，采用入侵检测系统也将提供高等级的保护。表中应对各风险的最佳控制措施如下所示：

- **拒绝服务攻击**——采用非防护区和入侵检测系统保护。
- **网页篡改**——采用非防护区保护。
- **由于硬件故障导致的网站数据丢失**——采用独立磁盘冗余阵列和备份计划。

优点

定性评估有如下主要优点：

- 采纳了专家意见；
- 易于完成；
- 采用易于表达和理解的词汇。

数据是从专家那里搜集来的，这些人最了解系统，他们可以结合系统的知识和经验，快速找到问题的根源。只要能找到足够多的专家，风险评估就容易完成，甚至都不需要把他们聚集到一起，单独采访他们就行。可以向专家们提供调查问卷，让他们按照自己的步骤完成调查。

定性风险评估采用尺度标准，这些尺度与组织文化相一致。确定尺度时允许根据个人对价值的理解，采用日常词汇表示。这也使得各领域的专家，即便不属于安全和信息技术领域，也能够容易地参与进来。

例如，人力资源专家对《健康保险携带与责任法案》的要求有全面深入的理解，他们知道数据不受保护的危险后果——罚款或是牢狱之灾。因此人力资源专家也可能为风险评估提供重要的信息。

采用 Delphi 法进行评估

常用的定性评估的方法之一是德尔菲法（Delphi）。它可以用来搜集数据，并帮助人们达成共识。

德尔菲法的主要优点是，它允许个人没有压力自由地分享意见，而不是所有参与者在会议上对议题进行逐一讨论，参与者的回答是独立搜集的。

Delphi 法可以采取多种方式。其中一种方法是通过以下步骤来实现的：

1. 识别问题。问题可能涉及单个信息技术系统或一组服务器，其范围应在团队专家所熟悉的知识领域中。例如，问题可能与某个网站的故障有关，可表述为：在过去的一年中，1 号 Web 服务器出现了 4 次故障并造成了一定的损失。

2. 从专家那里搜集输入数据。将问题发送给一组专家，并请他们做出回复。对于 Web 服务器故障，可以让专家来识别主要风险。如果能够确定问题产生的原因，也可以请专家确定其概率和风险。一旦确定了最高风险，就可以重复这个过程来确定最佳解决方案。

3. 整理专家的回复。不同阶段的回复会有不同的表现形式。例如，专家回复可能只是一个风险清单，也可能是一个风险的优先级排序，还可能是一个风险缓解的控制措施清单。

4. 共享结果。这一步将取决于所处的不同阶段。如果整理出风险列表，就可以要求专家团队确定每个风险的概率和影响。在确定控制措施阶段，还可以重复上述过程。找出一系列控制措施来降低风险，然后要求专家团队确定不同控制措施对具体风险的有效性。

5. 进行必要的重复。重复上述过程，直到所有的数据搜集完毕。该过程拥有很强的灵活性。现今，这个过程通常可以通过电子邮件来完成。实际上许多电子邮件程序允许人们发送调查报告，用户只须点击按钮即可。当然还可以设计一个在内部 Web 服务器上填写的调查问卷。这可能需要一点时间来设计，而后快速整理结果。

重要的是，发表观点和搜集数据要独立进行。如果在会议上搜集数据，参与者的反应可能会因其他人的意见而受到影响。在这种场合，一个强势的参与者可能会影响其他人，阻止团队其他成员的参与。

局限性

定性评估有如下局限性：

- **主观性**——分析以及结果主要依据主观意见而非事实。对这些意见的不同看法可能会带来完全不同的结果。如果观点来自于某个团队，一个强势的参与者就可能主导整个团队的看法。

- **基于专家的经验**——评估的水平取决于专家经验。如果专家有扎实的理论基础和广泛的经验，其结果可能很有价值。另一方面，如果没有接触到真正的专家，评估的价值可能就非常有限。

- **缺乏费用效益分析**——没有进行费用效益分析。控制措施的效果不如定量分析那么清晰。尽管专家意见仍然有价值，但对于管理层而言，结果并不十分清晰，这使得管理层在决定采用哪些保护措施时会难以决策。

- **缺乏真实的标准**——组织需要定义过程中所使用的尺度。例如，尺度可以是简单的低、中、高。尺度需要参与者来确定，这就需要参与者对风险评估和数据处理有一定的了解。

5.3.3　定量和定性风险评估的比较

需要注意的是，没有哪种方法一定比另一种更好，它们有各自的优点和局限性。下面是定量和定性风险评估之间的比较结果。

定量分析：
- 具有客观性；
- 可使用诸如货币值等数值进行度量；
- 较为耗时；
- 需要搜集并处理大量的历史数据；
- 数据难以获取；
- 可采用单一预期损失、年度发生率和年度预期损失的计算公式；
- 可用货币值明确表示损失和节省值；
- 在费用效益分析中数据便于使用。

定性分析：
- 具有主观性；
- 基于专家意见；
- 与定量分析相比，可以在更低成本的情况下快速完成；
- 可使用诸如低、中、高等评语；
- 需要在风险评估中使用尺度定义。

风险评估报告的组成

风险评估一般以报告作为结束。随后，该报告可由管理层决定实施哪些控制措施，下面是一个风险评估报告中通常包含的主题列表。

- **引言**——引言部分介绍了风险评估的目的和范围，包括对评估中考虑到的各组成部分、用户和系统位置等描述。
- **风险评估方法**——这一节明确风险评估的方法，包括相关数据的搜集和参与者的信息。如果使用定性方法，应给出描述风险的尺度。
- **系统特征描述**——这一节提供关于系统的细节信息，包括硬件、软件和网络连接方面的信息，也可包括描述待评估系统的图表。

- **威胁陈述**——这一节列出潜在威胁、威胁源和威胁行为。例如，某个威胁可能是攻击者对于互联网服务器发起的拒绝服务攻击。
- **风险评估结果**——可以用"威胁/脆弱性配对"的形式表示风险，在描述风险的同时应列出现有的控制措施，并给出当前控制下风险的发生概率。如何描述风险取决于使用何种分析材料。定量方法使用相关术语，如单一预期损失、年度发生率、年度预期损失，定性方法给出基于已定义尺度的概率和影响。以上数据可由对于计算过程的分析得到。
- **建议采取的控制措施**——提供推荐的防护措施或控制措施列表。该表应包括对控制有效性的分析。定量方法通常伴随着对每个控制的费用效益分析分析结果，定性方法则通常会对控制的有效性进行排序。
- **总结**——总结可出现在一个或多个结果汇总表中，这样使得管理层很容易看到等级最高的风险，也更容易批准建议。

5.4 风险评估的挑战

当风险评估完成后，还有许多挑战需要处理和应对。其中一部分取决于所选评估类型。无论是定量还是定性评估都有各自的挑战，它们在前一节中都已作为限制条件列出过。

还有一些其他的挑战，包括：
- 采用静态过程来评估动态目标；
- 资源和数据的可用性；
- 数据的一致性；
- 估计影响效果；
- 提供资源分配和风险承担的分析结果。

这些挑战将在下面的章节中讨论。

5.4.1 采用静态过程评估动态目标

如前所述，风险分析是在某个时间点上需要及时完成的评估活动。它在特定的时间点对当前的风险进行评估，考虑基于当前控制措施的风险。换句话说，风险评估是一个静态过程。然而，安全状态不是静态的，风险会不停地变化。攻击者和攻击活动在不断变化，安全状态就不可能一直不变。

假设开始时攻击者的所有攻击都已成功，安全专家开始实施控制。但在某些时候，攻击并未成功。然后攻击者掌握了新方法，安全专家就要修改控制或实施新的控制，像这样的对抗每天都在进行。

有时某些威胁和漏洞看起来好像已经得到成功的缓解，不再具有风险。然而，它们可能会以另一种威胁再次突然出现。域名系统（DNS）缓存中毒就是一个很好的例子。DNS 缓存中毒可以导致系统将某个 Web 站名解析到伪造的 IP 地址。例如，用户可能打算用 Web 浏览器访问 Acme.com，此时它却被重定向到 Malware4u.com 去了。DNS 缓存中毒在几年前曾被认定为显著威胁，后来被成功地化解并废弃不用了。从信息技术安全性的角度看，它几乎已成为历史。

但在随后的 2008 年夏天，Dan Kaminsky 发现并对外公布了一个缺陷。DNS 缓存中毒很快再次成为一个问题。一旦公布了结果，攻击者很快就能学会如何利用该漏洞，DNS 缓存中毒再次上升，成为一个严重问题。然后安全控制解决了这一缺陷，DNS 缓存中毒再次销声匿迹。

如果风险报告是在 3 月份完成的，但在 6 月份公布了一个影响本系统的漏洞，评估的有效性就受到了影响。出于这个原因，需要在新的风险出现时及时对其进行评估。

5.4.2 资源和数据的可用性

这方面的挑战主要来源于两个领域：一个关系到资源的可用性，另一个关系到数据的可用性。在风险分析过程中尽早处理这两个问题十分重要。如果问题得不到解决，就会严重影响评估质量。

首先是资源问题。参与评估的人员应该了解被评估的系统，如果拥有高水平的专业知识，就可以做出高质量的评估报告。如果评估团队不具备必要水准的知识和经验，报告内容中就会有猜测的成分。

风险评估需要来自高层管理人员的支持，这将有助于确保为团队提供足够的资源。如果你领导的风险评估团队出现了问题，需要某个部门的支持，此时高层管理者可以提供帮助。另一方面，如果没有高层的支持，项目获得的资源就会越来越少。

就数据问题而言，其可用性同样重要，数据的可用性决定了评估类型。例如，如果拥有大量关于系统性能和故障的内部历史数据，就可用来进行定量的风险评估，并使用历史数据来计算单一预期损失、年度发生率。如果数据不可用，就只能做定性评估。

如果没有合适的人员和数据，风险评估将会难以完成。如果解决了这些问题，成功的概率就更大。

5.4.3 数据一致性

风险评估的另一个挑战是数据的一致性，又可称为数据准确性。影响数据一致性的因素包括：

- 数据规范的差异；
- 数据搜集方式的变化；
- 业务的变化。

上述每一个问题都可直接影响数据的准确性。然而，即使数据不是100%的准确，也并非意味着不能使用。风险评估中可用不确定性水平来度量数据的准确性，这里不确定性水平表示数据的可信性。如果所有条件都是理想的，那么人们将100%肯定数据是100%的准确。在这种情况下，不确定性水平为0。然而在现实世界中，难以达到不确定性水平为0的情况。

例如，历史数据表明某网站每小时可以产生大约2000美元的收入，当前数据表明收入仍有继续小幅增长的趋势，有80%的把握确定该数据是准确的，但也有20%的不确定度。在使用这些数据来计算单一预期损失指标时，可以通过估计来确定不确定性水平。

数据规范的差异

数据规范可以影响数据的使用、处理和解释。在一般情况下，通过数据库能有效地查询和处理大量数据。然而，这些数据原本可能来自 word

文档或电子表格。在将数据从一种格式转换到另一种格式时，可以因不同来源对其精度给予不同程度的重视。

例如，假设图像数据原先存储在 Microsoft Excel 工作表中，但现在存储在 Microsoft SQL Server 数据库中。当它在 Excel 工作表中时，可以满足当时的用户需要。然而，此时很难从不同的角度提取并分析数据，也很难对数据进行不同的汇总和分类汇总计算。而在数据库中，就能很容易地使用查询手段从多个角度分析数据。数据可能非常相似，但通过数据库可以获得更深层次的信息。

考虑到这些因素，虽然 Excel 工作表的用户也可能得出准确的结论，但这些结论可能不如从数据库数据所得出的结论更有价值。如果数据来自不同的出处，应当认识到它们可能有不同的解释。在对比这些数据时，可能会出现不一致的情况。这些因素会影响数据的不确定性水平。

数据搜集方式的变化

数据搜集方式的变化也会影响数据的准确性，这里主要指的是从手工搜集数据到自动搜集数据的变化。

人可以出色地完成很多事情，却并不擅长简单而重复的任务，而电脑却可以胜任。当人们手动搜集和输入数据时，可能会出现错误。

控制和检查有助于发现这些错误。输入校验法可以验证数据的正确性。例如，邮政编码有五位数字，采用输入校验法时如果发现四位或六位数字，就可以判断这是无效的邮政编码。此外，某个员工可以对另一名员工输入的数据进行再次检验。

手动输入可能会对数据的不确定性产生负面影响，未对数据精确性进行双重校验也可影响其不确定性。另一方面，如果使用自动化方法搜集数据，数据精度会更高。总之，如果使用自动化方法搜集、储存和处理数据，数据的不确定性将会大大降低。

业务的变化

一个组织机构今年所完成的业务量通常与去年有所不同，这通常是由业务增长所导致的。然而对于某些企业，这可能是因为市场份额的减少或其他一些原因。事实上业务很少会停滞不前，而一般认为业务量停滞是负面的。

了解过去发生的事情很重要,可以据此预测未来的事情。然而未来和过去并不完全一样。例如,一个网站去年平均每小时可收入 2000 美元。但是圣诞季的销售额比上年同期翻了一番,据此预测今年的销售额也可能会翻一番。根据这些信息可能会把每小时平均销售额修改为 4000 美元,而不再是 2000 美元。

与此类似,企业可能在部分销售市场失去了市场份额,这可能是因为研发资金或营销资金减少,或是某些其他的原因。所以,如果销售额下降,在进行预测时就应考虑到这一点。

还有可能的是,虽然当前数据仍显示销售额在减少,但此时新到任的经理已提出整改措施来增加销售额,目前销售额减少也许只是销售额增加的初期表现。因此,这一切都可能导致所用数据不确定性的改变。

5.4.4 估计影响效应

任何风险的潜在影响都是很难估计的,重要的是要认识到这仅仅是一个估计值。如果某人真有神通能准确地预测将来会发生什么事情,他也许就不会在信息技术领域工作了。

在估计影响效果时,有几个因素在起作用。即使有准确的历史数据也是如此。例如,某个网站可能遭受攻击并导致数小时中断。在排除故障时,技术人员从中学到了很多东西,其重点是解决网络中断问题,知识和经验隐含其中。在服务器下一次出现故障时,恢复时间就会快得多。

即使在这个例子中也有很多不同的变数,如高离职率的企业无法积累经验和提高水平。如果系统因为与半年前同样的原因而停机,那么新技术人员仍是第一次接触该问题,因而系统中断的时间很可能与此前的相同。

另一方面,系统存在漏洞是攻击能够得逞的原因。一旦发现漏洞,它们就会被纠正。然而,即使纠正了这些漏洞,也并不意味着人们就知道此次更改的内容,因为已完成的更改可能没有任何文字记录。

有人可能会认为现在的一切都和以前的攻击一样。而事实上,为了降低攻击的可能性或攻击的影响后果,可能已经实施了某些更改。在这个例子中,不确定性取决于组织机构的变更管理实践。

5.4.5　为资源分配和风险承担提供依据

风险评估的结果应当是有用的，这一点应当没有争议。但是对于安全专业人士而言，他们可能陷入一种"不惜一切代价实现安全"的陷阱。这样做并不可取，评估应当在盈利能力和生存能力之间取得适当的平衡。

需要考虑的重点问题是：
- 资源分配；
- 风险承担。

资源分配

没有哪个安全团队拥有无限的资金和人员。恰恰相反，安全活动一般都只能得到有限的资源。在进行风险评估时应牢记这一点。

任何建议都要符合实际，提出建议时需要考虑企业文化，以及建议获得接受的可能性。

风险承担

有些组织机构愿意承担更大的风险，这不存在绝对的对错，它只是一个业务运作的方式。因此在进行风险评估时，需要了解企业的文化。

在风险承担方面需要考虑两点：
1. 风险越大，回报越大。
2. 较大的风险会导致较大的损失。

以股票市场为例，有很多股价曾经低到每股不到 1 美元的企业今天依然存在。如果那时购买了 10000 美元的股票，今天你就可能成为百万富翁。然而，很少有人在那时去买 10000 美元的股票。原因是当股票价格低落时，人们不能肯定该企业能否生存下去。有些人冒了风险，得到了很大的回报。另一些人承担了其他企业类似的风险，但是这些企业却破产了，他们的风险投资带来了巨大的损失。

尤其要记住，在组织机构中做出重要决策的是高级管理层，他们负责确定缓解、分担或转移、避免或承担哪些风险。在向高级管理层提出建议时，应当考虑期望他们接受哪些剩余风险，你的建议应当与你的期望保持一致。

这并不意味着分析结果应该隐藏起来，你仍有责任给出所有的数据。

如果有些建议看起来明显不会被接受，可以将其写入报告，但不必将其列在实际的推荐列表中。

5.5 风险评估的最佳做法

在不同的组织机构中，风险评估往往会以不同的方式进行。对 Web 服务器的风险评估与对《健康保险携带与责任法案》所涉及的相关数据评估明显不同。然而，有些通用的做法可以确保其成功。

下面列出了风险评估方法的几种最佳做法：

- **从明确的目标和已定义的范围开始**——确保分析人员知道评估所要实现的目标。风险评估首先应进行范围描述，范围描述有助于评估按计划进行，并避免范围蔓延（scope creep）。
- **征得高层管理者的支持**——高层管理者要重视风险评估，没有他们的支持，评估就失去了价值。当评估团队意识到不受重视时，他们就会投入较少的时间和精力。没有管理层支持的评估几乎从一开始就注定要失败。
- **建立一个强大的风险评估团队**——风险评估的价值取决于团队的能力和专业知识，团队成员应该具备系统的专业知识。例如，假设正在进行一项定性分析，如果从非专业人士那里搜集数据，他们的意见就价值有限。这需要团队成员深入理解风险评估的方法。
- **定期重复进行评估**——威胁、风险和漏洞都在不断发展，风险评估也应定期重复地进行。有些联邦机构要求至少每三年重新进行一次，还有许多组织机构在风险评估政策方面作了一些规定。这些政策明确规定组织机构应在重复进行的基础上完成哪些工作，还规定了风险评估的通用目标。
- **明确评估使用的方法**——如果一直使用相同的方法，人们就会积累丰富的经验。如果组织机构决定定期进行定性风险评估，在这种情况下，就应当对使用的尺度做出明确定义。如果以相同的方式完成评估，评估将更容易实现，并能提供高质量的结果。

- **对于风险和建议提供明确的报告**——每一次风险评估都应以书面报告结束，评估结果的陈述报告应当清晰明了。其中重要的一点是要保证能够明确地阐述风险，更重要的是要确保建议明确。风险评估的目的就是以建议的控制措施来缓解风险。如果建议不明确，报告就失去了主要的价值。

本章小结

风险评估可以用来识别和量化风险。评估通过识别威胁和漏洞，然后采用一种评估方法来确定风险的优先级。一旦风险量化之后，就可以着手制定控制和安全措施。风险评估也可以用来确定最佳控制措施。

风险评估的两种主要方法是定量法和定性法。当历史数据随时可用时，可采用定量风险评估，使用数据从单一预期损失和年度发生率计算得到年度预期损失的公式为：年度预期损失=单一预期损失×年度发生率。定性风险评估则采用专家意见，没有固定的计算公式，这需要建立适当的度量尺度，如低、中、高等。定量风险评估可以提供费用效益分析的结果，而定性风险评估可以在短时间内完成。

第 6 章 风险评估的实施

实施风险评估时需要采取若干步骤。首先，从明确评估内容开始，这将涉及对整个系统的描述。其次，通过搜集数据来识别威胁和漏洞，这些威胁和漏洞有助于识别风险。然后，找出能够缓解风险的对策和控制措施，并评估现场和计划控制措施。最后，评估和推荐其他的控制措施，并通过费用效益分析来支撑这些措施的有效性。

6.1 风险评估方法的选择

一旦决定进行风险评估，就要说明如何去执行，即决定采取哪些具体步骤。风险评估不是短时间内就能决定和完成的，它需要一定的时间和周密的计划。

风险评估方法包括定量和定性两种主要类型。本章对风险评估进行了整体描述。一般情况下，风险评估包括以下步骤：

- 确定待处理的资产和活动；
- 确定和评估相关的威胁；
- 确定和评估相关的漏洞；
- 确定和评估相关的对策；
- 评估威胁、漏洞和攻击；
- 评估风险；
- 提出缓解风险的建议；
- 提出管理建议。

在开展风险评估之前，需要完成如下两个初步措施：
- 定义评估；
- 审查历史调查结果。

6.1.1 评估的定义

首先需要明确评估对象。如果评估对象是一个系统，就需要对它进行描述；如果是一个过程，就要描述这个过程。如实地描述该系统或过程对于评估而言非常重要。风险评估是在某个时间点上需要及时完成的评估。与风险管理不同，风险评估是一个连续过程。

在描述系统或过程时，需要重点关注两个方面：
- 运行特性；
- 系统任务。

在定义风险评估时，一定要明确评估的范围，这有助于防止产生不受控制的变化。不受控制的变化会导致成本超支或进度超期。

运行特性

运行特性将决定系统在环境中的运行方式。犹如"电子邮件服务器"这个名称，仅仅给系统命名是不够的，而要确定系统是如何配置和运行的。

图 6-1 展示的是一个在网络中的单一电子邮件服务器。该电子邮件服务器处理所有进出互联网的电子邮件，它为内部网络中的所有客户提供电子邮件服务。但这个图反映的是过去的情况，不能反映该组织机构当前的配置。

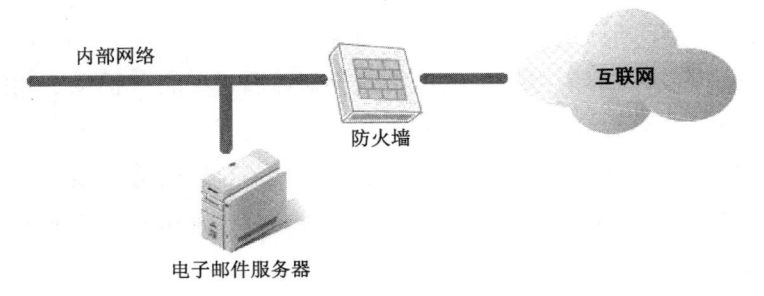

图6-1　网络中的电子邮件服务器

图 6-2 表示的是组织机构当前的网络图，其中包含一个非防护区。非

防护区部分包括一个用于发送和接收网络电子邮件的服务器。内部电子邮件服务器发送并接收来自非防护区服务器的电子邮件，但并不与互联网发生交互作用。

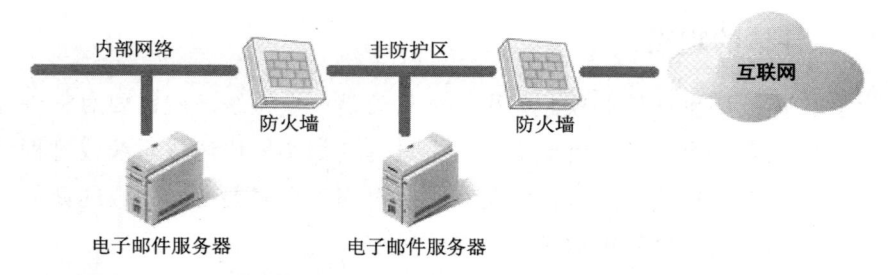

图6-2 内部邮件服务器和非防护区电子邮件服务器的升级版示意图

图 6-1 和图 6-2 之间的差异表明了记录运行特性的重要性。如果在图 6-1 中对系统的威胁进行风险评估会发生什么？获得的信息将是无效过时的，努力也将白费。

需要做的是对现行的系统进行风险评估。然而，当前的配置并不容易获得。有时需要进行信息挖掘，比如通过以下一些简单的问题：

- 是否有图表能够显示出当前所有的系统组成？
- 是否有当前系统配置的文档资料？

系统任务

系统任务用来明确系统需要处理的事务。与系统的运行特点相比，系统任务的定义比较简单。对任何单个系统的任务定义都可以简短地用某个段落加以概括，甚至只是简单的描述。

例如，电子邮件系统可以有如下任务：

电子邮件服务器为组织机构提供电子邮件服务。它包括以下功能：

- 在内部用户之间传输电子邮件；
- 从外部电子邮件服务器接收电子邮件，并传输给内部用户；
- 接收来自内部用户的电子邮件，并传输到外部电子邮件服务器；
- 扫描所有电子邮件附件并删除恶意软件；
- 扫描所有邮件中的垃圾邮件并予以清除。

管理配置与变更

配置管理和变更管理是两个重要的风险管理流程,它们对风险评估有着直接的影响。它们有时被同时提及,但也具有一定的区别。

配置管理确保同类系统具有相同的(至少相似的)配置。当系统非常相似时,可以使用诸如基线、脚本和自动化等技术来实施更有效的配置。相同配置的系统容易集中维护,也更容易进行风险评估。

变更管理是防止未经批准的系统变更。所有的变更都要求使用变更管理流程,并由技术专家审查和批复请求,用来减少变更带来的意外中断。

如果不实施变更管理,系统变更很容易导致另一个系统的中断。例如,某个大型组织机构的技术人员正在处理打印机的问题。该打印机没有自动接收 IP 地址,导致打印机无法进行打印作业。技术人员需要手动分配一个 IP 地址,验证打印机能否正常工作。这听起来毫无问题,但事实并非如此。

分配给打印机的 IP 地址也被分配到其他技术人员正在修复的服务器上。当技术人员修复了服务器并使之上线后,它将不会正常工作。打印机自身有 IP 地址,这使得 IP 地址产生了冲突,技术人员不得不另外花时间去解决此故障并纠正这两个问题。

如果实施了变更管理,这些问题就迎刃而解。打印机技术员会为打印机提交变更请求,指定 IP 地址的管理员容易看到此冲突并拒绝该请求,服务器就不会出现扩展的运行中断了。

此外,变更管理流程将会确保正确地记录变更。

当组织机构找到更成熟的流程来代替配置和管理流程时,风险评估就更容易实施,确定系统的当前状态也更加容易,可用的文档资料也更容易更新。

6.1.2 对既往调查结果的审查

如果以前进行了审计或风险评估,应该对其进行审查。这些报告可能包含很多有价值的信息,能使工作更为便利。报告会列举出资产、威胁和漏洞，以及目前的控制措施，甚至包括额外的控制建议。下列三项内容特别值得深入研究：

- **建议**——以往的建议对诸多问题进行了深入研究，处理了当时被认为有关联的威胁和漏洞，也包括当时被认为有价值的控制措施。尽管许多情况已经改变，但很多建议可能相同或相似。
- **被采纳建议的现状**——理想情况下，所有以往被采纳的建议是合理的。不过在实际工作中，仍可根据需要核查批准和实施建议的有效性。若被批准的建议不合适，以前的报告也许会有助于找到原因。例如，可能是硬件或软件还在采购过程中，也可能是忽略了部分建议。
- **未被认可的建议**——未被认可的建议也可有助于对业务进行分析研究。它们表明该组织愿意接受较多的剩余风险，未被认可的控制措施也许会降低组织可能遭受的损失。如果真是这样，管理层可能会更容易接受该项控制措施。

6.2 管理结构的辨识

管理结构涉及责任如何分配。在定义风险评估的范围时，有必要将评估范围限定在单一实体的所有权范围之内，以便建议更容易得到落实。规模较小的组织机构可能拥有单个信息技术部门，它负责所有的信息技术系统和流程。由于其工作人员控制所有的信息技术系统，就可以落实对系统提出的建议。

然而，更大规模的组织机构可能有多个信息技术部门。在这种情况下，各部门的经理或管理团队负责不同的信息技术系统，每个人都有不同的责任。例如，一个组织机构可能有以下部门对信息技术系统进行管理：

- **网络基础设施**——该部门负责网络中所有的路由器和交换机，也可能包括所有的防火墙。
- **用户和计算机管理**——该部门执行对网络和账户的日常管理，也包括基本安全措施。例如，组策略（Group Policy）工具负责管理微软账户。管理 Microsoft 域的管理人员负责管理组策略。

- **E-mail 服务器**——某些大型组织机构可能使用 10 个甚至更多的电子邮件服务器来管理电子邮件。训练有素的人员负责管理这些服务器，他们确保电子邮件的传送，也负责管理垃圾邮件和恶意附件。
- **Web 服务器**——某个组织机构可以在一个或多个网络中配置几十个 Web 服务器。网络能获取大量收益，并有专门人员进行管理。
- **数据库服务器**——许多组织机构都有大量的数据存储在数据库中。大型数据库存储在专用服务器上。管理这些服务器需要专业的知识，因此这些组织机构都配有专门的数据库管理人员。
- **配置和变更管理**——该部门负责审查所有服务器或系统配置的设置和更改，也负责建立新的服务器，以及协调和记录所有变更请求。

一个规模较小的组织机构可能会同时对多个系统进行风险评估。然而，对于大型组织机构的各个系统，风险评估可能会分别单独实施。

例如，对于一个运营电子商务网站的大型组织机构，其网站的内容包括 Web 服务器、数据库服务器和防火墙。然而，组织内不同部门管理不同的部分，有的部门管理 Web 服务器，有的部门管理数据库服务器，还有的部门则管理包括防火墙在内的网络安全。在所有部门同时进行风险评估是很困难的，在实施建议时尤其如此。不同部门的管理人员可能有彼此竞争的目标、时间表和优先级。但如果该组织一次只评估一个部门，就会比较容易实施。例如，可以分别对 Web 服务器、数据库服务器和防火墙进行单独的风险评估，从而每项评估可对系统的所有者提供富有针对性的建议。

6.3 风险评估范围内资产与活动的辨识

资产评估是确定资产公允价值的过程，这是风险管理的首要任务之一。可以从资产的重置价格中确定其价值，也可以根据资产提供给该组织的价值或收回资产的成本来确定其价值，还可以结合这两个指标来确定该价值。

一旦确定了资产价值，就可以对它们进行重要性排序。如果资产价值为 1000 美元，它应需要某种相应级别的资产保护。如果另一种资产价值为 100 万美元，则需要另一个资产保护级别。

确定风险评估范围内的资产十分重要。如果评估其他资产，评估范围将会偏移，从而造成时间和资源的浪费。

在考虑资产价值时，可以从下列不同的角度进行评判：

- **重置价值**——重置价值指用新资产来替换旧资产所需的成本。例如，如果 1 台笔记本电脑出现故障或是被盗，购买一台有类似硬件和软件的新笔记本电脑的价格可能是 1500 美元。
- **回收价值**——回收价值是在故障发生后使资产重新运作的成本。例如，如果一个服务器上的硬盘驱动器发生故障，人们不会替换整个服务器，而是只更换硬盘驱动器，并采取措施恢复整个系统。这需要重新安装操作系统，并从备份中恢复数据，同时也要考虑维修所需的时间。例如，如果维修需要两个小时，那么这两小时内系统是不可用的。如果该 Web 服务器每小时收益为 10000 美元，则回收价值为 20000 美元。

在确定不同资产的价值时，需要考虑以下几个因素：

- 系统访问权限和系统可用性；
- 系统功能；
- 硬件和软件资产；
- 人力资源；
- 数据和信息资产；
- 配套设施及物资。

6.3.1 系统访问权限和系统可用性

访问权限和可用性是指确定如何及何时让资产处于可用状态。有些资产需要时刻可用，而其他资产可能只需要在工作日内可用即可。资产的可用性需求越高，发生故障的风险也就越高。

例如，假设有一个在互联网上销售产品的 Web 服务器，客户可能随时访问该网站，如果在客户访问时网站出现故障，就会失去订单甚至失去这个客户。

因此，风险评估需要考虑该网站在任何时间内故障所带来的风险。此外，还需要考虑如何进行系统维护且不必进行网站的维护，这需要将数据备份，同时不断保持系统更新。

该 Web 服务器可能是多个网络服务器中的一个，也可能是故障转移群集（failover cluster）中的多个 Web 服务器之一。这两种配置都允许某个单一的服务器发生故障，而网站仍继续正常工作。如果只运行一个单独的服务器，那么一旦发生故障将会导致灾难性后果。

另外，可以设置一个仅在内部使用的文件服务器，内部员工在工作期间才能访问它。例如，员工的标准工作时间段可能从星期一到星期五每天上午 8:00 到下午 5:00，在员工不工作期间就有充足的时间进行备份或维护。

6.3.2 系统功能

如果系统提供服务，就应该在确定资产价值时考虑系统的功能，尤其这些功能是手动实现的还是自动实现的。

例如，假设某人正在评估组织中电子邮件的价值，其电子邮件系统可能有多个元素，其中还包括垃圾邮件过滤器。研究报告指出，通过互联网发送的电子邮件中垃圾邮件高达 90%，垃圾邮件过滤器以不消除有效电子邮件为目标，删除那些垃圾邮件。

滤掉多达 30%垃圾邮件的过滤器显著减少了垃圾邮件，从而确保有效邮件能够通过。图 6-3 展示了带有垃圾邮件过滤器的电子邮件服务器。在图中，所有电子邮件都是通过垃圾邮件过滤器从互联网上传输而来的，该设备过滤掉部分垃圾邮件并将其余电子邮件发送给电子邮件服务器。

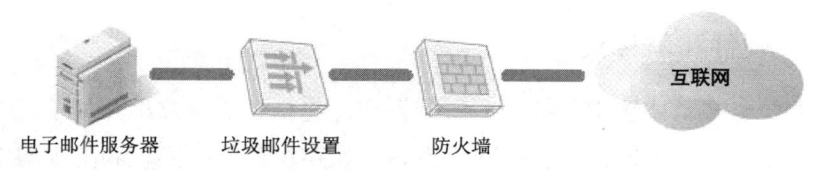

图6-3 带垃圾邮件过滤器的电子邮件服务器

那么垃圾邮件过滤器的价值何在？它将这一过程通过一个自动化程序加以实现，这正是它的价值所在。一旦它发生中断或故障，则应将其替换。

然而，某些垃圾邮件过滤器需要更多的交互操作。比如，可安排专门的技术人员持续查看已被过滤的垃圾邮件，确保其中不含任何有效的电子邮件。这些技术人员可将有效电子邮件源地址加入白名单，或将已知的垃圾邮件发送者加入黑名单。

> **信息技术的相关设备**
>
> 　　许多信息设备使信息技术工作变得非常便利，技术人员不必了解设备的工作方式，只需要将它接入并能正常工作即可。
>
> 　　比如一个烤面包机，不必知道烤面包机工作的技术细节，只需要把面包放进去，弹出烤好的面包。当然，烤面包机有一些旋钮和控制键，还是需要用户了解和掌握的。
>
> 　　垃圾邮件过滤器的工作原理与此类似。当它接电工作后，通过网络连接接收外部邮件，并将输出发送到电子邮件服务器。它会自动过滤掉一些垃圾邮件，同时管理员仍可与垃圾邮件过滤器进行交互操作。他们需要查看已过滤的垃圾邮件，或调整垃圾邮件过滤器的灵敏度。许多垃圾邮件过滤器还可以添加地址以便随时阻止或是允许继续接发邮件。另一个例子是防火墙装置，把它接入以后所需的配置很少。管理员还可根据特定要求调整它们的位置。然而最重要的是它们能够即开即用。

当衡量手动管理垃圾邮件设备的价值时，还需要考虑管理员所做的工作。如果它需要额外的人力和专业知识来进行初始配置和管理，那么它的价值更高。

6.3.3　硬件和软件资产

　　硬件资产是能够实际接触的所有资产，包括各类计算机，如笔记本电脑、工作站和服务器；还包括网络设备，如路由器、交换机和防火墙等。

　　这些设备的价值高低不一。一个简单的台式电脑价值不到 500 美元，而高端服务器价值则可达数万美元。

　　软件资产包括操作系统和应用程序。操作系统能使计算机正常运行，它可以是微软操作系统，如 Windows 8 或 Windows Server 2012，也可以是 UNIX 或 Macintosh 操作系统。

应用程序使人员能够执行各种任务。例如，Microsoft Word 是一个允许创建和编辑文档的应用程序。类似地，Oracle 是一个用于管理数据库的服务器级应用程序。

操作系统和应用程序的成本也高低不一。例如，台式电脑操作系统和应用程序的成本在数百美元内，但一个服务器的操作系统和应用程序动辄高达数千美元。

6.3.4 人力资源

人力资源也需要高度重视。一个有高离职率的组织往往比一个能够留住人才的组织出现的问题更多。要想留住有用的人才，组织需要做很多具体的事情。

例如，企业有不同程度的福利，包括不同类型的保险，如健康、牙科和人寿保险，也包括符合 401K 法案的退休计划。许多组织机构也采取其他措施来提高士气、改善工作环境。

为留住员工采取的措施往往取决于对他们的重视程度，如果信息技术管理员拥有能使网络良好运行的高端知识水平，那么他们则具有较高的价值。

6.3.5 数据和信息资产

数据和信息资产根据具体类型有不同的价值，很多组织机构会采取措施来确定数据的类型。例如，组织可以确定下列数据类型：

- **公共数据**——此类数据是免费提供给所有人的。它可以通过诸如新闻报道或其他出版物等公共渠道来获取，也可在组织机构网站上免费获得。
- **私有数据**——私有数据属于内部数据，包括员工和客户的数据信息。由于其性质特殊，私有数据应受到保护以防止信息的滥用。例如，防止身份信息被盗用。另外，它还可能包括某些内部流程数据。
- **专有数据**——专有数据是非常有价值的数据，应该重点保护。如果此类数据丢失，可能会严重影响企业的盈利能力。例如，一个企业可能会在研发上花费数百万美元，其目的是研发一个产品并将其出售。如果让竞争对手得到了该数据，他们就能仿制和销售此项产品，使该企业的研发经费付之东流。

6.3.6 配套设施及物资

评估资产时还需要考虑经营业务所需的配套设施和物资，在计算保险需求时也需要这些信息。

保险是人们一直想拥有但却从不想使用的项目之一。如果遭受了损失，它将提供某种保护。然而，损失通常是严重的，即使保险公司承担了这一损失，整个过程也会十分棘手。

对组织机构而言，意义重大的设施需要备份。在这种情况下，备份是能够执行相同功能的备用站点。备用站点包括以下三类：

- 热站——热站是能在短期内替代另一站点运行的站点。热站具有执行原网站关键功能所需的所有硬件、软件和数据。它是三类备用站点中最为昂贵的一种。
- 冷站——冷站也可提供类似热站的恢复功能。比如，一幢除了供电和自来水之外几乎没有其他条件的建筑，人们可以在这样的场所中带入电脑和数据并使其运行。冷站是三类备用站点中最低廉的。然而，它的启用需要的时间最长，同时也是最难测试的。
- 温站——温站介于热站与冷站之间，包括所有的硬件，但数据可能不是最新的，它的启用需要一天或几天的时间。

选择备用站点的类型取决于主要站点的价值，还需要考虑物资的储存位置，以确保备用站点可以执行相同类型的工作。当然，在允许情况下也可能不需要备用站点。

6.4 关联威胁的辨识与评估

危害是指所有潜在的危险，它可能与数据、硬件或系统相关。危害评估就是确定危害的过程。了解危害如何与风险作为一个整体进行交互作用非常重要。图 6-4 表明了威胁、攻击、漏洞和损失之间的关系。威胁产生攻击，攻击利用漏洞，当"威胁/脆弱性配对"发生时，就会产生损失。

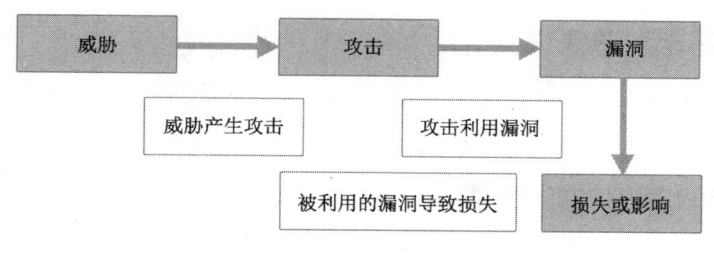

图6-4 威胁和漏洞

在图 6-4 中，攻击者被视作一个威胁。然而，威胁是危及机密性、完整性和可用性的任何一种事物。威胁可能来自外部或内部、自然或人为、故意或偶然。

确定威胁的两个主要方法是：
- 审查历史数据；
- 实施威胁建模。

6.4.1 审查历史数据

历史往往会重演，生活中的许多领域都是如此，信息技术系统也是这样。可以通过审查历史数据快速找出现实威胁。

在审查历史数据时，可以重点关注以下方面：

- **攻击**——如果网站以前被攻击过，就很有可能再次遭受攻击。下一次攻击成功与否取决于从此时起实施的保护级别。任何类型的事件都是如此。
- **自然事件**——如果飓风袭击过组织机构所在地，将来则很可能会再次袭击。大多数处于自然灾害风险区的组织机构都有适当的灾难恢复和业务持续性计划，包括应对诸如飓风、龙卷风和地震等灾害。如果没有测试的话，这些计划应该做定期审查，如每年一次。
- **事故**——事故是任何影响机密性、完整性和可用性的意外事件，包括用户意外删除数据以及用户在工作场所的失误。
- **设备故障**——设备故障导致的停机。有些系统比其他系统更容易出现故障，某些故障会对业务产生很大的影响。通过分析历史故障通常可预测未来的故障，并确定哪些系统可以因硬件冗余而受益。

6.4.2 实施威胁建模

威胁建模是识别系统中潜在威胁的方法，它试图从攻击者的角度去分析一个系统，其结果是一个威胁模型文档。

威胁模型提供的信息包括：

- **系统**——包括系统的背景信息。
- **威胁概要**——威胁概要是一份威胁清单，它识别出攻击者可能对系统施加的影响，包括可能攻击的目标。例如，一个攻击可能试图控制系统，下一个攻击可能试图在系统中访问数据。
- **威胁分析**——通过分析每个威胁以确定资产是否容易遭受攻击，威胁分析检查现有的控制措施，以确定其应对威胁的有效性。

威胁建模允许人们根据其发生概率和潜在危害进行优先级排序。

6.5 关联漏洞的辨识与评估

前面提到的漏洞就是系统缺陷，它可能是在物理安全、技术安全或操作安全方面的弱点，也可能是程序、技术或物理方面的弱点。

与漏洞有必然联系的两个结论：

- **所有系统都存在漏洞**——可以消除所有风险，但不能消除所有的漏洞。目标是找出相关漏洞，然后选择实施控制措施来弥补弱点。
- **并非所有的漏洞都会导致损失**——只有当威胁和脆弱性成为"威胁/脆弱性配对"时才会造成损失。因此，仅需确定和评估相关漏洞即可。

确定和评价漏洞的方法之一是对其进行评估，两种主要的评估方法如下：

- 脆弱性评估；
- 漏洞评估。

6.5.1 脆弱性评估

脆弱性评估是发现系统弱点的过程。通过对各项脆弱性优先级进行排序，可以确定哪些弱点有相关性。

脆弱性评估可在内部或外部执行。内部评估尽可能地找到网络中的弱点,外部评估则试图寻找外来攻击者所能捕捉到的弱点。

脆弱性评估的首要工作是信息搜集。漏洞扫描执行网络侦察,类似于敌人对目标进行侦察并评估,以确定最佳的攻击方法。脆弱性评估可能有如下多个目标:

- **确定IP地址**——"Ping命令"扫描工具确定哪些IP地址正在使用,如果系统响应,就能知道这个IP地址是否在运行。
- **识别名称**——可以使用"whois"工具从IP地址中识别计算机的名称,不过这只适用于连接互联网的计算机。
- **识别操作系统**——识别工具可以提供IP地址上操作系统正在运行的内容。该工具发送和接收来自系统的流量,通过分析流量以确定操作系统正在运行哪些工作。例如,微软的操作系统包括一些互联网控制消息协议(ICMP)流量中某些特定的位段,这些位段可以验证它是否属于微软的产品。同样,一些UNIX和Linux操作系统的互联网控制消息协议数据包中也有确定这些操作系统的位段。
- **识别开放的端口**——端口扫描识别开放的端口,它会告诉人们哪些协议和服务正在运行。例如,如果80端口是开放的,则超文本传输协议(HTTP)在系统上运行,这表明它是一个Web服务器。
- **确定弱密码**——密码破解器能够确定一个或多个账户的密码。能否成功破解密码在很大程度上取决于密码的强度。也就是说,密码破解器可以找出弱密码。
- **捕获数据**——可以捕获和分析网络传输的数据,也可以读取任何以明文或未加密形式传输的数据。

进行脆弱性评估,有许多不同的工具可供选择。有些工具只执行特定功能,如只将IP地址转换成电脑名称。其他的工具也有多种功能,这类似于微软的Office,它是一个完整的应用组件。

下面列举一些常见的脆弱性评估工具:

- **Nmap**——Nmap是一个网络映射工具,它结合ping扫描寻找带端口扫描的IP地址来识别开放端口,然后使用其他技术找出操作系统和远程系统的其他细节。Nmap是免费软件。
- **Nessus**——Nessus属于商业产品,它提供了全套的附加工具。比如,它能运行 Nmap 或其他几个端口扫描，还可以检测系统配置中常见的弱点，包括密码破解。Nessus 由 Tenable Network Security 公司经营销售，企业定期以管理单元的形式发布新工具来增强 Nessus。
- **SAINT**——SAINT 是"系统管理员的综合网络工具"的缩写。跟 Nessus 类似，SAINT 也是一套完整的应用工具。SAINT 和其他安全工具则由 Saint 公司经营销售。

6.5.2 漏洞评估

漏洞评估旨在查找攻击者可利用的漏洞。漏洞评估也称为渗透测试，通常始于脆弱性评估。一旦发现漏洞，便会尝试利用该漏洞进行攻击。

漏洞评估与脆弱性评估之间存在显著差异。具体而言，漏洞评估是侵入性的，其目的是检测漏洞。如果漏洞评估成功了，就可能破坏正常操作。因此，执行漏洞评估要慎重。

许多常用的脆弱性评估工具也可用来执行漏洞评估。

6.6 应对措施的辨识与评估

应对措施是一种安全控制措施或保护措施。实施应对措施可以降低风险，减少漏洞或降低威胁的影响也可以降低风险。

在确定和评价对策时，应考虑如下两点：
- **现场控制**——现场控制是当前安装在操作系统中的控件。
- **计划控制**——计划性控制是有具体实施日期的控件。

6.6.1 现场对策和计划对策

实施这些应对措施需要一定的成本。在采购某种对策之前，组织机构应对其进行评估。在评估替代性对策期间，该组织机构应搜集相关的文件资料。在执行风险评估时，检索这些控件对应的文档并对其进行检查，而这些文档可以提供部分所需的信息。如果实施了现场对策，就可对其有效性进行评估。理想情况下，这些对策通常都会达到预期效果，但有时并非如此。由于存在较高的虚警率，增设的入侵检测系统会察觉到，但管理员却可能忽略了它。人们可能已经添加了一个垃圾邮件处理工具，但却发现它把有效合法的电子邮件标记为垃圾邮件。

如果一个现场对策是无效的，人们就会查找其原因。风险评估应包括对这种控制的评估，以确定采取何种不同的应对方法。如果控制是有效的，还应该了解其发挥作用的原因。

也许人们不会更改计划的对策，然而检查那些对策建议的相关文档仍然很有意义。对现行系统进行评估可以验证原有威胁和漏洞是否仍然存在。还有另外一些工具或技术，也可有助于人们改进最初的建议。

6.6.2 控制类别

有多种对控制措施进行分类的方法，最常见的是下列三种：
- 程序控制；
- 技术控制；
- 物理控制。

下面的小节将对这三类控制进行说明，不过也可能会看到其他不同的类别。美国国家标准与技术研究所（NIST）发布了许多关于信息安全的文件，其中有 SP 800-53 第 4 修订版，标题为"联邦信息系统和组织机构的安全和隐私控制"，该文件于 2013 年 4 月发布。

NIST SP 800-53 以前将这些类别划分为管理控制、技术控制、操作控制等类型。每个类型都结合管理、技术和操作的相应特点。NIST 在 SP 800-53 第 4 修订版中删除了这些类别，表 6-1 列举了 NIST 控制类型。

表 6-1 NIST 控制类型

控制类型	控制的序号
访问控制	23
意识和培训	4
审计和问责	16
安全评估与授权	8
配置管理	11
应急计划	12

续　表

控制类型	控制的序号
识别与认证	11
事故响应	10
维护保养	6
媒体保护	8
物理和环境保护	19
计划	6
人员安全	8
风险评估	5
系统与服务获取	20
系统和通信保护	41
系统和信息的完整性	16
项目管理	16

不管这些控制是如何分类的，其目标都是一致的。这些控制对系统和数据的机密性、完整性和可用性具有保护作用。

1．程序控制

程序控制是对上层管理者提出的规则和指导方针的回应，它包括若干特定的控制措施。然而，对于程序控制来说，很重要的一点是它通过提供书面文件来实施控制。

下面是程序控制的一些例子：

- **策略和程序**——既可以是一个组织机构的安全策略，也可以是用来备份服务的特定程序。
- **安全计划**——安全计划是帮助企业应对不同事件的综合性计划。例如，灾难恢复计划帮助企业应对像飓风或地震那样的灾难。
- **保险**——保险可以降低风险的影响。常见的例子包括火灾保险和洪灾保险。
- **人员检查**——某个组织机构可能有检查不同类型员工的策略，包括背景调查或财务检查等。
- **意识和培训**——很多组织机构经常采取措施来提高员工的安全意识，比如通过正规的培训、海报和电子邮件等方式。

- **行为准则**——许多组织机构采用可接受的使用策略（AUP），使人们了解在电脑和系统上的行为权限。往往通过员工受雇时签署一份文件来实现，并要求员工定期重温该文件的内容，比如每年一次。

2. 技术控制

技术控制使用计算机或软件来保护系统，其好处在于控制的自动化。只需要设置一次，就能持续执行控制。

下面列举一些关于技术控制的例子：

- **登录标识符**——在准许访问系统之前，用户必须提供凭据，它也被称作认证。认证的三个主要元素包括：
  ○ 人们所知道的，如用户名和密码；
  ○ 人们所拥有的，如智能卡；
  ○ 人们身上的生物学特征，如通过生物测定学识别的信息。
- **会话超时**——许多系统在闲置一段时间后会自动判为超时。例如，密码保护的屏保程序在一段时间后会锁定电脑。一段时间过后，屏幕保护程序就会启动，用户再次访问该系统时必须输入凭据。
- **系统日志**——系统日志记录系统、用户或攻击者进行的操作。例如，系统日志可以识别一个服务器的关闭及特定服务的停止或启动，运用日志可以记录特定的应用程序活动。
- **审计跟踪**——可以使用多种类型的审计日志来创建审计跟踪。安全日志会记录对特定文件的所有访问，而防火墙日志会记录所有进出网络的流量。
- **输入验证**——应用程序通过使用数据范围和合理性检查来验证数据。例如，除数不能为零，在除法计算中采用许可值判断的程序，可确保该值始终不为零。
- **防火墙**——网络防火墙可以控制进出网络的流量，基于主机的防火墙可以限制单个系统的流量。
- **加密**——当数据存储在一个驱动器上或是在网络上传输时，可以对它进行加密，这样可以确保数据的机密性。

3. 物理控制

物理控制措施控制物理环境，包括诸如加锁和设置门卫来限制物理访问的控制措施，也包括加热和冷却系统等控制环境的要素。

下面列举一些关于物理控制的例子：

- **给门上锁**——可以对服务器房间上锁来保护服务器，也可以锁定路由器和交换机之间的配线，还可以通过上锁和归档文件来保护诸如员工文件或研究数据等专有数据。
- **设置门卫和访问日志**——可以在进入敏感区域或建筑前门和内部区域设置门卫，还可以使用访问日志列出有权进入大楼的人员。门卫则仅允许名单上的人员进入。访问日志还可用来记录进出房间的人员情况。
- **摄像机**——摄像机可以连续监测一定的区域。许多闭路电视系统可以记录来自多个摄像机的数据，闭路电视系统的采用对违规或非法行为构成威慑。
- **火灾探测与抑制**——火灾可在短时间内摧毁大量数据和硬件。有效的检测和抑制系统能够在火势蔓延之前就检测到它，然后快速将其扑灭。
- **浸水检测**——一些地区很容易发生浸水。当检测到浸水时，就自动启动水泵进行排水。如果水势无法控制，探测系统将关闭电气系统，以减少可能的损失。
- **温湿度检测**——系统需要在一定的温度范围内运行。温度太高，电气部件会因过热而发生故障。高湿度也会引起系统的凝结并导致系统故障。加热、通风和空调（HVAC）系统能实现对温湿度的控制。
- **电气接地和安装断路器**——正确的接地可确保在电子系统故障时将危险电压传到地面，以保护设备和人员安全。而断路器则可以保护系统和接线。当一个故障导致电流过载时，断路器会在其引发火灾或损坏设备前跳闸。

6.7 基于评估需求的方法选择

一旦确定并评估了风险要素，就应计算相关的风险。可供采用的主要方法包括：

- 定量法；
- 定性法。

6.7.1 定量法

定量方法采用预先定义的公式。需要使用搜集到的数据来确定以下值：

- **单一预期损失（SLE）**——指独立事件的预期损失。它需用金额来表示，比如 1000 美元。
- **年度发生率（ARO）**——指每年发生损失的次数。例如，去年风险发生了 4 次，所以年度发生率为 4。
- **年度预期损失（ALE）**——可用单一预期损失×年度发生率来计算年度预期损失。例如，根据以上设定应为 1000 美元×4 或 4000 美元。
- **保障或控制价值**——指对策或控制的成本，也用金额来表示。

实施控制可以降低风险。确切地说，控制可以降低年度损失次数。如果在实施控制之前年度发生率为 4，在实施控制后，其值会小于 4。然后，就可以对比出控制成本和节约成本。

例如，一个网站每小时收益 5000 美元，在过去的两年中已经遭受了 2 次硬盘驱动器故障。每年都有一个硬盘驱动器发生故障，每个故障造成约 3 个小时的停机时间。硬盘成本约为 300 美元，那么单一预期损失、年度发生率和年度预期损失分别是多少？

- 单一预期损失为 15300 美元，计算依据为：停机造成的损失为 5000 美元×3，再加上硬盘驱动器的成本 300 美元。
- 年度发生率为 1，根据历史数据，停机平均每年发生一次，如果不采取任何措施，它依然会每年发生一次。
- 年度预期损失的值为 15300 美元，由 15300 美元×1 计算所得。

这个例子还不包括无形成本。例如，访问该网站的客户在网站故障后可能不会再回来，重新吸引顾客所产生的费用就是无形成本。

可以用硬件独立磁盘冗余阵列（RAID）来消除这种风险。一个硬件 RAID 价值 3000 美元，它包含若干磁盘驱动器。如果单个驱动器发生故障，该磁盘阵列可以检测故障并自动恢复。也就是说，单个驱动器故障不会造成系统故障，这使得年度发生率从 1 降为 0。但执行 RAID 是否有效，可以通过比较下列三个信息来确定：
- **控制前的年度预期损失**——15300 美元。
- **控制成本**——硬件 RAID 成本为 3000 美元。
- **控制后的年度预期损失**——300 美元，这将节省 15000 美元的成本。在独立磁盘冗余阵列中的硬盘仍可能发生故障，造成 300 美元更换硬盘驱动器的成本，但独立磁盘冗余阵列能够避免停机。

如果实施控制措施的成本低于控制后的年度预期损失，则该成本就是合理的。换句话说，花费 3000 美元节省 15000 美元，实际节省了 12000 美元。

另一方面，如果实施控制措施的成本是 50000 美元，那么根据数据分析该成本并不划算，用 50000 美元节省下 15000 美元，这明显得不偿失。如果实施控制措施的成本接近控制后的年度预期损失，还可以计算过去几年的投资回报率。

6.7.2 定性法

如果不知道实际成本，或者成本不易计算，可以改用定性方法。定性方法使用专家意见来确定两个主要的数据项：

- **概率**——指风险发生的可能性。可以用文字评价来表示，如低、中、高。也可以用百分数来表示，比如 10%、50%、100%。
- **影响**——指风险造成的损失程度。可以用文字来表示，如低、中、高。也可以将其表示为一个数字范围，比如 1~10 或 1~100。

将风险按概率和影响进行排序分类，有助于区分最重要风险到最不重要风险的优先顺序。例如，假设要评估 Web 服务器的缓冲区溢出攻击、SQL 注入攻击和网页篡改。

专家提供了表 6-2 中所示的数据，它们是基于服务器保护的现行控制措施而提出的。

表 6-2 现行控制的定性分析调查

风险	概率	影响	风险评分
缓冲区溢出	10%	50	5.00
SQL 注入	75%	90	67.50
网页篡改	25%	25	6.25

现在，可以对各项风险进行优先级排序：
- **缓冲区溢出**——风险评分为 5.00，由 0.10×50 得到。
- **SQL 注入攻击**——风险评分为 67.50，由 0.75×90 得到。
- **网页篡改**——风险评分为 6.25，由 0.25×25 得到。

由此可以清楚地看到，在现行控制措施的基础上，风险最高的是 SQL 注入攻击，进而可以确定相应控制措施来降低该风险。然后，咨询专家确定那些能实现收益最大化的控制措施，还可采用类似的调查，在实施控制后确定风险的概率和影响。

6.8 制定风险缓解建议

经过研究后可提出具体的建议，这些建议能够缓解风险。同时，还可以包含搜集到的支持这些建议的数据。

支持数据包括：
- 威胁/脆弱性配对；
- 对执行成本和耗时的估计；
- 对操作影响的估计；
- 费用效益分析。

6.8.1 威胁/脆弱性配对

推荐的控制措施应针对特定风险。需要注意的是，当漏洞被威胁利用时，就会产生风险；否则，就不存在风险。类似地，如果威胁没有可利用的漏洞，风险也不会发生。

例如，恶意软件就是一个非常现实的威胁。然而，如果人们创建一个永不连接互联网或不接受外来数据的孤立系统，它便不易遭受攻击。这个例子中不存在"威胁/脆弱性配对"，威胁没有可匹配的漏洞。相反，对于一个典型的计算机系统，如果它连接互联网接收电子邮件，并允许用户连接 USB 设备，那么它就存在一定的风险。

控制措施需要解决特定的"威胁/脆弱性配对"，每项建议将针对一个或多个"威胁/脆弱性配对"。如果不能把控制措施与"威胁/脆弱性配对"相结合,就没必要实施控制措施,这是一个便于检查控制措施有效性的方法。

许多控制措施能妥善解决若干"威胁/脆弱性配对"。如果"威胁/脆弱性配对"得到缓解,应该一一对其进行记录。

6.8.2 对执行成本和时间的估计

建议中应该考虑实施控制措施的成本,这将包含在费用效益分析中。重点是通过直接成本和间接成本来准确确定控制成本。

直接成本是采购控制措施的成本,而间接成本并非如此简单。例如,间接成本可能包括学习控制措施所花的时间,还可能包括培训的费用。

人们经常犯的一个错误就是低估了执行控制的成本。例如,一个复杂的防火墙可能需要经过培训的管理员。如果建立了一个防火墙,但管理员不知道如何使用,它就起不到任何作用。管理员要会使用它或参加正式的培训课程学会使用,在此期间防火墙依然处于闲置状态。

实施控制措施时还应有一个进度表或时刻表,简单的控制措施可以不需要时刻表。对于其他的控制而言,时刻表所指的意义就很宽泛了。例如,想要增加用户登录时的安全性,决定使用智能卡而不是用户名和密码,这需要通过一些步骤逐步实现。先添加一个公钥基础设施(PKI)来设置权限,其次为所有系统安装读卡器,然后再向用户发放智能卡。

6.8.3 对操作影响的估计

应对措施有时会消耗很多的系统资源,致使系统不能履行其首要任务。如果某项控制措施对系统的正常运行有影响,那么它就具有操作影响。可以对控制措施的操作影响定义相应等级,比如忽略不计、低、中、高或过度,等等。在理想情况下,控制措施对正常操作产生的影响非常小,如果影响过大,控制措施就可能无法实施,重点应考虑改进建议时的操作影响。

任何计算机系统都有四类主要资源。如果控制措施有操作影响,它通常会在这些资源中表现出来:

- **处理器**——处理器执行大部分的计算工作。台式电脑通常有一个单独的多核处理器，而服务器一般也有多个处理器。对策措施会占用大量的处理能力，如果服务器的处理器使用率接近100%，系统处理速度就会下降。

> **过度的对策**
>
> 某个组织机构花费超过10000美元来实施一个无法使用的安全控制措施，然而可能一个小的计划就能防止这项损失。
>
> 前文提到，可以使用一个基于主机的入侵检测系统（HIDS）作为安全控制，它安装在独立的系统上。该检测系统在防病毒软件之外使用。防病毒软件检测并阻止恶意软件的攻击，而HIDS检测对系统的侵入攻击。
>
> 该组织在系统上安装防病毒软件，然后购买并安装了HIDS。防病毒软件和HIDS软件的结合使系统资源不堪重负，处理器的使用率接近100%，甚至启动一个像文字处理工具这样的简单任务都要花费很长时间。
>
> 该公司删除了所有系统上的HIDS。随着时间的推移，该系统进行升级，HIDS又要安装在升级的系统中。尴尬局面将再次循环上演，这项措施使得当初批准购买HIDS的管理人员陷入难堪的境地。

- **存储器**——存储器只能处理已存储的数据。系统的存储量往往是限制因素。如果系统内存不足，数据将在存储器和磁盘驱动器之间来回交换。
- **磁盘**——磁盘子系统的容量和速度是重要的考虑因素。应对措施通常只需要占用很小的磁盘空间。此外，数据在磁盘上存储，直到处理器需要它时才调用。当处理器需要数据时将其调入存储器中，如果磁盘速度很慢，就会使系统处理速度降低。
- **网络接口卡（NIC）**——计算机使用NIC访问网络资源。如果想要采用的控制措施需要在网络上传输数据，应该考虑NIC的现行带宽。

6.8.4 费用效益分析

人们应该用费用效益分析来支持建议的有效性。费用效益分析可以表明成本是合理的。理想情况下，费用效益分析可以证明在较长时间内以少量的花费能节省更多的钱，因此费用效益分析是管理者用来分析成本的重要工具。

如上所述，定量的风险评估需要用货币值来衡量，在费用效益分析中也可以使用货币值作为度量。而定性的风险评估则不包括直接的金额数目。当使用定性风险分析时，需要采取其他措施来创建费用效益分析。

6.9 提交风险评估结果

在完成风险评估后，需要起草一个报告来记录其结果，该报告应包括两部分内容。

第一部分，提出管理建议。需要注意的是，决定实施何种建议是管理层的事，管理层有可能不会对每一项建议都认可。管理层可能会认为针对建议的费用效益分析并未反映其成本。对于其他建议，他们也许会决定承担风险而不采用建议。实施控制后还存在的风险被称为剩余风险。因为管理层决定了控制措施的实施，所以管理层也对剩余风险负责。

第二部分，论证管理层所做的决定，然后创建一项行动和里程碑计划。可以通过该计划来跟踪监测控制，这有助于确保控制措施的实施，也有助于跟踪实际成本。

6.10 实施风险评估的最佳做法

在进行风险评估时，可以采取一些步骤来确保其成功。下面列出了一些实施风险评估的最佳做法：

- **确保对系统的充分描述**——包括系统的运行特性和任务，另外当前的数据也很重要。信息技术系统因升级或变更而发生改变，如果不使用当前的文档，资源就会被浪费。
- **审查历史账目**——如果审计已经完成，就要保证对其结果的审查。审计能发现漏洞，包括特殊的建议。这些建议要么正在落实，要么已在计划中。
- **复审之前的风险评估**——如果之前已进行过风险评估，就应该对其进行复审。定期评估系统，比如一年一次或是每三年一次，审查此类信息，并将其与最近的活动进行对比。新的威胁或漏洞都有可能导致以前未解决的问题再次发生。
- **匹配风险评估的管理结构**——根据系统所有权或责任执行风险评估。当风险评估超越管理界限时，实施控制措施会变得更加困难。
- **确定风险评估范围内的资产**——在确定资产时，要确保只包含风险评估范围内的资产，这有助于避免超出界定的范围。
- **确定和评估相关的威胁**——确保只对相关的威胁进行评估。可以通过查看历史数据，以确定之前哪些威胁引发了问题，还可以使用威胁模型来确定威胁。
- **确定和评估相关的漏洞**——系统不可避免地存在许多漏洞，然而并不需要处理所有的漏洞，只需要考虑与风险评估相关的漏洞即可。
- **确定和评估应对措施**——确保所有应对措施与至少一个"威胁/脆弱性配对"直接相关联。此外，还要确保费用效益分析对控制措施成本的合理解释。
- **追踪结果**——记录风险评估的结果和批准的建议，创建一个行动和里程碑计划来追踪建议的执行情况。

本章小结

风险评估的实施需要若干特定步骤，其重点在于评估有明确定义的系统。条件允许的话，还应该考虑管理结构，以确保建议易于实施。

其次是确定威胁和漏洞。利用"威胁/脆弱性配对"来确定实际风险，然后评估控制措施以缓解风险，将这些建议提交给管理层并获得经过费用效益分析的最终决定。最后，利用行动和里程碑计划追踪那些获得批准的建议。

Chapter 7

第 7 章 受保护资源及活动的辨识

在明确保护对象之前，要确定如何去保护它是很困难的。风险管理的重要步骤之一就是要确定组织机构中有价值的资产。任何组织机构都有多种需要保护的资产，包括显性资产（如硬件和软件）以及数据和人员，还包含系统功能和系统流程。

在确定了重要资产以后，可以采取一定的措施对其进行保护。如果服务器发生故障，业务影响分析将有助于识别其影响。而灾难恢复计划则有助于确定恢复失败系统所需要的步骤。在更大范围内，为了确保灾难发生后关键任务系统能继续运行，可采用业务持续性计划。

7.1 系统访问及可用性

系统访问及可用性是指用户或客户对系统或服务的需求时间，这是需要重点考虑的一个因素。有的系统必须是 99.999% 的时间都在运行，而其他系统则只要求在营业时间内必须是可用的。例如，周一至周五上午 8 点到下午 6 点。

要达到 99.999% 的"5 个 9"是有可能的。如图 7-1 所示，这是由一个受到双节点故障转移集群保护的数据库服务器。故障转移集群为服务器提供容错率，即使一个服务器出现故障，它也能确保服务器的服务能够继续运行。

在故障转移集群中，用户表面上连接到单个数据库服务器，即为图 7-1 中的显性数据库服务器。节点 1 和节点 2 是可以实际接触的物理服务器，而显性数据库服务器只是活动节点的逻辑表示。

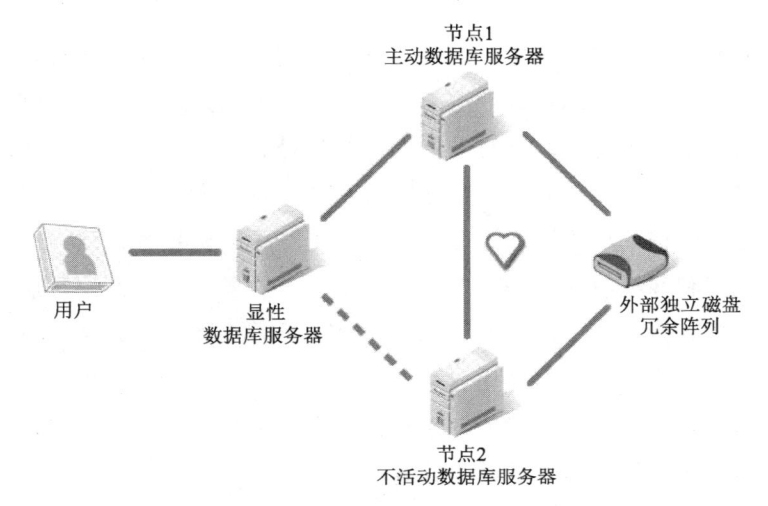

图7-1 故障转移集群保护下的数据库服务器

当节点 1 处于激活状态时，节点 2 处于非活动状态。节点 1 将为所有数据请求提供服务，访问外部数据。这个时候，节点 2 的唯一工作是对节点 1 进行查询，并且每 30 秒检查一次。只要节点 1 处于工作状态，节点 2 就不运行。

但是，如果节点 1 发生故障并停止运行，此时节点 2 将开始工作并接管节点 1 的服务。由于节点 2 可以在外部驱动器上访问相同的数据，因此数据不会丢失。虽然用户仍然连接到显性数据库服务器，但此时数据是由节点 2 提供的。对于终端用户而言，由于服务器提供的是连续性服务，因此用户很难察觉这个切换。

对于系统的任何一个部分而言，如果某一部分发生故障则会导致整个系统出现故障，那么这部分就是单一故障点。例如，外部驱动器就是单一故障点。因此，为了确保某个驱动器发生故障后不会造成数据丢失，通常会使用独立磁盘冗余阵列。

故障转移集群允许人们在不停机的情况下进行维护。由于是对不活动节点进行维护，因此不会对用户产生影响。如果活动节点需要维修，则可以对其进行切换，使其他节点变为运行状态。然后，可在新的不活动节点上进行维护。

虽然这有助于实现 99.999%的正常运行时间，但它需要较高的成本，至少需要两台强大的服务器。此外，这两台服务器不会同时运行，其中一台服务器一直是闲置的，这台服务器只需要检查另外一台是否正常工作。不过，为了达到最大可运行时间，高成本也是合理的。至于什么系统需要99.999%的访问及可用性，需要通过服务提供的价值来确定。高价值系统需要更好的保护，这可以通过衡量收入或生产率来衡量其价值。

- **直接和间接收入**——Web 服务器是一个服务案例，而这种服务能够提供直接收入。如果 Web 服务器销售产品，就可以判断它每小时获得多少收入，从而使用这个数字来确定停运的直接损失。需要注意的是，也可以用间接成本来估算损失。例如，间接成本包括挽回停运期间流失的顾客所耗费的成本。
- **生产力**——员工需要某些服务来完成工作，例如，用来管理库存的仓库应用程序。员工可以通过它来接收入库产品，以及确定出库产品。管理者通过它可以随时掌握当前库存量。如果该程序出现故障，那么所有的装运工作都将停止。如果故障不能很快恢复，就将导致延迟装运、模糊库存及其他问题。同理，许多企业认为电子邮件在当今也是一项关键服务。如果出现电子邮件系统故障，生产力也将迅速受到影响。

有趣的是，在出现故障之前，有时会低估系统访问和可用性的价值。主动型的风险管理者在确定资产时，会将系统访问和可用性要求包括在内。

多长时间的故障是可以接受的

如果问一个非技术出身的经理："你能接受多长的故障时间？"他的答案通常是"不应有故障时间"。但这个答案并不总是正确的。

虽然 99.999%的正常运行是可以实现的，但这却十分昂贵。需要在故障转移集群中配置多台服务器，还需要独立磁盘冗余阵列等相关硬件，甚至要求员工每天 24 小时、一周 7 天、一年 365 天看守系统。

上述成本会非常高。尽管人们不希望系统出现任何的停机时间，但大多数系统还是可以接受少量的停机时间。如果正在调查多长时间的停机可以接受，应尝试确定相关成本。当管理者了解达到 99.999%的相应成本时，他们往往会重新考虑自己的答案。

7.2 系统的人工和自动功能

服务通常由多功能的组合来提供，这些功能可以是人工的、自动的或者两者兼有。在确定系统资产时，了解它们的区别很重要。

用于过滤垃圾邮件的自动垃圾邮件过滤装置是系统功能的一个例子。可以把垃圾邮件过滤设备视为提供电子邮件服务的诸多功能之一。电子邮件还应具有扫描恶意软件的能力，以及添加标识和加密消息的能力。

7.2.1 人工方法

有些系统使用手工方法而不是技术方法。例如，假设一个酒店使用手工方法，则员工可以用纸质日志把从预订到结账的所有活动记录下来。虽然这似乎让人难以相信，但在 20 年前就是这样做的。如果某个流程是人工手动进行的，那么该流程有两个主要的资产价值：

- **书面记录**——客户日志是记载客户入住和退房的一个手写记录，经理通过该日志给客户开账单。
- **流程知识**——员工应知道如何利用现有记录来建立账单。收到付款以后，将启用另一个单独流程来存款。如果这是一个很小的家庭旅馆，可能只有业主和一两名员工了解整个流程。

这个例子中，人工方法的价值在于书面记录和了解流程知识的人员。如今虽然很难找到仅使用人工操作的旅馆，人们却可能在仍采用手工流程的企业工作。

7.2.2 自动方法

酒店内的许多流程都可以实现自动化。由于它是服务业的一部分，所以仍包括一些人与人之间的交互。下面的例子将说明酒店如何使大部分流程自动化。

客户可以在线注册，许多酒店都喜欢这种方法，而且有时还会给在线注册的用户提供折扣。客户将能够看到哪些日期可以入住以及每天的花费是多少。他们可以选择合适的时间去存款或付款。在线注册为酒店降低了劳动成本。

当客户入住时,系统中仍保留着预约信息。接待员会利用自动系统来检查一些细节并进行确认。客户在接待员的热情引导下登记相关信息,并且能够很快地入住房间。有时还会有行李员帮他们拿行李。

有些酒店里的便利店会提供零食和点心,这些通常也是自动的。顾客选购任何东西,便利店都会感应到重量的变化,并提醒前台顾客拿了哪些东西需要结账。不过对于这种便利,其费用往往很高。例如,一个糖果在便利店里卖 7.5 美元,而其他地方可能只需要 5 美元。

许多酒店通常会用一个电视频道向顾客展示账单。当顾客在餐厅消费或从便利店购买一瓶冰水时,账单会自动更新。当顾客准备好退房时,可通过电视频道买单。然后,客户便可迅速前往机场搭乘返程航班。

在评价这种自动化方法时,还要考虑以下几项内容:

- **客户的价值**——通常认为这些自动化方法对客户是有价值的。如果注册过程简洁明了,那么客户使用的可能性就比较大。如果校验过程毫无差错,就可以减少混乱局面。这些好处往往是难以量化的,但是这些类型的服务可能会吸引更多的回头客,并且形成口碑良好的广告效应。
- **企业的价值**——任何可以实现自动化的过程都可以减少劳动力的使用,较少的劳动力会带来更低的成本和更高的收益。为了实现和维护系统,需要在劳动力减少和成本增加之间达到一种平衡。可以用一个高报酬的专业信息技术人员来替代 10 个低报酬的服务员,以节省大量的工资费用。
- **确保程序可用**——要保证在客户想访问时,该程序是可用的,包括在互联网上提供的预订系统,以及客户自动结账系统。
- **数据保护**——要对大型数据库进行维护,而不仅仅是保护一本用来检查人员进出的旅客登记簿。这些数据库包括个人可识别信息(PII),如客户姓名、信用卡数据、地址和电话号码。如果数据泄露,该企业将承担因身份失窃而造成的客户损失。

还有一点很重要,那就是资产不仅仅指实物,也可以是提供服务的过程。

7.3 硬件资产

硬件资产是可以触及的资产。它包括各种类型的计算机，如服务器或台式电脑；联网设备，如路由器和交换机；网络设备，如防火墙和垃圾邮件设备。并非所有企业都有相同的硬件资产，但应清楚自身拥有的资产。

但是，人们需要掌握的不仅是拥有设备的数量，还需要了解如下信息：

- 位置；
- 制造商；
- 型号；
- 硬件组件，如处理器和随机存取存储器（RAM）；
- 硬件外设，如附加网络接口卡（NIC）；
- 基本输入/输出系统（BIOS）版本。

该列表看起来可有可无，但事实并非如此。为了安全和配置管理，需要了解硬件的全部细节。在以下这几个例子中，上述信息将非常有用。

微软发布了一些针对其操作系统的补丁。这些补丁使系统进入一个无休止的重启循环中：系统开始启动时出现蓝屏，恢复到开始再次启动，然后系统再次崩溃。这种情况往往出现在某个特定的制造商和型号上。有时是因为一个特定的驱动程序，有时是由于系统被运送前的制备方式。如果存货清单里有制造商和型号这些信息，就可以很容易看到微软更新会给操作带来的影响。

同样地，假设发现了一个影响特定路由器的严重漏洞。如果硬件清单里包括路由器制造商和型号这些信息，就可以很容易地知道是否会轻易受到攻击。如果没有库存清单，在遭受一次成功的攻击之前就可能不知道其存在的脆弱性。

硬件清单还有助于识别不需要的组件。例如，一些系统可能包括调制解调器。调制解调器有一个显著性风险，如果用户通过拨号网络服务供应商接入互联网，其连接将不受控制。

> **对硬件采购的控制**
>
> 许多组织机构都有控制硬件采购的政策。该政策只允许购买获批准硬件列表上的硬件。虽然这对用户来说很不方便，但是它提供了一个额外的安全保护层。
>
> 首先，人们可以验证已批准列表上的硬件只是环境所必需的组件。如果某个组件未添加进该列表，则说明该组件没有任何风险。但是，如果增加了不必要的组件，为了减少潜在的风险，就需要对该组件进行管理。
>
> 其次，可以控制环境中引进的配置数量，这有利于提高其可用性。试想一下：如果所有的用户都有相同的台式电脑，而桌面操作支持员工只需要掌握一个系统的相关细节。一旦他们掌握了这个系统，便可以轻松地处理所有系统。另一方面，如果所处环境中有 30 种不同类型的台式电脑，他们将很难解决出现的所有问题。

用户通常可以访问被代理服务器封锁的网站。他们可以下载恶意软件，但往往会被防火墙过滤。拨号调制解调器允许系统绕过支持互联网访问的所有控制。因此，删除调制解调器就能消除风险。

7.4 软件资产

软件资产包括操作系统和应用程序。操作系统启动计算机。微软 Windows、Mac OS 和 Red Hat Linux 都属于操作系统。应用程序执行特定的功能或任务。Microsoft Word 或 Adobe Reader 则属于应用程序。

大多数组织机构使用数据库来跟踪硬件资产。使用相同的数据库来跟踪软件资产也很常见。在确定软件资产时，列出具体信息很重要。仅仅列出 Windows 或 Linux 操作系统名称还不够。Windows 和 Linux 的版本（AKA distros）有很多。同样的，仅列出 Word 这样的应用程序名称也是不够的。

操作系统具体包括：

- 安装所在的硬件系统；
- 操作系统名称，如 Microsoft Windows 8；
- 安装的最新服务包。

一个操作系统的准确清单有助于迅速找出容易遭受的新威胁。例如，假设一个新的漏洞被 Microsoft Windows 8 发现。如果人们知道有多少 Windows 8 系统及其位置，就可以快速解决该漏洞。

另一方面，如果没有一个准确清单，那么工作将会很难进行。人们必须对所有的系统进行检查。即使企业只有 50 个系统需要检查，这同样需要时间。如果要对 5000 个系统进行检查，该任务将无法手工完成。因此，自动化资产管理就变得十分必要。

但是，如果有一个准确的清单，那么工作就变得更加容易。简单地查看清单就能确定有多少系统运行 Windows 8。此外，清单会将操作系统连接到硬件，这样就会确切地知道 windows 8 系统安装的位置。

自动化的资产管理

有许多企业工具可以实现资产管理的自动化。这些工具可以识别网络中的所有硬件，包括台式电脑、服务器及网络设备，如交换机和路由器。

例如，微软销售的系统中心 2012 配置管理器（ConfigMgr）。ConfigMgr 可以在 Microsoft 域中识别所有网络中使用工具的系统。一旦 ConfigMgr 识别到系统，它就会查询各系统，并识别已安装的软件。

只要查询正确，大多数系统都会显示其实际的型号和序列号。管理员可以打印出这些系统，以及在每个系统上已安装的软件列表。然后，管理员使用这些列表来匹配实际库存和假想库存。

管理员还可以使用这些列表来发现未授权安装的软件。

这有助于管理员发现两种重要类型的未授权软件。一是会对系统或网络造成损害的恶意软件；二是未授权安装的软件。如果一家企业购买 100 份应用程序的副本，但安装了 200 份，该企业可能要承担不必要的法律责任。

同样，安装应用程序应包括以下内容：
- 应用程序的名称，如 Microsoft Windows Office Professional；
- 版本号；
- 可用的服务包或更新信息。

如果采用人工手动操作，那么几乎不可能搜集到任何信息。不过，该过程可以实现自动化，许多工具都可以用来识别企业中所有的硬件和软件资产。

7.5 人力资源

人力资源是指为企业工作的人员。任何企业的成功在很大程度上都取决于员工。如果拥有为关键功能而培训的关键人员，一切就会运转得更好。

当任何功能或过程都依赖于某个人时，这个人就成了一个单一故障点。虽然拥有有才华和有技能的人才是好的，但是对一个人的过分依赖却不是件好事。因为，很多事情可能会让员工离开企业，包括疾病、意外、家庭紧急情况、彩票中奖，或者在其他地方有一个更好的工作或更多的薪酬。作为雇主或经理，他们无法控制这些事情的发生，但却可以改善工作条件和报酬。

在本章前面的内容中，已经介绍过单一故障点。硬盘驱动器可能是单一故障点，可以使用独立磁盘冗余阵列来保护硬盘。服务器也可能是单一故障点，可以使用故障转移集群以防止服务器发生故障。

如上所述，个人也同样可以是单一故障点。如果只有一个人知道如何维护系统，该系统就会存在风险。应采取不同的措施来减少这种风险，例如：

- **雇用更多的人员**——如果只有一个人对关键系统进行维护，就应雇用更多人员参与其中。
- **交叉训练**——确保人员在不同的系统之间进行交叉培训。工作人员仍然要执行一个主要的工作职能，但他们也会偶尔花时间学习其他的工作职能。交叉培训有助于扩大员工对整体业务的理解，便于以后在必要时能够参与到短期的紧急情况中。

- **岗位轮换**——可以定期轮换工作人员，比如每年一次。将人员轮换到不同的工作岗位，有助于他们学习不同技术的技能，也有助于确保更多的人知道如何维护信息技术系统。工作轮换还有助于组织机构发现危险或欺诈行为。当对员工进行轮换时，可以更好地对工作活动进行内部监督。这确保了员工遵循规则和政策，同时也降低了合谋的可能性。合谋往往在两个或更多人从事欺诈目的的秘密活动时发生。

7.6 数据及信息资源

另一项需要考虑的重要资产是该企业所持有的数据和信息。虽然不能夸大数据的价值，但如果一个企业丢失了数据，便会产生悲剧性的结果。

保护数据的两种方式：

- **访问控制**——保护数据免受未经授权的披露。访问控制有助于保护数据的机密性。
- **备份**——在数据被损坏或不小心删除时，可以提供数据保护。应该保证至少有两个备份，一份副本保存在本地，另一份副本存放在另一个单独的位置。第二个副本是为了防止灾害，如火灾或水灾。如果数据的唯一备份与服务器连在一起，当服务器房间烧毁了，那么备份也将随之消失。

关于不同的企业因为数据丢失而导致破产的事例屡见不鲜。事情通常这样开始：某企业业绩一直稳步增长，其数据存储在一台计算机上。其中包括账单数据，如应付账款和应收账款数据。

数据分类

很多企业都会花时间对数据进行分类。不同的分类实现了对数据不同程度的保护。

政府采用如下分类，如秘密、机密及绝密。每个分类都有一个正式的定义。例如，绝密数据包含的信息一旦未经授权披露出来，将对国家安全构成严重威胁。不同级别的数据需要不同级别的保护，如绝密数据将受到最高级别的保护。

图 7-2 显示企业如何对数据进行分类。图中使用了三种类别，分别是公共的、私有的和专有的。

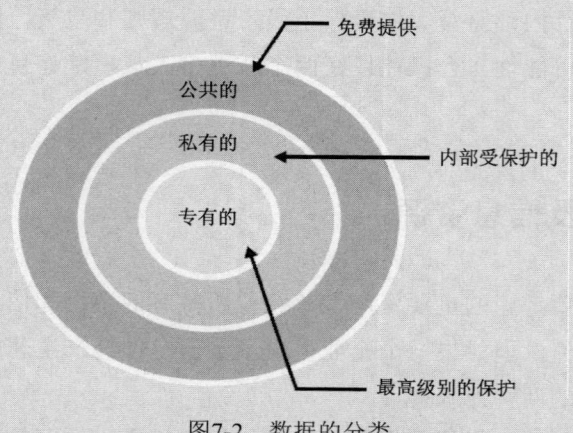

图7-2　数据的分类

组织机构可以用任何适合的方式对数据进行定义。公共数据可以定义为来源于公共资源的数据，比如网站。私有数据可以是客户或员工的数据。专有数据可能是财务数据或来自于研究和开发的数据。

组织机构可以使用所需的分类标签。这些标签并不像使用某些数据分类方法那样重要。换句话说，该分类可以是未分类、敏感和特权，而不是公共、私有和专有。此外，如果需要，组织机构可以使用尽可能多的数据分类对数据提供保护，并不局限于只有三个标签。但是，一个组织机构必须考虑如何使员工能够轻易地将他们创建的新数据进行分类。

这包括客户数据及企业的所有关键数据。如果某一天，电脑磁盘驱动器出现故障，就会没有任何可访问的数据，而且也没有任何备份存在。随着客户和计费数据的丢失，该企业会很快破产。这看起来像是虚构的，但事实确实如此。同样的事例在全国各地的小企业中重复上演。许多企业在数据丢失之前根本不承认数据的价值。但是，数据一旦丢失，再想恢复就为时已晚。

认识到数据的价值非常重要。在确定了有价值的数据以后，还需要确保采取相应的措施对其进行保护，包括采取一定的措施对数据进行定期备份，同时还要防止未经授权数据的披露。

数据和信息资产包括以下几类：
- 组织机构；
- 客户；
- 知识产权；
- 数据仓库；
- 数据挖掘。

7.6.1 组织机构

组织机构数据包括所有内部使用的数据，其中大部分依然是私有的。如果是一个上市企业，可能会发布一些财务数据，包含以下信息：

- **员工数据**——包括企业所持有的有关员工的任何信息。为了维持员工的信息记录，大多数企业都会有人力资源部门。个人信息记录包括个人资料、员工评价、医疗选项等。
- **计费和财务数据**——包括应付账款和应收账款数据，还包括与该企业财务健康相关的任何数据，如贷款数据和损益表。
- **系统配置数据**——每个系统的配置通常记录在数据库中，包括系统的基本配置及其所有变化。
- **系统过程数据**——过程数据包括显示系统功能的文档。可能包括确定服务器连接方式的网络布局图和数据流图。例如，一个可以显示电子邮件流程的图表。
- **供应商数据**——供应商数据包括任何为该企业提供产品或服务的企业信息。

许多法律都规定了不同类型的数据保护。《健康保险携带与责任法案》（HIPAA）规定了健康信息相关的数据保护。即使该组织机构没有参与医疗保险，大多数员工档案也都包括了该法案的相关数据。《萨班斯·奥克斯利法案》（SOX）要求上市企业财务数据的准确性。为了符合该法案的规定，企业必须保护相关的财务数据。

7.6.2 客户

客户数据包括已经掌握的客户数据。由于选择搜集和使用客户数据的方法不同,可能只掌握少量数据,也可能掌握一个全面的数据库。

例如,企业可能希望通过电子邮件给客户发送月报,这时就只需要电子邮件地址。如果需要,还可以搜集客户名字实现电子邮件的个性化设置。

另一方面,企业可能会通过网站进行大范围销售。在这种情况下,就要搜集尽可能多的信息。当客户访问企业网站时,要知道他们过去的购买记录,然后根据其购买记录来自动地推送广告和建议。当顾客准备购买时,他们不需要重新输入信用卡资料,因为这些信息已被存储过。

客户数据应包括:
- 姓名;
- 地址;
- 电话号码;
- 邮件地址;
- 购买历史;
- 应收账款数据;
- 信用卡或银行数据;
- 账户名和密码;
- 人口统计数据,如年龄和性别。

意识到下面这点很重要,即存储的数据越多,数据搜集就越有价值。例如,假设只搜集了电子邮件地址,即使有人入侵系统并查看数据,这也不是致命的。但是,如果搜集到个人身份信息(PII),一些法律规定搜集者要对其进行保护。此外,如果搜集到信用卡数据,攻击者访问系统时获得这些数据,搜集者就要承担相应的财务损失。

7.6.3 知识产权

知识产权数据是由个人或组织机构创建的数据,可包括发明、文学、艺术作品、标志、名称和图像。世界知识产权组织(WIPO)把知识产权分为两类:

- **工业产权**——包括工业设计、商标、发明和专利。
- **版权**——包括文学和艺术作品，如书籍、电影和音乐，还包括艺术作品，如绘画。

企业可以有一个或两个类别的知识产权，这取决于企业功能。例如，一家唱片企业可能专注于版权保护，而一家医药研究企业可能只关注工业产权。国家和国际法律都会保护知识产权。然而，还是会有人窃取他人版权。如果数据得不到保护，投资于创造财富的资金就可能丢失。例如，考虑一家电视企业，它可能花费了数年和数百万美元开发了一个新的可以提供具有生动色彩的三维视图屏幕。在企业准备上市销售的前六个月时间里，竞争对手获得所有的研究数据，并生产了类似的产品。由于竞争对手没有投入研发成本，它可能比原创企业卖得更便宜。

只要组织机构拥有知识产权，就需要对其进行保护。保护程度取决于知识产权的价值。

7.6.4 数据仓库和数据挖掘

通过数据仓库和数据挖掘技术的结合，可以从非常庞大的数据库中检索到有意义的数据。虽然数据库可以承载大量的数据，但是使用这些数据并不方便。要实现原始数据转换成有用的情报，可以通过数据仓库和数据挖掘来完成。

- **数据仓库**——从不同数据库中搜集数据的过程。数据从源数据库中被检索出来，并放置在中央数据库中。然后在中央数据库中创建源数据库之间的新关系。该中央数据库即数据仓库。仓库中的数据不会被修改，相反，会对源数据库中的数据进行修改。数据仓库中的数据会被周期性地刷新，这就产生了数据仓库的数据流与源数据。刷新数据仓库会耗费大量资源。
- **数据挖掘**——一组用于从数据仓库中检索相关数据的技术。决策者可以从不同的角度看数据，这使得他们能够预测未来事件的发生情况。例如，某主管可以预测 12 月份将出售多少特定产品。

大多数数据库都优化成联机事务处理（OLTP）数据库，换句话说，它们可以快速地记录交易，可以添加任何类型的事务，并对数据进行删除或修改。例如，OLTP 数据库在记录销售方面非常有效。然而，OLTP 数据库在进行数据分析时并没有效果。相反，OLTP 数据库在数据仓库中进行重组，可以与其他一个或多个 OLTP 数据库进行组合。一旦对数据库进行重组，数据挖掘就可以检索相关数据。数据挖掘是整体商务智能解决方案的一部分。当决策者需要时，商务智能解决方案就会尝试将可执行情报提供给决策者。商务智能解决方案也被称为决策支持系统。其理念是数据库使决策者获得关于任何问题的相应答案。通过创建数据仓库，并使用数据挖掘技术，答案就能唾手可得。

例如，可能遇到如下问题：
- 今年企业销售了多少部件？
- 部件销售的高峰期是什么时候？
- 本季最优秀的销售人员是谁？
- 本季最差的销售人员是谁？
- 本季各地区的销售额是多少？
- 去年同期的销售数据如何？

如果组织机构使用数据仓库，就需要采取一定的方法来保护源数据库和数据仓库。最重要的因素是要具备有效的备份策略。此外，提取、转换和加载（ETL）过程往往需要大量的时间来开发。开发人员使用确定步骤的脚本或工具来创建 ETL 过程。应把 ETL 过程包括在备份策略中。

提取、转换和加载（ETL）

数据从数据库到数据仓库需使用提取、转换和加载（ETL）技术。ETL 过程是商务智能解决方案的一个重要组成部分。数据库开发人员识别并检索数据，确定修改目标数据库的方式以及加载方式。ETL 的具体内容为：

- 提取——从现有数据库中检索数据的过程。不是要提取所有的数据，相反，只检索与决策者相关的数据。例如，可以提取一些客户的销售数据以供分析。但是，客户的其他数据（如信用卡数据）可能并不需要，因此不提取它。

- **转换**——将数据转换为数据仓库所需通用格式的过程。例如，一个数据库可以识别男性的性别为"男"，而另一个数据库可以识别的是"男性"。无论是"男"或"男性"都是不正确的，目标数据库中的名称需要保持一致。该转换过程将改变数据，以保证其在数据仓库中的一致性。
- **加载**——将数据加载到数据仓库的过程。数据在转换为标准格式以后，对其进行加载。根据数据仓库的配置方式，可以在不同位置加载相同的数据。尽管这不是有效的 OLTP 数据库，但它是有效的数据挖掘。

通过使用脚本或其他技术实现 ETL 过程的自动化。如果有必要，可以在新的数据上定期执行 ETL 过程，这能够使数据仓库中的数据与实际的源数据均保持最新。

大数据是许多数据库专家在讨论非常大的数据库时使用的一个新术语。大数据指任何一组庞大复杂的、用现有数据库工具很难处理的数据。虽然管理数据的目标一致，但为了满足这些大数据集的需求，专家会创建新的应用程序。专家构建工具来捕获和存储数据。然后添加一些工具，使决策者可以通过查询数据来回答特定问题。

7.7 典型信息技术基础设施七个领域的资产和库存管理

从典型信息技术基础设施七个领域的角度来处理信息技术管理问题往往是非常有用的，包括资产管理和库存管理。

需要注意的是，典型信息技术基础设施七个领域分别是：
- 用户域；
- 工作站域；
- LAN 域；
- LAN-WAN 域；
- WAN 域；
- 远程访问域；

- 系统/应用域。

图 7-3 展示了典型信息技术基础设施的七个领域。在这种情况下，库存管理和资产管理是有区别的，两者的基本定义是：

- **库存管理**——用来管理硬件库存，只包含基本数据（如模型和序列号）。库存管理显示现有资产种类、资产的位置及掌管人。库存管理的价值是能够确保库存不易丢失或被盗。
- **资产管理**——用来管理所有类型的资产，包含比库存管理系统更详细的数据。例如，资产管理包括安装组件、硬件外围设备、安装软件、更新版本及其他数据。

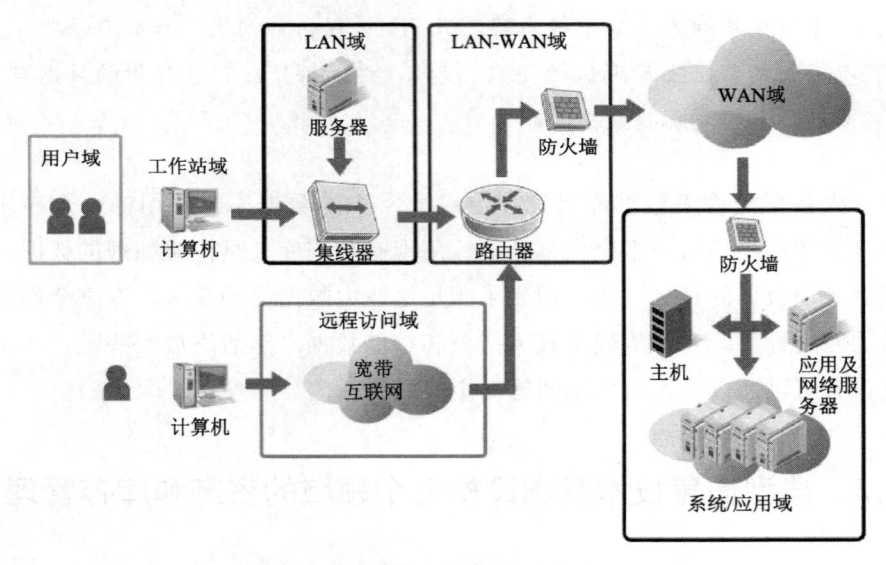

图7-3 典型信息技术基础设施的七个领域

企业可以决定在不同的领域使用一种或两种类型的管理技术。例如，企业可以在台式电脑上使用库存管理，这可以确保对电脑的跟踪且不会造成投资损失。但是，同一企业也可以使用自动化的资产管理技术。资产管理可以确保系统得到正确的修补。

对于七个领域中的每个领域，考察所拥有的资产并提出如下一些基本问题：

- 这些资产对企业有价值吗？

- 它们是否包含在各类库存或资产管理系统中？

如果这些资产有价值，就应该包含在某个库存或资产管理系统中。

7.7.1 用户域

用户域包括人或雇员。人力资源部保持对员工的记录。这些记录可以是手工记录的，例如，放在文件柜中的文件夹，或是放在服务器上的文件。

用户数据包括：

- 人员及联系资料；
- 员工评价；
- 工资和奖金数据；
- 医疗保健的选择。

在用户域中，与资产管理明显相关的问题是保密的。为了防止未经授权数据的披露，必须对数据进行保护。最起码，这些数据要包含必须受到法律保护的个人可识别信息。如果任何医疗数据都包含在内，《健康保险携带与责任法案》则强制要求其应受相应保护。另外，如果泄露了工资和奖金的数据，则会影响员工士气。

7.7.2 工作站域

工作站域包括员工使用的个人电脑，可以是典型的台式电脑，也可以是移动计算机或笔记本电脑。工作站域中的资产有两个风险需要处理：

- **盗窃**——企业在系统中的重要投资不允许丢失。库存管理系统所包含的每一项细节信息都应按照时间基准做到可人工追溯。这可以证实系统仍在组织机构的有效掌控之下。
- **更新**——在更新、修补程序和补丁发布以后，需要将其应用到系统中。如果系统没有更新，就很容易受到新的攻击。可以使用自动化的资产管理系统保持系统处于最新状态。自动化系统通常会执行三个步骤：（1）检查系统当前的更新；（2）应用更新；（3）确认更新。

7.7.3 LAN 域

LAN 域包含用于连接系统和服务器的所有元素。局域网是组织内部的，其主要硬件包括集线器、交换机和路由器。

拥有这些设备的基本库存清单很重要，包括最基本信息，如型号、序列号和位置。虽然所有的网络设备都包含了固件，但是具有更多功能的网络设备（如路由器和交换机）应有一个内置的操作系统。操作系统的版本决定了其功能，因此将版本信息包含在库存清单中通常是有用的。

资产管理系统应包括设备的配置数据。例如，可以通过运行脚本来配置路由器和交换机。这些脚本通过配置设备来允许或阻止具体的数据交换。如果设备失去其配置，就需要再次运行该脚本。当然，这都要假设脚本是可用的。如果脚本不可用，就需要逐行输入配置数据。如果连以前的配置数据都没有任何记录，就不得不检测故障，直至回到初始配置。

7.7.4 LAN-WAN 域

LAN-WAN 域是将内部局域网连接广域网的区域。在这种情况下，广域网通常是指互联网。这里主要关注的设备是防火墙。可以用单独的防火墙来分离局域网和广域网，也可以通过多个防火墙来建立非防护区或缓冲区。

LAN-WAN 域中的防火墙是硬件防火墙，可以对其进行编程，从而允许或阻止具体的数据交换。资产管理系统中要包含以下信息：

- **硬件信息**——包括基础信息，如型号和序列号。如果该型号支持不同的附加项，如附加存储器或额外的网络接口卡，这些都应该包含在内。
- **配置数据**——需要用大量时间创建一个防火墙策略，然后通过创建防火墙规则和其他条款来执行该策略。至少，要将所有的规则和其他条款都记录在案。只要有可能，就应该通过创建脚本实现该过程的自动化，然后再将这些脚本进行备份。

7.7.5 WAN 域

广域网包括能直接访问互联网的所有服务器，包括任何有公共 IP 地址的服务器，以及非防护区中任何面向公众的服务器。

大多数组织机构不会在广域网中拥有多台服务器。但是，广域网中的任何服务器都将明显具有更高的风险。为了确保这些服务器尽可能强化，有必要采取额外的预防措施。

基于服务器的广域网库存和资产管理信息包括：

- **硬件信息**——包括基本信息，如型号和序列号。这种记录就如同可在 LAN-WAN 域中记录服务器一样。
- **更新信息**——广域网中的服务器需要及时更新，这是确保服务器保持安全的重要一步。当更新、修补程序和补丁发布时，需要对其进行评估。如果需要更新并通过测试表明没有负面影响，就应该应用该更新。服务器的更新可以手动完成，也可以自动完成。无论哪种方式，准确记录安装在服务器上的更新很重要。

7.7.6　远程访问域

远程访问技术是使用户从外部访问内部网络。这可以通过直接拨号或虚拟专用网络（VPN）来完成。

当使用拨号时，客户端和服务器之间有调制解调器并接入电话线。当使用虚拟专用网时，虚拟专用网服务器在互联网上提供公共 IP 地址，客户访问互联网，然后通过隧道协议访问虚拟专用网服务器。

远程访问域中所需服务器的库存和资产管理信息与广域网中的类似。然而，对于拨号远程访问服务器，还要有拨号设备，包括调制解调器和电话交换机（PBX）设备：

- **调制解调器**——远程访问服务器的调制解调器比客户端简单的调制解调器要复杂很多。通常将其配置在多个调制解调器中，并且可以通过编程接听来自多个线路的呼叫。
- **电话交换机设备**——电话系统是通过使用电话交换机来管理的。电话交换机经常视作具有完整操作系统的小型服务器。

7.7.7　系统/应用域

系统/应用域包括用于托管服务器应用程序的服务器。以下是不同类型的应用服务器：

- **电子邮件服务器**——可以是单一的电子邮件服务器，也可以是更大的电子邮件解决方案，包括前端和后端服务器配置。
- **数据库服务器**——可以是 Oracle 或 Microsoft SQL 服务器，也可以是单个服务器，或者一个服务器组。
- **网络服务器**——网络服务器管理网站并为网络客户端提供服务。一个单一的网络服务器可以承载单个或数百个网站。
- **网络服务服务器**——包括域名系统服务器和动态主机配置协议（DHCP）服务器。

库存和资产管理系统应包括系统/应用程序域中所有服务器的下列信息：
- **硬件信息**——包括基本信息（如型号和序列号），就像可对工作站盘点一样。此外，还应该包括硬件组件的库存清单。
- **更新信息**——服务器需要保持最新的状态。对于面向公众的服务器尤其需要如此，如网络服务器和一些电子邮件服务器。

7.8 维持运营所需设施及供应的辨识

事故和灾难时有发生。其中有些是灾难性的，会导致整个企业停止运作。要想保证企业在灾难之后还能继续运营，就必须事先进行计划。

在计划过程中，可以采取以下几个步骤：
- 确定关键任务系统和应用程序；
- 业务影响分析计划；
- 业务持续性计划；
- 灾难恢复计划；
- 商业责任保险计划；
- 资产替代保险计划。

7.8.1 关键任务系统和应用程序

在所有计划中，一个主要的步骤是确定哪些系统和应用程序是关键任务。关键任务系统是必须持续运行以确保业务持续运行的所有系统。同样的，关键任务应用程序是必须持续运行以确保业务持续运行的所有程序。

在第一次了解组织机构是如何运作之前，确定关键任务是不可能的。例如，假设企业的销售人员直接向客户销售产品，客户可以通过电话或亲自提交订单。然后，销售人员将订单输入一个连接到后端数据库的应用程序中。在这个例子中，关键任务要素是销售人员、电话、应用程序和后端数据库。

另一方面，假设企业销售上面例子中的相同产品。但是，客户能够直接通过网站下单。另外，他们还可以通过电子邮件把订单发送给销售人员，然后销售人员把订单输入应用程序中。该程序连接到与网站使用相同的数据库。客户也有可能通过手机下单，但是这种方式所占比例通常不会超过10%。在这个例子中，该组织有更多的关键任务系统。销售人员、电话、应用程序和后端数据库仍是关键任务。但是，网站应用程序和电子邮件也是关键任务。这里要记住的一点是，系统的重要性是由它的使用方式来确定的。某企业可能考虑某个具体系统的关键任务，而另一个企业则可能考虑同一个系统的可用性。

7.8.2 业务影响分析计划

业务影响分析（BIA） 确定由于突然失去业务功能所带来的影响。该影响通常量化在成本上，同时使用直接成本和间接成本来计算该影响。直接成本是销售的直接损失，或者从损失中恢复的相关费用。间接成本与顾客对企业失去信心有关。

业务影响分析对具体的信息技术服务器提供损失影响分析。例如，业务影响分析可以用来确定电子邮件损失的影响，或者某个特定数据库的损失。业务影响分析还有助于企业确定其持续运营所需服务的最小集合。

例如，对于远程访问。远程用户可以从远程位置使用虚拟专用网技术连接到专用网络。如果虚拟专用网服务器停止工作将对业务产生什么影响？这可以通过完成业务影响分析进行确定。

可能还有其他方法可供远程用户连接到该企业。例如，远程用户可以使用网页来访问电子邮件。远程销售人员仍然可以使用电话下单。通过业务影响分析可以确定的是，虽然虚拟专用网服务有价值，但它们的损失对企业整体任务的影响微乎其微。另一方面，对电子邮件服务器的业务影响分析可以确定电子邮件损失对企业造成的重大影响。电子邮件可用于客户联系、项目分配、跟踪，以及其他的重要通信。在执行业务影响分析时，可采取如下步骤：

- **定义范围**——业务影响分析的范围仅限于特定的信息技术系统。例如，业务影响分析可以检查电子邮件的损失或网站的损失。如果该范围仅限于电子邮件的损失，其他信息技术服务器的损失则不应包括在内。为了降低范围蔓延的可能性，人们可以在项目中提前定义范围。

  可以对某个特定位置的服务总损失进行业务影响分析。例如，某企业可能地处多个位置，其中一个位置位于地震或飓风区。如果灾难引起了上述位置的服务总损失，则业务影响分析可以确定其影响。

- **确定目标**——业务影响分析的目标与其范围有关。目标明确指明了哪些是业务影响分析应该实现的。例如，业务影响分析的任务可以包括以下目标：
    ◇ 确定一个工作日电子邮件服务损失的直接影响；
    ◇ 确定一个工作日电子邮件服务损失的间接影响；
    ◇ 计算三个工作日电子邮件服务损失的影响；
    ◇ 计算五个工作日电子邮件服务损失的影响。

- **确定关键业务功能和流程**——并非所有的业务功能和流程都是关键任务。有些是为了提供方便，有助于提高生产力。但是，即便没有这些功能和流程，任务仍然能够进行。业务影响分析会将非关键功能和关键功能区分开来。

- **描绘信息技术系统的业务功能和流程**——这一步可能很简单，也可能很复杂。例如，如果业务影响分析一个电子邮件服务器提供的电子邮件服务，此时信息技术系统就是电子邮件服务器。另一方面，如果一个企业使用 Microsoft SharePoint 来增加员工之间的协作，分析就可能会很复杂。SharePoint 解决方案可能包括 Web 服务器、文件服务器和数据库服务器。信息技术系统中的文档将有助于完成此步骤。

业务影响分析的结果是形成一份业务影响分析报告。此报告记录了分析结果，通常包括恢复所需的直接成本和间接成本、最大可接受停运时间，以及所需材料或资源。

7.8.3 业务持续性计划

业务持续性计划（BCP）是用来帮助企业规划灾难或紧急情况的文件。其目的是确保组织机构的关键业务能够持续运作。业务持续性计划包括在灾难发生时用于恢复操作的程序和指令。

在执行业务持续性计划时，可以采取如下步骤：
- 确定范围；
- 确定关键业务领域；
- 确定关键功能；
- 确定关键业务领域和关键功能之间的依赖关系；
- 确定可接受的停机时间；
- 创建计划来维持运营。

业务影响分析报告中的细节有助于业务持续性计划的创建。通常是通过两者相互配合共同完成业务影响分析和业务持续性计划。

业务持续性计划包括不同阶段可以采取的具体步骤。各阶段的内容取决于要应对的灾难。例如，飓风来临前不同阶段会有相应征兆。来临前的 72 小时是一个阶段，来临前的 36 小时是另外一个阶段。但地震或火灾通常没有这些先兆。

业务持续性计划的各阶段如下：

- **通知/激活阶段**——激活评估小组以应对紧急情况。可以在某些紧急情况下，如飓风来临前激活这些团队。对于更直接的紧急情况（如失火），当其发生时就应该完成通知。本阶段的目标是采取措施以便能够持续运营。
- **恢复阶段**——在这个阶段，需要对损毁进行评估。如果出现任何损失，企业可以立即采取措施来恢复系统。本阶段的重点在于关键任务系统。
- **重建阶段**——在这个阶段，企业将恢复正常运作。如果所有的关键任务系统都可以用恢复操作来维持运营，该企业便可以保持正常化运作。例如，在恢复阶段中，移动到备用服务器的操作可以返回到初始服务器。在这个阶段，企业可以回到非关键任务系统去操作。

7.8.4 灾难恢复计划

灾难恢复计划（DRP）包括从灾难中恢复系统所需要的细节，它提供了直接应对灾难的必要细节。

作为业务持续性计划的组成部分，灾难恢复计划也包含在内。

业务持续性计划与灾难恢复计划

有的文件表示业务持续性计划与灾难恢复计划是同一回事，但事实并非如此。虽然它们通常一起使用，但两者意义不同。

当人们正在为（ISC)[2]信息系统安全专业认证（CISSP）和系统安全从业者（SSCP）考试学习时，一定要记住这两者不能混同。CISSP考试的专题之一是业务持续性和灾难恢复计划。它将两者的主题区分开，人们要知道它们的区别。类似地，SSCP考试也会为它们的主题设定单独目标。

美国国家标准与技术研究所（NIST）发表特刊SP 800-34，题为"应急计划指南的信息技术系统"。SP 800-34提供了以下定义：

- 业务持续性计划（BCP）——描述了在中断发生过程中和发生之后，保持组织机构使命/业务流程持续运作的一组预定指令或程序文档。

- 灾难恢复计划（DRP）——用于应对主要硬件、软件故障或设施破坏，在备用设备中恢复一个或多个信息系统的书面计划。

在这些定义中，可以看到业务持续性计划的范围比灾难恢复计划更广。业务持续性计划有助于组织机构持续运作，而灾难恢复计划则侧重于重大故障后一个或多个系统的恢复。

需要注意的是，有可能出现系统能够恢复，但仍不能执行关键任务操作。举例来说，假设一个建筑物被大火烧毁。可以恢复一个数据库服务器以及恢复来自非现场备份的数据。然而，这个服务器不一定能恢复所有的关键操作。

业务持续性计划和灾难恢复计划的术语有时被交替使用。但是，这两者是不同的，有必要了解两者之间的差异：

- **业务持续性计划**——业务持续性计划是用于应急的总体计划。该计划确定一个企业的关键系统，包括可接受的停机时间。该计划涵盖个人信息系统的业务影响分析和灾难恢复计划。
- **灾难恢复计划**——灾难恢复计划是业务持续性计划的一个关键组成部分，包括灾难发生后恢复一个或多个系统所需要的详细信息。例如，火灾可能已经烧毁了服务器机房的一些服务器。灾难恢复计划确定恢复服务器所需要的步骤，包括从备份中恢复数据。

7.8.5 商业责任保险计划

主要的风险管理技术是规避、分担或转移、减轻和承受。人们可以通过外包来分担或转移风险，也可以通过购买保险来达到这一目的。商业责任险用来保护诉讼中的企业，其中包含了企业诉讼时的诉讼费损失。

一般有三种主要类型的商业责任险，所需保险的类型取决于业务的功能。责任险的种类有：

- **一般责任险**——几乎所有组织机构都会购买这个险种。它提供了对伤害索赔和财产损失的保护，覆盖了大多数诉讼的总体保险框架，这可能是每个企业都需要的。
- **职业责任险**——如果雇员提供错误或不准确的建议，该险种将能够对企业提供保护，包括渎职、过失和疏忽。一个向其他企业提供服务的企业可能需要这个险种。
- **产品责任险**——如果客户因为使用该产品而受伤，该险种将能够对企业提供保护。例如，移动计算机中的电池有时会导致风险，如果一个有故障的电池引起了火灾，那么该保险将提供保护。

7.8.6 资产替代保险计划

人们可以购买的另一类型的保险是资产替代保险。购买该险种是为了取代灾难中受损的所有资产。为预防灾难，该保险通常与其他措施一起购买。

例如，一个企业可能要保护自己免受火灾伤害。它可以在整个建筑中安装灭火设备，也可以在整个建筑中放置便携式灭火器。不过，尽管尽了最大努力，火灾仍然时有发生。

如果火灾造成了损害，火灾保险可以帮助企业更换资产。为资产提供保护的其他类型保险包括：

- 水灾保险；
- 飓风、大风、龙卷风或其他天气保险；
- 某些人的人寿保险，比如关键人员。

购买保险的种类取决于许多因素，包括组织机构的资产价值。对于廉价的资产，保险的费用是不合理的。因为保险所需的费用可能会超过取代该产品几年的费用。购买的保险种类也取决于相关的风险。飓风保险与佛罗里达州、路易斯安那州和得克萨斯州这样沿海的州相关，与内陆州如爱荷华、俄亥俄州无关。

本章小结

本章提供了识别资产的相关信息。资产识别是所有风险识别过程中的第一步，而且十分重要。组织机构的资产包括硬件和软件。它们包括数据和信息资产，还包括人员。为了确保识别所有的资产，可以使用典型信息技术基础设施的七个领域。

一旦确定了资产，就可以使用不同的工具来保护它们。如果一个服务器发生故障，业务影响分析有助于识别它对业务的影响。业务影响分析还有助于对最重要的资产进行优先级排序。灾难恢复计划记录了恢复一个故障系统所需要采取的步骤。业务持续性计划的范围更广，有助于确保即使在灾难发生后关键任务系统仍能继续运作。

第 8 章 威胁、脆弱性及漏洞的辨识与分析

当漏洞被潜在的安全威胁所利用时,系统就可能会出现风险。因此,对威胁、脆弱性和漏洞的辨识和分析具有重要意义。具体措施可通过威胁评估、脆弱性评估和漏洞评估来实现。

威胁评估的目的是确定系统所面临的安全问题。通过评估能尽可能多地找出潜在威胁,但并不一定能发现所有威胁。确定威胁的主要手段是查看历史数据,并使用不同的威胁建模技术。

脆弱性评估有助于确定网络中的薄弱环节。发现这些薄弱点的方式有很多,可以通过手工操作,如审查文件、执行审计或人员面试,也可以通过漏洞扫描自动完成。

漏洞评估主要确定那些可能被利用的系统脆弱性。

8.1 威胁评估

威胁评估主要用于确定和评估潜在的安全威胁。其目的是尽可能多地找出并评估潜在的威胁。要素之一是对威胁的频率进行估计。

风险评估和威胁评估有一个共同的特点。风险评估是在特定时间内进行,今天存在的风险一年后可能已不复存在。类似地,威胁评估也是在特定时间内进行。而且威胁评估是在现有环境中评估当前的威胁。

威胁是指可能导致危险的任何活动,包括任何能产生不利影响的潜在情况或事件:

- **机密性**——机密性的丧失会导致数据的非授权性泄露。可以采用访问控制，以确保只有特定的用户才能访问数据，另外加密技术也有助于保护机密性数据。
- **完整性**——完整性的丧失会导致数据的修改或破坏。访问控制可以有效保护数据免遭恶意攻击。如果数据已被修改，散列技术（Hashing techniques）可通过相关检测来验证数据的完整性。
- **可用性**——可用性的丧失会导致访问受限。不同的容错策略能确保在出现中断的情况下，系统和服务仍可持续运作。备份数据也可确保在数据丢失或损坏的情况下，数据仍可得到恢复。

风险就发生在威胁与漏洞成对出现的时候。下面的方程说明了风险、漏洞和威胁之间的关系：风险=漏洞×威胁。

图8-1显示了组织机构面临的不同威胁。它们通常被划分为自然威胁或人为威胁。人为威胁可能是内部的也可能是外部的，可能是有意的也可能是无意的，而自然界的威胁来自天气或其他非人为活动。

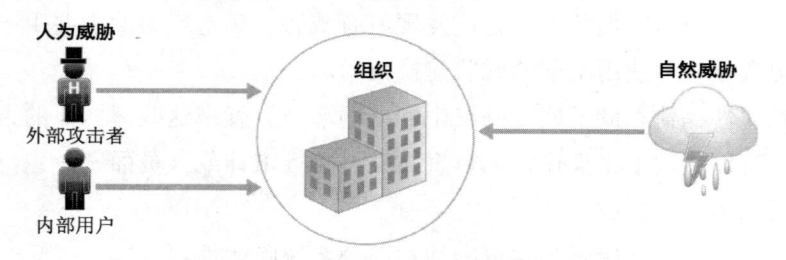

图8-1 组织机构面临的威胁

外部攻击者可能是在网络上发起拒绝服务攻击的黑客，也可能是试图访问并修改或破坏组织机构数据的恶意软件编写者，甚至可能是对建筑物或整个城市发动袭击的恐怖分子。

另外，内部用户也可能会对数据构成威胁。一些心怀不满的员工可能会私下访问并修改或破坏组织机构内的数据。如果没有适当的访问控制措施，其他员工同样也有修改或破坏数据的可能。此时，心怀不满的员工可能存在有目的或者蓄意的行为，而正常员工则可能是偶然的或者意外的行为。

内部人员恶意攻击所导致的损失是公司的最大威胁之一。然而，近年来这种形势正在发生改变。美国计算机安全协会（CSI）每年都会完成年度信息技术安全调查。在 2010—2011 年度，CSI 计算机犯罪和安全调查报告中，近 60%的受访者表示他们的损失并不是由内部人员的恶意攻击造成的。

减少内部威胁

内部威胁往往会造成重大损失。内部威胁可能是偶然的，也可能是恶意的。如果能够对员工进行有效的培训并规范他们的行为，公司将会减少大量的潜在威胁。

一些来自内部原因的常见威胁有：

- **无意访问**——当用户访问他们不需要的数据时，这些数据就会面临风险。用户可能不经意间删除数据，也可能与不该使用它的人分享这些数据。访问控制措施则可以很好地实现对数据的保护，包括确保认证过程的安全以及最低权限的强化和"需者方知"策略。

- **心怀不满的前员工**——当一名员工被解雇时，其用户账户应被删除或禁用。否则，该员工仍有机会访问相同的数据或系统，还可以把其许可权限传给内部的其他人来充当代理。这些未经授权的访问很可能导致损坏数据或破坏系统。

- **应对网络钓鱼**——钓鱼攻击试图让用户放弃信息或执行他们通常不会做的操作。网络钓鱼电子邮件包含一些恶意网站的链接。若用户不慎点击，这些链接会在不经意间安装恶意软件。更复杂的网络钓鱼企图锁定特定的公司并愚弄用户。矛式网络钓鱼（Spear phishing）是一种具有针对性的网络钓鱼攻击，它看起来像是来自该公司内部的人员。有效的培训可以帮助用户识别这些攻击。

- **病毒的转移**——用户在没有意识到危险的情况下，打开感染病毒的电子邮件并将其转发给同事，用户也可能通过 USB 闪存驱动器把病毒从家里带至公司。最新的杀毒软件可以协助用户抵御已知病毒的攻击，良好的培训可以帮助用户了解病毒是如何复制转移的，同时也要制定禁止使用 USB 闪存的策略。

> - **缺乏对笔记本电脑的控制**——笔记本电脑很容易被盗。一旦用户没看管好笔记本电脑，就容易丢失。此时，用户便失去了处理业务所需要的硬件和软件。同时，也就直接丢失了笔记本电脑上的数据。用户培训中强调电脑被盗的风险，有助于笔记本电脑得到更妥善的保管。

自然威胁包括诸如洪水、地震、龙卷风和雷暴等天气事件，火灾也可视为自然威胁。威胁评估的目标是识别威胁类型，实现这一目标的主要手段包括回顾历史数据和使用威胁建模。

在确定了威胁类型之后，需要进一步确定威胁发生的可能性。有些威胁容易发生，有些则不然。接下来要考虑的是威胁的优先级问题，可以将威胁与漏洞结合起来以确定其评估成本。但在未完成脆弱性评估的情况下，成本则难以确定。

威胁评估的最后环节是提供评估报告。该报告列出了一系列调查结果，包括威胁类型、发生可能性及对应的评估成本。威胁评估包括以下两个方面：

- 威胁识别技术。
- 典型信息技术基础设施在七个领域中的威胁评估最佳方法。

8.1.1 威胁识别技术

威胁类型的识别主要有两种技术手段，包括回顾历史数据和进行威胁建模。技术手段的选择在很大程度上取决于周边环境和可用材料，也可以同时采用这两种方法来识别。

若系统已备份历史数据，则回顾历史数据的方法较为简单。历史数据提供了历史威胁的具体信息，但不能保证历史威胁不会重复出现，也不能保证新的威胁不会出现。而威胁建模则相对较为复杂，它要求从更广的角度审视整体系统和服务，这项工作可能非常耗时。

回顾历史数据

确定威胁类型的最好方法之一就是分析过去的事件，包括过去在组织、相似组织及所在地区发生的事件：

- **组织**——回顾过去的事件会揭示曾经造成过损失的威胁。
- **相似组织**——如果发生在有相同业务的组织中，这些事件会揭示组织可能存在的威胁。
- **所在地区**——自然和天气事件很可能在同一地区再次发生。

搜集历史数据可通过整理记录和访谈来实现。数据可以从诸如安全记录、保险理赔等现有记录中整理得到。可检查故障排除记录以确定故障类型及其发生原因，也可以与管理层或其他员工进行交流。因为员工们往往很熟悉有什么问题、哪里存在着威胁等情况。管理层必须知道已造成过重大损失的那些具体威胁。

组织机构的历史数据。可以通过组织机构的历史数据来从已产生的威胁中确定历史事件。这些事件可能形式多样，它们产生于用户偶然或恶意造成的问题，也可能来自外部攻击者，还有可能来自自然事件。

下面是可能发生的问题：

- **内部用户**——用户拥有访问他们并不需要的数据的权限。他们可能在无意中发现了一些数据并与同事进行分享，这就导致了机密数据未经授权而被泄露。
- **不满的员工**——若一名员工因某种原因在周一被解雇，而且他的账号没有被禁用或删除。该员工在周三再次登录了他的账户并删除了大量数据，此时就可能导致其中有些数据没有备份而永久丢失。
- **设备故障**——服务器很可能因为电流过载而崩溃，而且在更换电源之前，它可能一直处于故障状态。
- **软件故障**——如果订购的数据库应用程序在数据库服务器上崩溃，就必须重建服务器。管理员需要重新安装操作系统和数据库应用程序，然后从备份中恢复数据。这个过程需要10多个小时，客户在这段时间内无法进行在线订购。
- **数据丢失**——所有用户都将其个人数据存储在一个中央文件服务器中，数据每周日备份一次。如果该文件服务器在某个周三崩溃，许多用户就会损失2天以上的工作成果。
- **攻击**——电子邮件服务器感染了病毒，这种病毒传播到所有电子邮件用户的邮箱。此时需要花费大约2天的时间来对系统杀毒，并恢复用户的电子邮件服务。

需要强调的是，上述每个例子仅仅指明了威胁，应实施相应对策来防范这些威胁。例如，如果用户拥有访问他们并不需要的数据权限，则可采用最小权限和"需者方知"原则。然而，本阶段的唯一目标是识别威胁类型。

相似组织的历史数据。许多威胁在相似组织中是共有的。通过识别相似组织中的威胁，就可以找出对本组织的潜在威胁。

例如，攻击者从篡改执法网站中获得乐趣。几年前，有许多此类网站被攻击的实例，大多数执法机构都认识到了这个威胁，并采取了额外的措施来保护自身的网站。不过，这并不意味着他们不会再次遭到此类威胁的攻击，只是采取了一定的预防措施。

有的服务器是面向公众开放使用的，拥有这类服务器的组织都面临类似的威胁。Apache 是可以在 UNIX、Linux 和微软平台上运行的一种十分流行的 Web 服务器产品，可在互联网上生成需要的网页。因此，使用 Apache 的所有公司都面临同样的威胁。

所在地区的相关数据。对所在地区而言，需要考虑的主要因素是天气状况和自然灾害。如果组织机构位于过去遭受过飓风的沿海地区，则很可能会在未来继续遭受飓风侵袭，如果位于洪水灾区，那么将来仍可能会发生洪灾。

住在该地区的人都知道面临自然灾害的威胁有哪些，如果你是该地区新来人员，可以询问员工或其他当地人。在确定自然威胁时，有必要从多个视角考虑问题，某个人的灾难对另一个人来说也许只是小麻烦而已。因此，要尽量避免仅在传闻的基础上按部就班地解决问题。

例如，住在洪水灾区的当地员工可能会讲一些他们家乡洪水泛滥、摧毁房屋的可怕事例。虽然这对他们来说是令人恐怖的，但并不意味着你的公司也将遭受洪水的侵袭，因此应该在这些信息和其他传言间进行权衡。洪水区域的地图精确显示了哪些地区有洪水泛滥的可能。如果你的公司处在高地而不是洪水区，就不必采取措施。

实施威胁建模

威胁建模比仅仅研究威胁的历史数据更为复杂。这是一个用于评估、记录应用程序或系统安全风险的方法。

在理想情况下，威胁建模是在编写应用程序或系统部署之前进行的。在产品或服务的全寿命周期始终考虑到安全问题时，就应该进行威胁建模。换句话说，如果只是在项目结束时才考虑安全问题，是远远不够的。

当使用威胁建模时，首先需要确定需要评估的资产。资产管理有助于确定重要资产及其价值。然后可以按步骤确定昂贵资产的潜在威胁。

威胁建模的一个关键部分是改变视角。你需要试着像对手一样思考，而不是像一个主管或一个管理者那样思考。在这种情况下，攻击者可能是外部攻击者或者是内部用户。虽然内部用户不一定是恶意的威胁，但如果内部用户有可能不小心造成损失，其后果是相同的。执行威胁建模时，典型信息技术基础设施的七个领域将是考虑问题的较好出发点。本节后续内容将在讨论最佳方法时介绍这七个领域。

在进行威胁建模时，可以考虑下列关键问题：
- 希望保护什么系统？
- 该系统是否易受攻击？
- 潜在的对手是谁？
- 潜在对手可能会怎样攻击？
- 系统是易受硬件故障影响还是易受软件故障影响？
- 用户是谁？
- 内部用户可能会如何滥用系统？

复杂系统的威胁建模可能非常广泛。根据评估系统的具体情况，需要确定具体目标来限制评估范围。

无线和有线等效加密

有线等效加密（WEP）是一个如何在整个开发周期都不用考虑安全性的例子。在无线网络发展的初期，首要目标是确保设备可以方便地连接。后来这个目标得以成功实现。

在开发周期结束时，开发人员开始关注无线网络的安全性问题。他们想到了 WEP，以此来提供与有线网络相同水平的无线网络安全性。然而 WEP 远远没有达到其预定目标。

> WEP 存在一些漏洞，入侵它的手段很多。这个问题导致无线网络的设计团队又要回到图纸上重新设计其安全性。他们想出了 Wi-Fi 保护访问（WPA）作为临时修复，然后把 WPA2 作为一种永久性的修复。
>
> 现如今，可以创建安全的无线网络。但是，如果在无线网络寿命周期的初始阶段一直使用威胁建模技术，WEP 的问题就有可能不会发生。开发者可能在 WEP 发布前就已经确定并消除了漏洞。
>
> 在进行威胁评估时，确保熟悉那些正在接受评估的系统或应用程序十分重要，包括所涉及的系统以及充分理解数据是如何流入流出系统的。如果没有充分理解系统，就很难转换成攻击者的视角。充分了解某个系统需要采访专家和查阅系统文档。

类比和对照相似的情况和活动

执法人员经常进行威胁评估，包括地方执法人员、联邦调查局和特勤局人员。

例如，每次当地警方接到电话前往犯罪现场，他们经常迅速评估一下现场情况。假设一个家庭发生纠纷，妻子来电抱怨说她的丈夫虐待她。警方知道，这可能是一个暴力现场，丈夫可能拥有武器。此外，如果妻子意识到她的丈夫可能会被逮捕，她也许会在警察局转变自己的态度。

同样，美国总统每次去某个地方旅行时，特勤队会第一时间前往那里并进行威胁评估。特勤队对总统可能的路线进行评估并寻找潜在的威胁。他们参观最终目的地并对其进行安全评估，还会考虑狙击手和炸弹存在的可能性。同时，他们也会对队员进行评估，而且重点是新队员。总之，他们会调查所有可能存在的问题。

8.1.2 典型信息技术基础设施七个领域威胁评估的最佳做法

确保已处理所有威胁的方法是对典型信息技术基础设施的七个领域进行验证。这七个领域是用户域、工作站域、LAN 域、LAN-WAN 域、WAN 域、远程访问域、系统/应用程序域，如图 8-2 所示。

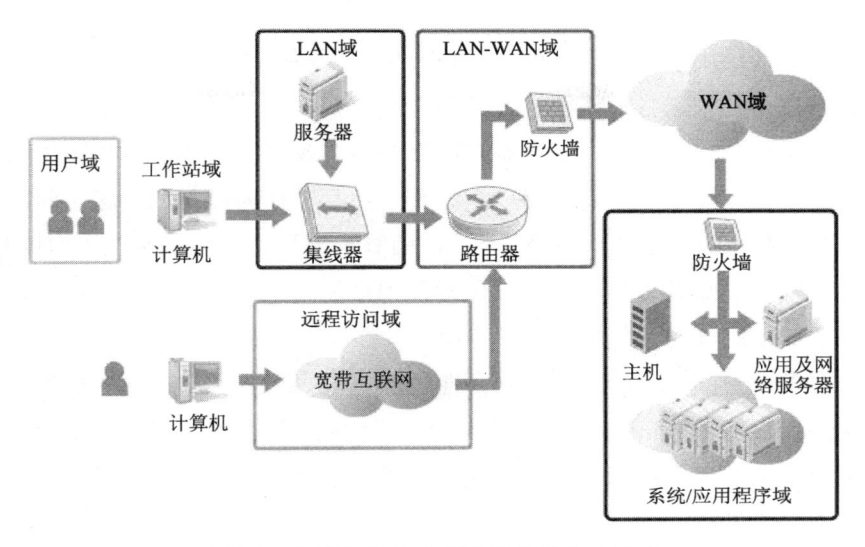

图8-2　典型信息技术基础设施的七个领域

可依次对每个领域进行威胁评估。这样一来，需要从不同的角度来评估潜在的威胁。评估这些威胁时可以采取的最佳方法如下：

- 假设任何事都没发生，只是认识到情况的改变。
- 验证系统是否按预期的方式得到控制并正常运转。
- 分别限制单一域的评估范围。
- 使用文档和流程图来描述正在接受评估的系统。
- 找出当前评估领域内所有可能的切入点。
- 考虑机密性、完整性和可用性方面的威胁。
- 考虑内部和外部的人为威胁。
- 考虑自然威胁。

8.2　脆弱性评估

脆弱性评估主要用来识别组织机构中存在的漏洞。漏洞是指在信息技术基础设施中的各种弱点和缺陷，它们可能存在于特定的服务器上，也可能存在于整个网络，还可能存在于人员问题中。

例如，某个单一的网络服务器可能容易受到缓冲区的溢出攻击。试想某个缓冲区溢出漏洞在 5 月就已经被发现，可是如果直到 7 月还没有修复，那么它在 5 月到 7 月期间将一直存在隐患。

如果无法实现访问控制，整个网络都很容易受到攻击。例如，如果所有的用户都被授予相同的网络权限，那就不存在访问控制的问题。网络上的所有数据都易遭受未经授权的披露，而管理模型可以用来实现访问控制。最小权限和"需者方知"原则仅仅确保用户拥有他们需要的访问权限，但绝不会赋予额外的其他权限。

如果人们不重视安全的重要性，则属于人员上存在漏洞。社会工程（Social engineering）策略诱骗人们揭示敏感信息或采取不安全行为。如果用户不理解安全措施的价值，他们就更容易被欺骗。例如，员工可能会收到下面的电话：

你好，我是信息技术部门的 Joe，我们正在做系统升级，发现您的用户账户存在问题。为了解决这个问题，并确保您不会丢失任何数据，我们需要从服务器登录到您的账户，您能否告知您的用户名和密码？

然而 Joe 并不在信息技术部门工作。他是一个犯罪分子，试图让用户透露用户名和密码。如果用户经常告诉密码给管理员，犯罪分子此时就很容易得手。如果用户被告知不要随意透露自己的密码，风险就会相对减小许多。

因此，漏洞评估的目的正是为了检查所有此类型的漏洞。不管人工方式的漏洞评估次数有多频繁，自动化系统漏洞扫描都将更频繁地执行这一工作。你可以每周使用评估工具来完成这件事，并按年度执行审核，查看正在使用的安全控制措施是否达到预期效果。例如，年度审计就可以检测仍在使用的访问控制是否如预期指标。此外，还可以进行测试，按年度检查人员如何应对所谓"社会工程"的骗术。

漏洞评估的一个附加优点是它生成的文档。可以使用这些文档来对照系统是否符合各类法律和指南。有些法律对信息技术领域具有约束力，如《萨班斯·奥克斯利法案》（SOX）、《格莱姆·里奇·比利雷法案》（GLBA）和《健康保险携带与责任法案》（HIPAA）等。

可以执行内部或外部脆弱性评估测试：

- **内部评估**——安全专家试图探入内部系统，查看可以发现哪些漏洞。

一些大公司有专门的定期执行评估的人员，对于小公司则可以由某个信息技术管理员兼任此项任务。
- **外部评估**——公司外部人员可尝试利用系统漏洞，看能够发现些什么。他们都是公司聘请来评估安全的顾问。这些顾问会从一个全新的视角来研究你的信息系统，他们通常擅长快速识别存在的缺陷。

在进行任何漏洞评估时，获取相应权限非常重要。此权限应当采用书面形式，安全专家通常将其誉为"消灾免难"式的合同。该文件应由一个资历足够高并能够给以充分支持的高层人士签署。虽然大多数的脆弱性评估都是非侵入式的，通常也不会影响操作，但有些脆弱性评估也可能造成系统停机或模拟拒绝服务攻击。

对于脆弱性评估，本节将介绍以下内容：
- 文件审核；
- 审查系统日志、审计跟踪和入侵检测系统输出；
- 漏洞扫描和其他评估工具；
- 审核及人员访谈；
- 过程分析与输出分析；
- 系统测试；
- 典型信息技术基础设施七个领域脆弱性评估的最佳方法。

8.2.1 文件审核

在进行脆弱性评估时，可以对可用文档进行审查。文档可以有多个来源，包括：
- **事故**——如果发生任何安全事故，应着手审查事故文档。通常，事故起因直接与漏洞相关。例如，对互联网服务器的缓冲区溢出攻击可能导致计算机病毒的恶意感染。这表明该系统没有及时进行更新。
- **故障报告**——应调查任何影响业务进程的中断事件，如果触及危害下限，就有可能是要查找的漏洞。
- **评估报告**——审查以往的评估报告。这有助于解决常见的问题，还可以帮助确定那些尚未得到纠正的问题。

8.2.2 对系统日志、审计跟踪和入侵检测系统输出的审查

除了回顾以往的评估报告以外,还可以核查许多额外信息,以进一步确定需要评估的漏洞。信息的三种常见来源是系统日志、审计跟踪和入侵检测系统。

审查这些文档没有特定的顺序。不过,只要网络中有可用数据,就应该全部检查。

系统日志

任何计算机系统都有某种类型的系统日志。对于不同的操作系统,这些日志有不同名称。但总体功能是相同的,它们根据系统的历史操作来记录数据。

例如,微软 Windows 系统中有一个名为"System"的日志,使用 Windows 事件查看器可以查看此日志。系统日志记录着系统的历史事件,例如,当系统和服务启动或停止,该日志则会记录错误、警告和信息事件。

可以通过检查系统日志来确定系统发生了什么事情。诸如警告和错误等事件会直接弹出提示信息,直接显示出明显的问题。其他情况下则需要进一步分析,以确定系统的发展趋势。

审计跟踪

审计跟踪是在一个或多个日志中记录的一系列事件,这些日志被称为审计日志。某条审计记录可以在许多类型的日志中被记录下来。例如,微软 Windows 就有记录审计事件的安全日志。此外,安全应用程序(如防火墙)也可以用来记录可审计的事件。

所有类型的审计日志都会记录何人何时何地做了何事。如果用户登录系统,则使用资格凭证核对访问该数据的人。对于如防火墙等日志,用户可以是 IP 源地址而非用户名。

需要追踪的任何事件都可称为审计事件。如果要知道是否有人访问了文件夹,可以在文件夹上启用审核。每次有人访问该文件夹中的任何文件时,访问都将被记录下来。该事件将包括用户名、被访问的文件及被访问的服务器或计算机。

许多组织机构都有完成审核、审计、跟踪的自动化系统。自动化系统

具有多源检测日志的能力。它们与入侵检测系统相结合，通过审查事件来检测所有的入侵行为。

入侵检测系统输出

入侵检测系统能够监控网络或系统，并在检测到入侵时发出警报。基于主机的入侵检测系统安装在单个系统上，基于网络的入侵检测系统在整个网络中安装多个监控代理服务器，并向中央服务器报告监控情况。

图 8-3 展示的是在网络中安装了三个监控代理的基于网络的入侵检测系统。应注意这三个监控代理的位置。

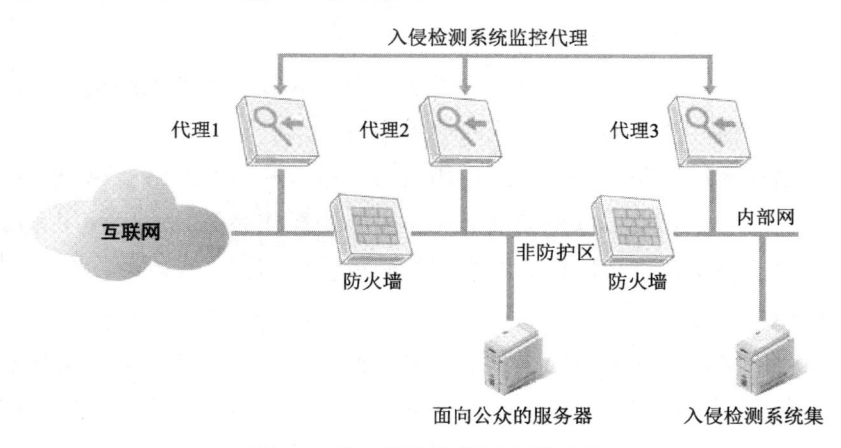

图8-3　基于网络的入侵检测系统

从图 8-3 可以看到，三个监控代理分别在互联网、非防护区（DMZ）和内部网络上。如果检查入侵检测系统的输出，就会显示若干关键点。

这三个代理一起工作，用来确定何种类型的攻击是针对网络而发起的。它们也使人深入了解不同缓解技术的作用和意义。

来自代理 1 的事件将显示网络攻击有多少来自互联网。来自代理 2 的事件会识别能够通过外部防火墙发动的攻击。这表明防火墙只对特定类型的攻击有效，并有助于揭示在非防护区内任何面向公众的服务器漏洞。代理 3 显示可以越过非防护区第二道防火墙发动的攻击。如果没有处理这些攻击，内部网络上的这些攻击将会产生较大的危害。

尽管图 8-3 的重点是来自互联网的攻击，但也可能存在内部攻击。内部网络上的网络代理点监控内部攻击，网络通常安装有几个内部代理用来监控内部网络。

内部攻击不一定来自恶意的用户。相反，内部攻击往往来自被网上感染的恶意软件。基于网络的入侵检测系统优势在于对这些感染的早期预测和检测。

8.2.3 漏洞扫描及其他评估工具

在网络中可用来执行漏洞扫描的工具有很多，常用工具包括 Nmap、Nessus、SATAN 和 SAINT。

这些工具具有以下优点：

- **识别漏洞**——它们提供了一种快速简便的方法来识别漏洞，只须执行扫描，然后再分析生成的报告即可。
- **扫描系统和网络**——漏洞扫描器可以检查和侦测网络及单个主机上的问题。它们可以检测安装在主机上的操作系统、应用程序和服务器的漏洞，也可以检测网络上的开放端口和接入点。
- **提供指标**——管理的关键是测量。如果能够对某件事进行测量，就可以确定其进展情况，漏洞也是如此。如果是刚开始运行定期漏洞扫描，扫描可能会发现有很多漏洞。六个月后再分析其指标，应该会发现问题明显减少，否则说明还有其他问题。例如，如果第一次扫描六个月后仍扫描到所有相同的漏洞，那说明这些漏洞根本就没有得到修复。
- **记录结果**——结果文档为内部报告提供了输入，同时也为合规性提供了支持文档。可使用扫描报告证明符合各类法律法规。

漏洞扫描的确存在一些弱点。首先，它们必须定期更新。威胁发生变化，系统也要随之改变。与此类似，扫描也必须改变，以确保它们能查找到过去和当前的漏洞。

许多扫描具有很高的虚警率，因为它们会错误地指出不存在的漏洞。从安全的角度来看，这种情况是不允许出现的。如果是这种情况，扫描就会不断地进行错误的报警。假设存在以下两种情况：

- 不知道系统是脆弱的。这种情况可能在低虚警率情况下发生。
- 系统不易遭受攻击，但有可能面临攻击的威胁。这种情况可能会在高虚警率情况下发生。

大多数安全专家力求避免第一种情况，他们不希望系统存在没有发现的漏洞。

最后，扫描会产生大量的网络流量。如果网络繁忙，该网络流量可能会干扰到正常的操作。

8.2.4 审核及人员访谈

执行审核是为了检查组织机构是否符合相关规定。脆弱性评估审核则是为了检查组织机构是否符合内部政策。换言之，审计将检查一个组织机构是否遵循适当的政策。

例如，组织机构应有针对公司离职员工的适当政策。此类政策应规定如员工离职，其用户账户应被禁用。半年后，该账户予以删除。审计将确定该政策是否得到执行。如果审计人员有编程能力，审计就会变得快速和自动化。一个审计人员可以通过编程来检查是否启用过以往15天里没人使用的账户，然后将输出结果与人力资源部核对，以确定是否有用户还在使用。同样可以通过编程来确定在过去六个月里没有使用的账户是否还存在。

通过完成人员访谈来深入了解可能出现的新问题。例如，可以询问员工他们认为当前的漏洞是什么。通常来讲，员工最清楚问题所在，但往往没人咨询他们。

此外，还可以通过人员访谈来确定员工的安全知识。例如，可以询问员工什么时候透漏过自己的密码。一个安全的组织机构应当有一个明确的政策规定，用户不应该把他们的密码透露给任何人。

8.2.5 过程分析与输出分析

执行过程分析的目的是为了确定在这个过程中是否存在安全漏洞。换言之，主要是评估确定输出的过程，而不是只看输出结果。另一方面，输出分析就是通过检查输出，确定是否存在漏洞。两种分析并无高下之分。至于更倾向于采用哪种分析，则因人而异。

例如，你可能会担心防火墙的有效性。防火墙通过一些规则以确定是否允许相应的通信量，可使用过程分析或输出分析两者中的任意一个来确定防火墙的有效性。

在图 8-4 中，防火墙控制着出入网络的流量。过程分析要求检查所有规则，以确定该规则是否提供所需的安全。输出分析则检查防火墙的输入和输出，以确定是否只有所需的网络流量能被获准通过防火墙。

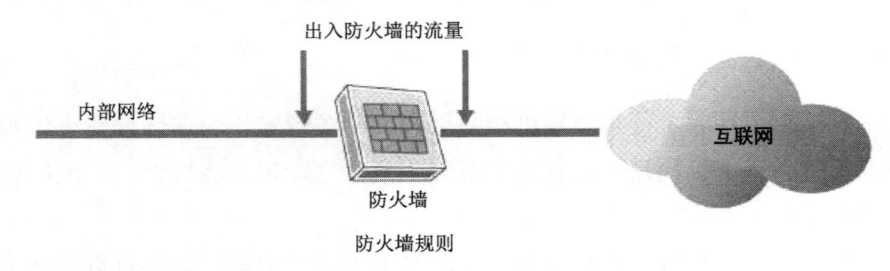

图8-4　防火墙控制网络流量示意图

比较而言，如果防火墙只有五条规则，过程分析将很容易完成；如果防火墙有超过 100 条规则，输出分析则可能更容易执行。

8.2.6　系统测试

系统测试主要用来测试单个系统漏洞，包括单个服务器和个人终端用户系统。在系统上进行的主要测试与补丁和更新有关。这是由于大多数漏洞的产生往往由于补丁修补后存在缺陷。

例如，可以有一堆正在运行微软 Windows Server 2012 的服务器。某些服务器的补丁和更新自安装以来就已经完成了。而系统测试则通过服务器查询来确定它们是否已更新完毕。

可以使用传统的管理工具、脆弱性评估工具或者两者并用来进行系统测试。例如，Windows 服务器更新服务（WSUS）和系统中心配置管理器（ConfigMgr）2012 等微软提供的传统工具。这些服务器产品都可以在网络中查询系统，并确保它们有及时的更新。如果某个系统没有更新，WSUS 或 ConfigMgr 可以把更新推送到系统并进行双重检查，以确保更新程序已经安装。

例如，微软安全公告 MS14-011 确定了微软 Windows 的 VBScript 脚本引擎中存在一个关键漏洞。如果用户访问了某个特别制作的网站，该漏洞则可以允许执行远程代码，进而导致被安装恶意软件。可以在 http://go.microsoft.com/fwlink/?LinkID=391023 上阅读该漏洞的相关情况。

微软已为所有受到影响的系统发布了更新。任何没有针对 MS14-011 进行更新的系统将有风险之虞。而 Windows 服务器更新服务、系统中心配置管理器则可以用来检查客户端的漏洞，并进行适当的更新。

作为额外的检查，脆弱性评估工具可验证系统是否有适当的更新。但大多数脆弱性评估工具无法自动更新，仅能检查是否存在漏洞。

功能测试

功能测试主要用于软件开发，并有助于确保产品符合相应的功能要求或规格。

"范围蔓延"是软件开发过程中可能出现的问题之一。当额外功能被添加到原本并不包含它的计划之中时，"范围蔓延"就会发生。换言之，附加组件是在原来产品规格范围之外的。虽然表面看来不错，但也增加了额外的安全问题。

被添加到应用程序的每一行附加代码都可能包含潜在的错误。如果添加额外的功能，则需要进行测试。如果加入附加代码没有被记录在案，也就很难进行测试工作。

功能测试通常包含应用程序开发的目的。如某应用程序是根据其原始功能开发的，那么功能测试就可以确保该应用程序能够按照预期运行。

边缘检测则是一种可以检测潜在缓冲区溢出错误的技术。例如，如果输入预计值在 1~100 之间，边缘检测则在预计值范围边缘输入号码，如数字 0 和 1、数字 100 和 101 均在该输出范围的边缘附近。

访问控制测试

访问控制测试用来验证用户的权利和许可。"权利"授予用户可对系统执行的操作权，比如启动系统。"许可"则授予用户对资源的访问权限，如文件或打印机。

大多数组织机构都有规定普通用户被授予哪些权利及许可的管理模型。这些模型可以确保用户具有执行工作所需的权限，但没有额外的权限，以符合最低权限和"需者方知"的安全原则。

在图 8-5 中，公司有一些只有销售人员才需访问的资源，也有一些只有信息技术部门人员才需访问的其他资源。访问限制是通过将员工分配到相应的小组并指定该组的权限来执行的。

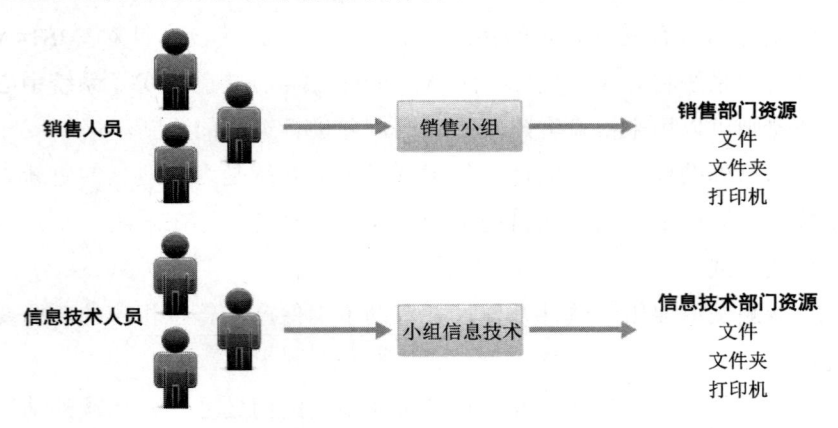

图8-5 用于用户的访问控制

因此，销售组的任何成员自动具有访问销售资源的权限，而信息技术小组的任何成员自动具有访问信息技术资源的权限。销售组的成员不能访问信息技术部门的资源，而信息技术小组的成员也不能访问销售部门的资源。

与此类似，只有在组织内部某些特定用户才可拥有系统管理员的权限。从可用性的角度来看，给每个人管理访问权限并不困难。但如果每个人都授予管理权限，组织机构的安全性就会降低。让所有用户都能做任何操作，这就违反了最低权限的原则。允许所有用户能访问该组织机构中的所有数据，就违反了"需者方知"的原则。访问控制测试将验证用户因本职工作的需要，授予恰当的权利和许可，而不会拥有额外的权限，这将确保管理模型达到设计预期。

安全性还是可用性？

曾在短时间内爆发性增长的公司面临着一些基本的技术挑战。若该公司只有一个管理员管理整个网络，即便这个管理员在公司规模较小的时候把网络管理得很好，但公司发展壮大后就很可能难以胜任。

> 管理员会面临两个相互竞争的目标：安全性和可用性。用户越来越频繁地要求更改他们的权利和许可。管理员应当清楚权利和许可应确保用户仅具有执行工作所需的权限，以及最小权限和"需者方知"原则的价值。还需要认真调查用户需求，而不仅仅是进行简单的调整，这些延误会导致客户向其主管进行投诉。
>
> 管理员向主管寻求更多帮助，并尝试向主管解释访问控制的目的。然而不幸的是，除此之外管理员无法得到任何额外的帮助。主管还强调不希望再从用户那里听到需要额外访问权限的投诉。
>
> 在这种情况下，主管只关注可用性，管理员更关注安全性。然而，主管是负责人，当然是负责人说了算。
>
> 可以看到两件事情同时发生：一方面，管理员把所有用户添加到管理员账户中，这确保了所有用户总是可以访问任何他们所需的资源，这也保证了主管不会再收到任何有关访问控制的投诉；另一方面，管理员有解雇之忧，因为这些权限变化引发严重后果只是个时间问题，至少这样做肯定会导致失泄密事件的发生。

渗透测试

渗透测试总是尽可能地利用漏洞。换句话说，你会经常进行脆弱性评估以发现存在的漏洞。然后再进行渗透测试，检查漏洞是否仍然存在。

渗透测试比脆弱性评估测试更有入侵性。如果一个渗透测试被成功实施，它可能会导致系统瘫痪。因此，执行渗透测试时一定要小心谨慎。

渗透测试验证对策或控制的有效性。换句话说，你已经发现了一个漏洞，并实施控制措施以防止该漏洞。然后才可进行渗透测试，检查控制措施是否起效。

即便渗透测试是成功的，该控制措施仍旧未必充分，需要采取额外的措施来防止潜在攻击。

事务和应用测试

事务和应用测试可确保应用程序能够正确地使用后台数据库。

数据库中的事务是整体上要么成功要么失败的一组语句。如果任意一个语句失败，则整个事务就会失败。

例如，假如要从 ATM 机中取出 100 美元。ATM 机证实你的账户中有钱之后再把钱给你，可在它正要从你的账户中取钱时，ATM 机断电了。账户中有钱，但它却不能从 ATM 机中取出钱来，这能接受吗？对你来说也许可以接受，但对银行来说则不可接受。

相反，ATM 机将记录这次操作。它会检查你的账户并验证是否有钱，然后从你的账户借出钱，再把钱交给你。一旦你得到了这笔钱，它认为交易完成并确认了此次交易，最终终止操作。

但是，如果在给你钱之前 ATM 机就断电而没有完成此次事务，那么此次借记将视为一次不完整的事务而被系统退回。

事务测试确保交易行为能够达到预期要求，而应用测试用来确保应用程序如预期一样与后台数据库协同工作。与后端数据库交互的前端应用有一个人们所熟知的漏洞，这个漏洞就是 SQL 注入攻击。许多工具可以自动对系统的 SQL 注入攻击进行检测。

8.2.7 典型信息技术基础设施七个领域脆弱性评估的最佳做法

在进行漏洞测试时，应该逐一考虑典型信息技术基础设施的七个领域。这七个领域在图 8-2 中已经描述过。

每个领域都存在漏洞。一段时间内可以仅关注某个单独的领域，但应定期检查所有的七个领域。

你可能注意过 LAN 域或 LAN-WAN 域的工具。但如果这是唯一执行过的漏洞测试，就可能错过许多其他的潜在问题。例如，针对用户域的"社会工程"攻击往往都会得手，因为用户几乎不了解此类风险。

以下最佳做法适用于大多数领域：

- **识别资产**——资产管理有助于确定需要保护的资源。没有必要对所有资产进行脆弱性评估，只需要对有价值的资产采取这些步骤。
- **确保扫描器保持更新**——漏洞扫描器需要定期更新。这类似于杀毒软件需要与病毒同步更新，未及时更新的杀毒软件只比没有任何杀毒软件的系统略好一点。这对于漏洞扫描程序也是一样的，没有保持更新的漏洞扫描比没有扫描好不了多少。

> **脆弱性评估报告**
>
> 在完成脆弱性评估报告时，尽管没有特定的标准格式，但大多数脆弱性评估报告都包含一些共同信息，应该特别注意脆弱性评估报告中的下列信息：
>
> - 目录——如果报告很长，应生成目录以方便读者查找相关资料。
> - 摘要——提供报告的简短摘要。摘要一般只限于一页或者总文件大小的10%。
> - 方法——确定评估工具。应包含足够的细节，使人能够使用这些方法。六个月后，仍由同一人进行同样的评估，这样有助于确保评估人执行相同的测试。
> - 结果——确定评估结果。结果会列出已发现的漏洞。可能的话，还应包括漏洞被利用的可能性评估。
> - 建议——有些漏洞应该得到缓解，而其他漏洞则可能被忽略。该建议会确定哪些漏洞是严重的、哪些漏洞是次要的。如果有可能，控制和对策也应包括在内。

- 进行内部和外部检查——攻击可能来自内部和外部，应从内部和外部分别进行脆弱性评估。在检查防火墙背后漏洞的同时，也应从外部检查防火墙。如果系统有一个非防护区，则应检查从互联网到非防护区的漏洞。
- 记录结果——记录每一个脆弱性评估的结果。可以通过多种方式使用该文档。较早的结果可拿来与当前的结果进行比较，以跟踪其进度。某些脆弱性评估结果可用来证明系统是否符合相关的法律法规。
- 提供报告——向管理层提供报告。这些报告将总结重要的研究结果并提供建议。

8.3 漏洞评估

漏洞评估试图利用系统存在的脆弱性。换言之，漏洞评估模拟攻击以确定攻击是否能够成功。漏洞测试从利用脆弱性的目的着眼，通常从脆弱性测试开始，以确定系统可能存在的漏洞。

许多大型组织机构都有专门用于执行漏洞评估的安全小组。而其他组织则聘请外部专业人士来执行漏洞评估。这些人花费近 100%的工作时间来了解脆弱点和漏洞，并研究如何利用这些漏洞以及怎样保护组织机构免受漏洞的攻击。

除非你是只专注于脆弱性评估和漏洞评估的安全性专业人士，否则不会像这些团队那样具有详尽的专业知识。然而，无论你是一个信息技术专业人士还是信息技术管理者，都应该了解一些基础知识。

下面列举了一些与漏洞评估相关的基本主题：

- 识别漏洞；
- 利用差距分析与补救计划来缓解漏洞；
- 实施配置或变更管理；
- 核实和确认漏洞已得到缓解；
- 在信息技术基础设施中进行漏洞评估的最佳方法。

8.3.1 识别漏洞

漏洞评估的第一步是进行漏洞测试。漏洞测试提供了一个可利用的潜在漏洞清单。不过，你可能知道一个可以被利用的漏洞，但并不一定知道如何利用它。

有些漏洞很容易通过现有工具被利用。开发人员需要确定漏洞并编写相应的应用程序，而攻击者只须运行这些应用程序即可。这些应用程序简单到连小孩子都可以轻松使用它们。"脚本小子"就是这样一种在使用应用程序但却不知道自己在做什么的人。

其他漏洞则只有那些天才的程序员或具有专业知识的开发人员才能利用。例如，在前面提到的微软安全公告 MS14-011。虽然该文档指出了哪些可能发生，但并不包括该做什么以及如何去做的程序代码。任何想要利用这个漏洞的人都需要编写代码来进行模拟攻击，但这并不是一件容易的事。

当你试图找出漏洞时，应该查看典型信息技术基础设施的所有七个领域。下面列出了在检查每个领域时的一些可能项目：

- **用户域**——针对用户的常见漏洞通常都与"社会工程"相关。如果用户很容易被欺骗，这表明他需要更多的培训。
- **工作站域**——系统更新和杀毒软件是检查工作站的两种常见项目。当系统未被修复，常见漏洞就会出现。此外，系统需要安装最新的杀毒软件，以防止恶意病毒的侵袭。
- **LAN 域**——局域网是专用的内部网络。如果攻击者在网络上安装一个嗅探器，就可以捕获到网络通信信息。然后攻击者就可以查看到以明文格式发送的任何数据，因此对于敏感数据应该加密处理。物理安全则有助于防止对网络资源未经授权的访问。此外，培训有助于员工认清"社会工程"策略。例如，一个"社会工程师"可能冒充电话维修技术人员试图进入配线间，但训练有素的员工面对这种情况不会轻易上当受骗。
- **LAN-WAN 域**——这是公共互联网与专用网络之间的分界。攻击者试图发现并利用防火墙中的漏洞。只允许所需流量通过防火墙的积极策略可提供有效的保护，而且入侵检测系统也可检测并缓解多种威胁。
- **WAN 域**——包括任何面向互联网的服务器。系统常见的漏洞是缓冲区溢出攻击，而最好的防护措施就是保持系统更新。此外，这些服务器通常在非防护区中受到保护。
- **远程访问域**——包括远程拨号访问服务器和虚拟专用网络（VPN）服务器。常用的漏洞试图通过身份认证和授权程序来访问内部网络。
- **系统/应用域**——这个域中的漏洞取决于系统或应用程序。数据库服务器存在诸如 SQL 注入攻击等特定的漏洞，未经修复的 Web 服务器则易受缓冲区溢出攻击，电子邮件服务器容易被垃圾邮件感染病毒程序等。

许多常见漏洞一般都存在于系统之中。即使它们很普通，但仍可能导致系统出现问题。以下内容包括一些漏洞的具体细节。

社会工程

社会工程的攻击之所以往往能够成功，是由于人们与生俱来的信任感。比如"捎带"（piggybacking）这种简单的例子。

当一个人跟随另一个人到安全的区域而无须使用钥匙、证件或密码时，就会发生捎带。假如公司对进入大楼有严格的限制，员工需要使用证件或个人识别号码才能开门。但是一旦开门，各种人都可以进出的话，那些其他进入的人就是被捎带的人或借道者。

安全顾问负责为公司进行安全评估。例如，可能看到下面的场景。一位女士驻足等待一个友善的路人，手中拿着书、盒子及公文包。此时她前面的人不仅允许她不带证件进门，而且竟然还特意为她把扶着门。

对于客气友善待人的大多数人而言，将需要协助的人拒之门外与礼节礼貌相违背。然而，在这种情况下，礼貌客气反而可能成为问题。漏洞评估表明，借助人们天性中的礼貌客气，漏洞可能被人利用。

MAC 洪水式攻击

大多数机构用交换机替代集线器，以防止不受限制的嗅探攻击。嗅探攻击允许攻击者将网卡连接到一个未被使用的网络插孔上，因而捕获数据。如果使用了集线器，攻击者可以捕获经由集线器的任何数据。如果使用了交换机，攻击者将无法捕获到如此之多的数据。

然而，对交换机的攻击可以使其像集线器一样运作。交换机会创建将物理端口与媒体访问控制（MAC）地址相匹配的列表。而大多数系统只有一个 MAC 地址。在这种情况下，交换机将一个物理端口与一个 MAC 地址相匹配。

在某次 MAC 洪水式攻击中，攻击者发送数百个数据包到同一端口。然而，这些攻击利用欺骗技术改变 MAC 地址，造成该交换机从同一端口可以看到数以百计的 MAC 地址。当达到某一峰值时，交换机将不再继续运行。它"无法开启"之后仅能像集线器一样工作。

假设攻击者或测试人员可以连接会议室里未受保护的网络插孔。把电脑接入插孔后，他们便可以发起 MAC 洪水式攻击。一段时间后，开关将转为"无法开启"模式。然后攻击者打开一个协议分析器，并捕获经由交换机的所有数据。

TCP SYN 洪水式攻击

TCP SYN 洪水式攻击是针对面向公众服务器的一种常见攻击。通过理解 TCP 会话的工作原理，有助于了解此种漏洞。

图 8-6 中显示了 TCP 用来在两个系统之间建立对话的 TCP 三次握手。第一个系统发送一个带有同步（SYN）标志设置的数据包，第二个系统以一个具有同步（SYN）和确认（ACK）标志设置的数据包作为响应，原系统再以一个具有确认（ACK）标志设置的数据包进行回应。就这样，两个系统建立了一个会话。

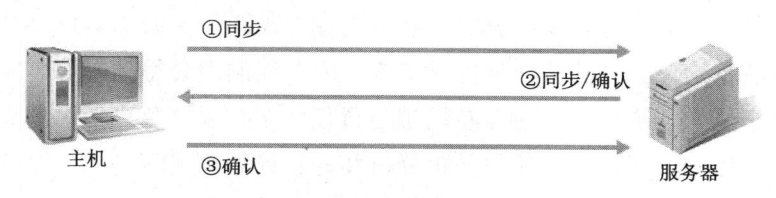

图8-6　TCP三次握手

这类似于两个人开始一段谈话。第一个人问好后伸出自己的手，第二人回应后也伸出手，两个人握手并开始交谈。诚然，不是每个人都通过握手来开始交谈。即使不握手，在对话开始前也会有口头或非语言的交流。

在一次 TCP SYN 洪水式攻击中，握手永远不会完成（见图 8-7）。该系统发送最初的两个数据包，但初始系统从未发送第三个数据包。这就好像一个人伸出手来准备握手，但当另一个人伸出手时，第一个人却又把他的手拿开了。

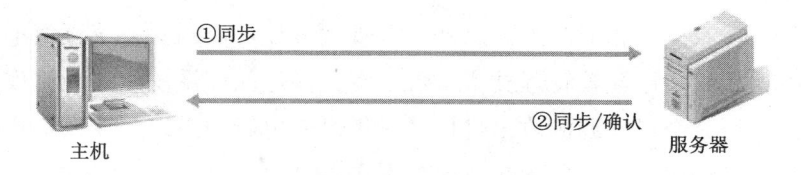

图8-7　TCP SYN洪水式攻击拒绝三次握手中的第三个数据包

如果这样的情况发生一次，还不会引发什么问题。但在 TCP SYN 洪水式攻击中，攻击系统可能发送数百个同步包来开启 TCP 会话。攻击系统永远不会发送最后一个确认包来完成交互，这使得服务器上数百个打开的会话等着确认包来完成交互。因此，TCP SYN 洪水式攻击会消耗服务器上的资源，并可能导致服务器崩溃。

缓解这些攻击的常见方法是使用入侵检测系统。入侵检测系统可以检测攻击并消除其影响。例如，该系统可以在攻击成为问题之前关闭所有打开的会话，还可以改变设置以阻止攻击计算机的所有数据包。

8.3.2 采用差距分析和补救计划缓解漏洞

漏洞评估可以确认已得到缓解的漏洞，还能识别未得到缓解的攻击。缓解和未缓解的区别表现在安全性上的差距。差距分析报告记录了这些差异。

补救计划通常包含差距分析，以及为弥补差距所要做的具体细节。计划的目的是确保一旦补救计划得以实施，所有漏洞都会得到缓解。

对于任何一个受《健康保险携带与责任法案》或《萨班斯·奥克斯利法案》管控的公司，同时使用差距分析和补救计划是很常见的，尤其是首次引入法规且公司正采取措施来确保其合规性的时候。换句话说，在法规实施之日并不能指望组织机构能够100%的合规；相反，只能期望组织采取具体措施变得更为合规。

由于某些法律法规的高度技术性，组织机构通常会邀请外部顾问来执行差距分析。顾问通常可以通过审查现有文件和程序并结合对相关人员的访谈来进行分析。如果需要的话，他们还可以创建一个补救计划。

8.3.3 实施配置和变更管理

配置管理和变更管理均可以预防和修复漏洞。在配置管理中，可使用标准来确保系统的相似配置。此外，合规性审计可以确保系统避免不恰当的修改。如果采用配置管理技术，可以有把握地保证系统能够抵御攻击。例如，假设某个已知漏洞攻击目标是三年内未更新的系统，那么配置管理技术就会确保更新总是包含在新的部署之中。

变更管理是一个控制系统变更的过程。只有经过审查和批准后才能执行更改。变更管理是一种重要的过程，因为许多信息技术故障的发生都是因为未经授权的更改而引起的。拥有成熟变更管理流程的组织机构能减少此类故障。

一个常见的例子就是一个好心的管理员修改解决了本地系统上的一个小问题，但也可能不经意间在网络上造成一个更大的问题。例如，应用程序可能无法进行特定的更新，如果管理员删除了更新，系统就容易受到攻击。

8.3.4 核实并确认漏洞已得到缓解

在已经实施了漏洞缓解的对策或控制措施后，需要确保这些措施能够真正发挥作用。换言之，需要重新测试以确保漏洞已得到缓解。

存在着两种可能性。一是控制措施可能完全没作用。如果是这种情况，就需要对其进行更换。二是配置可能需要稍加修改才能发挥作用。例如，当初次实施控制措施时某些设置可能已经被要求在内，因而错过测试。可再次实施，做出更改，并再次对控制措施进行测试。

验证漏洞已经得到缓解的最简单方法与最初确定漏洞的方法相同。如果漏洞扫描发现了问题，那就再次扫描。如果审核发现了问题，那就审核与该漏洞有关的细节。

8.3.5 信息技术基础设施漏洞评估的最佳做法

下面列出了在执行漏洞评估时可以参照的最佳方法。

- **首先获得许可**——漏洞评估可能会导致系统瘫痪。在评估之前需要确保管理层了解这些风险并批准该过程。如果未经允许就实施评估，可能会出现问题。如果你是外部顾问，就需要对因停电引起的损害负责。如果你是内部员工，就有被解雇的可能。许多安全专家在得到书面许可之前是不会开始评估工作的。

- **识别尽可能多的漏洞**——使用所有可用的脆弱性评估工具来识别可能的攻击。检查典型信息技术基础设施的所有七个领域。

- **对照法规进行差距分析**——为了符合诸如《健康保险携带与责任法案》等法律法规，在查找漏洞时就要用到差距分析。差距分析可以识别所需之事与已有之事的差距。差距分析将提供正式文档，说明正在采取的措施将符合法律法规。

- **证实漏洞已得到缓解**——在实施缓解漏洞的控制措施后，要确保它们确实发挥作用。可使用最初识别该漏洞的相同技术来验证它是否得到缓解。

本章小结

本章提供了威胁评估、脆弱性评估和漏洞评估的相关内容。每一项都可以用来识别信息技术基础设施中潜在的风险因素。目的是识别尽可能多的威胁、弱点和漏洞，然后采取措施来缓解风险。

威胁评估并不一定很全面，但却可以用来识别那些可能发生的潜在威胁。可以通过回顾历史数据、威胁建模来识别这些威胁。脆弱性评估能识别网络中的弱点。可以手动执行一些脆弱性评估；也可以使用自动化工具进行脆弱性评估，比如 Nessus——一个很受欢迎的漏洞扫描工具。任何扫描工具都必须是最新的，以确保系统尽可能没有漏洞。漏洞评估判定漏洞是否会被利用。漏洞评估可以在实施控制措施之前执行，随后验证控制措施的有效性。

第 9 章 风险缓解安全控制的辨识与分析

控制与缓解风险，就是指将威胁或弱点减少、抵消到可接受的水平。在任何时候，都可能有现场、计划、需要或正在考虑的控制。

在任何环境中都有数百个控制可以实施。在评估控制时，最好考虑不同类别的控制。美国国家标准与技术研究所曾专门发布 SP 800-53 文件，该文件将控制分为 18 个类型。控制也可分为三类：程序（或管理）、技术和物理。

9.1 现场控制

在识别和分析风险缓解安全控制时，需要确定什么是现场控制。当现场控制安装到操作系统中，应与明确其目标的文件相关联。

这并非表示所有现场控制都不会被替换。可以对其进行替换，这只取决于它们能否达到你的目标。例如，在网络系统中可能安装有防病毒软件。但系统可能在过去的一年里就已被恶意软件感染。因此，可以选用一些更为可靠的东西来代替防病毒软件。

出于这种考虑，应评估所有现场控制的有效性。如果能够确定某个控制是无效的，就可以找出另一个可替代的控制。

控制或对策，将减少、抵消威胁或漏洞。控制有三个主要目的：
- 预防；

- 恢复；
- 检测。

有些控制只专注于一个目标，而其他控制则集中在多个目标上。但是，如果一项控制不能充分满足上述目标中的任意一个，它就应该被替换掉。

9.2 计划控制

计划控制是那些已经被批准但尚未被安装的控制。通过保障性文档、计划文档，可明确采购控制的目的。计划控制应有一个指定的实施日期。

控制可能因某些原因而未能实施。或许已经采购了控制，但还未到位。或许控制已经到位，但还未安装。然而，不论该控制未能实施的原因是什么，落实该项控制更为重要。

在批准其他控制之前，识别计划控制很重要。这些控制将减少仍然存在的漏洞。如果用来处理漏洞的某项控制已经采购，就不应重复采购。

还可对计划控制的有效性进行评估，但这并非易事。因为仅能依据已有信息做相关研究，而在实施计划控制之前，难以对其进行测试。不过，如果你确定另一项控制更为有效，则可取消该项计划控制转而采购另一个。

9.3 控制类别

安全控制有成百上千种类型。为了使这些类型更容易理解，风险缓解安全控制被分为很多类别，但这些类别的不同分组还取决于由谁来分类。这些类别的方式并不唯一，而且没有哪个方式是唯一正确的。

可以采用下列任意一种方法进行分类：

NIST SP 800-53，"联邦信息系统和组织机构的安全和隐私控制"——美国国家标准与技术研究所（NIST）SP 800-53 第四版确定了 18 种类型的控制。

实施方法——三个实施方法用于控制分类，分别是程序控制、技术控制和物理控制。本章将重点介绍这些实施方法。

9.3.1 NIST 控制类型

在美国，对信息技术专业人员来说，NIST 特别出版物正变得越来越有价值。它们记录了安全的最佳做法，并为信息技术安全专业人员提供知识来源。

NIST 于 2013 年 4 月发布了 SP 800-53（第四版），为超过 200 个安全控制提供指南。这些控制处理大范围的安全问题。SP 800-53 将这些控件分为 18 个类型。

可采用 NIST SP 800-53 在任何组织机构中进行安全性审查，如审查物理上的安全性。物理和环境保护类型包括 19 种不同的控制。组织机构为达到更好的物理安全而使用这些控制。可审查这些控制，以确定它们是否与你的组织机构有关。许多已描述的控制包含其他参考信息，这些参考信息可以提供如何实现上述控制的更多细节。

功能控制

某些控制是根据它发挥的功能所确定的。控制的三大类别能确定一项控制的功能。这三大类别是预防、检测和纠正。

预防性控制 试图防止风险的发生。例如，为强化服务器而采取的许多措施是预防性的。这包括禁用不必要的服务，删除不需要的协议。如果服务或协议不在服务器上，它就不会被攻击。同样，使系统补丁保持更新就是预防性的。如果安装了更新，攻击就难以成功。

检测性控制 试图检测何时漏洞会被利用。审计日志和痕迹属于被动检测性控制。当审查日志时，事件就会被发现。入侵检测系统（IDS）则是主动检测性控制。入侵检测系统可以实时查看日志，使得能够在攻击发生时检测到攻击。

纠正性控制 试图扭转问题的影响。文件恢复和数据校正属于纠正性控制。例如，如果数据丢失，可靠的备份可以恢复数据。许多纠正控制也被认为属于恢复性控制。

NIST SP 800-53 附录 F 是一个详细的安全控制目录，用来记录大多数的各类控制。而附录 G 则记录在项目管理类中的控制。SP 800-53 是一个

实时文件。换句话说，目录中的安全控制将随着时间推移而改变。其中一些控制将被添加、删除或修改。

下面的列表概括了各种控制类型。类型标识符是两个字母的缩写，并在括号中列出。控制类型包括：

访问控制（AC）——此类控制帮助组织机构实施有效的访问控制。这些控制足以确保用户拥有所需的权利和权限来完成工作。这类控制包括诸如最小权限和职责分离等原则。AC 控制类型包括 23 种控制。

审计和问责（AU）——此类控制帮助组织机构实施有效的审计计划。某些控制确定需要审计的内容，其他控制则提供保护审计日志的详细信息。该类型还包括使用审核日志认证信息。AU 控制类型包括 23 种控制。

意识和培训（AT）——此类控制措施，包括为提高该组织所有用户安全意识的实施步骤。此项有助于组织机构确定所需的培训，并予以正确的记录。AT 控制类型包括 4 种控制。

配置管理（CM）——此类控制处理变更管理和配置管理。变更控制措施防止未经授权的更改。配置管理控制强调新系统配置的使用基准。最小功能控制记录强化系统的方法。删除或禁用不必要的协议和服务是其中一个常用方法。CM 控制类型包括 12 种控制。

应急计划（CP）——CP 控制用于帮助企业从故障和灾难中恢复，包括与计划、培训、故障及灾难测试相关的控制，还包括为存储或处理做好备用选址。此类控制可以主要参考 NIST SP 800-34。CP 控制类型包括 12 种控制。

识别和认证（IA）——此类控制涵盖多种不同的做法，用来识别和验证用户。每个用户应得到唯一识别。换句话说，每个用户都有一个自己的账户，且此账户仅由一个用户使用。同样地，设备标识符唯一标识网络上的设备。IA 控制类型包括 11 种控制。

事件响应（IR）——IR 控制涵盖安全事件的各个方面，包括培训、测试、处理、监测和报告，可主要参考 NIST SP 800-84 和 SP 800-115。IR 控制类型包括 10 种控制。

维护（MA）——MA 控制涵盖与维护相关的安全方面，比如工具、维护人员和及时维修。MA 控制类型包括 6 种控制。

媒体保护（MP）——MP 的控制重点在于保护可移动数字媒体，包括磁带、外置硬盘驱动器和 USB 闪存驱动器，还包括非数字媒体如报纸和影片。此类控制涵盖访问、标记、储存、运输和媒体处理。MP 控制类型包括 8 种控制。

人员安全（PS）——PS 控制类型涵盖人员安全的若干方面，包括人员筛选、终止和调动。PS 控制类型包括 8 种控制。

物理和环境保护（PE）——PE 类型提供有关物理安全方面的多种控制。这些控制将在本章后面的"物理控制范例"中介绍。PE 控制类型包括 19 种控制。

计划（PL）——PL 类型侧重于系统的安全性计划，还包括用户行为的规则。行为规则也被称为可接受的使用策略。PL 控制类型包括 6 种控制。

项目管理（PM）——该类型的产生源于联邦信息安全管理法案（FISMA）。项目管理将提供用来确保符合 FISMA 法案的多项控制。这些控制将弥补其他控制，但不会完全取代它们。PM 控制类型包括 16 种控制。这是唯一一个没包含在 SP 800-53 附录 F 中的类型。

风险评估（RA）——该类控制提供风险评估和脆弱性扫描的详细细节。RA 控制类型包括 5 种控制。

安全评估和授权（CA）——此类控制为实施安全性与评估计划提供具体步骤，包括用来确保只有授权系统才被允许连接网络的各种控制，而且还包括重要的安全概念细节，诸如连续监测、行动计划和事件里程碑等。CA 控制类型包括 8 种控制。

系统和通信保护（SC）——SC 类型是一大类控制，它涵盖系统及信道保护的诸多方面。拒绝服务保护、边界保护、传输完整性和机密性的控制也包括在内。SC 控制类型包括 41 种控制。

系统和信息的完整性（SI）——此类控制提供维护系统和数据完整性的各种信息。其中，缺陷修复识别步骤可以确保系统的更新，恶意代码防护的相关步骤用以防止恶意软件。SI 控制类型包括 16 种控制。

系统和服务的获取（SA）——SA 类型包括与产品和服务采购相关的控制，包括与硬件、软件和保护供应链相关的控制。其中一些控制用来处理与软件开发相关的安全问题。SA 控制类型包括 15 种控制。

SP 800-53 附录 F 和附录 G 记录了每个类型中的控制。这些附件将近占了整个文件的半数内容，大约用了全文 460 页篇幅的一半。如果需要为所在组织机构提高相关领域的安全性，这些内容将是很好的出发点。

9.4 程序控制范例

程序控制涉及由个人执行的程序，通常记录在组织机构使用安全的书面文件中。这些都是高级管理层的指令，提供了如何在组织内解决安全问题的指导方向，NIST SP 800-53 的早期版本称其为行政控制。

下面提供了分类中常见的一些程序控制范例：

- 策略与程序；
- 安全计划；
- 保险和保证；
- 背景调查和财务检查；
- 数据丢失预防方案；
- 意识和培训；
- 行为规则；
- 软件测试。

9.4.1 策略与程序

策略和程序是为组织机构提供指导和规则的书面文件。组织通常有多个策略和程序。

策略是一个提供整体方向而非具体细节的高层次文件。程序提供了实施策略所需的详细步骤。

策略具有广泛的用途，它确定管理层在某一特定主题上要采取的方向。换句话说，它记录高层次管理决策，随后组织内的人员可以采取步骤来实施该策略。

策略还会赋予权力。这种权力可以用来采购支持策略的资源。没有适当的策略，就难以解释采购的合理性。

对于备份策略而言，它根据数据的价值确定哪些数据需要备份，包括用户数据、数据库和服务器上的应用程序数据，等等。备份策略也将确定存储和保留的要求，并指定备份副本存储在其他的位置，提供相应的防护，以应对诸如火灾等一类的灾难。

备份策略包括保留策略，它确定了备份保留的时间。例如，可以指定一些数据需要保留三年，而有的数据只须保留 30 天。如何选择取决于管理层的决策。这些决策都将记录在书面策略中。

有了合适的备份策略，负责备份数据的部门可以采购资源来执行该策略。这些资源包括磁带驱动器、磁带和软件。备份成本可能很高，没有适当的备份策略，会使管理者对此类成本望而却步。

程序在适用范围和多任务导向上比策略要窄。它们确定实施一项政策所需的具体措施。任何策略都可以有多个程序。

例如，对于备份策略而言，它会规定需要执行的备份，但不说明如何执行备份。另一方面，程序将说明备份的方法。可创建一个备份用户数据的程序，也可以创建第二个程序用于数据库备份。第三个程序则应包括如何备份其他应用程序的数据。最后，第四个程序将确定如何将磁带转移到异地位置。

策略的例子如下：
- **可接受的使用策略（AUP）**——该策略定义了系统可接受的使用。它确定了用户在系统上可以做什么、不能做什么。有时，它被称为行为规则。
- **脆弱性扫描策略**——脆弱性扫描策略提供执行定期扫描的权限，它确定了扫描的具体目标，还规定执行扫描的频率。
- **可移动媒体策略**——许多组织机构意识到与可移动媒体相关的风险，如 USB 闪存驱动器。可通过策略手段，限制这些驱动器的使用。

程序的例子如下：
- **AUP 程序**——该程序确定用户如何确认 AUP。例如，用户可能需要通过签署文件来阅读和确认 AUP。
- **脆弱性扫描程序**——针对不同类型的扫描，可确定相应程序。程序将详细说明如何记录和报告扫描。

- 对可移动媒体实施限制——不同程序可以对可移动媒体实施相应的限制。可操控 BIOS 来防止可移动媒体的使用，也可以购买第三方软件来阻止它的使用。微软允许管理员使用组策略（group policy）来限制可移动媒体的使用。

9.4.2 安全计划

组织机构创建不同的安全计划，以应对不同的场景。许多安全计划对大部分组织来说是常见的。本节涵盖了下列许多组织机构中常见的安全计划：

- 业务持续性计划；
- 灾难恢复计划；
- 备份计划；
- 事件响应计划。

1. 业务持续性计划

业务持续性计划（BCP）是一种安全计划，它是一种全面的计划，用以帮助企业针对不同类型的紧急情况做好准备，确保关键任务功能即使在灾难发生后也能继续运作。

业务持续性计划往往开始于业务影响分析（BIA）。业务影响分析能够确定关键功能，然后记录在灾难期间如何保持这些功能的运作。

2. 灾难恢复计划

灾难恢复计划（DRP）提供详细信息，用于从灾难中恢复一个或多个系统。灾难恢复计划和业务持续性计划有时被认为是同一回事。然而，实际上它们是不同的。后者保持关键功能在灾难期间持续运行，而前者则具有更为专门的侧重点，用以确定如何恢复系统。

例如，业务持续性计划可能确定一个组织机构如何响应飓风威胁。当飓风有威胁时，关键功能可以被转移到另一个位置。当飓风过后，灾难恢复计划确定组织机构应该如何恢复系统。例如，水灾可能毁坏了一些服务器。灾难恢复计划则可确定这些服务器将如何恢复。业务持续性计划还会确定在灾难恢复计划恢复服务器之后，关键功能如何返回到正常操作。

3. 备份计划

备份计划通常是作为灾难恢复计划的一部分。除非已将其备份，否则就难以在灾难过后恢复数据。备份计划源于备份策略。

备份策略识别对组织机构有价值的数据，还规定了存储和保留的要求。备份计划包括明确如何进行数据备份的程序。并非所有的数据都是以相同的方式备份。

如果用户数据集中存储，备份该数据则很简单。通常组织机构会要求用户将他们的数据存储在中央服务器上。备份计划会记录这一要求。然后，管理员备份服务器上的数据。而对每个单独的用户系统进行数据备份几乎不可能实现。

处在服务器上的数据库需要专门的软件来支持它们。备份用户数据和数据库不能使用相同的软件。此外，许多其他的服务器应用程序（如电子邮件服务器）需要专用的备份软件。

备份计划还确定如何进行测试恢复。测试恢复会核实那些可以恢复的备份数据。很多令人生畏的案例讲述了组织机构如何定期经历备份数据的过程。当需要恢复数据时，技术人员竟然发现没有可用的备份。而测试恢复仅是还原备份磁带以确保备份的有效性。

4. 事件响应计划

一个事件响应计划记录组织机构如何应对安全事件。根据组织机构的复杂性，该组织可以有多个事件响应计划。

安全事件是指影响系统或数据的机密性、完整性和可用性的任何事件。当威胁攻击漏洞时可能暴露安全性事件。

例如，假设一个系统感染了恶意软件。该组织的计划可能会采取以下步骤来应对感染：

- 断开局域网的连接电缆；
- 保持系统电源打开；
- 记下出现的任何消息；
- 报告该事件。

某个来自服务器上的拒绝服务攻击，可能导致更为复杂的问题发生。这需要管理员或安全专业人员做出应对。一旦事件被证实，管理员可以采取步骤来隔离事件，然后保护有关攻击的所有证据。

9.4.3 保险和保证

可以避免、分担、转移、缓解或承担风险。在损坏可能性非常低、影响非常高的情况下，组织机构往往选择分担或转移风险。分担或转移风险的主要方式是购买保险。

大多数保险策略指定了保险公司和客户之间的共同责任。例如，火灾保险通常涵盖火灾的大部分损失，但不是所有损失。它还要求客户采取合理的预防措施防止火灾。在某些情况下，整个风险可以通过保险政策得到转移。

可以购买多种类型的保险，其目的是保护企业不受损失。如果风险发生，保险有助于赔付损失，以阻止风险、避免企业破产。

某些类型的保险，其作用更为明显，如火灾和水灾保险。选择其他类型的保险也应该有合理的解释。

购买业务中断保险可以作为某些策略的附加项目。例如，某家企业可能会在火灾保险的基础上增加业务中断保险。如果发生火灾，企业不能正常运作，保险公司将支付损失，直至企业再次运营。通常包括设备租赁等业务费用，这将要从企业正常利润中支付。

错误和遗漏保险又被称为职业责任保险。如果某家企业向其他企业提供服务，这种保险就会很有价值。例如，假设你的企业在客户服务器上进行维护。维修过程中，技术人员不小心误接电源插头导致服务器损坏。客户可能会和你打官司，此时该保险将提供保护。

同样，你的企业可以为客户提供咨询。顾问会帮助客户创建一个备份计划，但也许忘记将异地存储包括在内。由于顾问是专家，这一过失就成为明显的遗漏。如果客户遭受火灾，并失去了组织机构的所有备份，该企业就可能诉诸法律。这时，错误和遗漏保险同样可以提供保护。

保证也是一种保险，用来防止盗窃、欺诈或由于不诚实而造成的损失。受保险保护的人称为被保人。组织机构可依法购买保证保险，为客户提供一定级别的安全性。

例如，假设企业为客户家里提供信息技术支持，则可为技术人员购买保证保险。如果企业的技术人员在执行服务时盗窃了客户财产，保证保险公司将赔付该损失。保证保险往往非常苛刻，例如，除非雇员已被审判和被定罪为盗窃，否则保险公司可能不会支付赔偿。还有可能是，客户只是起诉你，而不是要求对员工定罪。

9.4.4 背景调查和财务检查

许多组织机构会对即将受雇的员工进行背景调查和财务检查。这些检查在该员工被雇佣之前完成。

背景调查通常包括警察和联邦调查局的调查。这些调查用来确定即将受雇的员工是否有过任何犯罪行为。虽然以往过失不会阻止雇佣某人，但此人不被雇佣的概率将大大增加。

如果一个卡车司机在他的记录中有一次鲁莽驾驶的违法行为，他就不可能被雇佣。类似的，如果一个管理员最近被判盗窃，他也不可能被雇佣。商店行窃的罪行足以阻止企业在某个以信任为基础的岗位雇佣这名员工。

大多数企业还会对即将受雇的员工实施财务检查。一个信用评级较差的人难免使人怀疑。雇主希望了解较差的信用评级是否会体现责任和义务的实际状况。如果一个人无视债务，这是否意味着在工作中也会不负责任呢？

互联网资源通常囊括在今天的背景调查中，包括简单的谷歌或脸书网（Facebook）搜索。对某个话题狂热吹嘘的人很可能会被视为存在问题。更重要的是，企业需要那些能与他人合作的员工。不过，如果没有加入脸书等社交网站，就很可能难以察觉那些在社交网站经常攻击别人的捣乱分子。

9.4.5 数据丢失预防计划

数据丢失预防计划有助于企业防止数据丢失。当出现下列两种情况时就可以视为数据丢失。

- **机密性的丧失**——当未经授权的实体查看数据时，就丧失了机密性。例如，如果一个未经授权的用户查看数据，就丧失了机密性；不充分的访问控制可能允许未经授权的用户查看数据；攻击者可以侵入一个在线网站并访问后端数据库；用户可能会丢失一台存储专有信息的笔记本电脑；等等。
- **由损坏导致的丢失**——文件损坏的方式有很多种。磁盘驱动器可能会崩溃；写入文件时，应用程序可能会出现短暂的停顿，并破坏数据；其他用户可能会无意或故意地删除或修改数据；等等。防止数据丢失为目的的备份比数据为何丢失更为重要。

组织机构可以使用两种方法来防止机密性的丧失。第一种方法是使用访问控制：身份验证方法识别和验证用户，然后授予访问资源的权限；最小权限原则确保用户只能获得他们所需要的资源，而不会有更多的权限。

防止机密性丧失的第二种方法是加密。数据在静止或传输的同时可以加密。静止数据存储在介质中，诸如硬盘驱动器或 USB 闪存驱动器中的数据。当它通过网络传输时，还可以对其加密。

数据丢失预防计划会确定那些对组织机构有价值的数据。数据可以被分为公共的、私人的或专有的数据。随后，数据丢失预防计划将指定在每类数据的重要性。该方案还将说明组织机构是否有防止机密性损失的意愿，或者有防止因损坏而导致丢失的意愿，抑或是二者兼而有之。

9.4.6 意识和培训

组织机构可以有世界上最好的记录安全控制。然而，如果员工不知道它们是什么，也不知道如何实施，那么控制几乎是无效的。意识和培训控制可以确保员工知道组织的安全标准，还会确保员工知道如何实施安全控制。

意识程序（Awareness programs）是通用的，适用于所有人员。它们使用不同的技术来通知和提醒人们有关安全的信息，并试图达到个性化的用户安全。换句话说，用户认识到安全是每个人的责任，而不是别人的责任。关于如何提高意识的例子如下：
- 登录或欢迎标语；
- 电子邮件；
- 海报。

为不同的对象提供培训。某些培训对所有人员是通用的。例如，可能需要对所有用户进行社会工程策略的相关培训。

其他培训则是专用的或针对特定群体的。例如，向维护防火墙的管理员提供如何维护特定防火墙的培训，对特定安全专业人员培训如何运行和理解脆弱性扫描。

9.4.7 行为规则

行为规则让用户知道他们通过系统能做什么、不能做什么。用户在被授权访问系统之前应仔细阅读本文件，通常需要签署一份文件，表明他们已经阅读和理解了行为规则。

管理和预算办公室（OMB）授权其下属机构行使其行为规则。此内容记录在管理和预算办公室的公告 A-130 附录III中。该附录还参考了 SP 800-53 中记录的行为控制规则。

行为规则文档中的一些常见元素是：

- **隐私**——许多组织机构强调说，用户不应对绝对隐私抱有幻想。如果他们使用资方的资源，就应受到监控。应可随时查看相关数据，包括用户的数据文件和电子邮件文件，还包括用户互联网活动的历史记录。组织机构经常扫描所有传出的传输（如电子邮件）。这将帮助他们确保个人身份信息（PII）不被公开。

- **限制活动清单**——大多数系统限制某种类型的活动。组织机构通常会明确限制访问带有性内容或色情内容的网站。限制清单还包括游戏、赌博或私人业务。不过这些限制措施会尽量避免侵犯员工隐私，而其他限制措施则希望保护资源。例如，一些企业会限制所有类型的音频或视频（如在线电台），这可以避免不必要的流量使网络过载。

- **电子邮件的使用**——用户被告知电子邮件可以用来做什么且有哪些限制存在。大多数企业允许用户发送和接收个人电子邮件。但是，用户不应该使用电子邮件来进行任何类型的骚扰或令人反感的资料传输。

- **凭证保护**——告知用户必须保护他们的凭证，如用户名和密码。此外，还会向用户提供如何建立强密码的相关信息。

- **违规的后果或处罚**——权限的申斥或停职。严重的违法行为会导致解雇。

以上列表并未囊括所有内容。组织机构应提供必要信息，以确保用户了解他们的预期。有的组织机构将这些信息限定在单页的内容之中，还有的组织则可能有更长的清单。

9.4.8 软件测试

软件开发的组织机构需要花时间进行测试，这源于强制要求软件测试的策略。进行软件测试的主要原因是为了减少软件中未被发现的错误。

NIST 在 2002 年曾报道，软件错误每年造成美国 595 亿美元的损失。报告中还提到，如果执行更积极的测试，则可至少节省 220 亿美元。2005 年卡内基梅隆大学软件工程研究所估计每 1000 行程序代码中就有 100 到 150 项错误。

执行软件测试属于技术控制。例如，可以执行数据范围和合理性检查。应在最开始就创建必须进行软件测试的策略。

9.5 技术控制范例

技术控制是一些自动保护工具，是为加强安全而使用的技术方法，包括相应的硬件、软件和固件。这与程序控制有明显的不同。程序控制确定应该做什么，它往往需要某人进行干预并确保遵守程序控制。

相反，技术控制是强制使用的技术。例如，可以在许多系统中创建密码强制执行策略。此密码策略可以规定密码必须是强密码。一个强密码至少应有八个字符，是由大小写字母、数字和特殊字符混合组成的。这种策略还可以规定每 30 天更改一次密码。

系统提示用户更改其密码。如果他们不更改，系统将被锁定，直到他们更改密码。而且更改密码时也必须是强密码，否则系统将拒绝接受弱密码。

本节将介绍其他技术控制的范例，它们包括：

- 登录标识符；
- 会话超时；
- 系统日志和审计跟踪；
- 数据范围和合理性检查；

- 防火墙和路由器；
- 加密；
- 公钥基础构架（PKI）。

9.5.1 登录标识符

登录标识符是用户账户的另一个名称。该账户被唯一识别和匹配给用户，用户每次登录时都使用该账户，这有助于实施其他几个控制。

登录标识符是访问控制所需的。例如，如果每一个用户都用"Bob"的账户名登录，那么每个用户可能具有相同的访问权限。这与用户的真实姓名没有关系，授予用户"Bob"的权限将授权给以"Bob"为账户名登录的所有用户。

但是，如果每个用户使用不同的账户登录，权限可以单独分配。需要访问资源的用户将被授予访问权限，不必要访问的用户则不被授予访问权限。

审计日志需要使用登录标识符。你也许还记得审计日志将记录谁、做了什么、地点、时间等细节，其中"谁"就来自登录标识符。用户应登录自己的账户。任何可审计的活动都会与此账户信息一起被关联记录下来。

登录标识符还会提供认可支持。如果用户行为及其登录标识符被记录，他们想否认采取过的任何活动将不会被采信。

9.5.2 会话超时

大多数系统都包括会话超时控制，它有助于确保未经授权的用户在没有提供凭证的情况下不具有访问会话的权限。

屏幕保护程序就是会话超时的一个简单例子。你可以设定一个屏幕保护程序在系统闲置 10 分钟后启动；还可以设定在屏幕保护程序启动后重新登录。这样一来，如果用户没有锁定电脑就离开，屏幕保护将在 10 分钟后启动并锁定系统。

许多网站也包括会话超时控制。例如，许多银行网站会在 20 分钟后关闭会话，再次登录银行网站需提供凭证。只要在网站上活动，会话保持打开状态。这将允许你访问不同的页面，而无须再次登录。

但是，如果网页打开 20 分钟都没有进行任何操作，超时控制将关闭网页并清除会话数据。如果尝试访问该网页，则需重新登录。与此类似，如果在公用计算机上打开一个会话然后离开，它会在 20 分钟后关闭。这将有助于防止未经授权的用户访问该网站。

9.5.3 系统日志和审计跟踪

操作系统和网络设备具有记录不同类型事件的能力。通过记录事件并定期检查日志，可以找出发生的问题。因此，可以使用日志来调查安全事件，还可以使用它来解决问题。

日志通常记录事件的下列细节：
- 谁做的；
- 发生了什么；
- 在哪里发生的；
- 什么时候发生的。

这些通常可缩写为谁、发生什么、何地以及何时。其中，登录标识符可以确定谁采取了行动，系统将确定发生了什么、在哪里发生，时钟将提供一个时间戳来记录它的发生。

在各种网络中会有多种类型的日志。台式机和服务器操作系统都包括日志。防火墙包括允许跟踪和被阻止的流量日志。网络服务器应用程序记录事件，如域名系统。可以授权或加强仅关于系统的登录。

系统记录跟踪操作系统上不同类型的事件。例如，Microsoft Windows 操作系统包含记录系统事件的系统日志。

系统日志会涵盖各种事件，诸如服务器启动和停止的时间、系统启动和停止的时间等。这些事件可归为错误、警告和信息事件。

安全记录会关注安全事件。其中一些安全事件将被自动记录。不过，还可以设置日志记录其他审计事件。例如，如果要知道是否有人访问有敏感数据的文件夹，可以对文件夹进行审核。如果有任何人读取、修改或删除数据，该审核将记录详细信息。

不是所有的事件都应该记录。相反，应该识别那些你所需要的。当过多事件被记录时，它将占用额外的资源，包括捕获和记录事件所需的处理能力，还包括日志占用的磁盘空间。

9.5.4 数据范围和合理性检查

应用程序开发人员会使用数据范围和合理性检查，以确保他们得到有效数据。开发人员不能保证数据是准确的，但可以确保数据是有效的。

有效数据遵循特定的格式。例如，对于一个五位数的美国邮政编码的文本框，唯一有效的字符是数字。而且只有五位是有效的。如果用户输入超过五个数字，数据是无效的。

沿着这个思路，假设用户的邮政编码是 23456。如果用户不小心输入 33456，应用程序无法告知邮政编码不正确。因为 33456 是有效的五位数字，它将通过验证测试。

你可能看到过网站的验证检查。系统将提示输入某些数据，如姓名和电子邮件地址。如果遗漏了什么或者输入某些不正确的内容，网站会报错。它通常会显示一个提示错误的红色星号，错误说明里可能会讲"你必须输入一个电子邮件地址"。

数据范围检查确保数据在一定的范围之内。例如，用户可能被要求输入一个从 1 到 100 之间的数字。数据范围检查将确保数字在 1 到 100 之间。如果输入的数据在有效范围之外，则不被接受，而且会提示用户再输入一次。

与此类似，时间范围可以验证日期是否在确定的范围之内。例如，出生日期可以用来确定有人是否超龄。它会将当前日期与出生日期进行比较。如果用户输入明显不合适的年龄，网站会给用户提供一个报错页面。

合理性检查将确保输入数据是合理的。例如，在姓氏一栏里预计会有多少个字母？什么类型的字符是有效的？

可以规定姓氏不超过 25 个字符，而且不能包含数字。当用户输入姓氏时，可以检查它以确保少于 26 个字符且不包含数字。

只须了解正在使用的数据，便可对任何类型数据的使用进行合理性检查。例如，如果想对姓氏进行合理性检查，需要知道姓氏是什么，超过 25 个字母作为姓氏将不被接受。

9.5.5 防火墙和路由器

防火墙和路由器软件均被用作网络中的技术控制，通过允许某些通信、阻止其他通信来实现对通信的控制。

许多防火墙和路由器使用隐性否定理念。换句话说，除非通信明确被允许，否则所有通信将被阻止。因此，防火墙将使用规则来识别允许的通信，而路由器使用访问控制列表（ACL）来识别允许的通信。

路由器提供了对通信的基本过滤，它通过下列方式过滤通信：

- IP 地址；
- 端口；
- 其他协议。

如图 9-1 所示，可配置路由器，允许子网 1、子网 2 或子网 3 上任意一台主机的流量通过。端口可用于识别协议，如 HTTP 使用 80 端口。可配置访问控制列表，允许 HTTP 传输到子网 1 上的内部 Web 服务器。邮件传输协议使用端口 25。还可配置访问控制列表，允许邮件传输协议传输到子网 2 上的电子邮件服务器。

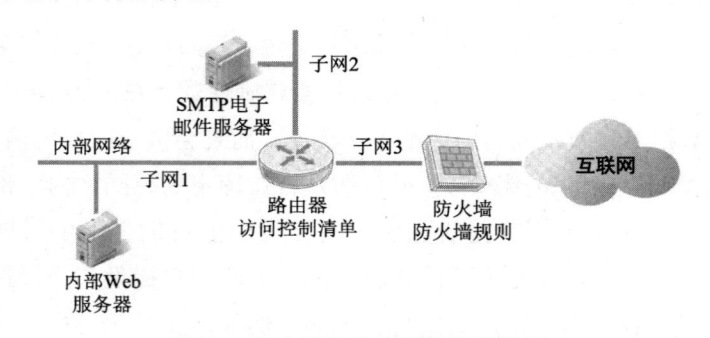

图9-1　路由器和防火墙的流量控制

防火墙起初具有基本的路由功能，而现在大多数防火墙更为先进。路由器访问控制列表一次只能评估一个数据包，而防火墙可以评估整个会话。一旦某个会话在两台主机之间建立，防火墙就可以评估它们之间的所有通信流量，这也被称为状态评价。

在防火墙上创建的规则会保护网络免受外部攻击。通过仅允许特定的通信，可限制来自互联网攻击者的破坏。

> **众所周知的端口**
>
> 　　端口 0～端口 1023 是众所周知的端口。在这个范围内的端口被分配给特定的协议。当端口被使用时，操作系统会识别它对应的相关协议。
>
> 　　互联网编号分配机构（IANA）分配众所周知的端口。可以在 http://www.iana.org/assignments/port-numbers 查看端口的完整列表。
>
> 　　HTTP 的对应端口是端口 80。当系统接收到一个目的端口是 80 的包时，系统会批准这个包到达处理 HTTP 协议的服务器。运行 HTTP 协议的服务器通常是 Web 服务器。
>
> 　　由于端口 80 是一个众所周知的端口，它是否包含在 URL 中都可以。补充端口的 URL 可查看：http://www.iana.org:80/assignments/port-numbers。
>
> 　　防火墙和路由器使用这些端口编号来识别允许的通信。例如，如果防火墙允许 HTTP 流量，它需要有相应规则来允许端口 80 上的通信。与此类似，路由器应允许带访问控制列表入口的 HTTP 通信。

9.5.6　加密

　　加密把明文数据更改为加密数据。例如，字密码是明文的，但加密后可能是：MFIGs3x/ $6o0D。

　　数据可以在静态或者传输过程中被加密。所谓静态数据是指存储在诸如硬盘或 USB 闪存等介质上的数据。如果用户在笔记本电脑上存储敏感数据，应对其加密。如果笔记本电脑丢失或被盗，该数据被破坏的概率会比较小。同样，可以加密存储 USB 闪存上的数据。如果 USB 闪存丢失或被盗，别人将很难读取上面的数据。

　　攻击者和管理员可以捕获和读取通过网络发送的数据。例如，Wireshark 是一个免费的数据包分析器，可以捕获通过网络发送的数据。一旦数据被捕获，打开和分析单个数据包将十分简单。这种方式将使个人能够读取任何通过网络发送的明文数据。

　　对加密数据进行解密往往是难以实现的。如果有足够的资源和足够的时间，加密数据才可能被破解。然而，加密算法设计难度大、耗费时间长，以至于难以使它发挥应有价值。

例如，互联网上使用的 Rivest、Shamir、Adelman（RSA）加密。几年前通常使用 40 位的密钥，那时 40 位密钥是非常安全的。然而，1997 年加州大学伯克利分校的一名学生仅用三个半小时就破解了一个 40 位的 RSA 密钥。现如今，破解它只需要几分钟。因此，目前普遍使用 1024 位、2048 位或 4096 位 RSA 密钥。

加密分为以下几类：

- **对称加密**——对称加密使用一个密钥。举一个简单的例子，密钥 53 可用于对数据进行加密。对数据进行解密用的是相同密钥 53。不过，密钥要比例子中的两位数复杂得多。强对称加密算法可达 256 位。
- **非对称加密**——非对称加密使用两个密钥。一个密钥被称作公钥，另一个称为私钥。解密需要这两个钥匙互相匹配。任何用公钥加密的数据只能用与之匹配的私钥解密。任何用私钥加密的数据只能用公钥解密。

高级加密标准（AES）是当今使用的主要对称加密协议。20 世纪 90 年代，NIST 要求开发商提交加密算法的相关评估。经过长期评估后，2000 年 NIST 选择并批准 AES 作为标准。

高级加密标准快速而有效。即使加密少量数据也很迅速，如对 USB 闪存中的数据。不需要以往加密算法那么多的处理能力。

尽管加密有强弱之分，但它并非万无一失。加密算法仍在不断改进，而破解算法的密码分析技术也在改进。美国国家安全局（NSA）对此有这样的评价："密码分析技术总在变得更好，而不会变得更糟。"

9.5.7 公钥基础构架（PKI）

公钥基础构架（PKI）的创建为证书提供相关支持。公钥基础构架有若干要素，然而所有要素的目的都集中在证书上。它的要素包括：

- 权威认证；
- 证书；
- 公钥和私钥。

权威认证颁发并管理证书。权威认证可以是公开的，如 VeriSign，它是一个众所周知的公共权威认证。权威认证也可以是私有的。一个私有的权威认证在企业内部创建并在内部发行证书。

系统有一个被信任的权威认证列表。如果系统信任某个权威认证，它就会自动信任该权威认证颁发的任何证书。这类似于机动车辆部门（DMV）颁发的驾驶执照。如果以驾驶执照作为标识，人们会认为它是有效的，这是因为机动车辆部门是可信的。通过该部门颁发的所有驾驶执照可自动得到信任。与此类似，受信任的权威认证颁发的所有证书也会自动获得信任。

证书被用来识别和帮助加密。证书涵盖那些证书接收实体所拥有的详细信息。例如，如果证书颁发给服务器，证书将包含服务器上的详细信息（如它的名称）。因此，服务器能够将证书作为身份证明。

公钥和私钥用于公钥基础构架。需要提醒的是，它们应是相匹配的密钥。用其中一种密钥加密的数据，只能用相匹配的密钥解密。通常公钥被嵌入证书中，传递给其他人，而私钥总是保持私有。

例如，设想将某个证书发布给网络服务器，当用户连接到 Web 服务器并启动安全会话时，服务器会向用户发送该证书，且该证书包含一个公钥。用户可以使用公钥加密数据，并将其发送给服务器。因为服务器拥有私钥，因此它可以对数据进行解密，而其他实体没有私钥，所以其他人不能解密这些数据。

证书也被用于数字签名。数字签名会提供认证、认可和完整性。

例如，可以用某个数字签名来签署电子邮件。接收器会验证这是你本人发送的而不是别人冒充的。可以分两个步骤创建数字签名：

- 创建一个消息散列；
- 用发件人的私钥加密散列。

如图 9-2 所示，散列是通过运行算法创建的一个数字。例如，对消息"Hello"创建的散列可能是 77。不管运行算法多少次，该散列永远是 77。然后，该散列会被发件人的私钥加密，其结果可能是"wozj4w902"。

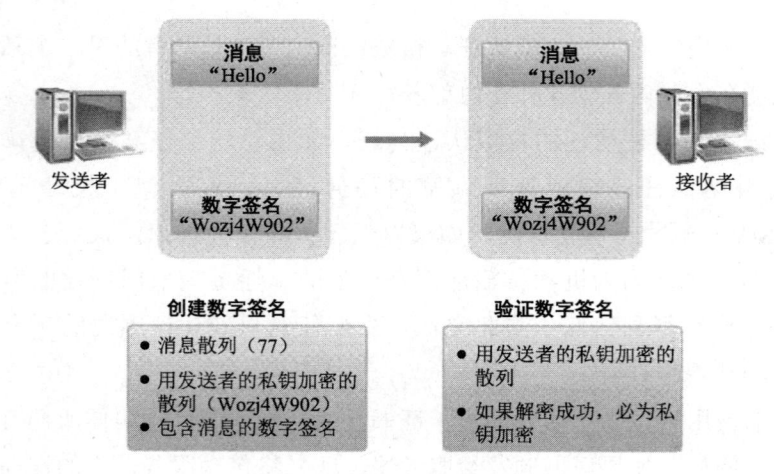

图9-2 使用数字签名

加密的散列与消息一起发送出去。而接收器有公钥，用公钥来解密该散列。这种方式提供了三方面的安全：

- **发件人的身份验证**——匹配的公钥解密散列。它可以验证散列是用发送者的私钥进行加密的。只有发送者才有权限访问私钥。
- **认可性**——发件人不能否认发送邮件。同样，只有发件者才有权限访问发件人的私钥。如果与发件人匹配公钥解密了散列，则其他人不能对其加密。
- **完整性**——接收方可以计算消息上的散列。另外，接收方也可对收到的散列进行解密。如果这两个散列是相同的，则表明消息没有被修改。

数字签名不可能没有公钥基础构架（PKI）。必须有相互匹配的公钥和私钥，还必须能将公钥封装进证书，而且需要权威认证来颁发证书。

9.6 物理控制范例

物理控制将对物理环境实施保护。物理控制包括相应的基础条件，如用来保护安全区域访问权限的门禁，还包括一些环境控制措施。本节将通过下列实例介绍物理控制：

- 门禁上锁、安保人员、访问日志及闭路电视；
- 火灾探测和抑制；
- 洪灾检测；
- 温湿度检测；
- 电气接地和断路器。

9.6.1 门禁上锁、安保人员、访问日志及闭路电视

组织机构内都有一些更为安全的区域。这些区域在物理安全方面受到保护。

例如，服务器机房设有服务器，不是任何人都能随意访问，因为服务器需要得到保护。可以使用不同类型的物理安全来保护服务器。

最简单的方法是使用带锁的门禁，它可以是简单的锁和钥匙，也可以是密码锁。用户需要输入一组数字以获得访问权限，因而需要向员工发放感应卡。而且有的感应卡还需用户输入 PIN 码。

安保人员也可用来保护这些安全区域。安保人员通常会获得授权人员的名单。只要访客在访问权限列表中，安保人员将允许他们进入。

访问日志会提供进出大楼人员的审查跟踪记录。访问日志可以手动创建或自动创建。例如，安保人员可以保存所有进出大楼的人员记录。此外，有的感应读卡器或标记阅读器可以实现记录的自动化。每次一个用户进入或离开该大楼时，它都会按时间日期记录用户的身份。

三重屏障保护

许多组织机构用于保护的三重屏障包括一个主入口、一个更安全的雇员区和一个更安全的计算机区域。每重屏障都是分层的。换句话说，安全的计算机区域在雇员区域内，雇员区在主入口内。

主入口是常开的，虽然允许任何人进进出出，但会普遍使用视频摄像机对主要入口实施监控。

比起主入口，雇员区更为安全。安保人员会在安保岗位确保只有员工或被授权的访客才能进入雇员区。密码锁用来要求雇员输入密码以获

得访问权限。有的组织机构还会发放访问权限卡给员工，必须使用该卡才能获得访问权限。

　　计算机中心则是第三重屏障，可能是服务器机房、配线室或其他存储安全硬件或数据的任何地方，有时仅允许人数很少的一组员工（如管理员）访问。

闭路电视使用摄像机来监视区域。相机可以是静止的，也可以是拥有平移、倾斜和缩放功能的摄像机（PTZ）。此类摄像机能通过安全人员进行操控，用以观察相机所覆盖的任意区域。

区域保护级别取决于硬件或存储数据的重要性。有的组织机构可能拥有数量有限的物理控制，而其他组织则可能有较多的物理控制，不论哪种选择并无绝对的对错之分，只要系统或数据有价值，就应该根据其价值进行保护。

9.6.2　火灾探测和抑制

火灾探测和抑制系统提供保护、免受火灾。火灾可以突然发生并迅速蔓延，所以应具备能够尽快检测火灾的系统。一旦检测到火灾，抑制系统能将火扑灭。

检测系统能够检测发生燃烧的环境变化，包括热、烟雾和气体的显著变化。

灭火系统因火灾类型而异，有五种主要火灾，在美国分类如下：
- **A 类**——普通可燃物，如木材和纸；
- **B 类**——易燃液体，如汽油；
- **C 类**——电气火灾；
- **D 类**——可燃性金属，如镁；
- **K 类**——烹调用油（厨房火灾）。

不同类别的火灾，应对方法不同。例如，可用水扑灭 A 类火灾，但不能用水扑灭电气火灾，这将损坏设备。此外，如果电源仍未断开，电流会沿水流传播导致消防员触电。

服务器机房面临 C 类火灾的威胁最大。对抗 C 类火灾的主要方法是使用气体灭火系统，如二氧化碳和 FM-200。气体灭火系统通过隔绝氧气，进而阻止引起火灾的化学反应。

气体灭火系统对人员可能存在危险。例如，当探测到火灾时，技术人员可能正在服务器机房工作。如果没有警告就释放气体，会造成缺氧。大多数气体置换系统都会向人员发出警告，给他们留有时间离开房间。

火灾探测系统和防御系统是物理控制的措施之一。不过，它们需要与保险的程序控制协同进行。保险通过赔付损失提供额外的保护。但是，如果没有足够的火灾探测和抑制系统，大多数保险公司将不提供保险。

9.6.3 洪灾检测

有些地方很容易受到水灾影响，水患造成的损害可能代价高昂。但也有一些保护场地的方式。例如，在上升到危险水位之前，可以用水泵把水抽走。

当水渗入某区域时，水灾检测系统会检测并自动启动水泵。水泵将持续工作，直到不再检测到水患为止。

9.6.4 温湿度检测

高温高湿会损坏电气设备。当温度升高时，电子元件会过热而烧坏。如果湿度过高，湿气会凝结在设备上。这种水汽将导致电气短路、损坏设备。

大多数服务器机房都应保持合适的室温，以防止过热导致系统损坏。许多服务器机房使用高架隔层来冷却房间。如图 9-3 所示，冷却的空气被抽入高架隔层下的区域，而设备则安装在设备托架上。这些托架拥有空托盘并安装在高架隔层的孔位里面。托架顶部装有强力风扇，从高架隔层经过设备把空气抽出托架顶部。

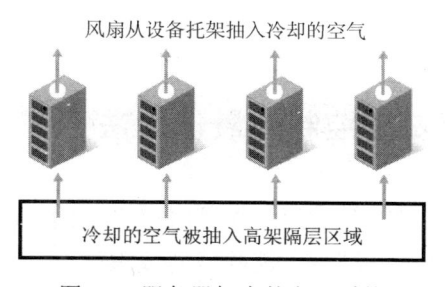

图9-3 服务器机房的空调系统

复杂的服务器机房采用冷热通道。交错排列的托架是反过来安放的。一排托架的前部与另一排托架的前部相对，此处将作为冷通道。一排托架的后部与另一行托架的后部相对，此处则作为热通道。冷空气通过冷通道的地板穿孔被泵抽送出来。冷空气从托架前面被吸入，而热空气会从背后流出。

如果空调发生故障，设备将处于危险之中。如果温度过热，电气元件会烧坏并引发故障。电气设备内的温度往往比室温高 10 度。许多组织机构都有适当的策略，当空调发生故障使该区域达到一定温度时将关闭设备。应注意的是，任务的短期损失总比设备的长期损失要好。

9.6.5　电气接地和断路器

如果故障发生，电气接地和断路器将保护设备避免电器损坏。

如果电气系统发生短路，则可能存在危险电压。如果有人触碰，就会发生触电。应避免这种情况发生，因此系统必须接地。电气接地是接入地下的电线，通常带有一根接线柱。应保证整个建筑每个地方的地线均可使用。任何电气系统都是有导线的，因此可以实现接地。如果发生故障，危险电压会被传送到地面。这将有助于确保危险电压不会对人员造成威胁。

断路器会检测热量的变化。如果断路器检测到过多的热量，就会启动并断开电路，以防止潜在的火灾危险。

这里介绍一下断路器的工作原理。电流沿着电线传播。每根导线均有可用电流计量的额定负载。电流用安培或安计量。如果电线上有过大的电流，可能会因过热引起火灾。断路器安装在承载电流的同一线路上，不允许过大的电流。如果负载超过额定电流，就会打开断路器使电流中断，从而保护系统。

9.7　风险缓解安全控制的最佳做法

下面列举了确定风险缓解安全控制时可以遵循的最佳做法：
- 确保控制有效——减少、消除威胁或漏洞。它通过预防、恢复及检测事件予以实施。
- **审查所有领域的控制**——审查程序、技术和物理控制。很容易把重点放在某个区域的控制而忽视其他区域的控制。
- **审查 NIST SP 800-53 类型**——这些控制类型提供了很好的对照检查，以确定控制是否在整个信息技术基础设施中均得以实施。
- **如果改变某个控制，则应重新进行风险评估**——应牢记风险评估是在某个时间点上进行的。如果控制被更改，需要对新的控制重新进行风险评估。

本章小结

本章提供了不同类型的控制信息。有效的控制能够减少或消除威胁及漏洞，以达到一个可接受的水平。现场控制应保持运行，而计划控制应明确计划实施的日期。

对于其他控制，可以在特定的控制类型中对它们进行评估。NIST SP 800-53 提供了 18 种控制类型的详细指导。也可以考虑把控制分为程序、技术和物理控制。重要的是要评估所有类型的控制，单一的技术控制不能解决所有风险。

Chapter 10
第 10 章 | 组织机构中的风险缓解计划

在完成资产、威胁和漏洞识别的基本内容之后,就可以着手确定控制措施,以降低整个组织机构的风险。评估控制措施的方法之一是确定关键业务操作和关键业务功能。控制措施应及时到位,以保护业务的关键领域免遭风险。

合规性已成为当今信息技术领域的重要问题。如果组织机构受某项法律或准则的支配,就需要确保组织符合其要求,否则违规会付出很大的代价。第一步是要明确相关的法律和规定,看其是否适用于组织。如果适用,就应对其进行评估,以确定对组织机构的影响。

10.1 组织机构中风险缓解的起点

开展这项工作应从明确组织机构的资产开始。资产清单能帮助确定系统、服务和数据的价值。资产价值可用资金量度量,也可用相对值度量。例如,可以对资产赋予高、中、低的价值水平,其数值不一定等同于设备成本。相反,该数值可能与设备损坏、丢失或对业务的影响有关。

例如,资产清查可能会产生如下排序:

- 数据库服务器——高;
- 文件服务器——高;
- 电子邮件服务器——高;
- 网络基础设施——高;

- Web 服务器——中；
- 用户桌面系统——中；
- 用户笔记本电脑——低。

接下来要分析威胁和漏洞。可用威胁评估、脆弱性评估和漏洞评估来实现，而且对每项资产都要进行威胁和漏洞评估。

例如，以评估数据库服务器为起点。采用的方法可以有多种，其中一种方法是考虑基础知识并提出相关问题：

- **机密性损失**——数据是否敏感？是否有在线访问控制？是否应对静态数据进行加密？当数据传输时，是否应对数据加密？
- **完整性损失**——数据库能否从电源断电中得以恢复？是否是该版本数据所必需的？数据库的配置文件是否有记录？是否遵循了变更管理的要求？
- **可用性损失**——是否定期进行可靠的备份？备份的副本是否存储在异地？为确保可以恢复，是否进行了备份检查？恢复数据可用性需要花费多长时间？是否使用了冗余驱动器？是否需要故障转移群集？

在评估中所提出的问题会因资产的不同而有所区别。例如，如果正在检查网络基础设施，就会与另一项资产有不同的关注点。这里的关键并不是提出具体问题，而是通过提出问题确定关注领域。

美国国家标准与技术研究所（NIST）特别出版物 SP 800-53 包含了控制措施的大量信息。确保能提出正确问题的办法是查阅 SP 800-53，逐一查阅其中的控制措施。如果某些控制措施可用，就可以在计划中采纳这些措施。

接下来逐一评估这些控制措施，确定哪些可以进一步实施。这个步骤的重要环节是费用效益分析。费用效益分析将在本章的后续内容中进一步介绍。

10.2 组织机构中风险管理的范围

风险管理的范围就是关注的特定领域，也可以把它视为风险控制区域。当然，有些事情可以控制，而有些事情则无法控制。

例如，人们无法控制飓风或地震，组织机构可以通过计划采取措施以降低其影响，但不能阻止其发生。

在考虑组织机构内的风险管理范围时，应考虑以下事项：

- 关键业务操作；
- 客户服务交付；
- 任务关键型业务系统、应用程序和数据访问；
- 典型信息技术基础设施的七个领域；
- 信息系统安全缺陷。

下面几节分别介绍这些问题。

10.2.1 关键业务操作

在风险管理早期，应确定哪些业务最为重要。换句话说，首先要确定哪些业务操作对组织机构的正常运转必不可少。

业务影响分析（BIA）是这一步骤可以采用的关键工具，它能帮助组织机构识别不同风险对业务的影响。

业务影响分析中的关键要素是确定成本，其中包括直接成本和间接成本。直接成本反映了某项业务中断所带来的直接损失。例如，网络服务器故障且无法处理销售业务，那么这段时间内的销售损失就是直接成本。间接成本包括组织机构在客户中的信誉损失和恢复信誉的成本。

确定这些费用有助于明确服务或功能的优先级。如果某项业务中断的费用很高，就应该投入较多的经费来防止此项中断。业务影响分析可用于确定最大可接受中断（MAO）。最大可接受中断是一个系统或服务在影响任务前出现故障的最大时间，有时也被称为最大可承受中断（MTO）或最大可承受时间中断周期（MTPOD）。

最大可接受中断会直接影响到所需要的恢复时间。举个例子，假设某系统的最大可接受中断为 30 分钟，恢复计划就必须在 30 分钟内恢复该故障系统。

业务影响分析的很大一部分工作是数据采集。可以通过查阅现有报告来搜集数据，也可以通过采访员工来搜集数据。

当你针对一个特定的服务或功能展开业务影响分析时，需要回答大量的问题。其中一些关键问题包括：
- 该项服务如何影响组织机构的盈利能力？
- 该项服务如何影响组织机构的生存能力？
- 该项服务如何影响组织机构形象？
- 业务中断会对员工造成什么影响？
- 业务中断会对客户造成什么影响？
- 该项服务需要在什么时候处于可用状态？
- 该项服务的最大可接受中断是多少？

10.2.2 客户服务交付

风险管理还应包括对客户服务的评价。在这种情况下，客户是接受服务的任何实体。

显性客户是那些已经购买组织服务的用户。例如，如果组织机构向小企业提供电子邮件服务，这些小企业就是客户。它们将服务外包，而不是自己管理电子邮件服务器。

这些客户对该服务有相应的期望要求：他们希望电子邮件每周 7 天、每天 24 小时可用；或者在业务时间内能随时访问电子邮件。无论哪种要求，重要的是要识别客户的期望。

服务水平协议（SLA）是一种确定性能预期水平的文件。它确定了最小运行时间或最大停机时间。组织机构可以使用该协议作为服务供应商和客户之间的合同。如果预定服务未能实现，该协议可以确定罚金条款。如果所在组织与其他组织也签订有服务水平协议，这些都应该列入风险管理文件中。其中，应该特别注意有关罚金的条款。

例如，在服务水平协议中可以确定最大停机时间为 4 小时。停机超过 4 小时后，每小时的罚款数额就开始累计。另外，还可以把该条款与最大可接受中断联系起来。

可想而知，承诺较少停机时间的服务水平协议成本会更高。采用较多的控制措施当然能够提供较高水平的服务，但使用较多的控制措施会带来额外的开支费用。

还有一些不是很明显的隐性客户，他们是组织机构内部的用户，接受服务的任何员工或部门均包含在内。为内部员工提供的常见服务包括：
- 电子邮件服务；
- 接入互联网服务；
- 网络访问服务；
- 服务器应用程序，如数据库服务；
- 访问内部服务器，如文件服务；
- 提供台式电脑。

员工一般不会与本单位信息技术部门签订服务水平协议，但他们对服务也有相应的愿望。如果这些服务中任何一个故障持续的时间过长，它会影响员工完成工作的能力，也会影响组织机构的正常运转。通过逐一识别每个故障影响任务的时间结构，就可以确定最大可接受中断。

一项服务没有外部客户并不意味着可以忽略，许多服务都是和内部客户有关的。

10.2.3 任务关键型业务系统、应用程序和数据访问

许多组织机构都有一些任务关键型业务系统、应用程序和数据。当它们不可用时，组织的任务就会受到影响。在制定风险管理和风险缓解计划时，识别并评估这些关键系统十分重要。

任务关键型业务系统可以是构成一个完整组织功能的任意系统或过程。要识别出这些系统和过程，需要真正理解组织机构的各项业务。一般可以先通过确定关键业务功能（CBF）和关键成功因素（CSF）来实现。

关键业务功能可以定义为对组织机构至关重要的任意一项功能。如果关键业务功能出现故障，组织将失去执行基本操作的能力，如对客户进行销售的能力。如果组织不能完成该功能，就会造成损失。这些损失包括直接收入损失和间接损失。

关键成功因素是执行组织任务必不可少的要素。组织要成功完成其使命，有些要素不能出现任何问题。例如，一个可靠的网络基础设施就是当今许多公司的关键成功因素。如果网络基础设施发生故障，通信就会停止。

关键业务功能可由多个要素支持。例如，考虑一个在互联网上销售产品的公司。图 10-1 到图 10-3 显示了一个完整交易中的各种支持要素。通

过分析这些要素，就可以识别关键业务功能。

在图 10-1 中，顾客完成了购买过程。在这个例子中，顾客是从互联网服务器上购买该产品的。同时，后台数据库服务器将记录本次交易。

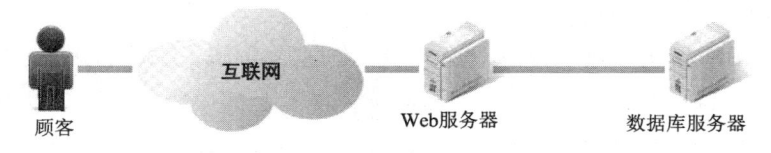

图10-1　关键业务功能——购买过程

这里的关键业务功能包括：
- 互联网接入——网络服务器必须有可靠的互联网接入。如果互联网接入失败，客户就无法访问网络服务器。
- 网络服务的可用性——网络服务必须是可操作的，包括网络服务器和网络应用程序。如果网络服务出现故障，客户就无法完成购买行动。
- 数据库服务的可用性——数据库服务器记录各种事务，包括客户、产品购买和付款信息的细节。如果数据库服务故障，网络应用程序就无法完成本次交易。

图 10-2 描绘了收到付款的过程。虽然支付处理常会作为交易的一部分，但为了清晰起见，在此将其单独加以区分。信用卡交易在互联网上很常见。组织机构必须遵守支付卡行业数据安全标准（PCI DSS）来处理信用卡付款。Web 应用程序使用数据库中的数据，以确定信用卡支付的详细信息，然后将其支付请求发送到相应银行。

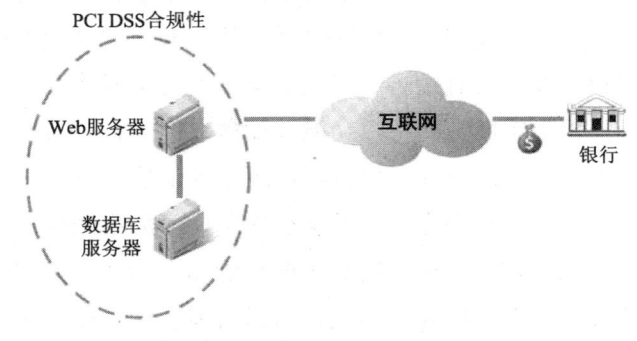

图10-2　关键业务功能——资金接收

作为购买步骤，这一步同样属于关键业务功能。然而此处需要一个额外的要素，即必须符合上述安全标准的要求，这样才能确保满足信用卡数据的最低安全标准。如果组织机构不符合该安全标准的要求，就会失去处理信用卡的资格，违规还会导致相应的罚款。

图 10-3 显示了该过程的最后一步。在这一步中，工人可以使用仓库应用程序，以确定产品是否发出。此应用程序与数据库服务器进行交互，数据库服务器上有已购买的产品、客户及产品位置等详细信息。然后由仓库工人将产品发运给客户。

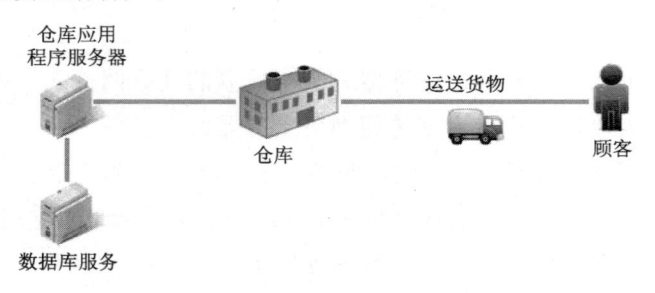

图10-3　关键业务功能——运送货物

这一步还有几个额外的关键功能：

- **仓库应用服务器**——对工人而言，该应用程序必须是可用的。它还必须能够与数据库服务器进行交互。如果该程序不可用，工人将无法识别产品是否发货，运送也将停止。
- **数据库服务器**——数据库服务器用于确定需要发货的产品及出货地点等详细信息。如果此服务器的数据不可用，将终止发货。
- **工人**——工人包装和运输所购产品。他们利用仓库应用程序来识别所需材料。如果没有适合的工人，就不能完成发货。即使组织机构已经能够自动完成某些特定功能（如检索产品），工人仍必不可少。此外，人员之间的交互对质量控制也很有价值。
- **仓库**——产品储存在仓库，并从仓库起运。如果仓库受损，会产生两方面影响。首先，库存物品可能会受损。例如，火灾可能破坏仓库中的部分或全部库存。其次，运送可能会中止或延缓。如果发货区域遭损坏，运送可能完全中止。如果产品受损，运输也会因这些产品而推迟。

随着关键业务功能的确定，现在可以把关注点放在风险管理上。可对每个功能进行审查，以确保采取适当的措施来保护这些功能。

需要注意的是，某些功能需要不同级别的保护。例如，Web 服务器和 Web 数据库服务器必须自始至终能够运转，其最大可接受中断（MAO）非常短，这些服务器可能需要故障转移群集，以确保即使服务器出现故障，也能继续进行服务。

然而，发货运输可能只发生在一周六天的白天时间。因此，仓库服务器不需要同样的保护级别，其最大可接受中断显然可以更长一些。

10.2.4 典型信息技术基础设施的七个领域

还可以审查一个典型信息技术基础设施的七个领域，以便确定风险。通过查看每个领域，可以确定组织机构所需的风险管理范围。图 10-4 显示了一个典型信息技术基础设施的七个领域。

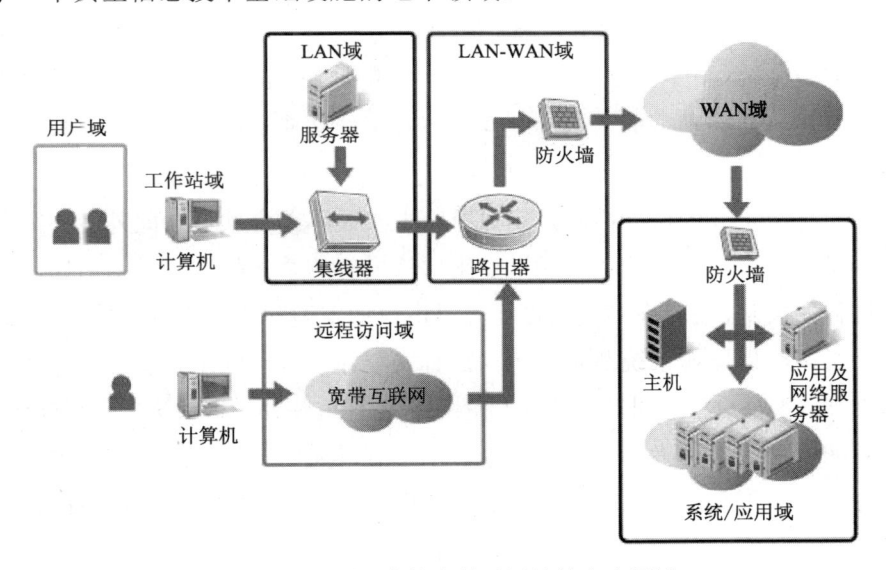

图10-4　典型信息技术基础设施的七个领域

用户域

每个组织机构都有自己的用户。电脑可以完成大量的工作，但是计算机还不能完成所有的事情。相反，计算机在这里起的作用只是对用户给予支持。

建立用户域这个概念后，重要的是要看到与用户相关的风险。用户域相关的风险主要与"社会工程"有关。用户可能受到社会工程师的欺骗和引诱，让他们泄露信息或执行某个不安全的操作。

可以通过提高用户的警惕性来抗击这些风险。可接受使用策略（AUP）有助于确保用户知道什么该做、什么不该做，登录提示会提醒用户回想起可接受使用策略的要求。许多组织机构偶尔还会发布安全小贴士的电子邮件，以提醒用户保持应有的安全意识。另外，在员工区发布的海报也会有助于提高其安全意识。

工作站域

工作站域是供用户使用的计算机。在一些组织机构中，所有员工的办公桌上都有电脑。而在另一些组织机构中，台式电脑可能并非人人配备。例如，仓库中并非每个用户都需要使用计算机。

一旦用户拥有了计算机，他们就将面临风险。与工作站相关的主要风险是恶意软件。用户可能从家里带来含有恶意软件的 USB 闪存驱动器，也可能不小心从网站下载了恶意软件，还有可能从恶意电子邮件中安装了恶意软件。

此时，主要的保护措施是确保电脑上安装了杀毒软件。此外，还需要定期更新杀毒版本。不能仅靠用户来保持最新的杀毒版本。必须掌握对更新过程的控制，还有许多反病毒厂商提供自动安装和更新杀毒软件的工具。

必须确保操作系统及时更新。当有安全补丁时，应在必要时进行评估和安装。大部分安全补丁都能删除漏洞，没有这些补丁，系统将仍很脆弱。

如同使用工具确保杀毒软件更新，也可以使用工具保持系统的更新。同样道理，不能仅依靠用户来保证系统更新，必须掌握对该过程的控制。

LAN 域

LAN 域包括连接局域网上各系统的网络组件，其中包括诸如路由器、交换机等硬件组件，也包括用于连接用户的布线和配线机柜。

计算机通常通过服务器访问网络资源。例如，微软环境的客户端与微软应用域相连，其中至少应有一个服务器作为域控制器。在微软应用域中，每个用户都必须拥有一个能够登录该域的账户。此外，每台计算机也必须有一个域中的账户。

某些重要风险存在于 LAN 域。因此，路由器采用访问控制列表（ACL）来控制允许通过的网络流量，交换机也可以为特定的功能进行编程。

路由器和交换机通常设在布线机柜或服务器机房，这样可确保它们在物理安全上受到保护。如果攻击者可以不受限制地接触这些设备，就有可能修改访问控制列表。此外还需考虑，攻击者也可能通过连接无线接入点来捕捉和传输经由这些设备的网络流量。

许多组织机构还会将端口安全作为一种额外的控制手段。端口安全控制可以确保只有特定的计算机才能连接网络。换句话说，如果攻击者接入了一台计算机，他将无法通过该机接入网络。

LAN-WAN 域

LAN-WAN 域是指专用网络与公共网络的边界，这里公共网络则是指互联网。许多不同类型的攻击来自互联网，主要保护措施是使用防火墙。防火墙基于规则对流量进行检查，允许流量通过或对其进行阻隔。

虽然大多数组织机构都配置了防火墙，但是这里关心的主要问题是对防火墙的管理。常见的问题是很多防火墙规则允许过多的流量类型，防火墙应该能够加以区分并仅允许特定类型的流量通过。

组织机构通常使用非常复杂的硬件防火墙。因此，管理员往往需要额外的培训，以确保他们了解如何管理和维护防火墙。训练有素的管理员清楚地知道限制防火墙规则数目的重要性。

WAN 域

WAN 域包括可在广域网访问的所有系统，主要是指能在互联网上访问的服务器。在互联网上提供服务的服务器有公共的 IP 地址，它们可以通过互联网的任何系统进行访问，这使得它们成为容易受到攻击的目标。

对 WAN 域系统的主要保护方法是使用非防护区。非防护区使用两个防火墙，一个防火墙直接访问互联网，另一个防火墙连接内部网络，两道防火墙之间的区域就是非防护区。

虽然非防护区不能阻止攻击者访问服务器，但它可以限制攻击者的访问权限。例如，Web 服务器可以作为网站主机位于非防护区内，并使用超文本传输协议（HTTP），安全的 Web 服务器也可以使用超文本传输安全协议（HTTPS）。众所周知，用于 HTTP 和 HTTPS 端口分别是 80 和 443。因此可以设置非防护区，只允许使用端口 80 和 443 将流量传输到 Web 服务器，所有指向 Web 服务器的其他流量都会被阻断。

此外，这些服务器需要保持最新状态。当安全补丁发布时，应该尽快对其进行评估并测试补丁，以确保它不具有任何负面影响，然后才可以将其配置到服务器上。

远程访问域

远程访问域允许远程用户访问专用网络。如果远程访问服务器是一个拨号连接服务器，用户可拨号进入。虽然拨号服务器已不常见，但它们仍在使用。而虚拟专用网络（VPN）则是一种更受欢迎的选择。虚拟专用网允许用户通过公共网络访问专用网络。

如果组织机构使用远程访问服务器，需要考虑相应风险。如果使用拨号远程访问服务器，可从任意电话拨号的方式进入系统。因此，攻击者只需要知道电话号码即可。

如果使用虚拟专用网服务器，它会具有一个互联网上公开可用的 IP 地址，因而容易受到来自世界任何地方的攻击。

因此，应使用几种不同的控制措施来保护远程访问域中的服务器。

自动回拨是一种在远程访问服务器中使用的方法。假设 Sally 在家工作，她的账户信息中包含她的电话号码。当她拨号接入时，会提示登录。当她登录后，远程服务器就挂断并拨打她家里的电话。

这样做能增加安全性。因为即使攻击者知道了 Sally 的账号，也无法使用。即便攻击者用 Sally 的账号拨入并登录，服务器也会挂断（与攻击者的连接）并拨打 Sally 家里的电话。

远程访问策略是另一种用于远程访问的控制措施。该策略用于指定若干条件以确保安全连接。例如，指定仅允许第 2 层隧道协议（L2TP）的连接类型。此外，还可能需要采用互联网安全协议（IPSec）对连接进行加密。

系统/应用程序域

系统/应用程序域指的是所有基于服务器的应用程序，其中包括电子邮件服务器、数据库服务器、以及任意特定用途的服务器或系统。

例如，Oracle 数据库用作服务器数据库，Microsoft Exchange 是常用的电子邮件服务器，而 Apache 用作 Web 服务器上的网页应用程序。这些应用面向专门领域，都有相对应的风险，需要专门知识进行管理和配置，而且需要对细节予以特别关注，以保证其安全。

保证这些系统安全的基本要求是确保管理员有足够的培训和相关知识。此外，配置和变更管理的做法十分有用。配置管理可以确保系统使用健全的安全措施进行配置，而变更管理则可以确保在没有足够的理由时不改变其配置。

系统应用程序可能经常出错，供应商在确定系统有错时会发布安全补丁。系统管理员需要与供应商保持同步，这样他们就会及时得知补丁发布的消息。

遗憾的是，有些补丁会产生其他问题，如导致系统崩溃。管理员通常会测试补丁以确保其没有任何负面影响，测试后才应用补丁。此外，他们还经常使用软件来确认系统有最新版的补丁。当系统不是最新版时，软件会发送警告给管理员。在有些组织机构中，网络访问控制（NAC）软件会隔离未装补丁的系统，使得这些被隔离的系统只具有有限的网络访问权限，直到它们更新为止。

10.2.5　信息系统安全缺陷

信息系统安全缺陷是指正在使用的控制与所需控制之间的差异。在理想情况下，使用中的控制措施应足以应对所有的威胁和漏洞。然而，威胁和漏洞是不断变化的。

风险评估可以提供实时报告，用来比较现存的威胁和漏洞与当前的控制措施。不过，即使本次风险评估给出的评价结果良好，这些控制措施也不一定能够足以应对风险评估后出现的威胁和漏洞。

在处理合法性问题中，经常会使用缺陷分析报告。例如，在评估是否符合《健康保险携带与责任法案》（HIPAA）或《萨班斯·奥克斯利法案》（SOX）时可使用缺陷分析报告。该报告会记录安全缺陷。

一般可将缺陷分析报告与修复计划结合起来。修复计划确定如何关闭安全漏洞。换言之，该计划提供关于实施控制措施的相关建议。

> **深度防御**
>
> 即使拥有积极的风险管理和风险缓解计划，通常仍会有安全缺陷存在，让系统在100%的时间里达到100%的安全是很难做到的。
>
> 然而，深度防御（defense in depth）是一种安全的做法，它采取多个层次的保护。这些层次彼此重叠，即使在某层中出现了缺陷，系统也有很大的机会在另一层得到保护。
>
> 举个例子，防病毒保护措施通常使用三管齐下的方法。一是在防火墙安装杀毒软件扫描输入数据；二是在电子邮件服务器上安装杀毒软件以扫描恶意附件或脚本；三是在所有工作站和服务器上也都安装杀毒软件。
>
> 如果防火墙和电子邮件已经扫描了恶意软件，为什么还要在桌面系统安装杀毒软件？这是因为用户可能从CD、DVD或USB闪存驱动器传播病毒。
>
> 此外，尽管杀毒软件会保护桌面系统，但仍需额外的杀毒软件来扫描电子邮件的附件。恶意软件通常是通过电子邮件发送的，如果还没有在电子邮件服务器上安装杀毒软件，就可能向客户传播恶意软件。如果某个系统不是最新的，或者杀毒软件出现故障，就可能被病毒感染而且感染会迅速蔓延。
>
> 虽然实施深度防御在短期内较昂贵，但它会弥补更多的安全缺陷，从长远来看多层防御是划算的。

10.3 合法性及合规性问题对组织机构影响的认识和评估

组织机构应清楚了解有哪些适用的法律和法规，这一点十分重要。明确这个问题之后，就要确保组织机构符合其要求。

不符合要求会产生严重后果：有些法律可能会对组织机构处以巨额罚款，有些法律可能会导致牢狱之灾，还有些则可能会对组织开展业务的能力产生负面影响。

在这种情况下，合规性就会成为一种风险缓解的控制措施。可以采取这些措施来缓解风险,从而减少、抵消威胁及漏洞,达到可接受的水平。

例如,《健康保险携带与责任法案》对于某项差错的罚款可能高达每年 25000 美元,而制定一项内部合规程序就可以避免这些代价高昂的错误发生。在评估组织机构合规性问题的影响时,应该采取两个明确的步骤:首先确定哪些合规性问题适用于组织机构;其次评估这些问题对业务活动的影响。这两个问题将在下文中介绍。

合规性要求的提高

贪婪和腐败可以渗透到任何地方,其中也包括大型组织机构。当发现问题时,人们常常会感到愤怒并要求公正。在美国,法律由国会制定。

在过去几十年中,合规性问题变得更加突出。在 20 世纪 60 年代,通用电气、威斯汀豪斯等公司都曾被反垄断法规定罪,涉及串通投标和价格操纵。针对这些问题,国会于 1977 年制定了反海外腐败法(FCPA)。

在 1991 年,美国通过了对组织伦理立法的联邦量刑指南,规定了处罚组织机构犯罪行为、建立威慑激励机制用以侦破和预防犯罪。

安然公司的丑闻发生在 2001 年,一组管理人员在数年时间里,采取多种策略掩盖了由于失败交易和项目所产生的数十亿美元债务。当他们的行为曝光后,安然公司的股票价格从每股 90 美元跌破 1 美元,导致投资者约 110 亿美元的损失,几位高管被起诉并判刑入狱。

在几年的时间里,世界电讯公司(WorldCom)的高管们也用过各种手段人为地给公司增加约 110 亿美元市值。当其首席执行官在 2002 年 4 月被解职时,事情才暴露出来。该欺诈行为于 2002 年 6 月被发现,公司在 2002 年 7 月申请破产并不再偿还大部分的负债。该公司高管也被起诉并被判处监禁。

为提高公共公司财务报告的可靠性,国会以法律的形式对这些丑闻做出了回应。《萨班斯·奥克斯利法案》(SOX)就是这样的法律,它加强了对欺骗股东行为的处罚,还规定了更为严格的内部控制要求。

美国房地产泡沫于 2006 年破灭,并带动房价下跌。不幸的是,在 2007 年,许多家庭都是靠着可疑的次级抵押贷款购房的,这就导致了大量丧失抵押品赎回权的现象出现，2007 年超过 25 个次级贷款机构破产。事态在 2008 年达到顶点，以致雷曼兄弟这个巨大的全球性银行破产。这些事件引发了全球范围的经济衰退，史称大衰退。

许多银行从保险巨头美国国际集团（AIG）购买保险以弥补损失。然而 AIG 不但没能弥补这些损失，还差点走向破产。在 2008 年，美国政府用 850 亿美元救助 AIG 避免破产。后来美国政府还额外给了 AIG 集团 378 亿美元。在 2008 年年底，美国国会通过了"问题资产救助计划"（TARP），该计划还挽救了许多金融公司。国会授权通过问题资产救助计划支出 7000 亿美元，但政府只支付了 4310 亿美元。截至 2012 年 12 月，美国政府已经收回了 4050 多亿美元的资金。

国会以《Dodd-Frank 华尔街改革法》和《消费者保护法》来应对次贷危机。许多专家认为，是金融监管的缺失导致大衰退的发生。《Dodd-Frank 法案》的目的之一是为了防止类似的金融危机。尽管《Dodd-Frank 法案》并不像《萨班斯·奥克斯利法案》那样直接影响信息技术行业，但它对于金融机构的信息技术资源的确具有影响力。

当然上述内容还不是历史的全貌，还有更多的欺诈行为及丑闻。不过，以上案例已提供了关于腐败如何发展以及国会如何应对的部分情况。

在某些组织机构中，企业合规性已变得非常重要，其重要性达到一个新的高度。许多公司都有一个首席合规官（CCO）监督合规性。有些公司还采用了首席道德合规官（CECO）或道德合规官（ECO）等职务头衔。

10.3.1 法律要求及应遵守的相关法律、法规和指令

尽管有许多法律法规适用于信息技术行业，但并不是全都适用。首先要明确的重要问题是哪些法律适用于你所在的组织机构。

适用于组织机构的关键法律包括以下几项：

- 《健康保险携带与责任法案》（HIPAA）；
- 《萨班斯·奥克斯利法案》（SOX）；
- 《联邦信息安全管理法案》（FISMA）；

- 《家庭教育权利和隐私法案》（FERPA）；
- 《儿童互联网保护法案》（CIPA）；
- 《支付卡行业数据安全标准》（PCI DSS）。

以下各节探讨如何确定某项法律适合于你所在的组织机构。有些法律非常专业且适用面较窄，而《健康保险携带与责任法案》则适用范围广泛。

《健康保险携带与责任法案》（HIPAA）

该法案适用于处理健康信息的任何组织机构。医院和医师诊所是直接处理这些信息的相关组织。然而，该法案管理的范围远远超出了医疗行业。

健康信息包括任何涉及个人健康的数据，包括个人过去、现在和未来的健康，涵盖健康状况、生理健康和心理健康，还包括任何过去、现在和未来对医疗保健的支付费用。

如果一个组织机构建立或接收健康信息，它就必须遵守该法案的要求。相关人员包括雇主、健康计划负责机构、卫生保健提供者及公共卫生部门，等等。

如果一个组织机构即便没有参与医疗保健活动，但是提供了健康计划，该组织也必须遵循该法案的要求。

《萨班斯·奥克斯利法案》（SOX）

该法案适用于在美国证券交易委员会注册的任何企业，即股票公开上市公司。换句话说，如果有人能在你的公司购买股票，则适用该法案。

该法案建立了一套标准。即使不直接适用于私营企业，私营企业也可以使用这些标准。如果组织机构今后可能会面临法律问题，遵守该法案的组织也可以证明其做法是有诚意地希望避免相关问题的。

《联邦信息安全管理法案》（FISMA）

该法案适用于所有美国联邦机构，其目的是确保联邦机构采取相关措施保护他们的数据。如果你在某个联邦机构工作，则适用该法案。

受该法案的委托，美国国家标准与技术研究所（NIST）负责制定标准、指南和最佳方法以支持该法案。由 NIST 制定的支持该法案的专业出版物可在 http://csrc.nist.gov/publications/PubsSPs.html 获取。

《家庭教育权利和隐私法案》（FERPA）

该法案适用于所有美国教育部管理的计划资助的学校和教育机构，

主要指从幼儿园到 12 年级的公立学校。此外，许多其他实体也从教育部得到资助，包括提供学前课程的各种学校或机构，也包括大学等各种高等教育机构。

相关资助可间接获得。公立小学直接从教育部获得资助，其他机构则可间接获得资助。例如，教育部可为大学学生提供资助及担保。如果学生获得了资助并将其用于支付大学教育费用，那么该大学实际上就获得了教育部的间接资助。

2012 年教育部更新了该法案。修正案允许披露更多在校学生个人信息和学生在校记录中的相关信息，此外还要求学生 ID 和电子邮件信息更加规范化。

《儿童互联网保护法案》（CIPA）

该法案适用于从 E-Rate 计划获得资金支持的所有学校或图书馆。E-Rate 计划是由美国联邦通信委员会（FCC）发起的，可为互联网访问提供折扣。

学校和图书馆不必强制加入 E-Rate 计划。但如果他们选择利用该计划提供的折扣，那他们就由必须服从该法案的监管。E-Rate 计划年度申请需要学校和图书馆证明其符合该法案的各项要求。

《支付卡行业数据安全标准》（PCI DSS）

该标准不是法律法规，而是由多家信用卡公司共同创建的行业标准。支付卡行业（PCI）安全标准委员会监督该标准，任何接受信用卡付款的机构都必须遵守相关规定。

许多信用卡公司都支持 PCI DSS 标准，其中包括 Visa 国际、万事达卡、美国运通、Discover 金融服务和 JCB 国际公司。在支付卡行业安全标准委员会中就有这些公司的职员。

小型公司可以通过填写自我评估问卷证明符合要求，大型组织机构可由授权的安全评估机构进行审核。

支付卡行业安全标准委员会在 2013 年 11 月发布了 PCI DSS3.0 版。

10.3.2　评估合法性及合规性问题对业务操作的影响

一旦明确了组织机构有合规性要求，下一步就是分析这些要求对组织的影响。该影响因法律或标准的不同而显著不同。

下面各节介绍了一些常见法律和标准的潜在影响。

《健康保险携带与责任法案》（HIPAA）

该法案对企业业务的影响范围很大、违规成本很高。此外，为了合规所需采取的步骤可能会很复杂，这取决于组织机构处理健康相关信息的多少。

首先，如果组织机构没有遵循其规则的要求，罚款会很严厉。每次违规将罚款 100 美元，总罚款可能高达每年 2.5 万美元。如果有人故意搜集或披露不应搜集或发布的数据，处罚可能高达 5 万美元并判刑 1 年。如果通过欺诈来搜集或披露数据的话，处罚可能高达 10 万美元罚款并判刑 5 年。如果是为谋取私利或恶意伤害来搜集或披露数据的话，处罚将高达 25 万美元罚款并判刑 10 年。

不过，合规性的代价也很高。处理健康数据的组织机构必须采取具体措施来保护数据，其中包括保护组织生成、接收和发送的任何数据，还包括保护所有处理健康数据的系统。

保护数据安全的责任在于组织本身，即便数据不用时也应得到保护。换句话说，如果数据存储在硬盘上或放在文件柜中，它必须得到保护。保护可以通过访问控制或基于数据类型的物理安全来实施。

健康信息的使用受到严格限制，处理和审阅健康信息的人必须是经过培训的员工，使得他们能够符合要求。例如，在未经患者书面同意时，数据不能发布给第三方。

传输数据时也必须得到保护。当传输任何与健康相关的数据时必须以特定格式发送。

不过，好在健康计划的提供者都精通该法案。外包健康计划的公司还可以外包健康数据处理。

例如，健康计划提供者可以签订合同为员工提供保险。然后，企业可令员工到健康计划供应商的网站注册。当健康计划以这种方式进行管理时，供应商能够掌握几乎所有的信息。这样一来，本企业内的健康数据就很少，从而风险得到了控制。

《萨班斯·奥克斯利法案》（SOX）

该法案对业务的影响是组织机构必须对数据准确性承担较高的责任。

高层人员如首席执行官和首席财务官必须亲自核实和证明财务数据的准确性,其目标是避免发生像安然公司(Enron)投资者损失 110 亿美元的恶劣事件。

正因如此,组织机构往往需要采取额外的措施,以确保数据准确性和完整性。其中包括实施内部控制,并通过内部和外部审计验证合规性。这样做的关键优点是,该法案增加了对股东利益的高管问责制。此外,该法案要求的监督职能还有助于更好地控制内部成本。

虽然一些该法案的反对者认为其合规性成本过高。然而,根据 Protiviti 公司在 2013 年的调查,对于大多数组织机构而言,其费用是可控的。

《联邦信息安全管理法案》(FISMA)

由于该法案只适用于联邦机构,因此它不会影响任何组织机构的收入,但会对组织的运转有显著的影响。

该法案的核心要求是确认、证明符合标准,并对组织机构中所有信息系统的运作进行授权。此过程可能会很长,其中一个主要的问题是新系统的实施过程缓慢。

该法案提倡采用基准,只要系统与另一个系统遵循相同的基准,它就可以更快地得到认证和授权。

《家庭教育权利和隐私法案》(FERPA)

该法案要求所辖组织机构与学生及家长共享学生记录。如果学生或家长发出该请求,学校必须提供相关信息。

学生或家长可以要求纠正学生记录中的错误,学校有义务受理这项请求。不过学校也不必对学生所有的请求都进行相应修改,例如,学生要求从记录中删除较差的成绩,如果成绩是准确的,学校就不必删除它。

学生可以授权特定的第三方访问他们的成绩。例如,学生可以在申请进入学院或大学时授予其访问权限。一些特定的第三方将对访问记录信息自动授权。例如,许多学校官员不需要学生授权就能查看其记录。

该法案对业务操作的最大影响是要确保员工了解规则,而这可以通过培训来完成。

如果一个未满 18 岁的学生请求访问其记录,员工应该知道该权利属于家长。如果一个 20 岁学生的母亲要求访问,员工应该知道该权利属于学生。同样，如果第三方请求访问，员工应该知道是否应授予访问权限。

《儿童互联网保护法案》（CIPA）

该法案规定了学校和图书馆的若干技术性要求。他们必须过滤攻击性内容以确保未成年人接触不到它们。如果学校或图书馆不能遵守该法案，就可能失去 E-Rate 计划的所有折扣。

E-Rate 计划提供学校和图书馆网络访问的折扣。任何 E-Rate 计划下的学校或图书馆请求该项折扣时，都需要证明已遵守了该法案的规则。

其中首要的挑战是确定攻击性内容。该法案允许学校和图书馆使用当地标准来定义攻击性内容的概念。换言之，在某个地区的图书馆里认为是攻击性内容，在另一个地区的图书馆里可能是可以接受的。

学校和图书馆使用技术保护措施（TPM）来过滤这些内容。图 10-5 给出了技术保护措施代理服务器的实例。代理服务器接收来自客户端的网页请求检索网页，然后为客户提供网页，还可以过滤请求来阻止内容。

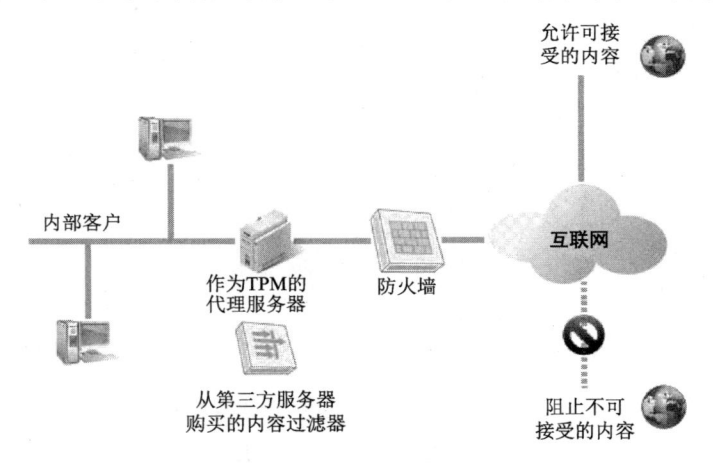

图10-5　作为TPM的代理服务器

用户可以通过代理服务器访问互联网。所有的内容请求都使用内容筛选器进行过滤。如果内容是可以接受的，该页面将被检索并发送到客户端。如果内容是不可接受的，该内容将被锁定。

代理服务器通常使用第三方服务所提供的数据进行工作，该第三方服务器提供一个过滤的内容列表。该列表通常是特定 Web 站点的 URL 格式，代理服务器使用这个列表，以防止内容传给提出请求的计算机。

该法案规定不满 17 岁的人为未成年人，他们的访问应该受到技术保护措施的限制。

但是 17 岁以上的人都能够不受限制地使用计算机。例如，如果一个成年人想使用它，就可以要求删除技术保护措施（TPM）过滤器。此时，管理员或图书管理员应能及时删除过滤器。

《支付卡行业数据安全标准》（PCI DSS）

该标准是围绕下列 6 个原则和 12 个要求而建立的：

- 安全网络的建立和维持

要求 1：安装和维护防火墙。

要求 2：不使用默认值，如默认密码。

- 保护持卡人数据

要求 3：保护存储的数据。

要求 4：传输加密。

- 持续进行漏洞管理活动

要求 5：使用和更新杀毒软件。

要求 6：开发安全的系统并保持其安全性。

- 实施严格的访问控制措施

要求 7：限制数据访问。

要求 8：每个用户都采用独一无二的登录账号，不共享用户名和密码。

要求 9：限制物理访问。

- 定期监控和测试网络

要求 10：对所有系统和数据的访问进行跟踪和监视。

要求 11：定期进行安全测试。

- 坚持采用信息安全策略

要求 12：坚持采用安全策略。

应注意的是，虽然以上所有原则和要求都与信息技术行业相关，但它们也反映了许多通用的最佳做法。如果组织机构已经采用了最佳做法，那么该标准就不会对其业务有很大的影响。

但是，如果组织机构目前没有使用这些通用的安全做法，那么该标准的合规性可能会影响组织机构的预算和业务活动。

10.4 合法性及合规性意义的诠释

合规性可以产生深远的影响。正如威胁和漏洞所产生的后果一样，对组织机构可能造成直接损失和间接损失。

例如，如果组织机构因《健康保险携带与责任法案》相关过失被罚款 1 万美元，直接损失是 1 万美元。然而一旦此事上了新闻，组织还将蒙受间接损失。

媒体可能会报道组织机构对健康相关数据的错误处理。这时如果客户有健康数据存储在你的计算机上，他们可能会选择离开。即使客户没有健康数据存储在你这里，他们也可能会怀疑你处理数据的做法。同样，员工也可能知道自己的数据被不当处理，重要员工也许会离职。

公关活动有时可以恢复组织机构的良好声誉。然而公关活动并非易事，这需要创造性的人才来策划有效的活动，还需要资金来实施活动。不过在公关活动上的积极投资可以减少不利事件的影响，最终为组织节省资金。

10.5 典型信息技术基础构架七个领域合法性及合规性意义的影响评估

本章前面内容介绍了典型信息技术基础设施的七个领域。当评估合法性和合规性的影响时，可以逐个检查对这些领域的影响：

- **用户域**——大多数合规性问题都以某种方式影响用户域，需要对用户进行培训以确保其遵守这些要求。例如，《健康保险携带与责任法案》要求用户理解他们发出的是何种数据，《儿童互联网保护法案》要求图书馆员了解如何为成年人关闭技术保护措施，《支付卡行业数据安全标准》则要求用户具有唯一的登录账号。
- **工作站域**——如果员工能够访问工作站上的数据，就需要检查工作站。如果有《健康保险携带与责任法案》或《萨班斯·奥克斯利法案》相关的数据存储在系统中，就需要采用访问控制措施来保护这些数据。有许多小公司使用台式电脑作为销售点（POS）系统。POS 系统是一种电子出纳，这些系统需要符合《支付卡行业数据安全标准》，而且还要求所有桌面系统都必须安装杀毒软件等。

- **LAN 域**——局域网必须做到安全，以防止攻击者捕获数据，其中包括《健康保险携带与责任法案》《萨班斯·奥克斯利法案》和《支付卡行业数据安全标准》相关的数据。为了确保传输数据的安全，有必要采用加密技术。如果组织机构使用无线网络时尤其如此。在过去，攻击者一般都是在公司停车场捕获无线业务数据。
- **LAN-WAN 域**——防火墙可以保护局域网免受来自广域网的攻击。PCI DSS 法案特别规定必须设置防火墙。图书馆可以使用代理服务器作为技术保护措施以遵守《儿童互联网保护法案》的规定。接入互联网和内部网的代理服务器需要专门的安全措施，以保护其免受外部攻击。
- **WAN 域**——有些与《支付卡行业数据安全标准》相关的系统可以直接访问互联网来传输业务数据，对这些系统需要采取专门的措施，如对数据传输进行加密。此外，系统中存储的数据也需要保护，使其免受非法访问者的攻击。
- **远程访问域**——许多组织机构使用虚拟专用网来连接主办公室和远程办公室。有许多法律要求强制执行对数据传输的保护。如果用户通过虚拟专用网传输敏感的数据，保证虚拟专用网的安全十分重要。例如，如果用户通过虚拟专用网发送涉及《健康保险携带与责任法案》的相关数据，数据必须加密。
- **系统/应用程序域**——受《健康保险携带与责任法案》和《萨班斯·奥克斯利法案》管理的健康和财务数据通常存储在数据库服务器上。对这些服务器需要进行检查，以确保其符合法律要求。访问控制应确保最小权限原则的贯彻落实。作为技术保护措施以满足《儿童互联网保护法案》法案要求的代理服务器，当成年人使用时应具有取消技术保护措施的方法。

10.6 安防措施对风险缓解助益的评估

对策、措施和控制的主要目的是缓解风险。控制是在一个时间点上实施的，以减少那个时间点的风险。然而形势、威胁和漏洞都处在变化之中，正是因为如此，控制的有效性也是在变化之中的。因此，定期进行评估以确保其有效性十分重要。

可以通过措施达到预期目标的程度来度量控制的有效性，控制将通过以下途径来缓解风险：

- 减小威胁的影响至可接受的水平——例如，人们不能阻止飓风的威胁，但可以制订一个业务持续性计划，为组织机构选择一个备选的地点，就可以减少这种威胁。
- 减少漏洞至可接受的水平——例如，一些拒绝服务攻击可以破坏未打补丁的服务器，通过保持服务器更新当前补丁，就能降低拒绝服务攻击的可能性。

风险评估是一个实时的评估活动，它在特定的时间点评估威胁和漏洞。风险评估只针对评估实施时存在的风险推荐相应的控制措施，因此应该周期性地重复进行。

此外，如果控制措施变了，就应该重新进行风险评估。例如，如果采用了不同类型的硬件防火墙，那么原来的风险评估就不再有效了，此时应该对新的防火墙重新进行风险评估。

10.7 对合法性及合规性需求操作意义的认识

合规性要求往往会影响系统如何运作。当考虑合法性和合规性的要求时，就需要考虑合规性对组织机构运作的具体影响。

考虑下面的例子：

- **健康保险携带与责任法案**——该法案要求保护任何与健康有关的数据。当这些数据以电子化的形式存储时，在网络中使用标准的访问控制措施往往更加容易。可以选择从基于纸质的记录转换为基于计算机的记录形式，这将影响员工访问数据的方式，并带来操作过程的变化。
- **萨班斯·奥克斯利法案**——该法案要求对财务数据加以保护，这些数据可能存储在数据库服务器上。如果这样的话，该服务器就需要采取对其他服务器而言也许是不必要的额外控制措施。管理员需要采取额外的步骤来保护数据，用户也需要采取额外的步骤来访问数据。
- **联邦信息安全管理法案**——该法案对政府机构要求用不同的程序来购买和部署系统。如果你购买法案规定之外的不同的系统，其认证及授权的流程可能会很长，从而影响到机构的工作能力。
- **家庭教育权利和隐私法案**——该法案授权由学生或家长访问教育记录。如果有大量的这类要求，就可能会影响到学校的正常运作，此时学校可以对访问记录的授权加以限制。
- **儿童互联网保护法案**——该法案要求保护未成年人免受攻击性内容的影响，但成年人应有不受限制的访问权限。图书馆管理员在过去也许不必去管理系统，但现在他们可能需要培训，并熟悉为成年人关掉技术保护措施（TPM）的方法。
- **支付卡行业数据安全标准**——如果组织机构已经按照标准的安全做法开展工作，那么该标准对其正常业务的影响不大。但如果组织机构在安全管理方面较为薄弱，那么该标准将彻底改变其运作方式。虽然从长远来看这很好，但让用户在短期内做到这一点可能会产生不适应的感觉。

10.8 组织机构中风险缓解及风险降低的要素辨识

虽然为降低风险而研究单个系统及功能很重要，但从一个更广阔的视野来分析问题也很重要。从宏观的角度看问题能够领会到组织机构各个部分是如何结合在一起的。

大多数组织机构都有一个由其高级管理人员创建的安全策略，它奠定了组织的安全理念，确定了组织的总体安全目标。组织机构在安全策略的指导下实施安全控制。

组织机构的宏观控制措施包括：

- **账户管理控制**——这些控制措施能够确保账户管理的安全。有了账户管理控制，就可以给每个用户创建单独的账户。如果用户离开，应关闭账户。另外，还可以对账户使用密码管理策略。
- **访问控制**——虽然访问控制已用于单个系统，但还可以使用一个全局系统来进行访问控制。例如，微软使用活动目录域服务作为分配权限和控制访问权限的基础。大多数组织机构都会创建一个管理模型，该模型定义了如何使用分组来组织用户。然后，可对某个组授予访问权限，而不是给单个用户授权。最小权限是与访问控制一起执行的核心原则。
- **物理访问**——如果某人拥有对系统无限的物理访问权限，那么攻击者入侵这个系统只是一个时间问题。物理访问控制通过限制物理访问来保护有价值的资产，其中包括钥匙锁、密码锁、感应卡和闭路电视系统。
- **人事政策**——人事政策诸如职责分离和强制休假都可以用来防止欺诈行为。这些政策不是针对个人的，而是针对岗位的。例如会计岗位，这些岗位可以接触到组织机构的资金。
- **安全意识和培训**——某些培训是针对特定群体的，如管理层或管理员，而其他培训则是面向所有人员提供的。组织机构可以使用培训和宣传的方式提高全体人员的安全意识。

还有许多其他控制措施可供选择，然而问题的关键是不应该只关注对某个单一系统的控制，一个健全的安全计划应是宏观和微观两种安全控制的有机结合。

10.9 费用效益分析的实施

费用效益分析是评估某项控制措施的重要步骤。人们应把控制成本和风险发生后的损失相比较，如果控制成本比风险损失更高，那就不符合费用有效的原则。

在进行费用效益分析时需要两部分数据：一是控制成本，二是控制预期收益。预期收益可以用下面的公式计算。

控制之前的损失-控制之后的损失=预期收益

然后对该控制措施采用下面的公式：

预期收益-控制成本=控制价值

如果计算结果为正，表明该控制是值得的；反之，控制成本超过了收益，表明不应采取此项措施。

例如，假设有一个储存大型数据库的数据库服务器，应当定期进行备份。然而以往进行的风险评估决策是对备份的副本不作异地存储，结果是将所有备份磁带都作为备份服务器放在了同一房间。

此时的风险在于，火灾可能烧毁服务器和所有备份磁带。如果通过备用位置存储备份磁带的副本，就可以消除该风险。

此时需要确定数据的价值。如果这是组织的主数据库，那么其价值可能高达数百万美元。在这个例子中，假设该价值是 100 万美元，那么在实施控制之前其全部损失就是 100 万美元。

一家外部公司可以每周来取一次磁带并将其存储在备用位置，该公司还可以根据需要对磁带进行更新和替换。现在假设这项服务的费用为每月 100 美元或每年 1200 美元。

如果订购了此项服务，最多只会失去 7 天的数据。如果一场大火恰好在最新数据备份之前烧毁了大楼，将会失去过去 7 天的数据。假设本周数据的价值是 1 万美元。现在可以把这些数字带入公式。

控制前的损失是 100 万美元，控制后的损失是 1 万美元。控制的成本是 1200 美元。

控制之前的损失-控制之后的损失=预期收益

1000000-10000=990000 美元

预期收益-控制成本=控制价值

990000-1200=988800 美元

计算结果显示了异地存储数据的价值，当你试图获准购买这项控制措施时，上述结果为你提供了有力的支持。如果你仅仅提出一个每年开支 1200 美元的要求且未附上任何理由，那么该请求可能会被否决。但是如果提出投资 1200 美元以防止潜在的 99 万美元损失，该要求应会得到批准。

10.10 组织机构中风险缓解计划的最佳做法

在为组织机构规划风险缓解策略时，可以采用一些好的做法。这些措施包括：

- **回顾历史记录**——其中包括以前的风险评估和业务影响分析报告，还包括有关政策和程序的文件，以及以往对安全事件的全部记录。尽管风险是变化的，但许多威胁和漏洞是相同的。
- **兼顾狭义和广义的着眼点**——可以针对特定系统及功能确定其风险，制定特定的风险缓解策略，这是狭义的观点。此外，还要以整个组织机构为着眼点，如开展培训和宣传活动，将有助于确保整个组织认识到安全问题的重要性。
- **确保熟知政府法律**——应当花时间去了解法律，如果不知道什么法律适用，就可能出现违规情况。如果某项法律适用于组织机构，应当确保实施步骤合法合规。
- **在控制更改后重新进行风险评估**——风险评估应当在规定的时间点上完成。如果控制更改了，那么以前的评估就可能不再有用。
- **进行费用效益分析**——费用效益分析可以提供采取控制的正当理由，并帮助组织确定其价值。通过费用效益分析可以清楚地发现，为控制措施进行投资何时该做、何时不该做。

本章小结

本章讨论了对整个组织机构进行风险缓解的所有因素。组织机构可以通过采取控制措施降低威胁的影响，或以减少漏洞的形式来缓解风险。可以通过这两个方面的要求来度量控制措施的有效性。所采取的措施应最为有效，以预防组织机构所有关键业务中的风险发生。

对信息技术行业而言，合法性与合规性问题在最近几年里变得非常重要。人们制定了越来越多的法律法规，违规的成本也越来越昂贵。花时间去熟悉相关法律法规十分重要。法律法规对组织机构的影响是不同的，在制定和实施控制措施时应当充分考虑到这一点。

第 11 章 风险评估向风险缓解计划的转化

在完成风险评估并获得批准后，接下来的工作便是创建风险缓解计划。在该计划中，将会实施那些已经获得批准的对策。如果在风险评估完成很长一段时间后再创建风险缓解计划，就需要对评估结果进行重新检查，以确保评估结果的有效性。因为随着时间推移，有些威胁或漏洞可能已经消失。

风险缓解计划的主要组成部分是对成本进行鉴定。在理想情况下，进行风险评估时就已确定了成本，但有些隐性成本往往会被忽视。如果在实施该计划的过程中发现额外费用，就需要重新进行费用效益分析。跟进风险缓解计划同样非常重要，要确保所有被批准的对策得以实施，还要确保对策能够像预期的那样降低风险。

11.1 对信息技术基础设施风险评估的审查

在完成风险评估并获得批准以后，就可以对信息技术基础设施进行审查。风险评估包括以下步骤：
- 识别和评估相关威胁；
- 识别和评估相关脆弱性；
- 对策的识别与评估；
- 制定缓解建议。

接下来，管理层会对风险评估的结果进行审查。管理层可以批准、拒绝或修改这些缓解建议。然后，需要将这些管理决策记录下来，并将其归入行动计划和里程碑文件中。

下一步是将风险评估转化为实际的风险缓解计划。在此之前，通常需要对风险评估进行审查。在审查时，应特别注意以下主要项目：

- **现场对策**——风险评估可能提出了一些已有的对策，有些对策可能需要升级或重新配置，而其他对策可能需要进行彻底更换。如果需要更换某个对策，应该在新的对策安装之后才能移除原有对策。
- **计划对策**——已获得批准并有实施日期的计划性对策，而且这些对策在风险评估中有相应的记录。为了确定它们的状态，需要对这些对策进行审查。因为在风险评估发布以后，有些对策可能已经实施。也有可能是某个计划对策的实施日期会影响到某个获准对策的时限。这时就应该在行动计划和里程碑文件中记录这些对策。
- **获准对策**——获准对策是由管理层批准的控制措施，需要将它们添加到实施途径之中。有些对策实施起来比较容易，有些可能比较复杂，需要额外的步骤。有些对策的实施可能需要支付一定的费用并获得相应的授权。需要跟进所有的对策，查看其是否完成。

11.1.1 重叠对策

在审查计划时，还要看这些对策中是否存在重叠。一个对策可以减少或解决一个以上的风险。此外，有些风险可能需要由一个以上的对策来缓解。

重叠可能是有意为之，也可能是意外产生的。换句话说，多个对策可以作为对单一风险的纵深防御策略来实现风险缓解。这可以确保即使某个对策失效，风险也可以得到缓解。当有两个或更多的对策来缓解同样的风险时，就会出现重叠，但这并非有意为之。只要对策不是以同样的方式缓解相同的风险，就没有任何问题。但是，人们应该知道存在哪些重叠对策。

如果一个对策与另一个重叠，就要检查它们之间是否存在冲突。尽管许多安全对策可以同时工作，但是有些对策可能会对其他对策产生影响。

例如，用来保护服务器的漏洞扫描器和入侵检测系统。人们可以配置漏洞扫描器使它每天都对这台服务器进行扫描。但是，入侵检测系统可能会检测到这一扫描行为，并发出警报。入侵检测系统会把这种扫描行为当作一个潜在的攻击并发出通知。此通知可能是给管理员发送一封邮件。

在这个例子中，入侵检测系统警报是假警报，或者说是虚警。这就需要管理员进行调查并复核这一警报。由于是内部漏洞扫描器导致的警报，这显然不是一个实际的攻击，但仍需时间查证。

不应回避其他对策，可采取某些方式避免不同对策之间冲突的发生。

人们可以对入侵检测系统进行编程，这样它就无法从该漏洞扫描程序中检测到扫描行为。入侵检测系统可能只会检测到某个特定的扫描，此时可以通过编程使扫描器跳过这个扫描。如果不能避免这些冲突，那么企业至少应该对员工进行培训。让他们知道是什么引起了这些警报和引发紧张的事件，并对其他警报进行查证。

被忽略了整整一周的攻击

一个大型网络运营中心会用几个对策来检测攻击。这些对策会在一个大的显示器上向网络运行中心的工作人员发出通知，所有人都可以看到这些通知。

某个周末，入侵检测系统发出了一个潜在攻击的警报。其中一个管理员经过调查，发现这是一个虚警。接下来的一个小时内，又发出了至少三次警报。其他管理员也进行了调查，但每次都是假警报。

虽然这些假警报持续产生，但在接下来几个小时中的某一时刻产生了一个真实的攻击，这同样会引起警报。然而，管理员却认为这是虚假警报，并减少对所有类似警报的关注。这时候，入侵检测系统就上演了一出"狼来了"的故事。当真正的狼在门口时，却没有人相信它。因而没有任何一个警报被确认为有效的警报。

当管理员星期一上午值班时，他们完成了对活动的审查，并检测到真实的攻击。幸运的是，这次攻击没有使任何系统崩溃，但攻击者还是搜集了一些侦获的数据。

如果可能的话，应尽量减少虚警。工作人员可能会对这些警报习以为常，并在没有调查的情况下忽视这些警报。减少虚警的相关活动有时被称为"入侵检测系统校准"。如果不进行调整，员工甚至可能会在调查之前忽视一次真实存在的攻击。

> 只要一种对策与其他对策不产生冲突，那么对策重叠就不会有什么问题。事实上，一个深度防御策略通常鼓励采用更多的对策来应对风险。如果一种对策失效或被绕过，其他的对策还可以提供保护。

11.1.2 漏洞与脆弱性的匹配

为了确定对策重叠是否是为了对策与"威胁/脆弱性"相匹配，人们可以使用下面的方法进行检查。风险通常可用下列公式表示：

风险=威胁×脆弱性

脆弱性涉及某项漏洞，但它本身并不代表风险。与此相似，威胁本身也不代表风险。只有在威胁对脆弱性进行攻击时才会产生风险。对策就是要减少或消除威胁及脆弱性所带来的影响。

以离职员工的用户账户为例。最有效的方法是，当员工离开时，账户应当被禁用，但是不会被删除。如果有必要，管理员可以在以后使用不同的密码启用该账户，这可以允许主管访问前员工的数据。在主管审查和拷贝重要的数据后，管理员可以删除前员工的账户。

试想一下，如果某家企业对旧账户不采取任何措施，只要账户启用后，任何人都可以访问它。

如果企业的前员工可以对网络进行物理访问，那么他们就可以登录账户，有些网络甚至允许他们远程登录。如果前员工拥有与离职前同样的权限，那么他们就可以访问所有同样的数据，就像他们没有从企业离职一样。他们可以读取、修改或删除数据。

另外，也许前员工的朋友仍然在企业工作，那么前员工就可以把凭证送给这位朋友，后者就可以使用前员工的凭证进行登录。

这时候"不可否认性"就没有任何意义了。即使有活动记录，它看起来也像是前员工正在进行操作。假如 Bob 是一名前员工，但 Sally 知道了他的用户名和密码。那么 Sally 就能以 Bob 的身份登录。审计日志可以记录 Sally 做了什么，但记录的却是 Bob 的用户名。在这种情况下，安全人员确定 Bob 如何获得了访问网络的权限，就可能是在白费力气。

在这种情况下，非活动账户仍可启用就是一项漏洞。由于没有对用户账户进行管理，使它们在不需要的情况下也能使用。而威胁则是前员工可以登录并访问该账户，或其他人可以使用该账户。

11.1.3 确定对策

人们可以通过添加对策来降低风险。从没有被禁用的非活动账户来考虑风险，人们可以选择下列对策来缓解这些风险：

- **创建账户管理策略**——账户管理策略是用来阐明账户应该做什么的一项书面策略。该策略可能涵盖的不仅仅是前雇员的账户。例如，它可以用于处理创建账户的格式问题（如"姓氏+名字"），也可能包括账户锁定策略的要求及密码策略的细节等。
- **创建脚本来检查账户的使用情况**——可以要求管理员编写脚本以确定非活动账户。企业可以将过去 30 天从未使用的账户定义为无效账户。该脚本会对账户进行扫描，并自动禁用非活动账户。管理员可以安排脚本每周运行一次，记录下结果并将结果通过电子邮件发送给相关人员。
- **控制员工物理访问的范围**——控制只允许员工进入的范围。可以使用简单的标志来阻止非雇员的进入，还可以使用物理锁、密码锁、徽章或感应卡等方式。

与此类似，风险评估可以确定用户有没有使用强密码或定期更改密码。密码较弱也是漏洞，密码破解工具可以轻松地破解弱密码。威胁则是攻击者可能会利用现有的众多工具来破解弱密码，然后攻击者使用破解的密码登录系统或网络。

这种风险的解决办法是实施**密码策略**。密码策略往往是整个账户管理策略的一部分。可以使用技术手段来增强密码策略。例如，微软允许使用组策略来增强密码。

密码策略将指定以下内容：

- **密码长度**——一般建议普通用户的密码长度至少 8 个字符，管理员密码长度至少 15 个字符。如果没有使用过 15 个字符的密码，也许会认为这样做比较离谱，但他们的确正在使用。不过比较常用的是口令而非密码。例如，密码可能是 IL0veR1$KM@n@ gement。这是一个复杂的 19 位字符密码，但它并不难记住。
- **复杂性**——复杂性是指字符的混合程度。复杂的密码通常是四种字符类型中三种以上的混合使用。字符类型包括大写字母、小写字母、数字和特殊字符。有些要求还规定四种字符类型必须全部使用。一个复杂的密码相对于简单密码来说，前者更难破解。
- **最大时限**——最大时限确定使用多久必须更改密码。例如，最大时限为 45 天，意味着 45 天之内必须更改密码。一旦超过了最大时限，在更改密码之前，用户将无法登录系统。
- **密码历史**——有些用户会尝试使用一个或两个密码。他们会先使用密码 1，直到他们不得不更改密码时切换到密码 2。当不得不再次更改密码时就会又切换到密码 1。他们不断地在密码 1 和密码 2 之间来回切换。然而，当使用密码历史时，就可以防止用户使用他们之前所使用过的密码。如果使用密码历史，通常会记住过去使用过的 24 个密码。这样就可以防止用户在使用 24 个其他的密码之前，重复使用之前的密码。
- **最小时限**——这样可以防止用户在短时间内多次更改密码。通常把一天作为密码最短使用时限。这与密码历史一同使用，可以防止用户在更改密码后马上又换回原来的密码。将密码历史设置为 24 次，最小时限设置为一天，那么用户即使每天更改密码，也要在 25 天以后才能换回原来的密码。这就可以方便地使用户难以规避预期策略，从而使用户遵守该策略。

在这一点上，人们可以将对策与"威胁/脆弱性配对"相匹配。表 11-1 显示的是匹配了相应对策的"威胁/脆弱性配对"。

表 11-1 "威胁/脆弱性配对"与对策的匹配

威 胁	脆 弱 性	对 策
前员工	非活动账户没有被禁用	账户管理策略脚本关闭该账户 限制只有现在的员工才能进入
弱密码	攻击者使用密码破解工具	账户管理策略、组策略、密码策略

在表 11-1 中，可以看到账户管理策略处理的两种"威胁/脆弱性配

对"。了解这一点很有意义。如果人们意识到可以用单个对策来解决多重风险,那么也许就会提高该对策的优先级。

> **作为技术对策的脚本**
>
> 技术对策的成本可能并不大。如果企业的系统管理员有专业知识,那么这些可以通过不产生费用的脚本来实现。
>
> 良好的管理员与杰出的管理员之间的区别往往是编写管理脚本的能力。良好的管理员可以完成任务,但这通常会花费他们很长的时间,重复性的任务尤其如此。而杰出的管理员则可以更快速地完成任务,而且几乎不必费力。
>
> 脚本最大的一个好处是,人们可以实现自动化。例如,如果企业希望禁用非活动账户,就可以编写一个脚本来识别并禁用在过去 30 天中没有被使用过的账户。然后设定这个脚本在每周六的晚上运行。所有账户每周都将被自动检查,并将非活动账户禁用,而这个过程不会产生任何额外的管理工作。
>
> 与不能编写脚本的管理员相比,虽然仍可完成相同的任务,但每周都要花费额外的时间。
>
> 随着管理员越来越熟练地编写脚本,他们可以添加其他的技巧。例如,一个脚本可以将结果记录下来或者发送电子邮件。在脚本查找并禁用非活动账户后,它可以通过 e-mail 发送一个禁用账户列表。
>
> 脚本能够满足大部分管理的需要。脚本管理员的流行语是:"只要你能想得到,都可以通过编写脚本实现它。"

11.2　风险评估转化为风险缓解计划的实施过程

接下来是要将风险评估转化为风险缓解计划,缓解计划包括实施对策的细节。

制定缓解计划时,有三个重要的因素需要考虑,它们是:
- 实施对策的成本;

- 实施对策的时间；
- 对策的业务影响。

11.2.1 实施对策的成本

大量对策的实施需要一定的成本，准确确定这些对策的成本非常重要。从表面上看，对策的成本可以通过简单的计算得到。不过，往往还存在一些隐性成本。

成本可包括以下项目：
- 初始采购成本；
- 设备成本；
- 安装成本；
- 培训费用。

这一阶段的一个普遍问题是资金不足。理想情况下，风险评估可以准确确定对策成本。但是，如果有新的成本出现，就会产生一些问题。新的成本可能超出原来的预算金额，造成对策成本从已有的预算项目转移到另一个没有资金支持的需求上。

没有资金支持的需求或许只能等到下一年度才能实施。

1. 初始采购成本

初始采购成本是相应产品的价格。在软件方面，成本是软件的零售价，它很少会以折扣价出售给企业。例如，某个企业可以购买一个软件漏洞扫描器。而对于路由器或服务器等硬件，初始采购成本就是硬件的价格。

有些对策可以在内部开发。例如，本章中提到的用作对策的脚本。如果企业有具备此项能力的管理员，他就可以轻松地编写一个脚本。这不会花费太多的时间，也不会妨碍其他任务的完成。

不过，如果对管理员来说，编写脚本是一项他所不具备的新技能，那么企业需要计算人工成本。因为这将需要花费很长的一段时间让管理员学习编写脚本，此后才能使后续的脚本编写易于完成。

最初的采购价格通常是在风险评估时就已明确确定的。如果是采购产品，价格可与供应商核实。

2. 设备成本

设备需求包括空间、电力和空调，这些需求有时会被忽视。如果需要这些设备却没有考虑进去，那就可能给日程安排带来明显的问题，甚至会影响到费用效益分析的准确度。

很多人有这样一个错觉，认为服务器机房拥有无限的空间，这其实是很难做到的。服务器通常安装在设备托架上。设备托架的宽度和高度差不多和家里的冰箱一样，大约 6 英尺高。图 11-1 显示了设备是如何安装在设备架上的，要注意的是设备架上安装的不仅仅是服务器。

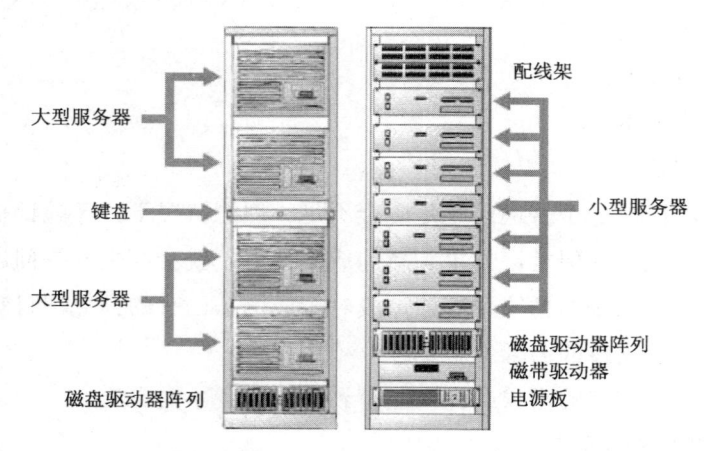

图11-1 托管服务器和其他组件的设备架

左边的设备架上有 4 个大型服务器，它们可能是拥有 2TB 内存和 32 个处理器的大型系统。右边的设备架上有七个小型服务器，它们可能是拥有 36GB 内存和 4 个处理器的小型系统。服务器上的应用程序决定其大小。例如，承载一个大型数据库的数据库服务器比承载用户文件的文件服务器需要更多的资源。

设备架通常还要承载其他组件。例如，图 11-1 所显示的配线架、磁盘驱动器阵列、磁带驱动器及其他组件。

现在想象一下，这只是企业的服务器机房中的 2 个设备架。缓解计划要求额外增加两个服务器，要把它们放在哪里呢？现有的设备架不适合，那么企业就要从这些设备架上取下设备或者再添加设备架。如果这一需求在之前没有确定，那就会增加额外的对策成本。

除了空间，还应该考虑空调和电力需求。空调机组可以提供一定水平的冷却功率。以一个家庭为例，为了保持温度适宜，1000 平方英尺的房间所需的空调机组比 3000 平方英尺房间所需机组小得多。同样地，保持两个设备架冷却的空调机组未必能够保持三个设备架的设备冷却。

电力是另一个需要考虑的因素，通常应考虑电力容量和电源。

首先，需要确保房间可以支持引入额外的电源。以一个家庭为例，如果通过一个线路将 15 个不同的厨房电器接入电源板，就可能产生问题，断路器可能会弹出。更糟的是，还可能引起火灾。单一的线路有其负载限制。同样，服务器机房也存在相应限制。

如果提供给服务器机房的电源已经达到极限，除非增加额外的电源，否则难以支持更多的服务器和设备架。给服务器机房铺设附加的电源线会增加额外的对策成本。

其次，可能需要确保电力由不同的电源提供。故障转移集群会添加额外的服务器，以备不时之需。如果故障转移集群中的任何一台服务器发生故障，为了确保服务能够继续运行，另一台服务器将搭载其负荷。但如果电源出现了故障呢？电源故障可能成为单一故障点。

在故障转移集群中，不同的服务器有时会被放置在不同的电网内。如图 11-2 所示，左边的设备架连接到电网 A，右边的设备架连接到电网 B。这样可以将故障转移集群中的一些服务器安置在连接电网 A 的设备架上，另外的一些服务器安置在连接电网 B 的设备架上。

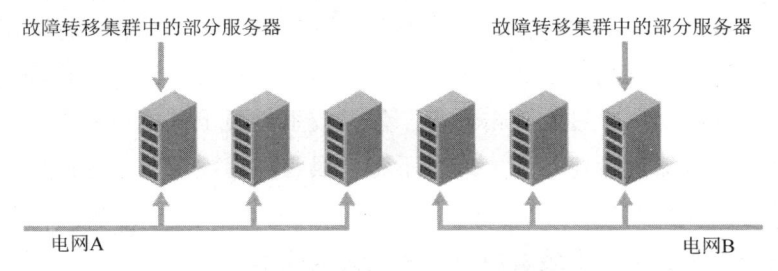

图11-2　连接到不同电网的故障转移集群服务器

如果电网 A 遇到故障，连接到电网 B 上的服务器仍然可以运行。当然，这种配置需要服务器机房有不同的电网供电。如果做不到，可以考虑其他的替代方法，如可以把来自其他电网的电源设法接入机房。为了确保每个服务器由不同的电网供电，一些企业会把故障转移集群服务器安置在不同的地点。

提供替代电源的另一种方法是使用不间断电源（UPS）。不间断电源可以是一个在家用电脑上使用的简单便携式装置，也可以是一个放满电池组的房间。

如果电源出现故障，不间断电源可以在短时间内提供电力。对于一些不太重要的系统，不间断电源允许系统在逻辑上关闭。对于重要的系统，不间断电源可以在发电机开机并稳定下来之前维持系统的运行。在发电机稳定后，电力从不间断电源切换到发电机，由发电机提供长久的电力。

大多数对策不需要额外的设备成本。但是，如果需要设备成本，对策的整体成本将会显著增加。这些额外的成本可能会非常高，以至于费用效益分析会得出增加对策不会再有任何经济效益的结论。

3. 安装成本

内部管理员将会安装绝大多数的对策。但一些复杂的对策可能需要外界的帮助。有时，让供应商安装和配置对策而花费额外费用是值得的，这样可以确保这些对策能够正确地安装。这个决定往往取决于工作人员的专业知识水平。

对于一个规模较小且有图书馆的学校而言，以前它并没有收到任何来自美国联邦通信委员会 E-rate 计划资助的折扣（这些折扣会补贴网络费用）。但图书馆如果想申请折扣，就必须遵守《儿童互联网保护法案》。为了确保儿童免受攻击性内容的侵害，该法案要求图书馆对网上内容进行过滤。

图书馆可能会决定购买一个代理服务器来遵守这一法案。代理服务器可以使用订阅功能来过滤攻击内容。但学校里的员工可能没有安装和轻松配置代理服务器的专业知识。为了不犯错误且不违反《儿童互联网保护法案》，学校可能会决定将其外包。

在这个例子中，安装费用将会增加对策成本。

4. 培训费用

另一个会被忽略的成本是培训费用。即便某项新对策可能是自个人电脑发明以来最伟大的事情，但如果没有人知道如何操作它，它就会被尘封在角落里。技术培训的费用可能非常高，单个管理员参加为期一周的培训课程的成本可能会高达 3500 美元。

许多企业也可能会在你的企业里组织培训。将教练请来并培训 15 个或更多的人，其成本可能会高达 20000 美元。

如上面情况所述，技术培训费会迅速增加。与其他成本一样，它们会显著地增加对策的总成本。如果之前没有确定培训需求，那么企业就要确保在对策开始实施之前确定这一需求。除了会影响最后的成本外，它们也可能会影响到日程安排。在能够对员工进行培训之前，企业可能需要推迟对策的实施。

11.2.2 实施对策的时间

实施对策的时间可能有很大的不同。有些对策的实施可能在几天或几周内完成，其他的对策可能需要几个月的时间。在确定时间表时，考虑整个过程将十分重要。

例如，对于书面账户管理策略的创建而言，从表面上看这似乎是一个简单而快速的过程。如果你是安全专家，大概可以在一天之内起草这个账户管理策略。然而，这并不是你自己的账户管理策略。所有的策略都需要高级管理人员审批及采购，草案需要交由高级管理人员进行审查。

管理层很有可能希望做出一些改变，这些改变可能是风格上的，也可能是与内容相关的。但是为了获得管理层的采购支持，必须符合他们的政策。他们所做的改变越多，就越有可能采用。如果一项政策从未被修订过，那就要当心了，它可能是管理层不打算购买的。

管理层所拥有的策略将会得到管理层的支持。如果管理层不支持这一策略，那么该策略也就无法实施。

虽然管理层对策略的评审可能只需要 20 分钟，但这并不意味着在完成第一个草案后的 20 分钟内就会进行评审。除非近期有一个高级别的安全事故，否则书面安全策略就不可能放在最优先的位置，将需要一段时间才能引起管理者的关注。

考虑到这一切，人们估计会在 30 天内完成该策略，这可能需要耗费几周时间才能通过相关流程。人们会做出改变，然后重新提交，最终获得批准和签字。在政策最终批准之前可能需要一个星期左右的时间。

但有些时间表可能会比较复杂。例如，图 11-3 所示当前 Web 服务器的配置，Web 服务器安置在非防护区，并访问托管在不同服务器上的后端数据库。它支持网上业务，该业务在过去的两年中一直呈现爆发式增长。目前，它每年产生数百万美元的收入。

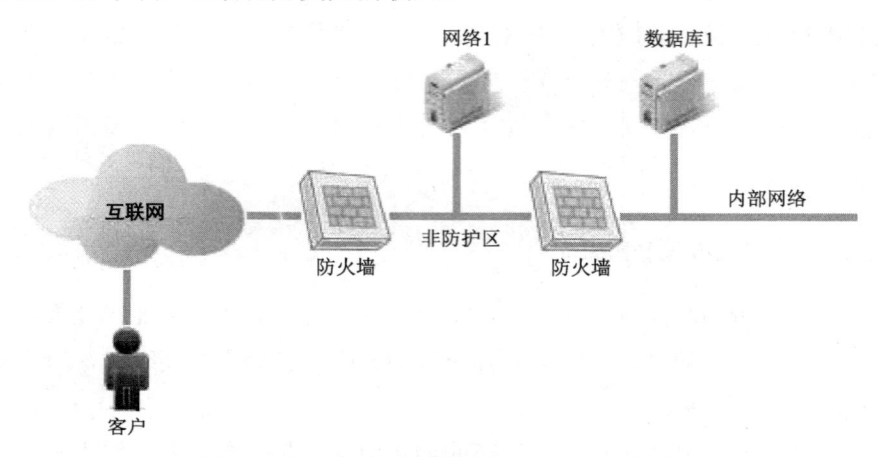

图11-3 连接后端数据库服务器的网络服务器

最近一次停电导致销售额损失数万美元。结合间接成本，管理层估计公司损失了 10 万美元。管理者要防止未来类似的停电。然而，即使在工程师确定解决方案以后，还需要超过 30 天的时间才能实施。

假如管理层已经批准了该解决方案，企业要购买额外的服务器来创建如图 11-4 所示的配置。该计划将 Web 服务器扩展成 Web 农场，后台数据库服务器将获得故障转移集群的保护。

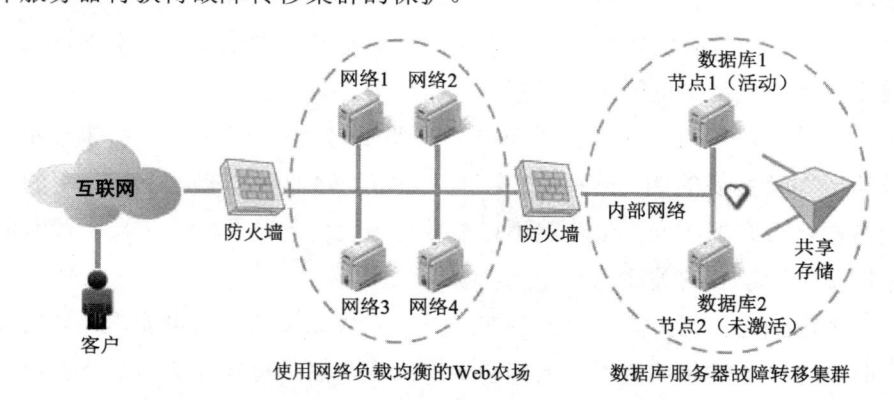

图11-4 图中单个网络服务器被网络农场替代

Web 农场包括多台使用网络负载均衡的服务器。第一个客户端连接到网络 1，下一个客户端连接到网络 2，依此类推。在任何给定的时间内，每个服务器的负荷大致相同。Web 农场允许组织机构很容易地通过增加额外服务器进行扩展。例如，如果需求出现激增，管理员就可以在 Web 农场中添加服务器。此外，如果 Web 农场中的一台服务器出现故障，网络负载均衡可以确保客户端不被连接到发生故障的服务器上。

故障转移集群提供对数据库服务器的容错能力。节点 1 是活动的，节点 2 是不活动的。节点 2 通过监控数据来监控节点 1 的运行状况。如果节点 1 出现故障，那么节点 2 就会接管。

显然，图 11-3 和图 11-4 之间存在差异。新的配置增加了 4 台服务器和两种不同的技术，这将比实施一个书面说明政策需要更多的计划。

这里有几件事需要考虑：服务器机房可能没有放置设备架的空间；增加的服务器可能超过了机房的电源容量；可能需要提高空调调节能力等。具体实施包括以下步骤：

- **添加额外的设备架**——设备架的大小应该与其他设备架的大小相同，并且安装方法相同，这将确保它能够充分利用现有的空调设备。这是在假定机房支持其他设备架的基础上进行的。如果不支持的话，可能会有更大的麻烦。
- **提高空调的调节能力**——人们可能需要额外添加空调设备或者升级现有设备。
- **从不同的电源增加电力供应**——如果设备支持的话，可以选择单独的电源来补充电力。例如，人们可以重新铺设电线，使 2 个 Web 服务器和其中 1 个故障转移集群节点连接在不同的电网上。这有助于防止断电导致网站无法运行。
- **平衡不同电网上的服务器**——如果需要添加额外的电源，那么可能需要平衡服务器机房中的所有服务器。
- **购买服务器和硬件**——该计划至少需要 4 个新服务器。故障转移集群中的 2 个数据库服务器需要有相匹配的硬件，因此需要 2 个新服务器，它们将用在故障转移集群中。在验证了故障转移集群可以运行以后，可利用 2 个旧有的数据库服务器作为 Web 农场服务器。再购买 2

个新服务器就能达到如图 11-4 所示 Web 农场的 4 个服务器了。因此，总共需要购买至少 4 个新服务器。但如果现有服务器的功能不能达到要求，那就要购买 6 个新服务器来替换旧服务器。

- **为管理员提供培训**——配置和管理故障转移集群可能比较复杂。如果管理员之前没有做过故障转移集群的工作，那么就需要对他们进行培训。网络负载均衡虽比较容易操作，但管理员也需要进行培训。
- **安装并配置服务器**——如何去做可能取决于管理员的经验。例如，可以将故障转移集群的安装和配置外包出去。出售故障转移集群解决方案的公司经常会提供安装支持。
- **测试**——在使用之前，要确保 Web 农场和故障转移集群能按预期工作。有些技术问题必须解决，测试显示故障已经解决以后，就可以使用 Web 农场和故障转移集群。
- **实施**——原始配置切换至新的配置。可以分阶段实施。例如，可首先实现故障转移集群，在其稳定以后实施 Web 农场。

11.2.3 对策的业务影响

经常会有一个安全性方面的取舍权衡。系统越安全，往往越不方便使用。反之，越容易使用，安全性就越差。总之，任何对策都能够对正常操作产生影响。

人们应该尽可能早地确定操作影响，这样就可以采取措施，尽量减小这种影响。

例如，可以考虑增强防火墙的安全性，其目标是使允许通过防火墙的流量最小化。因此可以采用隐式否定理念。

隐式否定理念通过从阻断所有流量开始，然后添加一些规则来确定允许通过的流量。防火墙允许通过匹配明确规则的流量，并阻止其他所有的流量。即使防火墙没有规则来明确拒绝某些流量，也会暗中拒绝它们。

所面临的挑战是要确定允许哪些流量通过。在有人抱怨之前，可以阻止所有的流量通过。但这种方法一定会影响操作。

最好的方法是广泛记录现有的防火墙日志，然后通过分析该日志来确定目前哪些流量是防火墙所允许通过的。可以将大多数日志导入到其他工具以便更好地进行分析。例如，可以将文本日志导入数据库来查看数据。这样就可以在数据库中分析数据，比在文本文件中分析要容易得多。

不能因为流量正在通过网络就认为它应该通过，意识到这一点很重要。例如，书面安全策略可能规定网络新闻传输协议（NNTP）的流量被限制。NNTP 使用端口 119，而对流量日志的审查可能显示有大量的流量使用端口 119。应该对其进行检查，查看安全策略是否过时。也可能是有人擅自改变了防火墙，导致流量允许通过。

应该对陌生的流量进行调查，但不应该在没有任何考虑的情况下阻止陌生的流量。例如，可能有大量的流量使用端口 5678。虽然人们对此并不熟悉，但它可能是合法的。企业可能有一个业务渠道（LOB）应用程序，用来从供应商订购零部件和用品。如果阻止此端口，也就阻止了这个应用程序。员工将不能再使用该应用程序来订购零部件和用品。显然，这会对操作产生不利影响。

11.3 应需缓解的风险要素排序

对风险要素进行排序是找出最重要措施的一种方法。当威胁利用漏洞时就会产生风险，可以通过估计产生的可能性及影响来确定风险的重要性。风险的可能性则反映了威胁利用漏洞的可能性大小。很有可能发生并产生重要影响的风险最为重要，发生可能性小且影响最小的风险最不重要。

11.3.1 使用威胁/可能性影响矩阵

威胁可能会对机密性、完整性和可用性产生负面影响。可以通过识别威胁影响的可能性来评估威胁的严重性。通过确定以何种程度影响机密性、完整性和可用性来评估其产生的影响。

表 11-2 是威胁可能性影响矩阵的一个例子，可以用它来确定各种威胁的优先级。当威胁出现的可能性介于 0 到 10%时，赋值为 10%。当威胁出现的可能性介于 11%到 50%时，赋值为 50%。当威胁出现的可能性介于 51%到 100%时，赋值为 100%。同样，可以根据不同的影响，为组织机构分配 10、50 或 100 的影响值。

表 11-2 威胁可能性影响矩阵

	影响小（10）	影响中等（50）	影响大（100）
高可能性威胁 100%（1.0）	10×1=10	50×1=50	100×1=100
中等可能性威胁 50%（0.50）	10×0.5=5	50×0.5=25	100×0.5=50
低可能性威胁 10%（0.10）	10×0.1=1	50×0.1=5	100×0.1=10

11.3.2 对策的优先级排序

可以使用威胁可能性影响矩阵对风险和应对措施进行排序。分数越高，风险带来的损失也就越大，并且应在得分较低的风险之前得到解决。

基于当前的对策来评估风险。例如，如果组织机构不使用任何杀毒软件，系统将很有可能被感染。如果有多个系统受到感染，那么其影响将会很大。可能性和影响都高达100%的风险得分为100。

不过，可以在所有系统中都安装防病毒软件。假设过去的一年中，在单个用户禁用防病毒软件后，只有一个恶意软件引起了问题。该恶意软件试图传播，但很快被其他系统中的防病毒软件检测到。在这个例子中，可能性和影响都比较小，其得分为1。

表 11-3 展示了如何利用威胁可能性影响矩阵对威胁进行优先性排序。基于当前的对策，给每个威胁分配一对可能性和影响的数值。

表 11-3 使用威胁评分来区别其优先级

威 胁	可能性	影响	得分
攻击非防护区服务器 非防护区中的服务器一般每半年更新一次	高 赋值 100%	中等 赋值 50	50
关键数据库服务器中的数据丢失 数据库服务器一般每天进行备份，但近期的恢复尝试从未成功	中等 赋值 50%	高 赋值 100	50
由于火灾导致数据丢失 经常进行数据备份，但储存在机房内	低 赋值 10%	高 赋值 100	10
恶意软件感染 一般所有系统都安装防病毒软件	低 赋值 10%	低 赋值 10	1

根据这些数据，就可以确定当前最大的两个威胁得分为 50：
- 对非防护区服务器的攻击；
- 关键数据库服务器上的数据丢失。

可以首先为这些威胁选择相应的推荐对策。

之所以对非防护区服务器进行攻击，是因为这些服务器每半年才更新一次。请记住，这些更新的目的是修复软件发布以后发现的错误和漏洞。如果这些漏洞没有被修复，那么服务器是脆弱的。很多攻击者会寻找那些由于没有安装最新修补程序从而使风险可能性增大的服务器。

在这种情况下，解决方案比较简单。可以实施一项对策以确保这些服务器能够及时更新，有很多方法可以做到这一点。如果风险评估提出的具体对策被批准，就应该使用该对策。

与此相似，表 11-3 列出了程序备份的相关漏洞。首先，备份是不可靠的。可能是因为没有备份计划或没有备份程序，也可能是因为从未做过测试恢复而需对备份进行检测。修补该漏洞的一个常见对策是要制定一个备份计划，或者开发备份程序。该计划会要求每周进行测试恢复。

测试恢复是备份计划的一部分

管理中有个常见的说法是，人们不能管理无法衡量的东西，这句话同样适用于备份的有效性。不过，通过定期执行测试恢复并跟踪其成功率来度量备份的有效性，就相对比较容易了。

测试恢复经常被作为备份计划的一部分。测试恢复只是检索备份磁带，并试图从中恢复数据。如果可以恢复数据，则测试是成功的。如果不能恢复数据，则测试失败。应对不成功的测试进行调查。

导致测试失败的原因有很多：
- **磁带可能是旧的或损坏的**——这时应该重新评估磁带的时间长度，保持磁带更新或考虑购买高质量的磁带。
- **磁带驱动器可能有故障**——需要尽快修复该问题。如果驱动器出现故障，那么所有备份将都不可信。
- **备份程序可能有故障**——应该对该程序进行审查和修正。如果程

> 序不正确，所有的备份也都可能有问题。
>
> 不管是什么问题，值得庆幸的是，测试恢复在危机发生前发现了问题。如果确实导致数据丢失并且不能被恢复，这个问题会更为严重。
>
> 对备份进行测试的企业，其成功率通常超过95%。不评估备份有效性的企业，其成功率则可能是0～100%之间的任意数值。在数据丢失之前，他们都不知道数据是否可以恢复。

威胁评分不一定完全适用。为了确保满足企业需求，有时候确实需要人为干预。例如，"由于火灾导致的数据损失"，其威胁评分为10分，但不能仅仅因为这个分数比50分低，就意味着不应更早地处理该风险。

即使评分低，但影响足够大，管理层也应决定尽快解决这一问题。缓解这种威胁的对策很简单，可以复制备份磁带并异地存储。

11.4 风险要素及其缓解方法的确认

在将风险评估转化为风险缓解计划时，可能需要对风险要素进行确认。正如前面提到的，风险评估是一个时间点的评估。但事情总是在变化之中。

如果风险评估已经完成了很长一段时间，那么验证风险要素就很重要。换言之，人们需要确定想要减轻的威胁和漏洞是否仍然存在。此外，还需要验证应对措施是否仍可缓解当前风险。

人们用来验证风险要素的步骤可以与风险评估中使用的步骤相同。例如，风险评估使用漏洞扫描器发现一个 SQL 注入漏洞。渗透测试则用来验证该漏洞是否可能被利用。

假如在风险评估完成三个月以后，该评估才被批准，这时应执行相同的漏洞扫描，看漏洞是否依然存在。如果存在，还可重新运行渗透测试。如果该漏洞仍能被利用，那么风险依然存在。

但在这个例子中，可能已经处理了该漏洞。应用程序和数据库开发人员会立即采取措施解决这个问题。许多简单的编程技术可以降低这种风险，应用程序开发人员忽略它们的常见原因是开发人员没有意识到这种风险。

在这个例子中，重新评估该风险和解决方案是值得的。可以通过采访应用程序开发者，确定采取何种措施处理这些漏洞。然后再评估这些解决方案，确定其有效性。

甚至可以将推荐该解决方案作为一种对策。为了确保所有容易受到 SQL 注入攻击的代码都能利用此对策，可制定一项政策，也可以确保所有应用程序在 SQL 注入漏洞释放之前都得到测试。

初始的解决方案可能是购买该产品。但如果风险不复存在，那就不应该把钱花在这项对策上。

11.5 已辨识风险要素的费用效益分析

进行费用效益分析有助于确定是否应该采用某项对策。如果这项对策的收益超过成本，那么该对策就可以带来收益；如果对策的收益低于对策成本，那么该对策就没有益处。

如果存在两个可以减轻同样风险的对策，企业应完成两次费用效益分析。每次费用效益分析都会记录每项对策的收益。然后，就可以轻松地选择能够提供最佳效益的对策。

11.5.1 费用效益分析的计算

在执行费用效益分析时，首先要识别对策实施前或者没有对策时的期望损失，然后确定对策实施后的期望损失。这样就可以计算预期收益，其计算公式为：

对策实施前的损失-对策实施后的损失=预期收益

接下来就要找出对策的成本。然后，从预期收益中减去对策成本，以确定对策的价值：

预期收益-对策成本=对策价值

如果结果值为正数，则该对策提供了成本收益。如果对策的成本超过了收益，那它就没有价值。如果两个值比较接近，可以计算出投资回报率。投资回报率计算该对策在全寿命周期内的价值。

这个过程中最重要的部分是确定成本和收益，目标是确定有形和无形的价值。如果没有准确识别成本和收益，费用效益分析也就失去了它的价值，甚至可能需要重来。

要精确地完成费用效益分析可能需要大量时间。正因为如此，不会对每一项可能的对策建议都进行费用效益分析。例如，如果一个熟练的管理员可以编写一个脚本来缓解风险，那么该对策的成本几乎为零。因为管理员能够编写脚本，也就没有必要执行费用效益分析。另一方面，故障转移集群的费用可能非常高，它增加了服务器，并且可能添加额外的设备成本。

11.5.2 费用效益分析报告

费用效益分析报告不会做成一个单独的表格。但创建一致的费用效益分析报告表格将很有价值，特别是在同一个项目中。

例如，可能需要对两个缓解同样风险的不同对策分别创建费用效益分析。管理层不想全部购买这两种对策。相反，管理层希望确定哪个对策能提供更大的收益。如果两个费用效益分析都使用相同的方法并以相同的格式完成，那么这两者之间就很容易进行比较，便于选出最有价值的一个。

任何一项对策的费用效益分析报告通常都包括以下内容：

- **建议对策**——尽可能详细地确定对策。例如，假设风险评估推荐了一个故障转移集群。该集群的详细信息可能包括两个相匹配的服务器和其他故障转移集群硬件的成本，可能还包括管理员的培训费用，或者外包故障转移集群安装的成本。
- **需要缓解的风险**——提供导致风险的"威胁/脆弱性配对"的详细信息。如果使用威胁矩阵对风险进行排序，则应包括威胁的可能性和影响。如果对策可消除漏洞，还应包括相应做法的概述。如果该对策能够减少一项漏洞，还应包括对其成功性的估计。例如，实施某项对策后，事故发生率预期从每年 10 次下降到每年 1 次，这就需要明确指出。
- **年预期收益**——计算直接和间接的收益作为年度的货币价值。通过计算有控制和没有控制产生的损失来确定收益。例如，假设有一项服务每年会有 25% 的机会出现故障。当它出现故障时，会导致 2 万美元的损失。假设某项对策可以将此风险降低到零。那么，没有对策的损失应为 20000 美元×0.25，即 5000 美元。采用对策时损失为零，这表明预期收益是每年 5000 美元。

- **初始成本**——记录实施对策的初始成本，可能包括购买价格及间接成本。间接成本包括诸如训练和改善环境的成本。例如，可能需要增加电力功率、升级空调、改善物理访问对策等。
- **年度或经常性费用**——有些对策的维持需要持续的成本。例如，可以使用代理服务器来阻止访问赌博网站。手动识别所有的赌博网站并进入代理服务器将非常耗时，而内容过滤公司会保有各种类别的网站列表，诸如赌博网站。企业可以支付订阅服务费作为一项长期成本，而不用手动输入这些信息。
- **成本与收益的比较**——这是报告的主要目的。如果成本小于收益，那么对策就有意义。如果成本大于收益，对策就没有价值。如果两者结果接近，则应计算投资回报率。
- **建议**——如果能够带来益处，则推荐采用该对策。反之，不应采取该对策。

11.6 风险缓解计划的实施

下一步是实施风险缓解计划，这需要把对策落实到位。当执行一项风险缓解计划时，应该有两个主要的目标：

- 保持在预算之内；
- 保持进度。

任何项目都会有未知和意外。然而，事先规划会将这些未知减少到最低限度。对于复杂的对策尤其如此。如果没有完成充分的计划，就可能发生项目超出预算或经常延误。

任何一个问题都可能会导致管理层改变对该对策价值的看法。如果实施成本太高或时间过长，管理层就会质疑对策的价值。

11.6.1 保持在预算之内

前面章节中介绍过添加 Web 农场和故障转移集群的例子。在它们被实施以后，就会减少故障并提高 Web 站点的可用性。还有一些复杂对策的例子。

如果在前期计划中确定了实施计划的所有费用，那么项目将会进展得比较顺利。然而，如果有些费用没被发现，项目就可能出现问题。可能遇到的问题有下列几个方面：

- **初始采购成本**——设备往往十分昂贵。在故障转移集群中使用的服务器有具体的技术要求。如果有人决定以降低故障转移集群要求为代价来削减成本并购买更便宜的服务器，企业可能会遇到更多的问题。为了最终确定更便宜的服务器在故障转移集群中是否可靠，应需大量测试。但更糟的是，便宜的服务器可能无法在故障转移集群中工作，这时就不得不购买更多的服务器，造成费用的不降反增。

- **设备成本**——新的服务器可能不适合现有设备托架。服务器的增加可能导致机房内功率的超载，进而使断路器断开导致其他服务器发生中断。空调可能不够用，机房内增加的服务器可能会使房间内过热，造成现有服务器设备的损坏。如果不及早解决这些问题，将造成巨大损失。

- **安装成本**——如果内部人员没有安装对策的专业知识，这可能需要额外费用进行专业的安装。如果事先没有计划，将导致项目的推迟。技术人员可能会先尝试对策的安装和配置。在花费了宝贵的劳动时间以后，他们才意识到未能使对策发挥效果。更糟的是，他们的努力甚至可能损害该对策。

- **培训费用**——如果技术人员不知道如何操作，那么对策就可能尘封在角落里无人问津。对于某个新型服务器，它可以做很多有意义的事情，但是如果没有人知道如何使用，它就会仅仅闲置在箱子里或者在技术人员安装后切断电源不再使用。因此，在员工接受适当的培训之前，人们将面临对策实施的推迟。

任何一项额外的费用都会轻易地突破原有预算。如果对策的成本超出了允许的预算，管理层可能会决定撤销该对策。应牢记，识别每一项额外的成本时，费用效益分析都应得到重新评估。实施对策的最初决定是在原有成本的基础上进行的。随着成本的上升，对策的价值就会下降。

11.6.2 保持进度计划

时间表是任何项目都要考虑的重要因素。对任务进行规划，确保它们以特定的顺序出现。如果任何一项任务被延迟，都有可能导致其他任务出现延迟。这些延迟可能会影响到实际的实施日期。

里程碑示意图是帮助企业保持进度的一项工具。图 11-5 为本章讨论的 Web 服务器升级提供了里程碑样图。项目经理通常使用可以自动化创建这些图表的项目管理软件来绘制该图。

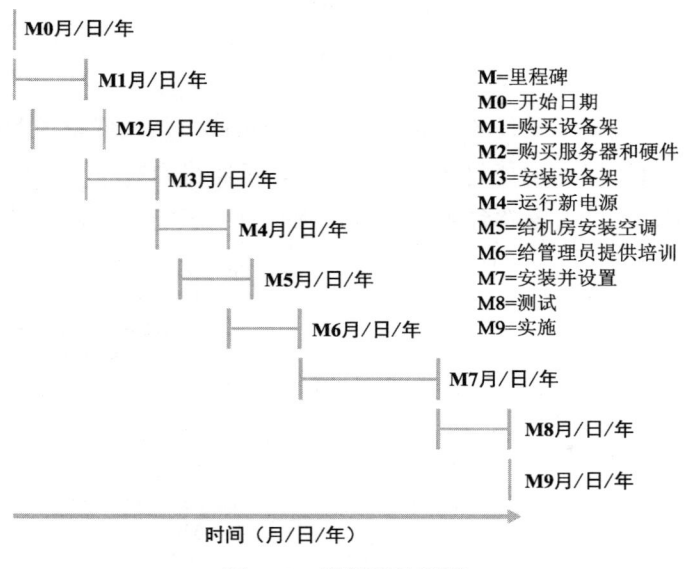

```
M0 月/日/年
 M1 月/日/年
  M2 月/日/年           M=里程碑
   M3 月/日/年          M0=开始日期
    M4 月/日/年         M1=购买设备架
     M5 月/日/年        M2=购买服务器和硬件
      M6 月/日/年       M3=安装设备架
       M7 月/日/年      M4=运行新电源
        M8 月/日/年     M5=给机房安装空调
         M9 月/日/年    M6=给管理员提供培训
                      M7=安装并设置
                      M8=测试
                      M9=实施
时间（月/日/年）
```

图11-5　里程碑计划图

在使用项目管理软件时，人们可以输入里程碑日期和任务长度。该软件允许以多种格式来显示数据。

例如，图 11-6 用甘特图展示了相同的项目。一旦把数据输入项目管理软件，就比较容易用另一种格式来展示数据。通常，只需要点击几下鼠标就能完成。

认识到任务之间的依赖性非常重要。例如，在运行电源前必须安装新的设备架。培训的时机很重要。如果培训得太早，当技术人员需要安装设备时这些培训可能因为过去较长时间而遗忘了。如果培训得太晚，技术人员就可能需要在没有培训的情况下安装设备，或者可能导致项目进度被推迟。

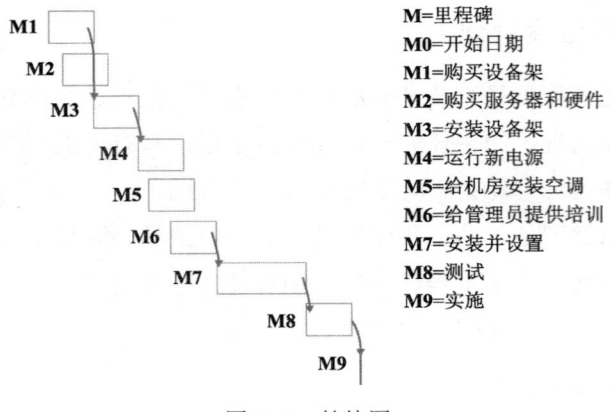

```
        M1
          M2
            M3
              M4
                M5
                  M6
                    M7
                      M8
                        M9
```

M=里程碑
M0=开始日期
M1=购买设备架
M2=购买服务器和硬件
M3=安装设备架
M4=运行新电源
M5=给机房安装空调
M6=给管理员提供培训
M7=安装并设置
M8=测试
M9=实施

图11-6　甘特图

关键路径图显示了任务之间的依赖性。图 11-7 是关键路径图的一个例子。如果关键路径中的任何一项出现拖延，都将导致整个项目的延迟。管理人员应密切关注关键路径中的项目，确保每一项能够按期完成。

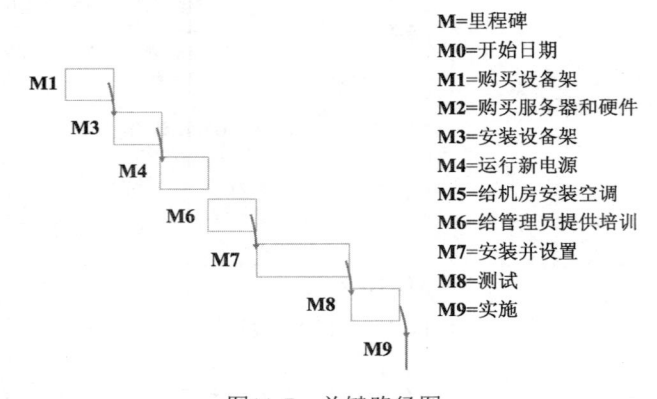

```
    M1
      M3
        M4
          M6
            M7
              M8
                M9
```

M=里程碑
M0=开始日期
M1=购买设备架
M2=购买服务器和硬件
M3=安装设备架
M4=运行新电源
M5=给机房安装空调
M6=给管理员提供培训
M7=安装并设置
M8=测试
M9=实施

图11-7　关键路径图

例如，M2 和 M5 都不在关键路径上。购买服务器和硬件并给房间增加空调可能会被延迟。当然，这些不能无限期地拖延下去。到了安装和配置服务器的时候，这些里程碑的任务必须得到满足。但在项目初期，管理者可能不太重视 M2 和 M5，因为他们更注重关键路径上的里程碑任务。

有时候，能够意识到还有大量工具可用，比当前所掌握的工具更为重要。对于简单的项目，人们可以在一张餐巾纸上面勾画出时间表。但更大的项目则需要用到更先进的项目管理工具。

11.7 风险缓解计划的跟进

管理的一个重要组成部分是后续跟进。企业需要确保计划能够按照预期的安排实施，风险管理计划也不例外。在跟进风险缓解计划时，包括下列两个因素：
- 确保对策的实施；
- 确保安全漏洞已被关闭。

11.7.1 确保对策的实施

行动和里程碑计划（POAM）是人们用来确保对策实施的主要工具，它与风险评估一同创建。但行动和里程碑计划是一个可编辑的文件，管理者会对其定期更新。随着风险评估转化为风险缓解计划，行动和里程碑计划的文件也会进行扩展。

行动和里程碑计划包括所有经批准的对策及其时间表。一个简单的对策可能只有一个或两个里程碑，而复杂的对策可能有多个里程碑。如果符合预期的阶段性目标，那么就有很大的可能确保时间表的要求得到满足。换言之，并不需要像关注里程碑日期那样关注最终的日期。

如果错过了其中一个里程碑，则可能导致整个项目的延迟。正如前面提到的，关键路径图可以确定哪些里程碑必须得到满足，以确保项目按时完成。

当使用项目管理软件来实现对策时，通常看一眼就可判断它是否能够如期进行。项目管理软件使用颜色编码来表征状态。例如，绿色圆圈可表明该项目正按计划进行，黄色圆圈可表明该项目稍有延迟，红色圆圈可表示严重的延迟。许多项目经理会在报告中简化这一说法，简单说明项目是"处于绿色状态"或"处于红色状态"。"处于绿色状态"表明它是按计划进行的。"处于红色状态"表示严重延迟，并经常将这些延迟提醒给高级管理人员。

11.7.2 确保安全漏洞已被关闭

还应该确保对策能够如预期的一样工作。要记住的是，对策的目的是为了缓解风险，它应该减小威胁带来的影响或者减少漏洞。

与所有的产品相同，它应能如预期的一样工作。人们可能会看到某个影视广告，并且相信其宣传的产品能够有助于减肥，或者使人致富，或者让人更健康。然而，当收到该产品时，它却不能达到预期的效果，这时候人们就会意识到浪费了自己的金钱。

同样，并非所有的对策都能达到预期效果，能够发现这一点的唯一方法是做一些测试和评估。有些对策较容易评估，有的则不然。

例如，假设漏洞扫描程序检测到一个漏洞。然后，风险评估推荐了一个消除该漏洞的对策。在实施对策之后，可以运行相同的漏洞扫描。如果没有检测到风险，则说明已经关闭了该安全漏洞。但如果仍能检测到风险，表明安全漏洞依然存在，这就需要采取额外的步骤。不一定要重新进行风险评估，但应处理该漏洞。

以 Web 农场和故障转移集群为例，其目标是消除中断并提高可用性。虽然中断的发生能够验证该解决方案存在问题，但中断会导致收益的损失。因此，应进行测试来评估对策的性能，而不是坐等中断的发生。可使用下列测试和测量方法：

- **测量 Web 农场的负荷**——在正常运行期间，负载应在服务器之间保持平衡。可以通过负载均衡软件来测量负载，也可以测量每个单独服务器上的资源。如果该服务器具有类似的硬件（如处理器、存储器、网卡），那么每个服务器的磁盘使用量应该相等。
- **从 Web 农场中删除一个服务器**——这可以模拟 Web 农场中某台服务器出现故障的情况。单台服务器的故障不会影响到整个农场。换句话说，如果一台服务器从 Web 农场中删除，其他服务器应该能够承载其负荷。此外，不应该向新客户提及不存在的服务器。
- **添加一台服务器到 Web 农场**——如果网站经历进一步的增长，应能够向 Web 农场添加一台 Web 服务器。然后，网络负载均衡软件应将负载平衡到新的服务器上。这就要求 Web 农场允许向外扩展，可以在不改变实际服务的情况下，将额外的客户端添加到 Web 服务中。
- **故障转移集群的逻辑传输节点**——故障转移集群包括可以在逻辑上切换节点的软件。例如，节点 1 可能是活动的，节点 2 是不活动的。

可以使用软件从逻辑上将节点 2 切换到活动状态，将节点 1 切换到不活动状态。即使在此测试过程中出现故障，它不会导致中断。不过，这并不表明集群在实际故障中能够阻止中断的发生。
- **关闭故障转移集群的活动节点**——如果能逻辑上转移工作，就可以模拟活动节点的实际故障。故障转移集群通常确定一个具体的步骤用来模拟故障。非活动节点应能感测到故障并接管活动节点。如果测试失败，还可以快速切换回来并对操作产生最小的影响。这种类型的故障转移测试可能会影响故障转移集群提供的服务。测试应该在一个缓慢的时期并且有大量预见和计划的情况下完成。主要考虑因素之一是在系统发生故障时将系统返回到正常状态的能力。

应牢记，任何测试和评估的目的都是保证对策可以关闭安全漏洞。如果安全漏洞没有关闭，管理层需要知道剩余或者残留的风险。这样，管理层就可以决定该漏洞是否已经完满解决。管理层还可决定是否需要确定一个额外的对策以进一步降低风险。

11.8 风险评估向风险缓解计划转化的最佳做法

在实现从风险评估到风险缓解计划的转化时，可以遵循下列最佳做法：
- **处于范围之内**——缓解计划起源于风险评估。换句话说，缓解计划的范围不应该超过风险评估的范围。如果不控制缓解计划的范围，成本很容易失控。
- **如果确定了新的费用，就要重做费用效益分析**——通常将完成对策的费用效益分析作为风险评估的一部分。如果后来又确定了新的额外费用，就需要用准确的成本重新进行费用效益分析。
- **对策排序**——应该根据对策的重要性对其进行排序。确定对策优先级的常用方法是利用威胁可能性影响矩阵对其进行打分。首先执行高优先级的对策。
- **将当前对策纳入分析**——为对策打分时，要确保当前的对策也考虑在内。例如，某个威胁可能影响较大，但相应对策却将影响降到很低。评估该威胁时，要考虑当前的对策，并对该威胁设置一个较低的影响值。

- **控制成本**——成本应该保持在分配的预算之内。成本中的任何变化都会影响到费用效益分析。如果附加的成本太高，则该对策的价值可能会显著降低。
- **控制进度**——当日程出现延迟时，成本通常会上升。此外应当记住，对策是用来减少风险的。实施时间拖延的越长，组织机构处于风险的时间也就越长。
- **跟进**——确保批准的对策已付诸实施。此外，还要确保对策能够如预期一样降低风险。

本章小结

本章涵盖了将风险评估转化为风险缓解计划时需要考虑的许多细节。该项工作始于对对策的全面审查，通常包括将脆弱性与威胁相匹配。识别出与对策相关的所有费用十分重要。在这个阶段，需要进一步深入发现所有的隐性费用。如果成本发生变化，就需要考虑重做一次费用效益分析。

如果风险评估的批准已经过去了很长一段时间，就需要验证其风险要素是否依然存在。此外，还要仔细检查以确保对策能够缓解风险。

在执行计划时有两个关键目标，一是确保不超出预算，二是符合日程进度安排。最后，还要跟进计划以确保批准的对策得到实施，使对策能够如预期的一样降低风险。

第三部分 风险缓解计划

Chapter 12
第 12 章 基于业务影响分析的风险缓解

业务影响分析（BIA）是业务持续性计划（BCP）的一个重要组成部分，它主要是一个数据采集过程。采集数据的方法有很多，包括访谈、问卷调查、会议等。数据搜集完毕后，通过分析确定关键功能和资源。

一旦确定了关键功能和资源，就可以找出可接受的中断时间。资源的最大可接受中断（MAO）将决定其恢复目标。需要注意的两个主要恢复目标为恢复时间目标（RTO）和恢复点目标（RPO）。

12.1 什么是业务影响分析

业务影响分析是研究如何确定业务中断带来的影响，它关系一个或多个关键信息技术功能能否实现。

关于业务影响分析的另一种认识是，它有助于确定对组织生存至关重要的系统。生存能力是企业面对风险损失能够生存的能力。有些损失如果不能得到有效管理的话，就可能严重到引起业务失败的程度。

进行业务影响分析时，需要了解以下注意事项：

- **最大可接受中断（MAO）**——最大可接受中断标识系统的最大可接受停机时间。如果超过最大可接受中断时间，则会对组织任务造成不利影响，同时，最大可接受中断也直接影响恢复时间。
- **关键业务功能（CBF）**——关键业务功能是对一个组织机构而言至关重要的功能。如果关键业务功能无法执行，该组织将丧失基本功能，如向客户销售产品的能力。如果该组织不能执行基本功能，则必然会造成经济损失。
- **关键成功因素（CSF）**——关键成功因素包括执行组织机构使命的必要元素。每个组织机构都会有一些确保成功的要素。例如，可靠的网络基础设施可认为是当今许多组织机构的关键成功因素。如果网络基础设施发生故障，所有其他的业务功能可能失效。

业务影响分析并不涵盖所有的信息技术功能。相反，业务影响分析帮助组织机构确定关键信息技术系统和部件。可以通过识别关键业务功能来确定关键系统和部件，支持这些关键业务功能的系统和部件都必不可少，但非关键业务功能并不包括在内。

这就提出了一个重要的问题：什么是关键业务功能？

任何利益相关方都能够确定哪些业务功能至关重要。如果利益相关方认为某一功能的丧失会造成不可接受的损失，那么就可以认定它是一个重要的功能。利益相关方是基于经验和意见做出决定的，而非草率决定。一旦某功能被认定为关键功能，利益相关方就需要投入资源来保护它，这些资源包括资金和人员。

此外，法律也规定了特定的关键功能。例如《健康保险携带与责任法案》（HIPAA），该法案强制要求对健康相关信息进行保护。访问控制等保护措施是保证遵守该法案要求的重要组成部分。

业务影响分析在很大程度上是一个数据搜集过程。可以从利益相关方、用户、流程所有者和组织机构中的其他人员获得输入。可以通过访谈搜集数据，创建问卷或调查，还可以查看可用的报告。可针对目标系统，采用任何能够提供信息的方法。

业务影响分析并不提供解决方案，认识到这一点非常重要。它是更大的业务持续性计划（BCP）的一部分。业务影响分析为业务持续性计划提供输入，而业务持续性计划负责提供解决方案。例如，该计划可以提供控制建议以减小停机带来的影响。

此外，有必要将风险评估与业务影响分析进行比较。风险评估侧重于威胁和漏洞，当利用漏洞构成威胁时，风险就会发生。而风险评估的主要目标是降低风险，可通过减少或消除漏洞来降低风险，也可通过减小威胁的影响来降低风险。

业务影响分析的主体对象不是威胁或漏洞。即便有中断发生，它也仅着眼于效果。虽然业务影响分析的主要侧重点是业务持续性，但业务影响分析也可以用于风险评估。换句话说，如果决定用风险评估来评估系统时，也可以考虑采用业务影响分析。最起码，业务影响分析识别和优先选择的对象是关键系统。

同样，如果已经完成风险评估，则可以使用这些数据来辅助进行业务影响分析。风险评估的第一个步骤是确定资产，这有助于确定组织机构的重要资产。

12.1.1 搜集数据

由于业务影响分析是一个数据采集过程，应考虑用不同方法来搜集数据，可使用以下多种方法。

应急计划的七个步骤

国家标准与技术研究所（NIST）曾出版特刊 SP 800-34 第一修订版，标题为"联邦信息系统应急计划指南"。应急计划帮助企业采取措施来恢复紧急情况或灾难发生后的服务。SP 800-34 第一修订版包括业务影响分析的相关信息。尽管 SP 800-34 第一修订版针对联邦信息系统而制定，但它也适用于其他私人组织机构。

SP 800-34 第一修订版列出应急计划的七个步骤，它们是：
1. 制定应急计划的政策声明；
2. 进行业务影响分析；
3. 确定预防性控制措施；

> 4. 建立应急策略；
> 5. 开发信息系统应急预案；
> 6. 保证计划测试、培训和演练；
> 7. 保证计划维修。
>
> 正如你所看到的，业务影响分析是整体应急计划的一部分。作为上述步骤中的第二步，它决定了应急计划的主要部分，只须对业务影响分析所识别出的关键系统制定应急计划即可。

可与关键人员面谈，通过进一步思考获得改进。要做好采访计划，确保受访人有回答问题的时间。应准备一些合适的问题，切记问题应该集中在关键业务功能和相关资源的最大可接受中断上。

另一种方法是使用问卷、表格或调查表，但要在有限范围内突出重点。换言之，提出的问题应在一段时间内只专注于某个问题。如果问题太长，受访人可能没有那么多时间去回答；如果问题较为简洁，将有可能得到更多有用的信息。这些问题可以是纸质问卷，也可以是电子问卷。例如，可以使用 SharePoint 网站搜集和整理数据。

还可以举办现场会议或电话会议。这种方式的优点是人们可以互相交流，从而提供更丰富的成果。然而，这种方式也许难以取得一致意见，尤其是在试图确定不同系统优先级的时候。

12.1.2　数据搜集方法

采集数据的方法不止一种，可以根据需要选择所需的方法。有些人可能拥有大量的信息，并倾向于采用访谈的方式。不过，需要采访并不一定必须采访每一个人。

如果有人已经忙于各种会议，他们可能需要因业务影响分析而推掉另一次会议，因此他们可能更愿意在闲暇的时候填写问卷调查的电子表格。

12.2　业务影响分析的范围

正如其他任何项目一样，在项目早期确定业务影响分析的范围是很重要的。范围确定了计划的边界，也有助于确保业务影响分析能够抓住重点，确保能够准确地分析系统功能。

业务影响分析的范围受到组织机构规模的影响。对于小型组织机构而言，业务影响分析的范围可以涵盖整个组织。而对于较大的组织机构，它可能仅包括某些特定区域。例如，本次业务影响分析可能只涵盖某个大型企业的在线销售部门，而其他业务影响分析将审查别的业务领域。

图 12-1 显示了电子商务中用于带有后端数据库的在线 Web 服务器。业务影响分析仅专注于支持此 Web 服务器所需的关键功能。如图 12-1 所示，支持在线销售所需要的系统包括 Web 服务器、防火墙和数据库服务器。同时还要注意到，上述结构主要集中在客户购买产品的阶段，不包括诸如产品运输等其他阶段。

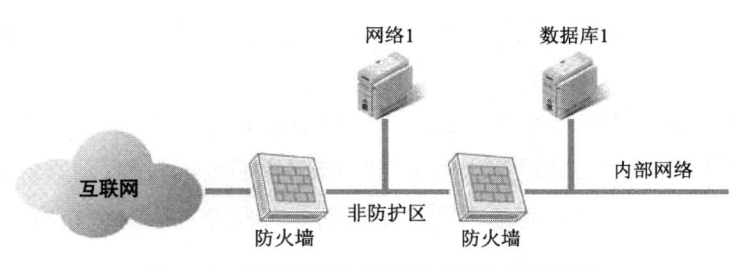

图12-1　带有后端数据库的在线Web服务器

图 12-2 显示了产品运输阶段应考虑的要素。客户购买产品和运输这两个阶段的需求功能有明显差异。此外，每个阶段的最大可接受中断也有明显差异。其中，网站的最大可接受中断要短得多。

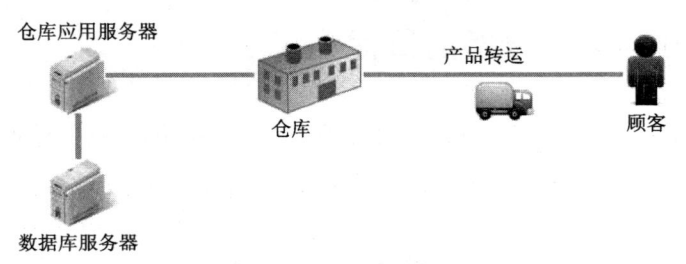

图12-2　产品运输阶段

对于一个愿意购买产品的客户，如果网站关闭，交易就会停止。如果网站只停顿五分钟则不会有太大影响，但如果客户在网站关闭时登陆，就无法购买商品。

另一方面，如果仓库有问题，其影响不会是实时的。在仓库有几个小时中断的情况下，对于客户而言没有任何明显的影响。即使中断持续一整天，它也可能只会导致运输的轻微延迟，而轻微延迟影响不大。

这并不意味着在业务影响分析中不应考虑运输阶段。相反，问题是应具体确定业务影响分析所涉及的范围。考虑下面这个模糊的表述：

业务影响分析范围涵盖了网站的功能。

按照上面的表述，当某人进行业务影响分析时，可能会认为业务影响分析仅针对购买阶段。如果业务影响分析的实际目的包括了购买和装运两个阶段，那么仅对购买阶段进行业务影响分析就难以实现目标。另一方面，如果另一个人认为上面的表述既包括进货阶段也包括装运阶段，但业务影响分析的实际目的却只包括购买阶段，那么对两个阶段都进行业务影响分析的工作就等于白费气力。

因此，业务影响分析的范围应更为清楚地表述为：

在客户购买产品的过程中，业务影响分析的范围将覆盖网站的功能。其中包括支持客户的访问和采购的所有功能，此业务影响分析将不包括运输阶段。

如果你想把运输阶段包括在内，可以按如下表述修改范围：

此业务影响分析的范围将包括在线网站的所有功能，这不仅包括支持客户的访问和采购的所有功能，也包括支持产品运输的所有功能。

12.3 业务影响分析的目标

业务影响分析的总体目标是确定业务中断的影响。具体地说，其目的是确定可能影响组织机构的关键功能，而后就可以确定支持这些功能的关键资源。

每个资源都有一个最大可接受中断指标及其产生所带来的影响，最终的目标是确定恢复业务的需求。图 12-3 显示了总体步骤。开始时可以搜集处理业主和专家的意见，这样有助于确定关键业务要素以及支持它们的关键资源。然后，确定资源的最大可接受中断及其影响，最后，从最大可接受中断中确定恢复要求。

```
输入客户和专家的意见
        ↓
   确定关键业务功能
        ↓
    确定关键资源
        ↓
 确定最大可接受中断及其影响
        ↓
    确定恢复要求
```

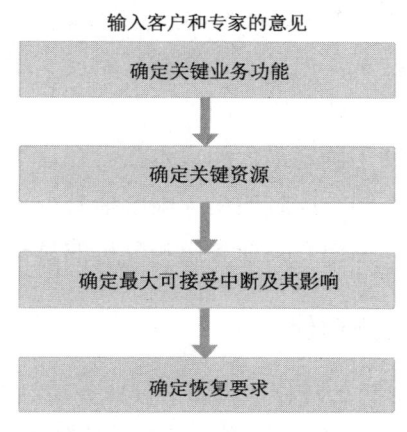

图12-3　业务影响分析的目标

业务影响分析的一个间接目标是节约资金。在确定业务影响分析的恢复要求后，需要确定相应的控制措施以支持业务持续性计划。如果中断的影响后果很严重，那么投入资金来预防中断就物有所值。

NIST SP 800-34 第一修订版包括类似于图 12-4 的示意图，该图显示了成本和停机时间之间的关系。右侧上升的曲线代表中断成本。中断发生后，此刻的中断成本很低。然而，当中断时间增加时，中断成本也随之增加。左侧下降的曲线代表从中断恢复的成本，如果即刻从中断中恢复过来，成本会很高。但如果能接受一个较长的中断时间，恢复成本就会降低。

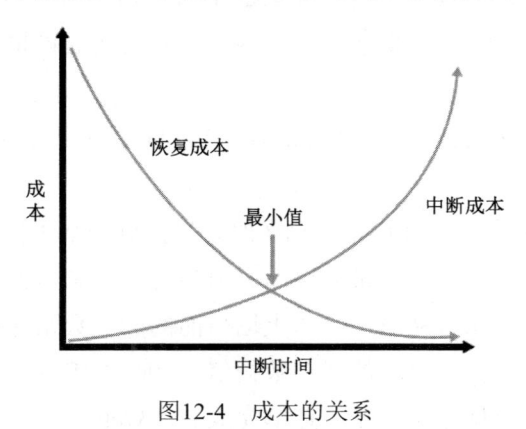

图12-4　成本的关系

以一个在网上销售产品的网站为例,如果它崩溃 60 秒,则中断成本很低。但如果崩溃持续数天,中断成本将会变得非常高。可以让网站从 60 秒的中断中立即恢复控制,但成本非常高。相反,如果花费很少的资金来恢复控制,则会导致较长的中断时间。

这种权衡分析有助于确定最优的成本点。在这个最优点上,可以花费最小的工作量来恢复控制,同时还最大限度地减少了中断的成本。

以下各节将更为详细地介绍业务影响分析的目标。

12.3.1 确定关键业务功能

除非掌握了业务分析的过程,否则关键业务功能并不总是显而易见的。例如,如果你是安全专家,但你并不一定知道某个网站的关键业务要素。这是由于虽然网站服务器是显而易见的组成部分,但是网站还有其他的部分。

通过对专家进行访问,可以深入了解所有支持 Web 服务器的组件。确定关键业务功能的基本步骤是很有用的,下面详细列举在线网站的购买步骤:

1. 客户访问网站——用户使用网页浏览器访问网站,该网站托管在位于非防护区中的 Web 服务器上。由防火墙提供安全性保障,同时还提供访问 Web 服务器的权限。

2. 客户浏览产品目录——用户可以搜索特定产品。网站将查询要求发送到后端数据库,数据库服务器在第二个防火墙后面的内部网络上。Web 服务器使用数据库查询结果建立一个网页,然后网页再将查询结果发回给客户。

3. 客户挑选产品——浏览网站时,客户可以将任何产品放入购物车内。

4. 客户结账——当客户完成购买时,就会点击结账按钮,这将启动一个安全会话。老客户可以登录后访问先前使用的信息,如他们的地址和信用卡号码。这些信息可从第二个防火墙后面的后端数据库服务器中获得。新客户则根据提示输入自己的客户数据信息,同时 Web 服务器将新客户的数据存储到后端数据库服务器。订单完成后,Web 服务器发送确认电子邮件给客户。

5. 消息发送到订单处理应用程序——数据库服务器发送一个消息到订单处理应用程序，在内部网络中的另一个服务器负责订单处理应用程序。这个应用程序处理产品的运输，是一个独立的环节。

6. 订单处理——订单处理应用程序跟踪订单信息。它将客户订单发送到仓库应用程序进行转运，同时还接收来自仓库应用程序的状态数据。仓库人员发出订单并将信息输入仓库应用程序，订单处理应用程序发送电子邮件给客户，让他们知道订单状态。还包括发送订单运输和诸如延迟等后续运输问题的电子邮件。

在上述示例中，关键业务功能包括：

- 客户访问网站；
- Web 服务器访问数据库服务器；
- 订单处理应用程序跟踪订单。

在这些信息的基础上就可以确定关键资源。

12.3.2　确定关键资源

关键资源是那些需要支持关键业务功能的资源。一旦确定了关键业务要素，就可以对其进行分析，以确定相应的关键资源。

从上述示例中，可以看到如何从关键业务功能中识别关键资源。网站的关键业务功能之一是客户访问网站。下面是支持此功能所需的信息技术资源：

- 互联网；
- Web 服务器；
- 网页应用程序；
- 网络连接；
- 在非防护区的互联网端防火墙。

第二个关键业务要素是 Web 服务器访问数据库服务器的能力。数据库服务器同时托管产品信息和客户信息。客户信息用于客户购买产品之时，还用于争取老客户的指向性广告。下面是支持此功能所需要的信息技术资源：

> **没有业务影响分析的恢复**
>
> 设想一下一个没有进行过业务影响分析的组织机构如何进行系统恢复的,哪些系统和关键业务功能是管理员应该首先恢复的?
>
> 如果他们没有获得任何指导,就可能没有固定的恢复次序。
>
> 管理员很可能因为更为了解某些系统,而尝试首先启动它们。当然,管理员这样做的时候,上级主管可能会对其进行干预。主管可能对首先恢复的项目持有特定偏好。如果管理员改变方向,主管可能会再次对他们的工作进行干预。主管也可能对首先恢复的系统有特定偏好。
>
> 这些系统也许对组织机构生存并非至关重要。然而,如果没有业务影响分析的话,管理员可能将注意力集中在这些非关键系统上。
>
> 相反,业务影响分析能够确定关键业务功能。它有助于组织机构内每个人都明白什么对组织重要。更具体地说,业务影响分析可以帮助管理员明确他们应该先启动哪个系统。
>
> 执行业务影响分析的时间须在灾难发生之前。如果业务影响分析以书面形式描述系统优先级,员工们就会留意那些比较关键的系统。如果没有任何文件作指导,没人知道将会发生什么。要知道,不能指望人们在灾难中一定能够保持冷静的头脑。

- Web 服务器;
- Web 应用程序;
- 数据库服务器;
- 网络连接;
- 非防护区在非防护区内侧的防火墙。

第三个重要的功能是订单处理应用程序。它需要从数据库服务器接收订单,也必须能够跟踪订单直到交付客户。下面是支持此功能所需要的信息技术资源:

- 托管订单处理应用程序的服务器;
- 数据库服务器;
- 仓库应用程序;

- 网络连接；
- 互联网。

在大部分情况下，关键资源会出现重叠。也就是说，两个不同的功能可能需要同一个关键资源。例如，Web 服务器同时被两个功能所调用。

此外，这些功能都需要设备的支持，包括电力、供暖和空调。

可以一次性为所有功能列出所需资源，在信息技术资源有保证的情况下，针对每个功能列出其所需资源是很好的做法。编写一个单独的适用于所有功能的设施资源列表也是可行的。

例如，所有信息技术资源要求的设施支持可以按如下方式一次性列出：

- **电源**——不间断电源和发电设备可以保证系统在停电时继续工作。
- **供暖和空调**——供暖和空调确保所有的系统可以正常操作。

12.3.3 确定最大可接受中断及其影响

一旦确定了关键业务功能及支持它们的信息技术资源，人们就可以将注意力转移到最大可接受中断及其影响上，最大可接受中断有时也被称为中断最大可承受时间（MTPD）。

最大可接受中断有助于确定灾难发生后需要尽快恢复和重启的关键业务要素以及重启关键业务功能所需的特定资源，还能指明必须在多长时间内恢复系统。

对业务造成的影响一般可用货币来度量，但并不一定需要用金额表示。相反，影响通常表示为一个相对值，如高、中和低；也可用数值表示，如 1 至 4。

一旦确定了影响程度，就可以用最大可接受中断与之相匹配。表 12-1 显示了影响等级在一个组织机构中如何定义，每个级别匹配相应的最大可接受中断，以确定在影响到来之前允许系统停机的时间。

表 12-1 样品的影响水平

影响值水平	最大可接受中断及其影响
第 1 级 所有工作时间的业务功能必须是可用的。在线系统必须保证每周七天、每天 24 小时可用	几乎任何中断都会对业务产生即时的影响

续 表

影响值水平	最大可接受中断及其影响
第 2 级 业务流程可以在业务功能丧失的情况下保持短时间的正常运转	如果中断持续超过一天,就会对业务产生影响
第 3 级 业务流程可以在业务功能丧失的情况下保持一天或更长时间的正常运转	持续长达三天的中断不会对业务产生影响
第 4 级 业务流程可以在业务功能丧失的情况下保持长时间的正常运转	除非中断超过一周,否则它不会对业务产生明显影响

当计算一个组织机构的最大可接受中断时,同时考虑直接和间接成本非常重要。

直接成本

直接成本通常比较容易计算。有些成本是显而易见的,有些则不然。下面列出了一些直接成本:

- **直接销售和现金流的损失**——这是最明显的损失,中断期间将无法销售产品或服务,损失了这些销售所带来的现金流。
- **设备更新成本**——一旦设备损坏,就需要修理或更换。根据不同设备的具体情况,这类成本可能很高。
- **建筑重建成本**——如果建筑因火灾或自然灾害损坏,需要重建或更换。虽然保险支付了大部分费用,但它很难覆盖所有的费用,此时组织机构必须补足差额。
- **逾期交货的罚款成本**——服务水平协议(SLA)决定着预期服务水平。如果服务不能满足,该协议会经常予以处罚。这些处罚应计算为中断的直接成本。
- **违规事项的处罚成本**——某些法律法规判罚的违规损失。如果故障的影响结果与法律法规相违,这笔费用就应包括在内。
- **重建或恢复数据的成本**——中断期间丢失的数据需要被重建或存储。某些数据可能需要手动重建,其他数据可使用现有备份进行恢复。因而恢复数据需要劳动力成本。

- **支付给由于中断而闲置的员工薪水**——如果中断致使无法正常工作，员工却仍然处于上班时间。换句话说，需要支付工人额外的薪水来完成他们无法执行的工作。

灾难发生后的股价损失

如果是一家上市公司，则应考虑对股价的影响。数以百万元的资金可能会在短时间内消耗殆尽。

著名作家 Andrew Hiles 在他 2006 年发表的文章"业务影响分析：你的损失是什么？"（www.rothstein.com）中提到一家企业的股价在灾难发生后短短数天内跌了 5%~8%。灾难可以随时随地发生在任何企业身上，而股票价格的回升则取决于企业从灾难中恢复的程度。

企业的迅速恢复也将带动自己股价的回升。在 100 天内，这些股票不但会复价，而且往往会有 10%~15% 的收益。而恢复状况不佳的企业股价则会有一个新低，这些股价有时会在灾难发生后 75 天左右回升，但随后会在低于灾前水平的 15% 左右趋于稳定。

那些恢复更好的企业通常应对灾害准备更为更充分，他们的成功恢复并不只是偶然情况。这些企业拥有卓越的领导者，同时也有全面的备灾计划。

间接成本

确定间接成本有一定的困难，它们的数值也会波及影响值的大小。下面的清单列举了应考虑的间接成本：

- **客户的流失**——那些不能从你这里购买产品的客户可能会转向你的竞争对手，他们获得满意体验后也许永远不会再回来，而吸引新客户又将花费巨额的资金。
- **公共信誉的损失**——业务中断会使你的公司看起来运营不太理想。如果业务中断导致个人身份信息（PII）的泄露，客户就可能不再信任你。如果客户的信用卡资料被泄露，他们就不会再与你有业务往来。
- **夺回市场份额的成本**——当客户和信誉丢失时，公司将会失去一定的市场份额，而同时竞争对手的市场份额则会提高。大多数公司都会意识到维持老客户比吸引新的客户要容易得多。
- **恢复品牌正面形象的成本**——如果公司的品牌受损，就需要采取一些措施来修复它，这需要大量的广告资金来修复受损的声誉，有些公司甚至再也无法恢复过来。
- **信用损失或由于信用损失付出更高的代价**——当业务中断影响到公司的现金流时，也会影响公司的信用评级。较低的信用评级将会导致更高的成本。更糟的是，一个公司可能会失去已有的信用。
- **恢复期间失去的商机**——当机构正在处理中断，员工需要花一定时间来解决它。而这些相同的员工可能一直在做吸引新业务的工作，此时可能损失新的商机。

12.3.4　确定恢复要求

恢复要求显示了系统恢复的时间框架及必须恢复的数据。例如，某些数据的丢失可以接受，另一些数据则绝对不能丢失。

与恢复要求相关的指标主要有两个：**恢复时间目标（RTO）** 和 **恢复点目标（RPO）**。

恢复时间目标应用于系统或功能，而恢复点目标仅适用于数据。具体而言，恢复点目标确定数据库中数据所处的位置。

恢复时间目标是系统或功能需要恢复的时间，它应不超过最大可接受中断。例如，如果最大可接受中断是一小时，则恢复时间目标必须在一小时之内。

恢复点目标确定组织机构可以接受的数据丢失的最大数量，这是可接受的数据延迟量。例如，如果数据库一分钟需要记录数百次销售交易，那么组织机构在刚发生中断时就需要恢复这些数据，这个成本会非常高。然而，由于考虑到每笔交易都意味着收益，因此恢复成本又是理所应当的。而另一个数据库每周导入一次数据，只须恢复上次导入的数据，以确保不会丢失任何信息，而这个成本并不高。

恢复时间目标可视作时间关键型指标，而恢复点目标则可视作任务关键型指标。恢复时间目标确定系统恢复时间，恢复点目标则确定关键任务数据。某些流程必须及时得到恢复，因而需要一个较短的恢复时间目标。而其他流程的恢复可以延迟，只要全部数据能够恢复即可。

确定最大可接受中断以后，就很容易确定恢复时间目标。表 12-2 比表 12-1 增加了一列，它显示了恢复目标。可以看到，恢复目标与最大可接受中断直接相关。

表 12-2 恢复目标

影响值水平	中断最大可接受水平	中断恢复目标
第 1 级 所有工作时间的业务功能必须可用。在线系统必须保证每周七天、每天 24 小时可用	两小时 几乎任何中断都会对业务产生即时的影响	两个小时或更短 这一类功能必须在两小时内恢复
第 2 级 业务流程可以在业务功能丧失的情况下保持短时间的正常运转	一天 如果中断持续超过一天，就会对业务产生影响	24 小时或更短 这一类功能必须在 24 小时内恢复
第 3 级 业务流程可以在业务功能丧失的情况下保持一天或更长时间的正常运转	三天 持续长达三天的中断不会对业务产生影响	72 小时或更短 这一类功能必须在 72 小时内恢复
第 4 级 业务流程可以在业务功能丧失的情况下保持长时间的正常运转	一周 除非中断超过一周，否则它不会对业务产生明显影响	7 天或更短 这一类功能必须在一周内恢复

你也许对影响值第 4 级持有怀疑：如果一个组织机构可以在没有任何功能的条件下运行一周，这种情况为什么还要在业务影响分析中加以考虑呢？你可以认为这个等级对应次要功能。虽然失去它们，组织也不会崩溃，但它们可以促使组织运转时少出一些问题。例如，一个组织机构可能不使用互联网来完成关键任务，然而互联网却可以使员工更方便地完成其他工作。

恢复点目标并非由最大可接受中断直接计算而来。相反，你需要采访相关人员以确定丢失哪些数据可以接受。可接受的数据丢失在不同类型数据库中各不相同。在数分钟内（如 15 分钟）衡量可接受的数据丢失十分常见。

恢复数据库

确定数据库的恢复程度涵盖广泛的选择范围。有些恢复点目标要求在某一时刻及时恢复数据，其他的恢复点目标只要求恢复一周前数据即可，这取决于数据如何使用和更新。

> 例如，用于联机交易处理（OLTP）的数据库记录销售情况。作为一个繁忙的在线 Web 服务器的后端数据库，其每分钟的数据都非常重要。数据库利用交易日志来记录交易，可以使用这些交易日志和定期备份在中断发生时即刻恢复数据。
>
> 高级恢复模式将数据从一个服务器复制到另一个服务器中。交易日志更新一台服务器上的数据库后，将被复制到另一台服务器中，复制的日志会更新第二台服务器上的数据库。即使主服务器坏掉了，第二个服务器也拥有所有上次复制的交易日志中的数据。如果想确保不丢失超过五分钟的数据，就需要每隔五分钟将日志复制到另一台服务器中。
>
> 考虑另一个存有产品数据的数据库，管理员每周导入一次数据来更新这个数据库，所以可每周备份一次以确保数据安全。如果数据库损坏，则可以从每周的备份中恢复所有的数据。即使在导入之前备份，也可以很容易地在数据库还原后导入数据，以便恢复所有数据。

实时记录交易的数据库不能承受太多的数据丢失，每一分钟的数据丢失都意味着销售收入的损失。

另一方面，其他数据库则可能变化不大，而且即使变化还可以手动复制。如果没有很多变化且这些变化很容易被复制，那么就可以接受更多的数据丢失。例如，考虑大约每周更新五次的一个手动更新数据库，会有一个更新文件记录显示需要复制的内容，从而可以很容易地接受数据库中为期一周的数据丢失。由于有更新文件的记录，就可以还原数据库，然后复制这些更新。

12.4 业务影响分析的步骤

业务影响分析的主要工作是搜集数据，应在业务影响分析范围内搜集关于关键业务功能的数据。

搜集数据，完成分析后，最后一步就是公布业务影响分析报告。有些组织机构可能需要加入一些建议以满足恢复时间。然而，这并不是业务影响分析必需的技术部分，控制建议通常在业务影响分析之后。

业务影响分析的总体步骤如下：

1. 确定环境；
2. 确定利益相关者；
3. 确定关键业务功能；
4. 确定关键资源；
5. 确定最大停机时间；
6. 确定恢复优先级；
7. 生成报告。

尽管这些步骤确定了需要采取的措施，但仍可以自由结合或调换它们的顺序。要记住最重要的一点是，业务影响分析的目标是要确定关键资源和恢复的优先级，不同组织机构的实际实施步骤也各不相同。

12.4.1 确定环境

第一步是确定整体的信息技术环境，这意味着要充分了解业务功能。如果业务产生销售收入，应了解对应的销售额度，其中包括客户数量和交易数量。销售收入会在中断过程中转变成销售损失。

还有可能在一个不产生销售收入的关键业务功能中执行业务影响分析。例如，电子邮件是许多组织机构的关键业务功能。一个电子邮件系统可能服务于 5000 名员工，每天发送数以万计的电子邮件。即使它不会产生直接的销售收入，任何组织机构都会将它视为一个关键业务功能。

当确定环境时，你可能并不了解哪些是关键组件。相反，你需要在业务影响分析范围内花时间对信息技术系统有一个宏观的了解。根据不同的范围，该步骤包括搜集图表和技术文档，而这些文档有助于确定哪些属于关键组件。

完成对整个组织或部分组织的业务影响分析是完全有可能的。例如，对一家少于 100 名员工的小公司，你可以轻松完成整个公司的业务影响分析。

而对一个在全国各地拥有多个办事处的大公司，你需要针对每个办事处做出业务影响分析，而不是针对整个公司进行庞大的分析。可以为任何一个小办事处进行单独的业务影响分析，此外，也可以针对组织机构内的不同功能进行单独的业务影响分析。例如，可以针对在线销售以及数据库支持做单独的业务影响分析。

完成此步骤后,就可对业务影响分析包括哪些系统有一个更好的认识,此外还可以确定利益相关者。

12.4.2 确定利益相关者

利益相关者是指那些在项目成败中有直接利害关系或利益的个人或团体。例如,销售副总裁对于销售成功就有直接的利害关系。利益相关者知道哪些是关键业务功能。

利益相关者可以确保拥有足够的可用资源。这包括一些简单的要素,例如,为进行业务影响分析确保有足够的人员可供调查采访。当需要确定最大可接受中断时还将包括更多的要素。

单个利益相关者可以认定任何系统或功能为关键部分,他们对中断造成的损失负责。此外,他们还负责提供资源以更好地保护系统。因为这是他们的责任所在,所以利益相关者的意见至关重要。

12.4.3 确定关键业务功能

关键功能是能对组织机构的盈利能力和生存能力产生直接影响的功能。

某些业务影响分析的设计从一开始就围绕关键功能展开。例如,可以专门为某个在线网站进行业务影响分析。这样的话,一开始就会很清楚地知道所要关注的重点就在该网站及其相关支持功能上。不过,应确定其中涉及的流程。

另一种业务影响分析可能集中在远程办公室。应确定哪些需要首先在远程办公室完成,而其他大部分工作则可以离线进行。例如,远程办公室可以定期地为客户站点提供输出,那么即使一周或更长时间失去所有的信息技术功能,远程办公室仍能保持输出。在这种情况下,没有功能会认作关键功能。

另一方面,远程办公室也可销售产品或服务。它需要在工作时间与主办公室建立不间断的联系。如果远程办公室失去连接,员工将无法完成销售工作。如果这些员工能够创造大量的收益,那么此时有理由认为连通性是关键功能。

12.4.4 确定关键资源

关键资源是那些支持关键业务功能和流程所需的资源，包括服务器、路由器等硬件，还包括操作系统、应用程序等软件。

确定关键资源时，考虑其配套基础设施非常重要。例如，假设某 Web 服务器必须运行 7 天、每天 24 小时，它也需要配套设施的支持。这些设施可能包括电力、供暖和空调。如果一个关键系统需要运营的支持人员，则应将诸如食物、饮用水等也视为关键资源。

确定关键人员同样很重要，任何系统都有对其成功不可或缺的若干关键人员。它们可能是主管、经理、监管人和管理员，也可能包括关键客户或供应商。

前面提到过带有后端数据库的在线 Web 服务器，它包括以下系统：
- 服务器；
- 数据库服务器；
- 内部防火墙；
- 外部防火墙。

访问专家对于确定支持任何关键业务功能的关键系统非常重要。例如，微软的电子邮件服务，电子邮件服务器就是很明显的关键系统。然而微软应用域内，一些附加的服务器也较为关键。这些服务器包括域控制器（DC），该控制器亦为全局编录服务器。还包括在域内用于查找服务器的域名系统服务器。如果这些服务器中任何一个发生故障，邮件都将无法使用。

12.4.5 确定最大停机时间

最大停机时间就是最大可接受中断时间外。一旦确定了关键资源，就可以确定每个资源的最大可接受中断，其中每个资源支持一个关键业务功能。如果一个资源的最大可接受中断不明确，则应确定它所支持的关键业务功能的最大可接受中断，同时也是这种资源的最大可接受中断。

除了确定最大可接受中断时间，通常还要制定影响报表。影响报表反映了损失的程度。可以通过确定损失发生时无法实现的事情，来直接描述其影响，也可以用货币数额来描述影响。

例如，电子邮件服务可能很关键。但是，组织机构可能在遭受严重影响之前仍能继续正常运转长达 8 小时。另一方面，一个 Web 服务器每小时带来 6 万美元收入，同时也可能造成每分钟 1 千美元的直接销售损失，该组织可以确定该 Web 服务器的最大停机时间为 5 分钟。

表 12-3 显示了确定最大停机时间的例子。

表 12-3　最大可接受中断时间及其对特定资源的影响

资　源	MAO	影　响
Web 服务器	5 分钟	显著的直接销售收入损失和间接损失 5 分钟的停机时间导致约 5000 美元的直销损失
数据库服务器	5 分钟	显著的直接销售收入损失和间接损失 用户仍然能够浏览网站 5 分钟的停机时间导致约 5000 美元的直销损失
电子邮件服务器	8 小时	公司内部的主要通信中断 供应商和客户间的主要通信中断

12.4.6　确定恢复优先级

业务影响分析中，这部分确定的是最重要和最不重要的关键系统。最高优先级是基于最短的最大可接受中断时间来确定的。例如，比较一个停机 5 分钟后影响正常运转的系统与另一个停机 8 小时后才产生影响的系统。很明显，最大中断只有 5 分钟的系统应该首先被恢复。

业务影响分析在此阶段的输出可能是一张简单的具有优先级的关键系统列表。可以使用数值优先级，如 1、2、3 等。也可以对优先级进行分类。例如，最重要的系统可以具有高的级别，其他类可能被列为中等和低级。

表 12-4 显示了如何划分组织机构的系统恢复优先级，此表使用的是 1-5 的范围，1 为最高优先级，台式计算机被列为最低优先级。

表 12-4　恢复优先级

系　统	优先级
Web 服务器	1
数据库服务器	1
电子邮件服务器	2
台式计算机	5

12.4.7 生成业务影响分析报告

业务影响分析报告汇编所搜集的数据，报告没有特定的格式。一个业务影响分析报告可能包括以下几个部分：

- **系统初步信息**——其中包括一些一般信息，如组织、系统名称和系统文件。
- **系统联系人**——由系统专家和利益相关者组成，是为业务影响分析提供输入的人。也可以向他们咨询后续问题。根据业务影响分析的范围，内部或外部的系统联系人均可纳入。
- **系统资源**——在此列出特定资源，这些特定资源包括硬件和软件，也包括任何相关人员或其他资源。
- **关键角色**——某些系统联系人可能与系统的关键角色有关。假如这样的话，即可在此确定这些联系人。同样，这也使关键角色更容易跟进。
- **关键角色和关键资源的关联表**——此表将人员匹配到系统中。例如，如果电子邮件服务是关键功能，就应将电子邮件联系人匹配到系统中。
- **资源、中断影响和可接受中断时间的确定表**——此表列出了在业务影响分析中所确定的各项关键资源。对于每项资源而言，其中包括了中断和最大可接受中断时间的影响，这些是业务影响分析最重要的要素之一。
- **关键资源恢复优先级的确定表**——此表列出了恢复优先级。使用的优先级等级由内部视情决定。它可以是数字，如 1、2、3 等；也可以是评语，如高、中、低等。

业务影响分析报告广受欢迎

一旦完成了业务影响分析，你就会发现很多人希望看到该报告。如果业务影响分析看起来不仅仅是单一功能时尤其如此。业务影响分析提供了一个通常难以获得的组织机构全貌。

灾难恢复和安全人员往往比组织机构内其他人更了解业务的细节。高管往往有很好的大局观，但主管和员工经常只了解他们自己的业务，并不熟悉其他领域的业务。而业务影响分析则包含了所有相关内容。

> 正因为如此，高管们经常将业务影响分析报告视为机密文件。因此，应确保在获得批准后才能公示业务影响分析报告。

12.5 确定任务关键型业务功能和流程

业务影响分析的一个重要步骤就是确定关键业务功能和流程，但这并不是件容易的事。要记住最重要的是专家们的关键信息。而你需要使用不同的数据搜集方法来获取这些信息。

任务关键型业务功能是那些对组织机构至关重要的功能，它们是从关键成功因素中得来的。关键成功因素是完成任务所必需的要素，关键成功因素对于组织机构的成功不可或缺。

在图 12-5 中，流程是有助于关键成功因素的基本动作。换句话说，某些流程可以促进关键成功因素的实现。而恰当的关键成功因素能够促进关键业务功能的执行。

关键流程 → 关键成功因素 → 关键业务资源

图12-5　关键流程、CSF和关键业务功能

对于一个大部分收入来自网上销售的公司，网上销售产品就是一个关键业务功能。然而，并不能说只靠销售产品就能成功运营，还必须确定销售产品所需的基本要素和流程。

考虑一个在网上销售零部件的公司，其基本关键成功因素可能包括：

- 充足的优质部件；
- 积极的员工；
- 顾客的满意度；
- 有效的宣传。

每一个关键成功因素需要不同流程的支持。例如，支持客户满意度的流程包括：

- 满意的购物体验；

第 12 章 基于业务影响分析的风险缓解 319

- 具有竞争力的定价；
- 按时交货。

许多公司用工作流来记录这些流程。如果工作流存在，就可以很容易地用来确定流程步骤。如果工作流不存在，仍应在流程中记录那些步骤。

准时交货是支持客户满意度的一个重要流程，它包括几个步骤。通过记录这些步骤，很容易找出那些确保按时交货的关键资源。

前面章节中的图 12-2 显示了产品出货阶段所涉及的要素。

实际工作流如下：

1. Web 服务器发送命令到仓库数据库。
2. 仓库应用程序确认新订单。
3. 应用程序将新的订单通知仓库员工。其中，订单应包括产品位置。
4. 仓库员工取回产品。
5. 仓库员工包装和转运产品。

基于以上知识，就可以确定按时交货所需的关键资源，它们包括：

- 托管仓库数据库的数据库服务器；
- 数据库服务器和 Web 服务器之间的通信；
- 托管仓库应用程序的应用服务器；
- 仓库的员工；
- 运输物资和运送方式。

12.6 从业务功能及流程到信息技术系统的映射

一旦确定了关键业务功能和流程，就需要将它们映射到实际的信息技术系统，然后就可确定恢复选项。

例如，产品转运应有三个主要系统。首先，员工登录仓库应用程序。其次，仓库应用程序访问仓库数据库。如果任意一项不能实现，员工就无法确定出货的产品。最后，还需要订单接收的 Web 服务器与数据库服务器之间的连接。如果这些均不能实现，新的订单将不能确认和发出。

如表 12-5 所示，可以确定这些系统的优先级。使用表 12-4 中提到的相同取值范围，1 是最高优先级，5 是最低优先级。如果数据库服务器或仓库应用程序服务器出现故障,则无法发货。但是发货中出现延迟可以接受,则这些系统的优先级可定为 2。

表 12-5　关键业务系统优先级

系　　统	优　先　级
数据库服务器	2
仓库应用程序服务器	2
与 Web 服务器的连接	3

如果与 Web 服务器的连接发生中断,那么新的订单无法传送到仓库。但仓库员工仍然可以处理已有的订单,因而该连接的优先级可定为 3。

12.7　业务影响分析的最佳做法

当进行业务影响分析时,可以采用几种不同的最佳方法。下面列举了几种做法:

- **带着明确的目标开始**——确保你和参与业务影响分析的人了解其范围,最好以书面形式加以明确。许多项目失败仅缘于各人对需求有不同的理解。
- **不要忽视目标**——除了说明范围以外,切记业务影响分析的目的是确定关键功能、关键系统和最大可接受中断时间。这些数据可用于确定恢复的优先级。
- **使用自上而下的方法**——从关键业务功能开始,然后深入了解支持关键业务功能的信息技术服务。如果从服务器开始,你就会错过支持关键业务功能所需的重要因素。
- **不同的数据搜集方法**——采集数据时,要确保你的方法符合组织机构的实际情况。可通过访谈得到可靠的数据,但可能无法获得个别访问某些人的机会。如果没有,可采用调查问卷的方式。在搜集业务影响分析数据时,小组讨论往往也是很有效的方法。可在电话会议、现场会议和研讨会中组织讨论。
- **提前为访问和会议做计划**——数据搜集是业务影响分析的重要组成

部分。要确保参会者有足够的时间给你所需的数据。如果他们很匆忙或者没有准备,将难以得到所需的数据。
- **不要寻找快速解决方案**——业务影响分析是需要花费时间的。搜集数据、评估数据、确定优先级都需要花费大量时间。所谓的捷径可能会忽略关键的功能或流程。
- **将业务影响分析视作一个特定项目**——可以采用所有常规的项目管理的做法。例如,设置项目节点并跟踪其进度。
- **考虑工具的使用**——很多工具都可以协助完成这项工作,包括可以帮助完成业务影响分析的工具。

本章小结

业务影响分析是有助于确定关键系统和资源的有效工具。一旦确定了关键系统和资源,就可以确定资源的最大可接受中断时间。中断和最大可接受中断的影响可用来确定恢复的优先级。某些系统可能需要在灾难发生后立即启动和运行,而其他系统则可以一次停机数天。

与业务影响分析相关的两个重要术语是恢复时间目标和恢复点目标。前者有助于确定时间关键型系统,后者则有助于确定保存数据的任务关键型系统。

第 13 章 基于业务持续性计划的风险缓解

业务持续性计划（BCP）属于风险管理中的一个重要部分，有助于组织机构为应对重大中断或灾难做好相应计划，并确保关键业务功能（CBF）继续运行。业务影响分析（BIA）通过识别关键业务功能为业务持续性计划打好基础，然后该计划协调人在一个或多个业务持续性计划小组及组长的协助下制定相应计划以支持关键业务功能。

如果出现中断，活动应在不同阶段实施。第一阶段是通知/激活阶段，需由业务持续性计划协调人提出；第二阶段是恢复阶段，在此阶段恢复关键业务功能并返回到全面运营；最后阶段是重建阶段，组织机构恢复到正常运营。为了实现成功的业务持续性计划，工作人员需接受培训且该计划需经过测试并实施，而且该计划需要定期审核并保持更新。

13.1 什么是业务持续性计划

业务持续性计划是为帮助组织机构在中断期间或中断之后继续运营而制定的计划。系统中断可能缘于恶意攻击或自然灾害，而该计划的目标则是应对系统中断、保持持续运营。

业务持续性计划可处理任何类型的中断或灾害。例如，在美国南部海岸地区运营的组织机构需要针对飓风制定计划；在美国中部地区"龙卷风走廊"（Tornado Alley）地区经营的公司在计划中应考虑龙卷风带来的灾害；加州人应考虑地震的问题；而每个人都要在计划中涵盖火灾的影响。

中断也可能由于攻击或故障造成。若关键服务器停机，到底是由谁造成的已不再重要，可能是攻击者通过互联网造成的，也可能感染了恶意软件，或者出现了硬件或软件故障。若是关键业务功能中断，则业务持续性计划需保证各项计划得到落实从而尽快恢复运行。

业务持续性计划的范围包括全局视野下组织机构的方方面面，涵盖信息技术系统、设施和工作人员，但并不意味着中断期间组织机构的所有要素都必须继续运行。相反，该计划检查所有要素，然后识别应需继续运行的关键任务要素，而不处理无须继续运行的非关键任务要素。

关键任务系统是指那些对任务作用关键的系统，且关键任务也适用于功能或流程。必须通过关键任务系统和活动保持组织机构的运行。

业务影响分析（BIA）属于业务持续性计划的一部分，其主要目标直接支撑该计划，具体如下：

- **确定关键业务功能**——关键业务功能是指任何被视为对组织机构至关重要的功能。如果关键业务功能出现故障，组织机构将失去实施关键业务操作的能力。
- **确定支持关键业务功能的关键流程**——关键流程是指为支持关键业务功能所采取的步骤或措施。
- **确定支持关键业务功能的关键信息技术服务（含关联关系）**——包括为支持关键流程所必需的服务器和其他硬件。很多服务具有关联关系，如应用服务器可能需要数据库服务器来保持运行。
- **确定关键业务功能、流程和信息技术服务可接受的停机**——关键业务分析将其定义为最大可接受中断。在考虑业务持续性计划时，还应确定每年不同时间的最大可接受中断是否存在差异，例如，数据库服务器在年末处理时是关键的，而在其他时候则并非关键。

业务持续性计划汇总以上信息，安排工作的优先顺序。业务影响分析将确定关键任务系统、应用和操作，而业务持续性计划则提供计划以确保在发生灾害时能够继续运行。

同样，业务持续性计划还囊括了灾难恢复计划，有助于组织机构在灾难发生后恢复信息技术服务。组织机构可根据与自身需求相匹配的步骤创建业务持续性计划，通常步骤如下：

- 确定业务持续性计划并创建计划范围说明书；
- 完成业务影响分析；
- 确定对策和控制；
- 制定专门的灾难恢复计划；
- 提供培训；
- 测试并实施计划；
- 维护并更新计划。

13.2 业务持续性计划的要素

业务持续性计划属于大型的综合文件，包括众多要素且经常涵盖多种意外事件。因此没有哪一种格式能满足所有组织机构的全部需求。然而，部分指南建议应包括特定要素。

业务持续性与灾难恢复的对比

业务持续性和灾难恢复的内涵并不相同，它们是两个独立但相关的流程。有人会混淆这两个概念，将两个词语交换使用，但并非完全相同。

业务持续性涵盖业务的所有功能，确保发生中断时整个业务仍能继续运行。业务持续性包括了业务影响分析，而且灾难恢复计划也是业务持续性计划的附加文件。

灾难恢复是信息技术的一个主要功能，包括在发生灾难时必须恢复的要素，诸如备份和恢复。灾难恢复范围也可扩大到包括替代网站等要素，但是灾难恢复计划仍属于更大范围业务持续性计划的一部分。

以遭受飓风威胁的海岸区域经营的银行为例，客户使用该银行的网站进行网上银行操作，而银行希望确保其网站在发生飓风时仍能继续使用，那么业务持续性计划可包含灾难恢复，以及在另一位置恢复网站所需的措施。

天气预报服务可间隔几个小时发出警报，例如，当预计飓风在 72 小时内来临时会发出警报。业务持续性计划可确定 72 小时、48 小时和

24 小时的具体措施，而灾难恢复则详细注明如何将网站移动到另一位置。

业务持续性计划可能需要应对飓风所造成的其他非技术问题，例如银行何时关闭？保险库是否需要上锁？保安是否继续留守在银行内？还可采取哪些其他安保预防措施？

灾难结束后，业务持续性计划与灾难恢复计划的目标各有不同，但可以共同实施。其中，业务持续性主要针对恢复整体业务功能，而灾难恢复主要关注恢复信息技术功能。

例如，业务持续性计划中通常包含以下部分的内容：
- 目标；
- 范围；
- 假设和计划原则；
- 系统描述和体系结构；
- 职责；
- 通知/激活阶段；
- 恢复阶段；
- 重建阶段；
- 计划培训、测试和演练；
- 计划维护。

以下各节将具体介绍。

13.2.1 目标

业务持续性计划的目标是保证组织机构的关键任务要素在中断后可继续操作。中断可能是因任何事件造成潜在的操作中止，在中断发生或即将发生时实施业务持续性计划，然后继续实施直到恢复正常操作为止。

在中断期间，只须确保关键业务功能，而不可能像往常一样开展业务。业务影响分析可明确关键业务功能及其优先关系，而业务持续性计划则确保全部要素均已到位，并可保障上述关键业务功能。

由于部分关键业务功能可能需要在最少的中断情况下保持运行，而其他关键业务功能可能具有较低的优先级，因此业务影响分析也考虑了可接受的中断次数。根据在业务影响分析中规定的恢复时间目标，较低优先级的关键业务功能可能允许停机几小时甚至几天时间。

13.2.2 范围

业务持续性计划与其他任何项目一样需要明确其范围，而项目的成功取决于工作人员对任务的理解。

如果没有提供范围说明书，则会出现两个问题。第一个问题是所需要的任务未能完成，即业务持续性计划不完整。第二个问题是可能出现范围蔓延（scope creep），即项目不断加入新任务导致范围扩大。例如，预期范围可能涉及某个位置，但通过业务持续性计划的研究可能会建议使用五个位置。

范围说明书可能包含几个关键方面，如位置、系统、员工和供应商。实际上，只能包含业务影响分析识别的关键系统，为关键系统提供支持所必需的员工，并以职务或职位而非姓名确认此类员工。而且在只能从单一来源处获得部件或供货时，范围说明书应包含该供应商。

虽然业务持续性计划采用了组织机构的全局观，但并非涵盖整个组织，例如，可能只覆盖具体的位置。假设一家总部位于亚特兰大的公司在芝加哥、洛杉矶和迈阿密设立区域办事处，则需为这四个位置编制四份独立的业务持续性计划。

从业务持续性的角度来看，单个部门或分部可能遭受并需处理的威胁更少，但通常会采用应急计划或冗余措施而非单独的业务持续性计划来处理较少的威胁。

13.2.3 假设和计划原则

每一份业务持续性计划均需包含基本的假设和计划原则，这对该计划的初始发展很有帮助，而且也可以在实施阶段使用。

可将假设和原则分成几大类来审核与评估，包括计划中期望处理的事件，以及战略、优先级和支持要求等各种要素。以下各节将对这些类别给予指导性说明。

在恢复正常操作之前，业务持续性计划规定操作实施的持续时间是一项关键的计划原则。例如，针对飓风灾害，公司应计划在其来临后七天内持续实施该计划的规定操作。

那么，这七天便成为很多其他要素的指导原则，即需要七天的供货，使用发电机需要七天的燃料，而且工作人员也需要维持七天的食品和饮用水。

必须考虑及无须考虑的事件

很多业务持续性计划中明确了须考虑及无须考虑的具体事件。换言之，可制定某项业务持续性计划来应对因飓风或地震造成的特殊中断情况，也可制定某项业务持续性计划来应对常规事件，如由各种原因造成的断电。

假设一个组织机构位于易受飓风影响的区域，并且在飓风来袭之前几小时而非几天才发出通知，那么应对飓风的常见安全预防措施及准备步骤包括将可能被吹走的物品存放在室内，预计大风会造成的损害，而且在部分地区还要预计发生洪灾的可能。

现在，将该组织机构的情况与位于易受地震危险区域的组织进行比较，但后者不会得到任何事先通知，地震往往来得毫无征兆，造成建筑物倒塌。不同影响程度的地震可能造成极小的损害或大规模毁损。

对以上事件的反应千差万别，但如能了解业务持续性计划的响应事件，就能更明确哪些措施应包含在内。

另一方面，部分事件比较常见，例如，业务持续性计划中包含断电时向组织机构提供备用发动机电源的内容，无论发生何种断电情况均可以采取该措施。此外，还可以增加当某个位置无法使用时重新安置到另一个位置的计划，但无须深究这个位置无法使用的原因，是否由于诸如火灾、洪水、龙卷风、地震或其他原因。

战略

业务持续性计划的战略目标应明确计划中的关键要素，包括位置、通知、交通，等等。

若组织机构位于某个位置，则战略只须针对这个单一的位置；若组织机构位于几个位置，则需要为每个位置确定一个战略。

例如，可能需要确定主要提供及维护关键信息技术资源的位置。如果一所大学的校园内有很多建筑物，那么业务持续性计划并非维持每个建筑物内的运营，而是确定一个或多个中心建筑物维护所需的具体资源。

如果某个事件已经或即将发生，则需通知业务持续性计划小组成员，并且还应特别明确如何通知到所有关键人员。很多组织机构采用电话簿的方式，由一名人员启动流程并致电关键人员（如组长），然后再由这些关键人员致电各自名单中的人员，最终确保所有人都能通知到。

交通可能成为问题之一。如果成员需要从一个区域来到另一个区域，应在业务持续性计划中处理这种需求，例如，可根据需求确定公司专门的员工班车。在需要移动设备时，则需要确定移动的方法。

在需要保持持续运营时，供货会成为一个重要的问题。例如，公司需要供货以便持续制造产品，因而需要保证供货到位。

还需要考虑公用设施，如供水、供电和供气。如果战略需要按照业务持续性计划继续运营七天时间，则需要保证七天时间的公用设施供应。

通信是另一个问题，通常情况下中断会阻断通信。有线电话的线路可能会失去功能，而部分情况下移动电话也可能会失效。此时很多组织机构使用一键通（push-to-talk）的移动电话。这种电话既可以用作移动电话也可以用作对讲机，虽然发生意外时移动电话功能失效，但是对讲机功能仍然可以使用。

采用一键通移动电话的优点在于不需要外部资源来保持对讲机功能，而是仅以某个频率传播信号。只要附近有其他移动手机，便可收到信息。因此，可在计划的第一阶段购买若干一键通移动电话并提供给关键人员使用。

优先级

业务影响分析明确关键业务功能、关键资源及其优先级，并且通常在业务持续性计划中再次确认其优先级。

业务持续性计划确保首先恢复最高优先级的系统，并投入最多的资源来恢复这些系统。

支持要求

业务持续性计划在每个阶段均有支持要求。首先，该计划要求得到管理层的支持，若无管理层的支持则无法得到所需的输入和工作人员的支持，也无法得到所需的资助。如果得不到最高管理层的支持，业务持续性计划注定会失败。

本章后续各节会列出个人和小组的各项职责，显然这些小组为业务持续性计划提供支持并努力获得相应支持是十分重要的。

在通知/激活阶段,所有工作人员需尽快做出响应。而部分工作人员可能被划分为关键任务人员,需在紧急事件发生期间始终在现场。

13.2.4 系统描述和体系结构

业务持续性计划会明确需要在中断期间保持运行的关键业务功能。每个关键业务功能均有一个支持系统,而重点是保证描述并记录此类系统的当前状态。

这类记录文件需提供足够的详情,以便识别关键系统及支持这类系统的体系结构。如果文件不可用或已经过期,更重要的是维持并恢复关键业务功能。

在为业务持续性计划编制关键业务功能的系统文件时,还需确定在恢复计划中应对的各种要素。例如,文件可能显示系统必须通过广域网链路来修复连接从而保持运行状态,若计划中没有提供替代方案,那么此广域网链路就成为单一故障点。

例如,图 13-1 中显示了将总部办公室的数据库服务器连接到远程位置的广域网链路。若该链路故障,则关键业务功能失效,因此必须保持链路的运行状态能够支持关键业务功能。

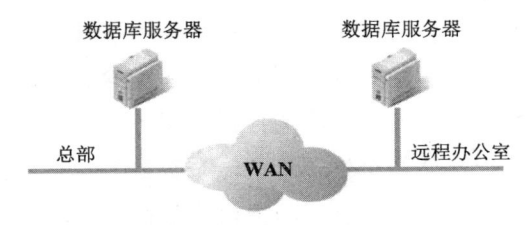

图13-1 通过广域网链路连接的数据库服务器

图 13-2 显示了采用备用通信方法的两个相同服务器,并且服务器在大多数时间通过广域网链路通信。若出现故障,服务器可通过调制解调器进行通信,虽然调制解调器链路比广域网链路慢很多,但在中断期间仍能够满足组织机构的需求。

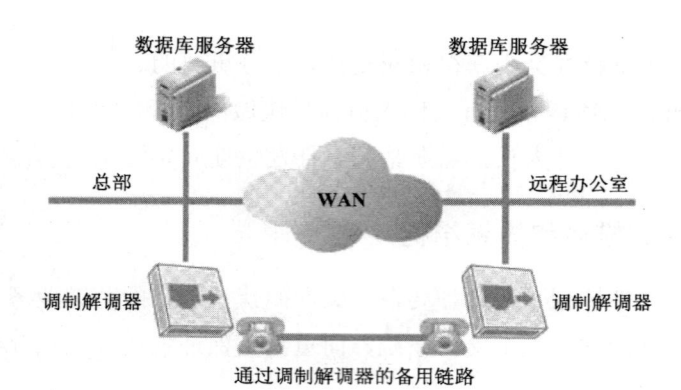

图13-2 采用主用和备用连接方法的数据库服务器

以下各节列出了业务持续性计划中包括的一些常用文件。

概述

概述部分对关键业务功能进行概要性描述。例如，下面是对某个组织机构总部所在地关键数据库主机的描述：

总部利用数据库服务器维持销售数据库，而该数据库对几种不同的业务功能至关重要：

- 总部的管理人员利用该数据库识别并跟踪整个公司的销售。
- 订购和生产人员利用该数据库订购和跟踪运输到仓库的产品。
- 数据库跟踪每个仓库的存货，而每个仓库的员工通过查看数据库来确定本地或另一个仓库是否存有某个具体项目。

每个仓库均有一个本地数据库服务器，负责仓库的数据库并记录仓库的销售。每个仓库的数据库与总部的数据库服务器每小时同步一次。

根据上述描述，显然每个位置均有一个数据库，且该数据库与总部数据库同步，虽然未提供详细信息，但提供了足够的信息来理解整体情况。

功能说明

在概述的基础上，功能说明提供系统的更多详情。

很多系统与其他关键系统之间互动，因此在可能的情况下可以增加图表。例如，图13-3提供了概述部分所提到数据库服务器的示意图，并显示了每个远程仓库如何通过广域网链路连接到总部。

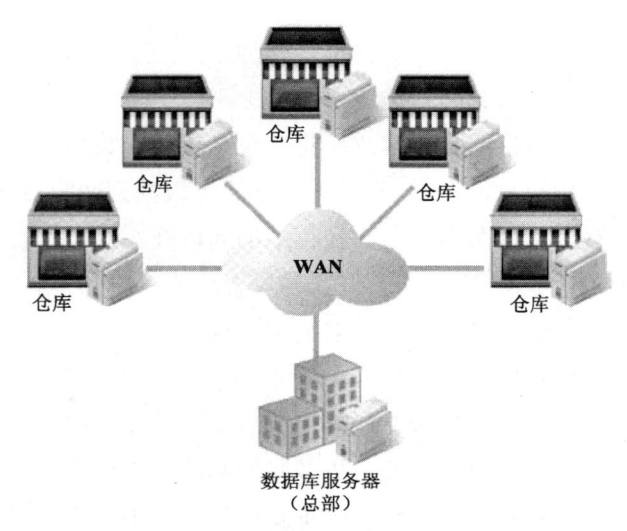

图13-3　仓库与总部之间连接的数据库服务器

功能说明会提供更多的详情，如仓库的名称及位置，以及有关广域网链路的详情。如果存在冗余广域网链路，还应包含这些冗余链路。

有关总部服务器的详情也很重要，该说明应包含服务器名称、操作系统和所采用的数据库应用，如服务器应运行 Windows Server 2012 及 SQL Server 2014 等。

如果服务器具有任何容错能力，应在该部分注明。例如，数据库服务器可能拥有故障转移集群，并包含一个造价并不昂贵的独立磁盘冗余阵列（RAID）子系统。两节点故障转移集群允许某个服务器发生故障，但不影响数据库提供的服务。如果采用独立磁盘冗余阵列，系统在一个驱动器发生故障时仍可继续运行。

数据敏感性和操作临界

业务持续性计划包含有关系统数据敏感性的信息，以及有关系统操作临界的详细内容。

任何组织机构都有一些机密或专利数据，因此明确这些数据的分类很重要。部分数据可能属于隐私且只能在组织内部使用，而其他数据可能是公开的且可自由使用。因此，通过分类可确定数据所需的保护等级。

如果系统存放了相关数据，应保证按照相应等级来保护数据。为此，业务持续性计划应记录数据的敏感性。在发生紧急情况时，并非每个人都能牢记安全预防措施。如果业务持续性计划中记录了数据的敏感性，大家便会了解应该采取什么预防措施。

例如，数据库可能会搜集客户信息，包括信用卡数据，而且也可能搜集所有仓库的销售数据，因此组织机构可将此类数据划归隐私或专利数据。如果需要移动数据库服务器，就需在移动期间以及在原始位置和备用位置均采取措施保护数据。

还是以前面的总部数据库服务器为例，这类数据包含了销售数据，而且服务器很有可能保留客户数据（含信用卡信息），因此可能也留存了实际销售金额，而大多数组织机构在任何情况下均会保证这些数据的隐私性。

操作临界明确了信息技术服务失效时的影响。临界通常记录在业务影响分析中，但会在业务持续性计划中重复以便进一步明确。通常可以使用简单的陈述表达，如对上例中的总部数据库服务器可使用下列陈述：

- 如果数据库服务器故障，远程仓库可能无法查询产品的数据库，也就无法确认产品是否在自己或其他仓库中。如果仓库服务器无法与总部服务器同步，销售数据会在自身的系统中排队直到发送为止。
- 由于现有产品的销售情况未知，则会导致新产品订购的延误。此外，管理层无法获得当前的数据，从而影响多个层面上的决策。

明确临界设备、软件、数据、文件和供货

业务持续性计划应列出系统的所有临界组件，而包含这种数据的原因有二：首先这样可以明确关键业务功能需要哪些组件；其次可以列出彻底恢复系统所需的组件。

组件列表包含各种设备，如服务器、交换机和路由器。由于服务器可能需从头开始重建，业务持续性计划应列出操作系统及支持该系统所需的任何应用。若采用镜像重建服务器，则需列出版本号。

上述列表中的项目包含系统所使用的数据库、各类文件（如文件或电子表格），以及任何必需的供货（如打印机用纸、硒鼓等常见的办公用品）。对部分系统而言，还包括技术用品（如特殊的机械润滑油或维修所需的工具）。

在可能的情况下，应注明这些项目的所在位置。此外，部分组织机构会提供重建系统所需的全部组件，其中包括操作系统的 CD 或 DVD 光盘、各种应用或镜像以及构建或重建系统的基本说明。

电信

与其他系统的连接要求是业务持续性计划记录的一个重要部分。连接可以通过内部网络、互联网或者专用的广域网线路，而通信也可通过简单的电话线路实现。

外部连接经常使用电信公司的线路，而互联网服务供应商（ISP）通常提供的不仅是互联网访问服务，还会出租广域网、虚拟专用网（VPN）的线路。

记录任何必要的通信链路，如数据库用于获得其他数据库更新的虚拟专用网线路。部分系统使用多个通信线路来实现冗余，当系统在没有具体电信线路的情况下运行时，则需识别这些通信线路及冗余连接。

13.2.5 职责

业务持续性计划应明确各种职责。在进行职责分配时，应确保所有相关人员了解当前情况，这样在分配的任务未完成或落后于计划进度时可以更方便地回归正常状态。

组织机构的员工可在业务持续性计划中承担具体的职务，包括该计划的项目经理、组长和小组成员。

以下几节将介绍这些职务及职责，包括业务持续性计划中可能涉及的其他关键人员。

业务持续性计划项目经理

业务持续性计划项目经理通常负责管理大型组织机构内部的多个业务持续性计划项目。例如，大型组织机构涉及多个位置且为每个位置创建计划。计划协调人负责管理单个业务持续性计划并向计划项目经理报告，而项目经理确保每个业务持续性计划按照预期的进度实施。项目经理可以使用传统的项目管理技能来管理该计划，例如，每个业务持续性计划均包括开发开始日期、里程碑和结束日期，以及审查开始日期、里程碑及结束日期等。

项目经理负责保证每个业务持续性计划能够顺利实施。根据组织机构的层次结构，项目经理可能对单个计划协调人没有管理权限，因此项目经理应具有额外的沟通技能。

其他组织机构可能设有专门的项目经理部,而在该部门的工作人员均具有专业的项目管理技能,并由首席项目经理监督几位项目经理的工作。在这种情况下,项目经理对计划协调人具有直接的管理权限。

业务持续性计划协调人

计划协调人负责具体的业务持续性计划,并根据其所在阶段承担两部分工作:

- 在完成并激活该计划之前,负责制定并完成计划。
- 在完成和激活计划时,负责宣布紧急情况并激活该计划。

宣布紧急情况时,计划协调人需联系相应的小组或组长。例如,需要紧急管理小组时,则由计划协调人联系紧急管理小组组长。

业务持续性计划小组

任何个人无法单独完成该计划的筹划、实施和执行,但可通过几个小组合作促进整个流程的实施。

如果组织机构较小,可选择某个计划小组,由其承担下文将提到的各小组职责。计划小组成员具有不同级别的专业水平,部分成员还可能在不同阶段采取更为积极的应对。在较大型的组织机构中,则由众多小组承担不同的目标和职责。

虽然不同的小组具有不同的目标,小组成员需要具有一些常见的技能和能力,尤其是小组成员要共同合作。在选择成员时,要保证具有与他人合作的能力。一个能够与他人合作完成工作的成员胜过总挑他人过错但很少能完成自身任务的众多"专家"。

三个经常需要的小组包括**紧急管理小组(EMT)、损害评估小组(DAT)和技术恢复小组(TRT)**,具体如下:

- **紧急管理小组**——该小组由高级经理组成,其成员拥有系统恢复的全部权力,并与计划协调人紧密合作。因此,也有可能发生以下冲突:谁来负责工作,是计划协调人还是紧急管理小组组长?为了避免这样的冲突,业务持续性计划需明确那些做出最终决策的人员。例如,计划协调人负责工作,直到紧急管理小组组长出现并将权力转交给组长。不管怎样,紧急管理小组均与损害评估小组紧密合作识别损害，而前者还与计划协调人紧密合作确定响应情况。
- **损害评估小组**——该小组评估损害并宣布事件的严重情况。成员主要负责搜集并汇报数据，但不采取任何行动，除非发现工作人员需要帮助时外，因为保证工作人员的人身健康和安全始终是第一要务。该小组包括信息技术工作人员、设施工作人员及任何其他负责监督资源的工作人员。小组成员向紧急管理小组汇报工作，而业务持续性计划可确定该小组汇报发现情况的具体格式。例如，损害评估表允许该组成员记录损害的位置和严重情况。
- **技术恢复小组**——该小组负责恢复关键信息技术资源。请牢记在中断期间只能恢复业务影响分析中识别的信息技术资源。技术恢复小组的组员需具备与正在恢复资源直接相关的技能。例如，如果小组成员需要恢复数据库服务器，则应了解如何进行恢复。

关键人员

业务持续性计划可能需明确承担其他职责的人员，这些人员随组织机构的不同而存在差异，具体包括：
- **关键供应商**——如果需要获得关键供应商的具体供货或其他资源，业务持续性计划应明确其职责。关键供应商是指提供所出售具体部件或产品唯一来源的供应商，或在特定时间提供紧急供货的供应商。例如，可与供应商签订合同，在被飓风袭击之后 36 小时内为现场供应饮用水。可与供应商签订服务水平协议，确保在需要时提供所需的服务。
- **关键承包商**——除了全职员工以外，很多公司将承包商列为员工，还可以是员工之外的全职工人，或满足特殊需求的临时工。如果希望承包商在业务持续性计划中承担具体职务，应确认这些职务。例如，部分承包商的职位与关键任务相关，则要求工人在任何类型的中断期间始终在现场工作，并且在业务持续性计划中明确这些承包商的具体职责。
- **远程办公人员**——远程办公人员通常在家中工作，只有组织机构完全运行才能保证远程办公的有效性。但是，远程办公人员在中断期间可能无法访问组织的资源，而且可能无法完成任何工作。组织机构可能需要此类员工访问不同位置的资源，或者这些人员具有帮助组织机构克服中断的技能并且可能需要向工作现场汇报工作。业务持续性计划记录中断期间组织机构对这些人员的工作要求。

承接顺序和权力下放

发生灾难时，主要人员可能无法联系或不在现场。例如，首席执行官要求业务持续性计划协调人在激活该计划之前告知自身的情况，但如果灾难发生时首席执行官正在度假或无法联系上，该计划应该通知谁呢？

业务持续性计划应增加一个承接顺序以应对这种情况，以构成指挥命令的链条。组织机构可确定以下承接顺序：

- 首席执行官；
- 首席信息官；
- 按以下顺序的副总裁：服务的交付、销售、市场营销；
- 按以下顺序的部门主管：服务的交付、销售、市场营销。

如果首席执行官或首席信息官在现场，应首先联系首席执行官或首席信息官。

如果首席执行官或首席信息官不在现场，应联系服务交付的副总裁。如果服务交付和销售副总裁均在现场，按照承接顺序应首先联系服务交付副总裁。

与此类似，需要明确授予的权力。因为在发生重大危机时所做的决策会在今后几年中仍然对组织机构产生影响。业务持续性计划可规定即便首席执行官或首席信息官不在现场仍由其做出部分决策，若无法联系到首席执行官或首席信息官，可根据继承顺序来授予决策权力。如果业务持续性计划没有确定授予权力，且现场人员无法联系主管，则难以适时做出决策，这种情况可能会比做出存在缺陷的决策造成更大的损失。

13.2.6 通知/激活阶段

业务持续性计划协调人在已经或即将发生中断时，宣布进入通知/激活阶段。下面通过比较飓风和地震这两种情况，说明该阶段如何随中断而发生变化。

天气预报员能够在多数飓风发生前几天就发出警报，但预报并不能保证百分之百的准确，只能为组织机构提供事先报警以便准备应对其实际发生的情况。因此制定业务持续性计划时应包含不同阶段采取的不同措施。

例如，表 13-1 显示飓风在接近时的不同时间段所采取的各种行动，并且表中的时间框架以具体阶段或等级代码表示。该表并不是一个完整的列表，而是有助于理解不同时间可采取不同行动的主要思路。

表 13-1 飓风清单

时间框架	行　动
96 小时 飓风第 4 阶段	通知全体人员飓风将在 96 小时内登陆。启动外部常规清理，确保飓风作用力不会将各种材料吹入内部。审查其他阶段的各种措施和职责
72 小时 飓风第 3 阶段	审查供应列表并确保获得所有必需的用品。对于易受洪水影响的建筑物，开始在四周堆放沙袋。审查其他阶段的各种措施和职责
48 小时 飓风第 2 阶段	解散不必要的人员要求其照顾好自己的家庭和家人。测试备用发电机，并通知飓风应对人员随时待命并到现场报到的时间
24 小时 飓风第 1 阶段	飓风应对人员进入，在整个飓风期间留在现场，并解散所有其他人员

相比之下，地震情况无法给予事先通知，只能在发生后立即通知。此外，如果发生严重地震，可能会出现很多的余震。

应牢记针对地震的业务持续性计划是一个完全不同的通知/激活阶段。可制定业务持续性计划，要求人员在发生地震时即便没有获得正式通知仍可采取特殊行动。例如，地震响应小组的成员可立即向组长汇报情况并要求其给予指示。

业务持续性计划协调人仍会激活该计划，确保每个人员均得到通知。但如果发生了地震，显然受地震影响区域的每个人都会知晓。

通知步骤

组织机构之间的通知步骤各有不同，但其中最重要的一步都是确保将业务持续性计划涵盖的中断或灾难通知给协调人。如果在工作时间内发生中断或灾难，协调人可以迅速赶到现场；如果在非工作时间发生，应与协调人取得联系。

通常使用电话簿通知小组及小组成员。例如，业务持续性计划协调人可通知紧急管理小组、损害评估小组和技术恢复小组组长，然后再由组长通知各组成员。

损害评估步骤

损害评估小组（DAT）负责评估损害并将损害汇报给业务持续性计划协调人，而该小组的主要目标是尽快确定损害程度。

此外，该小组开始采取行动的时间取决于中断的类型。如果飓风来袭，则成员应在建筑物内部评估暴风雨造成的损害，如评估暴风雨损害造成的内部进水及漏水现象。当暴风雨结束后可安全到户外行动时，该小组可在外部评估损失。如果发生了突发性灾难（如地震），损害评估小组可在成员抵达现场后立即开展行动。

应将数据传递给紧急管理小组组长及业务持续性计划协调人，使他们共同合作，并根据所有报告确定损害程度。

随后，紧急管理小组组长对应需采取的行动做出决策。如果关键操作可以在现场继续实施，技术恢复小组可以启动恢复操作。如果损害范围广且在同一位置无法继续实施关键操作，可能需要将此类操作移动到备用位置。

计划激活

业务持续性计划协调人负责根据事先规定的标准激活业务持续性计划，换言之该协调人不能仅凭个人感觉来做决定。

例如，可作为激活计划的正当理由如下：

- 工作人员的安全；
- 对建筑物的损害影响了关键业务功能；
- 操作损失影响了一个或多个关键业务功能；
- 业务持续性计划中规定的具体标准，如飓风警报或地震。

各类人员在计划被激活时的具体职责如下：

- **业务持续性计划协调人**——在激活该计划之后，计划协调人的首要职责是保证每个人均意识到计划被激活，这里包括计划所涉及的全部人员。计划协调人要通知组长，并且其职责还应包括通知高级管理人员，如首席执行官或首席信息官。
- **紧急管理小组组长**——组长负责协调该小组的各种行动，并与损害评估小组组长和计划协调人密切合作。

- **紧急管理小组**——该小组按照组长的指示，与损害评估小组和技术恢复小组一起合作，而且该小组的成员还需与组织机构外部的人员保持互动。例如，该小组的成员与媒体沟通，尽可能保证组织机构表现出"受控"的状态。如果出现混乱状态，则可能会失去公众的信任，从而影响公司在今后几年的商业信誉。
- **损害评估小组组长**——组长负责协调该小组的各种行动，并与紧急管理小组组长和计划协调人密切合作。
- **损害评估小组**——该小组负责搜集有关中断或灾难的全部信息，其目标是对受损之物及其损害程度提供具体详情。在可能的情况下，该小组尝试确定现场是否可以恢复，并将情况汇报给该小组组长。

如果现场在一定时间内无法恢复，则需将操作移动到备用位置，并由计划协调人、紧急管理小组组长和损害评估小组组长共同合作，根据可用数据确定可能的恢复方案。

备选评估程序

在部分情况下，损害评估小组可能无法直接评估损害，如有必要该小组需根据可用的信息进行间接评估。

例如，2005 年飓风卡特里娜袭击墨西哥湾沿岸地区，导致众多组织机构必须撤离，且人员无法立即返回。不过，电视图像显示了该区域的损害程度，主管可能没有看到自己负责的建筑物，但可以看到附近建筑物所遭受的损害，从而得知近期无法返回采取相关措施。

人员定位控制表格

很多组织机构使用通知花名册，并注明人员姓名和联系信息。该花名册可用于很多不同的用途，但主要目标是在必要时联系工作人员。

例如，若组织机构因飓风来袭而激活业务持续性计划，员工可使用该花名册来通知所有相应的人员。

此外，计划协调人也可使用该花名册找到任何组长并与之沟通，同样组长也可使用该花名册联系自己小组的人员。该花名册的格式应尽可能简单，如表 13-2 中所示。

表 13-2　人员定位控制表格

姓　名	电　话	电子邮箱
Darril Gibson	手机：×××-×××-×××× 座机：×××-×××-×××× 办公：×××-×××-××××	Darril@darrilgibson.com

13.2.7　恢复阶段

通知/激活阶段之后便进入恢复阶段，此时技术恢复小组的成员开始工作，他们的工作目标如下：

- 恢复关键系统的临时操作；
- 维修对原始系统造成的损害；
- 恢复对原始系统造成的损害。

技术恢复小组完成自己的工作后，便会开始实施关键操作，但需牢记该小组并非专门负责恢复全部的操作，而仅需关注业务影响分析中已确定的关键业务功能。

技术恢复小组成员经常使用具体的灾难恢复计划来恢复单个的系统。例如，业务持续性计划可指定某个网站及数据库服务器为关键设备，而灾难恢复计划可作为业务持续性计划的附件显示如何恢复这些服务。

恢复计划

恢复阶段要依靠事先制定的恢复计划才能成功地执行。俗话说"诺亚并不是在下大雨的时候才开始建造方舟的"。换言之，如果灾难发生时才开始制定计划就太迟了，因此计划必须提前制定。

恢复计划通常采用灾难恢复计划的形式，并在灾难恢复计划中明确发生事件后系统恢复的步骤。

恢复目的

恢复目的取决于几大因素，但其目的是要恢复关键业务功能的一部分功能。例如，数据库需要运行才能接受更新和查询，但并非支持满负荷的全部正常操作。

另一方面，恢复目的可能要求更高。例如，组织机构可能在一个位置提供服务，但在灾难发生后可能需要在另一个位置恢复所有的功能。

技术恢复小组负责实施工作实现恢复目的，并使用灾难恢复计划指导工作。但工作可能会根据恢复的深度分为几个阶段实施，尤其是当操作必须在不同位置重新配置时，更有可能需要分阶段实施。

技术恢复小组组长

技术恢复小组组长负责监督该小组的实施工作，并需要非常熟悉当前的灾难恢复计划，甚至其本人就是该计划的制定人。

该组组长负责协调小组的全部活动，并且将相关工作的进度通知给紧急管理小组组长和业务持续性计划协调者。

技术恢复小组

技术恢复小组实施恢复工作，而工作范围取决于损害的范围以及是否要转移各项操作。

例如，飓风会对服务器房造成进水损害，现场人员可能通过快速切断电源并在服务器进水之前将其移走，从而减轻损害程度。因此，恢复工作将十分明确，只须清理进水所造成的损害，将服务器搬回，然后重启即可。

另一方面，如果地震摧毁整栋建筑物，将导致服务器埋在建筑废墟之中，恢复工作就会复杂得多。该小组必须在备用位置恢复服务器，取得场外备份，并运送到备用位置。然后，还需要在服务器上恢复数据，并重新配置服务器。

技术恢复小组的工作成功与否通常取决于根据灾难恢复计划的事先工作。在理想状态下，由适当的人员来测试灾难恢复计划并保持更新的状态，否则技术恢复小组有可能面临不可预见的问题。此外，将操作从一个位置移动到另一个位置是一个大工程，应充分预计可能出现各种问题。如果工作人员从未测试灾难恢复计划，预计会出现更多的问题。

13.2.8 重建阶段（返回正常操作）

最后一个阶段为重建阶段，即恢复正常功能，包括关键功能和非关键功能。

发生下面任何一种情况时，便开启该阶段工作：

- 原始位置的损害被修复。

- 管理层决定将操作永久性移到备用位置。

原始位置或新位置恢复

如果在原始位置的损害范围大,管理层可决定是否进行移动操作。该决定可能涉及诸多因素。

例如,如果火灾损坏了公司的主要建筑物,且技术恢复小组响应时在区域办事处恢复了关键业务操作。而后,损害评估小组认为火灾损害范围太大,公司需要重建原始建筑物。那么,管理层必须确定在哪里重新安排这些操作。

虽然关键操作位于备用位置,但并不支持非关键操作,因此管理层会确定将所有操作移动到新位置并在该位置得以恢复。另一方面,如果损害较小,则可将关键操作从备用位置移动到原始位置。

无论哪种情况,技术恢复小组都将实施主要工作,并且该小组最熟悉灾难恢复计划,以及恢复功能所需采取的步骤。

技术恢复小组不仅要参与将操作移动到新位置的工作,而且还要参与将操作移回原始位置的工作。

首先移动最不关键的功能

将关键业务功能从备用位置移回到原始位置时,应首先移动最不关键的功能,从而保证最关键的功能不会被中断。

在原始位置恢复功能时,可能存在一些问题,而且开始不一定很顺利。但由于首先移动的是最不关键的功能,因而只有最不关键的功能会受到影响。

将流程中的问题解决之后,可以移动更加关键的功能。

并行处理

并行处理是在两个单独的位置同时运行各项操作。假设中断造成某些操作移动到备用位置,发生灾难之后要在初始位置重建系统。很多专家建议在两个位置运行三至五天时间,从而保证初始位置的系统能够顺利运行。

例如,假设灾难导致组织机构将操作移动到备用位置,且关键业务功能可成功运行,技术恢复小组使关键业务功能在原始位置运行,从而宣称准备就绪可以开始转移。

不过，也可不必完全转移，而在两个位置同时运行操作。在很多系统中，可能需要将系统负荷逐渐从备用位置移动到原始位置。如果未发现的漏洞在原始位置开始显现，则仍需要保持在备用位置运行操作，以便今后方便地移回。

组织机构经常保持备用位置的维护和运行，直到确定原始位置能够达到完全运行的状态。在所有功能得到测试和确认之后，才可实施完整的转移操作。

计划停用

一切回归正常之后才可停用业务持续性计划，但此时需要考虑若干事项。首先，仅恢复原始位置的操作并非一定表明所有情况已回归正常。例如，将操作移动到备用位置，需要将该位置的物品清理干净。

备用位置可首先增加所必需的全部设备，并可运输多台服务器、路由器和交换机到该位置。如果需要归还所有设备，那么目标应退还到中断开始之前的状态，或者根据"童子军规则"达到比之前更好的状态[①]。

数据是一个重要的方面。如果将任何数据移动到备用位置，需保证不会被遗留在原位。发生重大灾难时，管理层有时会决定在备用位置安放一些硬件。但若这些系统中遗留了数据，就可能成为不必要的风险，因为对备用位置实施物理访问的人员可以获取这些数据。

此外，技术恢复小组将对这些步骤负责，并在业务持续性计划中增加一个内容清单，以确保不会忽略关键的内容。

13.2.9 计划培训、测试和演练

虽然创建业务持续性计划是一个重大步骤，但仅仅创建了计划还不够，还需要采取相应步骤对工作人员提供计划培训，并投入时间测试、演练该计划。这些步骤的目标如下：

- 培训——向人员传授有关业务持续性计划的详细内容。

---

① 译者注：童子军规则本意是指要让离开时的营地比刚到时更干净，此处意指恢复后状态比初始状态更好。

- **测试**——确认业务持续性计划能按计划实施。
- **演练**——演示业务持续性计划将如何实施。

业务持续性计划培训

接受业务持续性计划培训的主要对象为小组成员，应使他们充分理解该计划被激活后自身所承担的实际职责。计划协调人负责确保全体人员均接受培训。

应注意每个业务持续性计划小组承担不同的职责，因此无须同时对所有小组培训全部职责，而是按照下列培训分期实施：

- **所有小组的培训分期**——有助于每个人了解计划的整体思想以及每个小组成功实施的具体做法。
- **紧急管理小组培训**——培训以该组的成员为对象，主要明确这些成员的具体职责。
- **损害评估小组培训**——培训以该组的成员为对象，强调评估的重要性并明确所使用的工具或清单。
- **技术恢复小组培训**——培训以该组的成员为对象，包括对每个灾难恢复计划的单独审查。

培训应至少每年实施一次，但如果业务持续性计划或系统发生变更，应增加培训的频次。例如，如果计划中注明的关键系统被更换，需要修改计划并由相关专家更新灾难恢复计划，然后技术恢复小组成员需接受有关新版灾难恢复计划的相关培训。

业务持续性计划测试

业务持续性计划测试应至少每年实施一次，其目的是证明该计划中规定的步骤可以实现，即证明计划可以实施。此外，可帮助小组成员了解计划的所有步骤。

测试可分为以下几个步骤进行：

- **测试业务持续性计划各个阶段的每项步骤**——要求对该计划逐行审查。对各个步骤的测试（如实施召回），只须取得召回花名册并致电上面列出的人员即可。
- **测试所有的灾难恢复计划**——可保证灾难恢复计划中的所有步骤按照书面规定完成。例如，该计划可能规定了重建并恢复数据库服务器的步骤，那么管理员便可对离线系统按照灾难恢复计划的相关规定，确定这些步骤是否成功实施。
- **定位并测试备用资源**——如果计划规定了备用位置或备用资源，需识别并测试这些位置或资源。例如，若计划中规定了一个备用位置，则应对该备用位置进行测试，确定是否确实支持关键业务功能。

测试应暴露计划存在的问题或缺陷，包括步骤、资源或人员方面的任何问题，并尽快解决这些问题。

业务持续性计划测试演练

业务持续性计划演练的主要目的是演示该计划如何实施，所以演练应具有挑战性和真实性。此外，测试中应针对能够解决的问题。

演练除了能测试业务持续性计划的能力以外，而且还可以使参与者获得自信。如果确实发生紧急情况时，人员会回顾演练时的情况。如果全都无效，在发生紧急情况时便会失去对计划的信心，甚至会放弃或试图回避实施计划。

很多组织机构采用分阶段的方法对计划进行演练，所以在一开始并不进行全面演练，而是进行桌面演练和功能演练。

桌面演练。此类演练可聚集全体成员探讨整个流程。想象一下全体小组成员围坐在会议室的桌子旁边，然后由业务持续性计划协调人向小组成员描述某个情景。

小组成员明确了自身应采取何种行动来应对该情景。此时，业务持续性计划应已制定成书面版本并经过批准。在理想状态下，小组成员的响应会与该计划中的要求相符。但这种情况下参与者会假设自己处在实际情况中，并发现各种不同的问题。

桌面演练可以采用多种情景。例如，可能有一种情景是与天气相关的事件（如飓风），此时业务持续性计划协调人可明确所在阶段，而组长或组员可明确自己需要采取何种行动来响应该事件。另外，还有更加紧急的情景，如晚间发生火灾。

应记录演练并形成文件，可安排不属于业务持续性计划小组的外部人员来记录并评价演练。这是因为外部观点有助于确保所有问题均得到处理。

功能演练。 此类演练评价业务持续性计划中的具体功能。例如，假设该计划规定了备用位置的部分关键功能，可在备用位置实施恢复所有关键资源的功能演练。

功能演练不应过分戏剧化，并应尽量涉及较少的资源。例如，可以启动"召回花名册"，确认该花名册的准确性并明确需要多久才能完成召回。

与桌面演练一样，功能演练的结果也需要记录并形成文件，由计划协调人或计划小组之外的人员来负责记录。

全面演练。 此类演练模拟关键业务功能的实际中断情况。小组成员不应仅围坐在桌边讨论该做什么，而应采取各种实际行动，因而比桌面演练或功能演练更具真实性。

全面演练需要大量资源才能完成，其中首要的资源是人员。全面演练可以最真实地展现小组成员如何应对实际发生的紧急情况。

与其他演练一样，需要记录结果并形成文件。根据计划的范围，可能需要几名外部观察员记录观察到的情况。此外，还应在演练完成后了解小组成员的想法，以确定业务持续性计划中哪些内容切实有效，并获得改进计划的相关意见。

然后，可将这些数据编制成书面报告。与其他类型的演练一样，应处理存在的问题，可能还需要修改该计划。

13.2.10 计划维护

业务持续性计划协调人对该计划负责，包括对计划的审查和更新。该计划可能由于多种具体原因而需更新，例如：

- 信息技术基础设施发生变更；
- 定期更新，如每年一次；
- 测试或演练完成后。

业务持续性计划计划的版本跟踪

业务持续性计划的全部版本均需记录在案，从而确保人员可以方便地了解文件是否发生过修改，以及当前是否为最新版本。很多组织机构采用简单的版本控制页，如表13-3中提供的版本控制页示例。

表 13-3　业务持续性计划版本控制页

日　期	编写人	版　本	评　语
××/××/××	负责变更的个人或小组	文件的当前版本，如 1.1、2.0 等	有关文件发生变更的评述

除了在版本控制页中记录所发生的变更外，还应确保所有相关各方均了解发生的变更。例如，如果变更直接影响到紧急管理小组成员，则应让其了解发生了哪些变更。

基于信息技术基础设施内变更的业务持续性计划更新

信息技术基础设施发生任何重大变更时，尤其是关键系统发生变更后，应对业务持续性计划进行审查。

例如，假设采用一个服务器管理 Web 服务器和在线销售数据库，并且业务持续性计划中包含了发生灾难时恢复该服务器的灾难恢复计划。如果将该系统升级成四节点的 Web 农场，并配备两节点故障转移集群的后端数据库服务器，则此变更属于非常重大的变更，并且原始业务持续性计划和灾难恢复计划中均没有针对新配置做出相应规定。如果需要将这些服务器移动到备用位置，则原始两项计划均无法发挥任何作用。在这种情况下，应对业务持续性计划进行审查，然后升级这两项计划以反映这些变更。

实施了变更管理步骤的组织机构可以更加方便地实施审查，并且业务持续性计划协调人可以定期审查经批准的变更要求，从而确认何时发生了变更。此外，也可在变更管理审查中涵盖检查项目。例如，可要求技术恢复小组组长确认变更有没有影响业务持续性计划或任何灾难恢复计划，有些变更并不重要则无须修改业务持续性计划。

业务持续性计划年度更新与内容更新

业务持续性计划协调人负责对该计划的审查。无论是否发生已知变更，至少每年应实施一次，从而保证该计划符合及满足组织机构的所有要求。该审查包括对业务影响分析的审查，确保关键业务功能没有发生修改或仍被视为关键功能，其中涵盖运行及安全方面的要求。此外，还包括对任何单独流程（如召回）及诸多技术规程（如灾难恢复计划）的审查。

审查流程可与重写流程分开。例如，可安排技术恢复小组的一名成员审查作为业务持续性计划附件的具体灾难恢复计划，找出使该灾难恢复计划过期的系统变更。这位技术恢复小组成员应将审查的结果汇报给业务持续性计划协调人，然后该协调人要求技术恢复小组组长更新灾难恢复计划。

业务持续性计划协调人应通过适当人员通知变更。换言之，如果变更直接影响到技术恢复小组，应经由该小组组长将变更作为工作输入信息。此外，应在变更完成时通知所有受到影响的人员。例如，技术恢复小组组长或计划协调人应将变更通知给该小组全体成员。

业务持续性计划测试

业务持续性计划的审核还应包括来自培训、测试和演练的信息，并且可以从这些活动获得大量有价值的信息。该计划的部分步骤将顺利实施，而其他步骤可能需要通过更新计划的方式加以完善。

在理想状态下，可在完成这些事件的报告后立即更新该计划。也可以在计划的年度审查中增加对这些报告的审查，从而保证在培训、测试和演练中发现的所有问题均得以解决。

13.3 业务持续性计划如何缓解组织机构的风险

业务持续性计划通过保证组织机构更好地准备应对灾难，从而缓解风险。如果发生灾难，组织机构会发现预先计划所带来的好处。另一方面，如果没有制定该计划，那么管理层必须即刻做出相应决定。

人们经常夸大飞行员在面对灾难时能够冷静处理的魄力。例如，2009年萨利机长发现当时的最佳应急方案是将发生故障的喷气式客机降落到哈德逊河上，因而平静地在机舱广播中说道："我们即将抵达哈德逊。"为什么能如此平静呢？因为飞行员已经接受了多次的灾难培训，非常清楚自己需要如何应对。即便身处险境，仍能冷静地确定应该采取何种最佳措施以降低灾难的影响。

另一方面，如果飞行员从来没有接受过灾难培训，突然发现两台喷气发动机都已熄火，就会极力尝试让其恢复运行。这样会因各种无谓的尝试而浪费大量的能源或者使情况变得更糟。

与此类似，业务持续性计划可以帮助组织机构计划如何应对灾难并实施灾难培训。大家都希望避免灾难，但如果灾难确实发生且已制定了此类计划，便可更好地应对灾难。

13.4 灾难恢复计划的最佳做法

实施业务持续性计划包含多种最佳做法，如下所示：
- **提前完成业务影响分析**——确保业务持续性计划实施过程中提前完成业务影响分析。如果没有业务影响分析，就不清楚哪些属于关键系统，也无法了解应优先恢复的系统。
- **从备用位置恢复功能时需格外谨慎**——将功能从备用位置恢复到初始位置时，需要考虑：
  ○ 首先恢复最不关键的功能，这样可以在不影响关键功能时清除流程中的漏洞。
  ○ 自中断后实施并行处理。如果系统已在初始位置重建，应先运行三至五天然后切断备用位置的服务。
- **定期审查并更新业务持续性计划**——该计划协调人应审查并更新计划，至少每年实施一次。如果关键系统在年度审查期间发生变更或修改，应在发生这些变更或修改时审查该计划。
- **测试计划的所有单独部分**——包括基本步骤（如召回），以及灾难恢复计划中记录的详细步骤。
- **实施计划演练**——通过测试演练，确认计划是否可以实施，并保证这些演练不会影响正常操作。

本章小结

本章介绍了有关业务持续性计划的详细情况，旨在确保组织机构在发生中断或灾难后可继续运行。业务持续性计划提供了有关关键业务功能的详情，包括保持功能继续运行所需采取的措施，其中很多独立的个人和小组共同承担职责。业务持续性计划项目经理负责监督所有的业务持续性计划，而该计划协调员负责管理一个或多个此类计划。很多小组在该计划的制定和实施期间，由组长领导向计划协调人提供支持。

  业务持续性计划涉及三个主要阶段。在通知/激活阶段，计划协调人启动活动；在恢复阶段，恢复关键系统；在重建阶段，灾难结束后恢复正常操作。确保业务持续性计划小组成员及组长接受相关培训，并通过测试和演练，确保该计划的完整性。计划协调人负责定期更新，包括定期更新和在保证安全的前提下实施其他更新。

Chapter 14
第 14 章 基于灾难恢复计划的风险缓解

人们无法阻止灾难的发生，但可以做好应对灾难准备。灾难恢复计划（DRP）可以帮助组织机构在灾难发生前做好准备。当灾难发生时，该计划可以降低灾难的损害。

在制定一个灾难恢复计划时，要考虑几个对其成功起决定性作用的因素，其中包括管理部门提供的相关要素。

包括灾难恢复计划制定者所需要的内容以及对几个首要问题的理解。首要问题包括恢复时间目标和对备用位置的需求。任何一项灾难恢复计划都必须要有预算，没有资金支持的该项计划难有实效。

虽然不同的灾难恢复计划有不同的要素，但有几个要素通常会包含在内。此类计划始于对其目的和范围的定义，这些定义能够帮助该计划识别将来需要应对的灾难。该计划中同样包含一些详细的步骤和程序，在应对灾难时它们能够确定如何实施恢复。这些要素在确定以后，就必须对其进行验证。此外，人们还需要经常检查并更新这些要素。本章将介绍上述相关内容。

14.1 什么是灾难恢复计划

灾难恢复计划是在灾难发生以后能够使关键业务程序或系统恢复正常运转的计划。人们可以运用该计划应对各种灾难，包括天气事件（如飓风、龙卷风及水灾）、自然事件（如地震）以及各种原因引起的火灾。

人们也可以在软硬件失效后利用该计划来重建系统。如果关键系统崩溃并停止运行，即便并非地震那样的天灾，但对一个系统来说，也已称得上是大灾难了。这时候人们应利用该计划恢复系统，并使它重新运行。

灾难恢复（DR）　　在灾难发生以后进行，能够使系统失效后重新提供服务。灾难恢复计划中有灾难恢复的详细步骤和程序。业务持续性计划中通常包含一个或更多的灾难恢复计划。

容错并非灾难恢复

很多组织机构会在系统中提供容错能力，这有助于系统在某一要素失效后能够继续运行。但是，容错和灾难恢复是不同的。

例如，一个独立磁盘冗余阵列（RAID）为磁盘提供了容错。当系统中的磁盘出现故障时可以容忍该故障，使系统能够继续运行。但如果一场灾难破坏了服务器，即便能够容错的 RAID 系统也将无法克服这个故障。为了从灾难中得以恢复，就要有能力重建服务器并恢复丢失的数据。

与此相似，容错不能否定对备份的需求。即使服务器处于 RAID 系统的保护下，仍然需要进行备份。RAID 可以避免磁盘故障，但如果服务器着火或者一场灾难性的故障破坏了所有磁盘，那么 RAID 上的数据就会丢失。如果没有备份，这些数据将永远丢失。

故障容错和灾难恢复技术都是必要的。当一个单独的中断发生时，故障容错能够增加系统的可用性。在主要故障发生后，灾难恢复提供了从中断中恢复系统的程序。

人们可能会看到用于描述灾难恢复计划的不同术语，但本质上这些术语是同一回事。除了灾难恢复计划这一术语外，还有以下几种：

- 应急计划；
- 业务恢复计划；
- 企业应急计划；
- 业务中断计划；
- 灾害预防。

在使用灾难恢复计划时，需要重点了解下列术语：

- **关键业务功能（CBF）**——对企业有着至关重要作用的功能。如果关键业务功能失效，企业将会失去执行关键操作以满足任务需要的能力。而关键业务功能需要个人信息技术系统及服务提供相应的支持。
- **最大可接受中断（MAO）**——在对企业目标产生影响前，系统或服务允许中断的最长时间，它直接影响到所需的恢复时间。换言之，在最大可接受中断时间到来之前，系统必须是可恢复的。
- **恢复时间目标（RTO）**——用来恢复某一系统或功能的时间。恢复时间目标应小于或等于最大可接受中断。例如，如果最大可接受中断为 10 分钟，则恢复时间目标应为 10 分钟或小于 10 分钟。
- **业务影响分析（BIA）**——对识别关键业务功能和最大可接受中断的研究。如果一个或更多的信息技术功能失效，业务影响分析能识别出对业务可能产生的影响。此外，业务影响分析还能识别不同关键系统的优先级。
- **业务持续性计划（BCP）**——帮助组织机构应对不同类型紧急状况的全面性计划。该计划的目标是确保任务的关键功能在发生中断或灾难后仍能继续运行。业务持续性计划包括业务影响分析，还包括一个或多个的灾难恢复计划。

14.1.1 需求

每个有重要任务的企业都应制定应对灾难的计划。如果支持企业完成任务的操作停止，那么该任务将无法继续下去。除非该企业一直能在没有关键业务系统的情况下正常运转，否则就需要制定一个灾难恢复计划。

应该在灾难发生之前，制定应对灾难的计划，而不是灾难发生时才制定。如果等到灾难发生以后，再去确定哪些系统至关重要、哪些关键系统比其他系统更重要，则为时已晚。此时再希望找出恢复最重要系统的最好方法也同样为时晚矣。

但如果业务持续性计划识别出关键系统，而且灾难恢复计划提供了恢复这些系统的详细步骤，那么该企业就能做好应对准备。如果没有灾难恢复计划，企业就可能无法恢复。

14.1.2 目标

大多数灾难恢复计划都有对目标的陈述，这有助于确定其目标。该计划往往有多个目标，如下所示：

- **拯救生命**——保证人员安全总是头等重要的。如果某些步骤需要对人员提供保护，那么灾难恢复计划就要具体确定这些步骤。包括在灾难即将发生前的准备阶段（如飓风发生前），也包括灾难发生时和灾难发生以后要采取的步骤。
- **确保业务的连续性**——灾难恢复计划包括灾难发生后恢复关键业务功能的程序。恢复这些程序的目的是确保关键业务的操作在灾难发生后能够继续运行。
- **灾后恢复**——灾难恢复计划还提出了灾后恢复企业的流程，包括将移动到备用位置后实现关键业务功能及非关键业务功能的正常化运转。

一般会通过区分灾难恢复计划来反映灾难的不同阶段。第一个阶段确定灾难发生后能及时恢复关键业务功能的步骤和程序，这里可能还包括将关键业务功能移至另一个备用位置。另一个阶段则确定使操作实现正常化的步骤和程序，此阶段将相关操作移回到原始位置。单个灾难恢复计划应解决某个阶段的问题。

14.2 关键成功因素

灾难恢复计划的成功取决于若干关键成功因素（CSF）。例如，任何企业都有若干有效的关键成功因素来确保企业能够取得成功。同样，灾难恢复计划也要有关键成功因素。如果灾难恢复计划中没有这些因素，那么它成功的概率就比较小。

灾难恢复计划取得成功的关键因素包括以下几项：

- 管理层支持；
- 灾难恢复计划制定者的知识与权威；
- 对主要关注问题的确认，如恢复时间目标和备用位置需求；

- 灾难恢复预算。

下面的章节将深入探讨这些灾难恢复计划的关键成功因素。

14.2.1 管理层应提供支持的内容

与风险管理和安全计划一样，灾难恢复计划也需要管理层的支持。有些支持可能就像公开签署计划那样简单，而其他的支持则需要提供更多的物资（如提供资金）。

管理层的支持并不能保证灾难恢复计划的成功，其他因素也必不可少。但如果没有管理层支持，该计划就可能失败。如果管理层不支持该计划，那么企业内的其他人员也不会支持它。

资源

管理层提供的主要资源是劳动力。企业需要由人员来创建、测试及更新灾难恢复计划。这些人员可以是企业内部员工，也可以是企业外部灾难恢复方面的专业顾问。

还需要管理层提供资金支持。例如，如果有备用位置的需求，就只能在取得资金支持的情况下才能满足该需求。如果需要备份，就要有备份磁带或其他备份介质的可用资金。

领导

管理层还要提供领导力来支持灾难恢复计划。领导者要了解该计划的重要性，并应知道该计划只有通过团队合作才能取得成功。领导者还要帮助灾难恢复和业务持续性团队认识到该计划的价值。

管理层有助于团队确定项目的优先级。例如，如果一个灾难恢复计划又可以划分为几个小的灾难恢复计划，那么管理层就有助于识别哪些小计划更为重要。如果单个灾难恢复计划有多个目标，管理层就可以帮助计划制定者确定该计划的重点目标是哪个。在单个计划或者划分出的分项计划中，优先级最高的将会得到更多资源。

对于管理层来说，以身作则同样重要。如果管理层希望别人支持灾难恢复计划的要求，那管理层自身就必须支持该计划。如果管理层希望别人给该计划提供时间和关注，那管理者也必须在计划需要时提供时间和关注。

这些都将转化成对灾难恢复计划的支持。当管理层支持灾难恢复团队的努力时，所有的灾难恢复过程都将有更大的概率取得成功。

14.2.2 灾难恢复计划制定者所需的内容

灾难恢复计划制定者需要一些特定的知识和权力才能取得成功。不能只给系统专题领域专家（SME）分派制定该计划的任务，也不能简单地给一些灾难恢复专家分派制定该计划的任务。

相反，企业需要有多种技能的人员。计划制定者需要理解灾难恢复、了解组织机构的功能，还要经常与个别系统专题领域专家合作来确定系统的具体步骤。

灾难恢复的相关知识

灾难恢复计划团队必须了解一般的灾难恢复。他们应该理解什么是业务影响分析，什么是业务持续性计划，也应该了解灾难恢复计划如何适应业务影响分析和业务持续性计划。

这里需要提醒，业务影响分析要确定关键系统并对它们区分优先次序。而业务持续性计划则包括业务影响分析和灾难恢复计划。灾难恢复计划提供恢复特定系统的细节。有些灾难恢复计划能在中断发生后立即对关键业务功能进行系统恢复，而其他的此类计划则要在灾难过后对所有业务功能进行系统恢复。

灾难恢复计划制定者应理解该计划的目的，以及它是如何符合整体业务持续性计划的。如果不理解这些，灾难恢复计划就会缺乏重点。

组织机构运行的相关知识

理解组织机构的运行方式对于制定一个有效的灾难恢复计划至关重要。例如，军事基地的灾难恢复计划相对于小规模业务的此类计划来说，可能有很大的不同。军事基地需要每周 7 天、每天 24 小时提供支持。而对一些小规模业务的支持可能仅需要在星期一至星期五早上九点到下午五点即可。

除了工作时间以外，任何组织机构都有特定的流程。灾难恢复计划制定者需要理解这些流程。无论是该计划支持的流程，还是该计划假定能够保持运行的流程，这些对于组织机构都至关重要。另外一些灾难恢复计划则不太重要，对其依赖程度较低。

例如，某企业可能同时拥有不间断电源（UPS）和发电机。即使商业电力无法供应，也可以为关键系统提供连续的电力供应。为了确保灾难发生时燃料能够持续供应一段特定的时间，灾难恢复计划会确定相应步骤。

另外的企业可能在一些关键业务功能中采用云计算（如数据服务）。如果是这样的话，服务水平协议（SLA）将确保第三方供应商能够保持这些操作持续进行，而灾难恢复计划则无需这些服务。

权力

在制定灾难恢复计划时，计划制定者需要拥有一定的权力。例如，在制定计划之前，制定者需要搜集数据。但有时候制定者并不是该领域的专家。为了确保成功，计划制定者需要有相应的权力来咨询熟悉该系统的专家。

如果灾难恢复计划跨越了部门的界限，那么计划制定者就需要做出能够影响多个部门的决策。考虑到这一点，制定者就需要得到管理层的支持，做出相应的初始决策。

14.2.3　首要问题

有几个首要问题是灾难恢复计划必须解决的。对于灾难恢复计划制定者而言，在制定该计划之前，必须要有明确的想法。其中要重点关注的是恢复时间目标，这些目标可以识别该计划的关键性质。有些系统需要立即恢复，而有些系统允许在恢复正常之前的一段时间内处于离线状态。

掌握那些异地所需资源的相关知识也很重要。至少，备份需要存储在异地。此外，灾难恢复计划也可解决备用位置在操作时的使用问题。本章的其他部分探讨了这个问题。

恢复时间目标（RTO）

恢复时间目标可以确定系统必须被恢复的时间，这源自业务影响分析中确定的最大可接受中断。如果中断时间比最大可接受中断时间要长，那将会对组织机构产生明显的负面影响。换言之，如果在恢复时间目标内没有解决中断问题，就会影响到组织的任务。

最大可接受中断时间可以是 60 分钟、24 小时等。这个数字将决定恢复时间目标。例如，如果最大可接受中断时间是 60 分钟，灾难恢复计划应满足恢复时间目标小于 60 分钟。如果最大可接受中断时间是 24 个小时，那么恢复时间目标应小于 24 小时。

这有助于增加业务影响分析的重要性。如果在完成业务影响分析之前制定灾难恢复计划，就需要采取额外的步骤。如果没有进行业务影响分析，就无法知道最大可接受中断时间，也就无法准确确定恢复时间目标。相反，完成业务影响分析之后，还需采取额外的步骤来确定最大可接受中断时间，然后确定恢复时间目标，最后再制定灾难恢复计划。

异地数据存储、备份及恢复

对关键数据进行备份是任何一个恢复计划的必要组成部分。将来数据会丢失，就像太阳每天早晨升起一样无法避免。如果无法恢复丢失的数据，就可能会对组织机构产生灾难性的后果。

后备方案往往是灾难恢复计划的一部分，它们来自于备份策略。备份策略决定了备份的细节，比如哪些数据应该备份、备份数据需要保存多长时间等。后备方案确定了备份和恢复数据时要采取的步骤。

备份主要集中在数据上。但在某些情况下，可能也需要对程序进行备份。例如，如果组织机构开发了应用程序，就需要确保这些应用程序的备份是可用的。当然，也应确保源代码的安全性，需要对其进行备份。

备份的另一个关键因素是要确保备份的副本存储在异地。不应将所有的备份都储存在与服务器相同的位置。如果一场火灾摧毁了建筑物，就会摧毁服务器，也就会毁坏所有的备份。另一方面，如果备份的副本存储在一个单独的位置，即使火灾彻底摧毁了建筑物，也将有能力进行数据恢复。

数据恢复的反面事例

数据备份的目标是能够进行数据恢复。但也有一些关于不可靠的备份导致数据不能恢复的反面事例。换言之，虽然组织机构始终坚持进行数据备份，但当需要恢复丢失或损坏的数据时，技术人员却发现备份已损坏而且无法恢复。

组织机构需要对关键数据库进行日常备份，备份通常安排在午夜进行。每天早晨，技术人员拆除已经备份过的磁带，并插入新的磁带。然后，标记备份磁带并存储起来。

> 后来数据库还是不可避免地发生了损坏。由于他们有备份数据库，因此认为这不会产生问题。但当他们取回这些备份磁带时，却发现大部分的备份在一个月内没有成功实施过。产生这个问题的原因是新的磁带对备份系统不兼容。新旧磁带被混合在一起，但没有任何一个新磁带备份成功。最终，技术人员找到了一个好磁带，恢复了大部分数据库，但是还是有大量的数据永远丢失。
>
> 人们可以通过还原测试来轻松地避免这个常见的问题。还原测试是尝试从最近的备份中恢复数据。如果测试成功，那备份就是好的。如果测试不成功，就需要处理备份程序。许多后备方案都包括还原测试的细节和进度安排。

不必为了确保拥有数据副本而总利用传统的方式进行备份，人们也可以使用其他的技术流程。例如，利用数据库应用程序（Oracle、微软 SQL Server 等）进行数据复制。

如图14-1所示，用户访问主数据库服务器上的数据。但是，主服务器还要将数据复制到一个副数据库服务器上，副数据库服务器每次复制时都有最新的数据。如果主数据库服务器故障，可以将副数据库服务器联机并接管主数据库服务器。人们还可以控制复制发生的频率，这将确保满足系统的恢复时间目标。

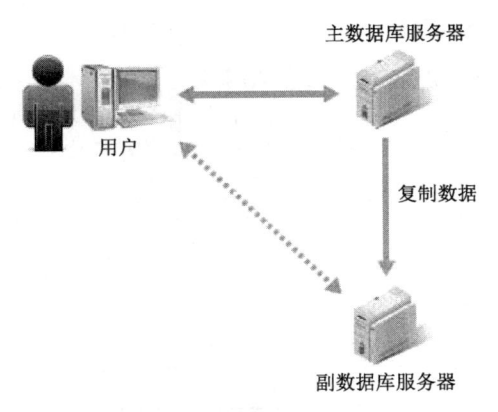

图14-1 通过复制进行数据备份

以下两个术语确定不同类型的冗余传输。它们都是整个灾难恢复计划的一部分：

- **电子链接**——这种方法可以将备份数据传输到异地。电子链接通过广域网或者互联网信道进行数据传送。
- **远程日志**——此方法从远程位置上完整的数据副本开始。然后，它会把一个变化日志从主位置发送到副位置上。这些变化将被用作副位置上的一个批处理。之后，副位置上的数据就能得到更新。

对于数据库来说，远程日志可能会发生细微变化，包括数据库镜像和数据库跟踪技术。

备用位置

许多企业要确保即使发生了重大中断，其业务仍能保持运行。例如，地处加州圣安德烈亚斯断层的企业几乎不断面临地震的威胁。如果发生地震，这些企业的业务可能无法在原来的位置运行。

即使发生重大灾难，企业也需要继续运行。如果说这点很重要的话，那么企业就需要确定一个或多个备用位置。这些备用位置可以在不同的建筑物、城市甚至不同的州。这取决于企业需要应对的灾难类型。例如，如果一场火灾摧毁了建筑物，那么在同一个城市的备用位置就可以开始运行。如果企业正在为应对地震做准备，那么企业需要在不同的城市或不同的国家有一个备用位置。

备用位置有三种类型：冷站、温站和热站。每个站点必须有能力储存主位置的关键数据和程序。但是，每个站点都有不同的成本和初始能力。表 14-1 概述了冷站、温站和热站的功能。

表 14-1　冷站、温站和热站的功能比较

性能及费用	冷　站	温　站	热　站
上线的时间	最长	中等	最短；几分钟或数小时
站点设备	没有或者仅有空调与动力设备	多数设备需要支持关键业务功能	即便不是全部，也需要绝大部分设备支持关键业务功能
站点维护费用	维护费用最低	中等	费用最高
站点能力的测试	最难测试	中等	最容易测试

冷站。冷站是一个可用的建筑物，有电力、自来水、洗手间，但没有

设备、数据或关键业务需要的应用。如果需要支持服务器的环境，可能就要提高楼层。

例如，为了应对重大灾难，企业可以在不同的建筑物中租用空间。如果灾难发生，他们要将设备和数据移动到这个位置并在这里设置关键业务功能。显然，这将需要大量的工作来移动和设置设备。

冷站只是空荡荡的建筑物，所以其维护费用不高。但是，要对冷站进行测试则困难而昂贵。

热站。热站包括用来接管业务功能的所有设备和数据。一个热站将能够在数小时内承担业务，有时在几分钟之内就可以完成。通常一周七天，一天 24 个小时，热站都有人员值守。

热站的维护费用非常高。不过，一些新技术使它们更容易管理。云计算和虚拟化是在热站中经常用到的两种新技术。云计算是运用公共网络（如互联网）来托管服务的总称。

如图 14-2 所示，有些服务是使用云计算进行托管的，每个服务都可以通过互联网进行访问。无论服务的物理位置在何处，只要用户能够访问互联网，他们就能够获得该服务。

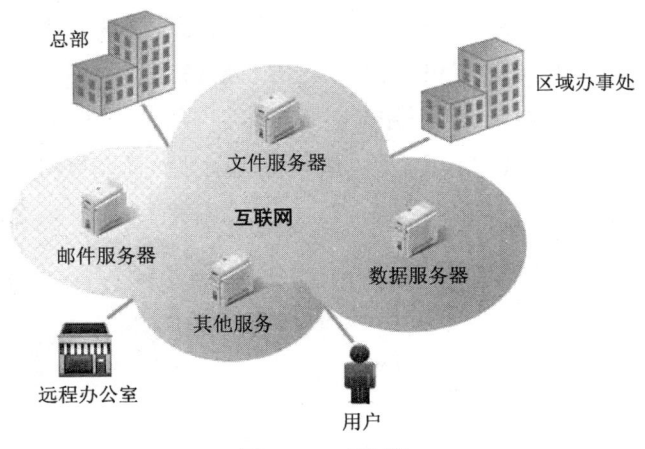

图14-2　云计算

这对于热站来说很有用。例如，如果关键操作需要在区域办事处而不是在总部进行管理，那么这些操作的相应传输可以做到无缝连接。这两个位置都可以访问关键服务，此时只需要让员工到区域办事处处理即可。

> **通过云计算提供时钟服务**
>
> 　　许多组织机构已经开始利用云计算来管理跟踪员工的工作时间。在基于互联网的 Web 服务器搭载一个时钟应用程序，员工可以使用 Web 浏览器登录并记录时长。
>
> 　　其中有些服务允许员工自己记录任意一天的工作时长，而有些服务则要求员工每天上班时要登录系统并"打卡上班"。在他们离开前，也需要员工登录系统并"打卡下班"。这些网站通常已设置好，员工只能从自己工作的位置进行访问。换言之，员工不可能在家打卡上下班。
>
> 　　在薪酬期末，监察员核准员工的工作时长，然后将数据交给会计来计算工资。
>
> 　　这将显著减少组织机构管理工资所花费的时间。此外，由于这是该企业提供服务的主要功能，因此能够有效并低成本地做到这一点。

　　虚拟化是另一种对热站有用的技术。人们可以在一个物理服务器中的网络上托管多个虚拟服务器。每个虚拟服务器都可以像一个物理服务器一样在网络上运行。

　　如图 14-3 所示，SRV1 是物理服务器，它托管了 4 台虚拟服务器，分别为 SRV2、SRV3、SRV4 和 SRV5。这 5 台服务器在网络上就像独立的服务器各自运行。SRV1 会比一台典型服务器拥有更多的资源，它有多个处理器、一个大容量的 RAM，以及快速硬盘驱动器。管理员将这些资源分配给每台虚拟服务器。

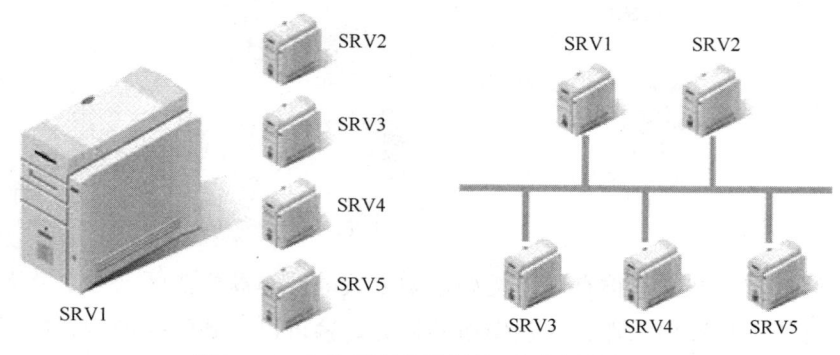

图14-3　1台物理服务器托管4台虚拟服务器

一旦创建了虚拟服务器，人们就可以很容易地将其从一台物理服务器移到另外一台服务器上。虚拟服务器由一组存储在物理服务器上的文件组成，当然，这些文件通常十分庞大。但是，人们可以关闭虚拟服务器，将文件复制到另外一台物理服务器，并在那里启动该虚拟服务器。

如果拥有足够的带宽，就可通过广域网链路来传输虚拟服务器文件。如果没有足够的带宽，也可以选择一个大容量的 USB 驱动器。只需要将虚拟服务器文件复制到 USB 驱动器上，然后插入到一台新的物理服务器，并将文件复制到这台物理服务器。复制这些文件的方法可以根据不同的虚拟化软件而不同。例如，在微软的 Hyper-V 上，可以从原始服务器导出文件，然后将它们导入到新的服务器。

虚拟服务器同样需要较少的设备支持。如果在单个物理服务器上托管 4 台虚拟服务器，就不需要准备 5 台服务器的物理空间。此外，这台物理服务器的功耗更小，因此比 5 台物理服务器需要更少的降温空调。

温站。温站介于冷站和热站之间，包括大多数或全部所需的设备，但数据通常不保持更新。该设备始终保持在运行状态，如果发生灾难，系统会被更新到当前的数据并联机上线。

在处理非关键业务功能时，温站通常是业务功能齐全的网站。换言之，温站可以用于常规业务功能的正常运行。当灾难发生时，非关键业务功能停止运行，站点将用于关键业务功能的操作。

温站的主要好处是管理层能够在中断中根据可接受的时间量来匹配所需的成本。换言之，如果最大可接受中断时间较长，那么管理层会平衡成本，来匹配使温站上线所需的时间。

冗余备份站点。将数据恢复站点外包出去同样可行。与自建备用位置相反，企业可以与第三方供应商签订合同，在冗余备份站点托管企业的数据和服务。如果灾难发生，就可以把关键服务切换到备用位置，这对业务的影响通常微乎其微。

所有的冗余备份站点都有能力承载所有的数据和服务。这些站点都可以用在主、次位置上。在这种情况下，企业可以将托管所有数据和服务的主位置外包给第三方供应商。如果发生灾难，供应商负责切换到备用位置。

用户访问。将数据和服务移动到备份位置后，保证用户还可以继续访问十分重要。为了满足这种需求，企业必须了解用户的行为。换言之，企业需要了解用户如何使用数据和服务。

如果用户通过互联网访问服务，就要确保备用位置可以接入互联网，还需确保备用位置有所需带宽。

然而，用户也可能从内部或者通过专用广域网链路正常访问服务。在这种情况下为确保备用位置向用户提供数据，备用位置应拥有广域网链路。

管理层访问。在灾难发生期间，管理层也需要访问数据和服务。在许多情况下，管理层就如同另一个用户。如果企业为用户提供了访问，也就为管理层提供了访问。

但在某些情况下，管理层可能有特定的需求。有些数据可能对时间比较敏感。例如，在本财年结束时，就报告要求而言，管理层必须能够访问某些特定的数据。

识别这些特殊的管理需求非常重要。在正确识别这些需求以后，灾难恢复计划就能够满足这些需求。

客户访问。企业需要确保客户有他们需要的访问权限。对于不同的企业，客户访问的需求各不相同。这取决于灾难发生时客户如何正常访问组织的网络，以及客户的期望是什么。

以某家当地银行为例，大多数银行业务均可在该行的营业厅完成。但是，如今越来越多的客户使用网上银行。如果灾难发生，客户可以使用网上银行来满足办理银行业务的多数需求。即使一场大灾难对该银行所在地构成影响，灾难恢复计划也应该确保该银行的网站能够继续发挥作用。

如今许多企业都有自己的网站。大多数组织机构将它们的网站外包。换言之，该网站并不在企业自身的服务器上，而是企业在 Web 服务器上租用空间，并由托管服务供应商来管理网站。因此在这个例子中，由托管服务供应商负责灾难恢复。

不过，这并不意味着可以忽视该网站。如果一场灾难影响了网站托管服务供应商呢？这会给企业带来怎样的影响呢？低成本的托管服务供应商往往没有重大灾难恢复过程，轻微或严重的中断都会导致网站的定期崩溃。

14.2.4 灾难恢复资金预算

最后要考虑的一个关键成功因素是资金。在没有预算的情况下去制定和实施一个灾难恢复计划是不可能成功的。预算可以确保企业有资金为前期准备付费，并能保证发生灾难后执行该计划。

在为灾难做准备时，需要考虑多种成本，包括下列几项：

- **备份**——虽然大多数操作系统都含有备份软件，但它通常只能做基础性的工作。大多数组织机构会购买第三方的备份软件，因为这些软件更易于使用并有更多功能。此外，备份介质的费用可能比较高，比如备份磁带。当企业需要备份大量数据时，成本也会增加。
- **备用位置**——任何类型的备用位置都会花费额外的资金。如前所述，热站的费用最高，而冷站最便宜。企业要选择的站点类型取决于多种因素，其中包括可用的预算。
- **灾难中的燃油成本**——如果组织机构需要为延续期进行长时间供电，就必须购买发电机使用的燃料。业务持续性计划可以确定一些假设，例如，在没有商用电源这种外部支持的情况下，关键操作需要运行的时间。该信息有助于确定需要购买燃料的数量。
- **灾难中所需的补给**——如果需要员工在灾难中维持这个系统，就需要为员工提供食物和水。所需数量取决于在位人数及时间。
- **灾后应急资金**——灾难过后往往需要资金来应对不可预见的情况。如果需要的话，企业的预算应该包括支付这些费用的资金。此外，还需要确保在灾难发生时这些资金可以取用。

除了编制预算，企业还要确定发放资金的权限。对于灾难中需要的款项和灾后立即需要的款项尤其如此。可以在灾难恢复计划或者业务持续性计划中确定有权发放资金的责任人。

14.3 灾难恢复计划的要素

在制定灾难恢复计划时，没有明确规定哪些因素是必须包括在内的。为了满足企业的需求，可以添加或者删除其中某部分或某些要素。但在通常情况下，下列要素应包括在内：
- 目标；
- 范围；
- 灾难/紧急情况声明；
- 通信；
- 应急响应；
- 活动；
- 恢复过程；
- 关键操作、客户服务和操作恢复；
- 恢复和正常化。

恢复计划的"8R"

一些灾难恢复专家列出了恢复计划的"8R"，"8R"是对恢复计划的很好概括。"8R"分别是：

- **原因**——范围和目的部分分析了灾难恢复的原因，表述人身安全和关键业务功能的相关内容。
- **确认**——确认灾难后，通知全体员工并做出激活该计划的决定，相当于发表了一份"声明"。
- **反应**——管理层和灾难恢复人员对紧急情况做出反应，评估损失并决定接下来要采取的措施。
- **恢复**——灾难恢复人员按程序恢复关键系统。如果有必要，还可以激活备用位置。
- **修复**——灾难恢复人员会修复关键业务功能使其能够全面运行。这可能包括设备资源的修复（如电源），也包括修复连接（如局域网和广域网的连接），还包括对支持关键业务功能的系统修复。
- **恢复正常**——灾难过后，灾难恢复人员将系统恢复到正常操作状态。其中包括从使用发电机的电力转移到使用商用电源电力上，需要将各功能从备用位置移动到主位置上。

- **休整**——要确保灾难恢复计划应对人员在事故之后有休息的时间，要拿出时间去感谢那些帮助企业幸免于难的相关人员。
- **重新评估并重新编写文件**——找出进展顺利的事情以及可以改进的事情，将所有教训记录下来。查看计划中的缺陷和不足，使用这次的数据来更新该计划。

企业还应该对灾难恢复计划进行测试和维护，通过测试来验证程序是否有效。此外，为了确保该计划保持最新状态，还应定期检查并进行更新。以下各节将深入探讨这些要素。

14.3.1 目标

灾难恢复计划从明确目标这一简单的陈述开始。该计划通常用来支持一个独立的功能、服务或系统。企业可以制定一个灾难恢复计划，用于灾难发生后恢复数据库服务器的某项功能。该计划要有使数据库服务器在发生故障后得以恢复的必要程序。

还可以制定一个此类计划来恢复数个服务器，使其能够共同管理一项服务。例如，一个网站可能由许多不同要素来支持，包括一个 Web 农场中的数个 Web 服务器和一个故障转移集群中的多个数据库服务器。如果一场灾难摧毁了该网站，那么灾难恢复计划就要有用来修复或者恢复所有这些要素的步骤。

无论哪种方式，灾难恢复计划的目标都需要在制定过程中尽早确定下来，并包括在最终产品之中。在考虑其目标时，该计划制定者应考虑以下活动：

- **恢复**——在服务中断后，企业应能立即恢复系统。如果需要的话，这会包括重建一个完整的系统，也包括所有数据的恢复。恢复时间目标定义了这个过程应该用时的最大长度。
- **维持业务运营**——即使处在灾难中，关键业务功能也需要继续进行操作。企业可以使用多种方法来确保这些关键业务功能可以继续操作，包括一个完全冗余的数据中心、备用位置或者冗余数据网站。使用方法应将服务的需求和可用预算进行匹配。

- **正常化**——灾难过后，系统应恢复正常化。要针对不同的情况采取不同的方法来维持业务运营。例如，如果使用了备用位置，正常化就应包括将关键业务功能移到原有位置。

14.3.2 范围

任何项目的范围都有助于确定其界限。范围有助于各方了解哪些内容包括在内，哪些不包括在内。如果没有一个确定的范围，良好的初衷也可能会导致项目的扩大，这就是所谓的范围蔓延。

灾难恢复计划的目标将确定其范围。换言之，基于灾难恢复计划的目标，企业可以识别哪些要素应包括在内，哪些不应包括在内。尽管包括在内的要素可能会明显一些，但是仍要在灾难恢复计划中加以明确。

在制定范围时，应考虑以下几个方面：

- **硬件**——硬件包括服务器和支持服务器的必要的网络设备。人们可能想要确保在现场或另外的位置重置服务器，还可能需要相关的支持设备，包括通用的办公设备或关键服务器的备件。
- **软件**——要考虑所有需要支持关键业务功能的软件，包括操作系统和应用程序。许多组织机构使用镜像技术。镜像是电脑的操作系统、应用程序、设置和其他文件的复制品。信息技术人员可能会每隔几个月捕获一个通用服务器的镜像。当系统崩溃时，信息技术人员使用此镜像使服务器迅速恢复运行。
- **数据**——在灾难恢复计划的范围内，有必要将数据考虑在内。如果是关键业务功能需要的数据，还要包括确定备份需求的后备方案。恢复点目标（RPO）根据数据的价值确定可接受的数据丢失量。
- **连接**——对服务客户的连接也应考虑在内，可能包括用户、管理者和客户的连接，这取决于谁是客户。这种连接可能包括互联网服务供应商（ISP）提供的冗余连接或冗余广域网链路。

14.3.3 灾难/紧急情况声明

当灾难和紧急情况发生或迫在眉睫之时，就应执行灾难恢复计划。需要提醒的是，灾难恢复计划是业务持续性计划的一部分。通常会首先激活整个业务持续性计划。然后，基于相关内容激活支持业务持续性计划的灾难恢复计划。

举个例子，假设一场飓风即将发生。当距离飓风发生还有96小时的时候，业务持续性计划协调员会激活该计划。当距离飓风发生还有48小时的时候，灾难恢复计划可以指定恢复团队部署到备用位置，准备相应的系统来接管业务。在这个例子中，灾难恢复计划不会与业务持续性计划一起立即被激活。后者可以指定其他要立即采取的动作，但这些动作与前者是分开的。相反，当飓风在48小时内发生时，就会激活灾难恢复计划。

问题的关键是，灾难恢复计划应当明确说明哪些原因会激活该计划。激活可能会召回人员并移动设备。在采取这些步骤的时候，要通过各种方法来实施。但在非必要的时候采取这些步骤，可能会导致不必要的开支。

还以飓风为例，飓风并不总是沿直线行进的。距离登岸还有96小时的飓风是很容易变向或减弱的。企业所处的位置可能只是遭遇一些降雨而不是遇到强飓风。企业不想仅仅因为下雨就激活灾难恢复计划。

14.3.4 通信

有些通信要素对灾难恢复计划的成功非常重要，包括下列几项：

- **召回**——激活灾难恢复计划以后，应确定所有需要被通知的人员。这包括任何一个在该计划中负有责任的人员，也包括高级管理人员。电话树（phone tree）通常会作为业务持续性计划的一部分包括在内，并且在召回中可以使用。
- **用户**——如果灾难恢复计划影响到了用户，就需要通知这些用户。例如，关键业务操作可能不包括用户所期望的一些常规功能。应该通知他们哪些服务由于灾难而不能使用，企业可以在灾难发生之前发出通知。然后，给这些用户发送一个关于这些服务的提醒。
- **客户**——如果中断时间影响到了客户，应该给他们发出通知。例如，在线网站可能会被移动到备用位置，导致短时间内无法使用。该网站可以张贴告示，宣布正在实施灾难恢复计划以应对灾难，且该网站将在一个特定的时间内再次投入使用。这将得到客户的理解和认可。相反，如果网站不但无法使用，还显示错误的消息，就表明该组织没有做好应对灾难的准备。
- **通信计划**——灾难恢复计划通常包括主要的和备用的通信计划，确保人员能够在中断时进行通信。该计划可能是基于信息技术的，例如电子邮件或即时消息。这些措施可能包含一些手机或对讲机，甚至包括在某个设为"战情室"的中央位置召集特定的会议，而不仅是使用电子通信。

14.3.5 应急响应

灾难恢复计划包括应急响应要素，用于短期灾害。例如，在没有任何警告的情况下，发生了一场地震；几乎没有警告，而遭到龙卷风侵袭。同样，火灾也可能会导致一场需要应急响应的灾难。

应急措施包括以下内容：
- 人员的召回和通知；
- 损害评估；
- 计划激活；
- 实施的具体步骤和程序。

根据企业所处的位置，人们可以制定应对具体灾害的灾难恢复计划。例如，美国东海岸的许多企业会制定涉及飓风的灾难恢复计划。该计划将包括多项准备步骤，但应急响应步骤要到计划的较晚时期才会出现（如在飓风到来之后）。

14.3.6 活动

应急响应部分会确定若干要采取的应急响应步骤，如召回人员和评估损失。灾难恢复计划还会确定其他要采取的活动以应对灾难。

任何灾难恢复计划的主要活动都要确保能够妥善解决人员的安全问题。确保人身安全和保护生命在任何此类计划中都应该是排在前列的。换言之，应以人员生命安全为首，其他事情次之。

灾难恢复计划定义的活动取决于该计划的目的和范围。如果该计划要进行单个系统的恢复，那么这些活动就应限定此范围并突出工作重点。如果它要处理一个很大而且很复杂的系统，那么就需要开展更多的活动。

如果有灾难预警，这些活动可能包括环境方面的准备。这对与天气有关的事件来说是有可能的，如飓风和其他严重的风暴。但是，许多其他的灾难不会提供任何警告。

当使用备用位置时，主要的活动就是准备好备用位置。其中，准备冷站要做的工作最多。企业不得不将所有必要的设备移动到备用位置，然后进行设置和安装，这将引起一系列的准备活动。关于冷站的相关活动涉及面很广。

另一方面，建立一个热站所需的活动最少。企业可以派出相应的团队到热站接管操作，而且应确定如何以及何时将操作转换到热站。

温站介于热站和冷站之间。建立并运行一个温站的活动通常取决于有多少设备和数据在备用位置上使用。如果相对于热站，温站更接近冷站，那么相关活动涉及面也会相当广泛。

14.3.7 恢复过程

恢复步骤和过程描述了所有恢复系统或功能所需的具体行动。这部分通常包括多个过程。例如，企业可以为每个关键功能设定一个独立的过程。由于不同的人员将恢复独立的系统，所有的过程可同时执行。

恢复过程也应考虑突发事件。例如，如果某个恢复步骤不起作用，该过程应该为恢复人员提供指导。此外，恢复过程应该解决彼此间的依赖关系。如果服务器需要到互联网或其他服务器进行特定访问，恢复过程应该说明这些要求。

恢复系统

恢复过程确定灾后重建和恢复系统的步骤。通常包括从头开始恢复系统的步骤，这包括安装操作系统和所有应用程序。如果需要数据，该计划还要指定如何进行数据恢复。

例如，一个数据库服务器可以在 Microsoft Windows Server 操作系统上运行 Oracle 数据库。恢复过程会与安装 Windows 操作系统的指令同时开始。安装完成后，恢复过程将介绍如何安装 Oracle。最后，恢复过程将会描述如何恢复数据库。

在恢复计划中，应明确哪些步骤在进行下一步骤之前必须完成。换言之，在操作系统和应用程序成功安装之前，数据不能恢复到服务器中。

可以获取一个装有 Oracle 的服务器镜像。如果这个服务器崩溃，该镜像可以安装在系统上，包括操作系统、完全安装的 Oracle 应用程序以及获取该镜像时系统上的数据。信息技术人员应从最近的备份上更新数据，采用镜像恢复的方式比重新安装要快得多。

一项灾难恢复计划可能包括多个服务器和服务的具体恢复过程。企业可以为每个过程制定单独的书面文件。这些过程可以作为单独的附录供该计划参考。

这些过程是灾难恢复计划要测试的最重要因素之一。尽管该计划中的许多步骤在本质上可以通用，但是这些恢复过程往往技术性很强。

在灾难中，人们永远不知道什么是可用的。最好的管理员可能不会操作，相反，初级技术人员也许能恢复系统。考虑到这一点，企业应该确保程序步骤清晰、易于理解。

后备方案

如果需要恢复数据，就必须有一个有效的后备方案，其中第一步是识别关键数据。关键数据是指那些支持关键业务功能的数据，可以是大型的数据库，也可以是任何其他类型的关键文件。

后备方案确定了下列要素：

- 要备份的数据；
- 数据备份过程；
- 保存数据的时长；
- 备份的类型，如定期备份、电子传送或远程日志；
- 异地存储位置，包括如何在灾难中恢复备份；
- 恢复程序和时间表的测试；
- 灾难恢复过程。

恢复点目标（RPO）能够确定数据可接受的丢失量。在后备方案中要考虑恢复点目标。如果它的时间很短，如几分钟而不是数小时或数天，就必须更频繁地进行备份。如果恢复点目标时间较长，就可安排较少的备份。

比如一个大容量的数据库，它的恢复点目标可以是 10 分钟。这表明不超过 10 分钟的数据丢失是可以接受的。数据库的交易日志可以每 10 分钟备份一次，以确保最后 10 分钟的数据能够恢复。对交易日志备份的还原应该在其他数据库备份还原以后进行。

关键任务操作

灾难恢复计划会处理关键任务操作，而关键业务功能支持这些操作。特定的服务器和服务又会支持关键业务功能。需要提醒的是，关键业务功能是指那些对企业至关重要的功能。如果企业失去了执行关键业务功能的能力，它就失去了执行关键任务操作的能力。

通过解决关键业务功能，灾难恢复计划有助于确保关键服务器和服务的连续性。

图 14-4 显示了一个连接到后端数据库的 Web 农场。Web 农场中的 Web 服务器托管了网上销售产品的应用程序。在这个例子中，关键任务操作是销售产品。

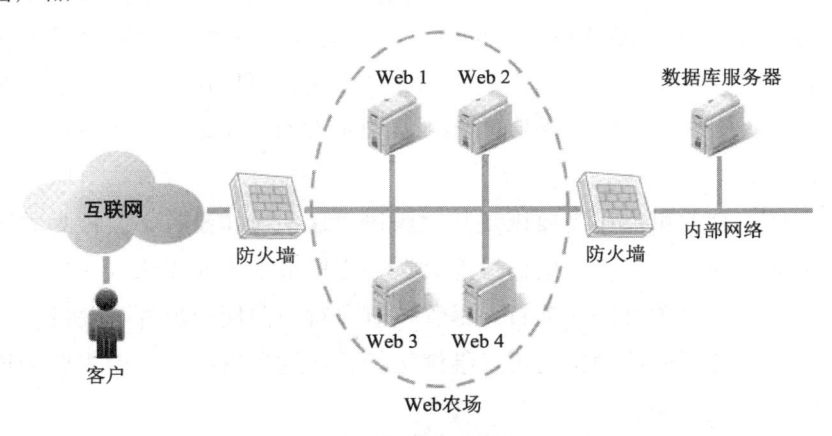

图14-4 有后端数据库的Web农场

有几项支持产品销售的关键业务功能。首先，Web 农场承载着 Web 应用程序。关键业务功能给客户提供 Web 页面，用户访问 Web 站点，Web 农场中的一台服务器给客户发送 Web 页面。此外，后端数据库服务器装有数据库（包括产品数据库）。Web 服务器查询数据库服务器，并将产品数据填入 Web 页面。

一旦客户决定购买，额外的关键业务功能就开始起作用。现有的客户数据可以从客户数据库中检索。该数据库还会在产品销售以后储存新的客户数据。一旦客户购买了产品，另一个关键业务功能就会处理付款流程，还有一个关键业务功能则会确保产品发货。所有这些关键业务功能都是支持产品销售的关键任务操作。

再回头看图 14-4，可以看到需要多个服务器来支持其中的一些关键业务功能。具体而言，需要 Web 农场中的 Web 服务器和后端数据库服务器。灾难恢复计划要确保这些服务器都包括在内。

14.3.8 关键操作、客户服务和操作恢复

灾难恢复计划要确定需要支持的关键业务操作和关键业务功能。但是，为业务的其他要素指定步骤往往十分重要。

例如，当灾难发生时，企业会停止客户服务活动吗？此外，企业会将客户服务活动移动到哪里？如果企业通过电话提供客户服务，企业可以轻松地将这一功能切换到另一位置。另一方面，如果企业很少提供客户服务，那么灾难期间就可以不用考虑去恢复它，可以仅给客户提供一个简单的通知。例如，可在该企业的 Web 页面上发布一个通知，还可以发送手机短消息。

同样，企业可能还需要恢复其他操作。这些操作没有必要视为关键业务功能的一部分，但管理层仍可能会认为它们很重要而需恢复。例如，有些人可能会从事关键研究项目。尽管该研究对当前现金流并不关键，管理层可能还是希望能够确保它可以继续运行。在这种情况下，就需要为该研究项目恢复系统和服务。

本节还考虑其他的正常运行操作。在准备灾难恢复计划的时候，企业应回顾一下哪些是关键业务功能、哪些不是。对于那些日常操作而言，很明显有些操作非常关键，但被灾难恢复计划所忽略。企业应将这些操作添加到该计划中去。

14.3.9 恢复与正常化

一旦灾难过去，人员就要将其注意力转移到恢复和正常化上来，有的灾难恢复计划称其为重建阶段。业务持续性计划协调员通常有权宣布何时开始正常化。正常化可在灾后原始位置恢复后开始。管理层也可能基于其

他考虑而决定提前开始正常化。

工作人员在此阶段将所有关键和非关键的任务操作都恢复到正常状态。但这些操作并不是在同一时间内完成，灾难恢复计划指定了恢复的顺序。

在正常化阶段，人们会遇到一些不可预见的问题。正因如此，首先将最关键的功能正常化将十分重要，尤其是被移动到另一位置的功能。这确保了当问题出现时，最关键的功能不会被中断。

在某些情况下，灾难恢复计划可能需要并行处理。例如，当企业在主位置上将关键功能正常化时，还要保证被恢复的系统在备用位置保持运行。如果问题影响到了主位置，企业就可以很容易地将负载转移到备用位置。

14.3.10 测试

通过测试灾难恢复计划确保达到预期效果非常重要。应牢记制定该计划是为了恢复关键业务功能。该计划的测试不应影响到关键业务功能的操作。测试的目的是确定此类计划中的问题或遗漏。

与业务持续性计划相似，可以使用不同的测试方法来测试灾难恢复计划。以下是常用的测试方法：

- **桌面演练**——在桌面演练中，参加者在设定好的会议室内举行会议，并讨论灾难恢复计划的步骤。这与在业务持续性计划中使用桌面演练相类似。
- **模拟**——模拟是以受控的方式检查步骤和程序，其目标是确保灾难恢复计划能够按拟定的顺序完成。模拟可测试该计划的部分内容而不是全部内容。例如，可只在备用位置上恢复数据以确保此过程发挥作用。
- **成熟的灾难恢复计划测试**——成熟的灾难恢复计划测试要经过所有的步骤和程序，与实际发生灾难的情形相同。还可帮助企业确定完成每个步骤和程序所需的实际时间。成熟的灾难恢复计划测试拥有使操作中断的最大潜力。要为成熟的测试制定计划，以便它对操作产生的影响最小。

测试者应当完整地记录所有测试结果，包括总结经验教训、失误，以及测试中暴露出的缺陷。然后，可以使用此文件改善灾难恢复计划。在测试中发现任何缺陷之后，通常还需要对该计划进行更新。

测试的一个好处是，它会给企业一个精确的恢复时间框架。例如，对某个数据库服务器而言，一个管理员可能会认为技术人员可在 30 分钟内重建并恢复。另一个管理员可能估计将需要长达四个小时的时间。实际重建和恢复服务器会提供所需的精确时间。检查表对跟踪各个步骤的时间框架很有帮助，该清单类似表 14-2 所示。

表 14-2　恢复时间清单

步　　骤	开始时间	结束时间
放置服务器并安装操作系统		
在服务器上安装应用程序		
放置磁带备份并恢复数据		
通知灾难恢复计划协调员已完成恢复		

14.3.11　维护与灾难恢复计划更新

灾难恢复计划需要定期审查和更新，这可以确保在需要的时候已准备就绪。信息技术系统会定期更新和升级。信息技术系统的任何改变都可能影响到灾难恢复计划的可用性。

大多数组织机构在一定程度上对管理过程进行了改变。这些过程可以确保在系统改变发生之前已经过审查。此外，还要确保已记录下这些改变。灾难恢复计划制定者应参与到这一过程中，这将确保他们了解系统的改变。当提出改变时，计划制定者应审查这些改变以确定是否会影响灾难恢复计划。

灾难恢复计划的审查应该包括以下内容：

- **系统**——验证灾难恢复计划所涵盖的系统在上次审查后没有发生变化，包括可能影响恢复方式的任何显著变化。即便很小的变化也应进行调查，以确定灾难恢复计划是否受到影响。
- **关键业务功能**——验证灾难恢复计划涵盖了关键业务功能且优先级没有改变。组织机构可能发生改变，从而导致某些关键业务功能变得更为重要。

- **备用位置**——如果灾难恢复计划需要备用位置，要确保指定地点仍支持该计划。确保备用位置的改变不会对其产生不利影响。如果可能的话，应在审查灾难恢复计划的时候去查访这些备用位置，以确定是否仍能满足需求。
- **联系**——确保联系信息的准确，包括需要通知的管理人员的联系信息，以及电话树上使用的召回信息。

和其他文件一样，跟踪灾难恢复计划的改变十分重要。该计划应包括改变页面或版本控制页面。该页面会列出发生的变化、改变的时间及做出改变的人员。

14.4 灾难恢复计划如何缓解组织机构的风险

灾难恢复计划通过降低灾害的影响来减小风险。灾害是人们无法阻止的威胁。如果即将发生地震、龙卷风或者飓风，人们是无法阻止的。但可以通过提前做准备来降低威胁的影响。灾难恢复计划可以帮助人们做好准备，有助于缓解短期和长期的损害。

例如，此类计划可以帮助企业减少灾后停电的时间长度。在某种程度上，有灾难恢复计划的组织比没有此类计划的组织能够更轻松地应对灾害。当然，灾难恢复计划的存在并不能保证万无一失。

如果有灾难恢复计划，企业就可以更好地为恢复关键业务功能做出准备。为冷站制定计划可能需要大量的工作。企业将不得不移动所有的设备，然后进行设置并安装。如果有一些额外的资源和预先计划，企业可以计划使用温站。但如果没有计划，就需要加倍努力完成工作。

除了有更多的困难以外，没有灾难恢复计划意味着企业将遇到更多的错误和问题。该计划可以帮助人们在问题发生之前运用批判性思维进行思考，它可以让人从逻辑上彻底想清楚自己将要做什么。人们可以与专家对这个问题进行充分的讨论并测试该计划。如果没有灾难恢复计划，企业将会陷入危机之中。如果幸运的话，灾难将不会对业务产生破坏。但大多数高管不想仅依靠运气。

14.5 灾难恢复计划的最佳做法

在实施灾难恢复计划时可以使用几种不同做法，如下所示：

- **确保业务影响分析已经完成**——业务影响分析可以识别关键业务功能，而关键业务功能又是用来识别关键业务操作、关键服务器以及服务的。
- **从明确的目的和范围开始**——目的和范围声明有助于灾难恢复计划保持集中的关注对象。当采取该计划范围之外的步骤和程序时，就会造成资源的浪费。
- **定期审查并更新灾难恢复计划**——企业应该至少每年对灾难恢复计划进行一次审查。如果该计划包含的关键系统发生了改变，就应对其进行审查，以确定这种改变是否对其产生影响。
- **测试灾难恢复计划**——测试可以确保企业能够按照预期实现该计划。在测试时不应影响正常操作。

为确保解决所有相关问题，可使用检查清单。这样做往往是很有意义的。可以在灾难恢复计划制定期间或之后，使用下列清单来识别需要防范的内容：

- 组织机构的业务影响分析是最新的吗？如果业务影响分析超过了一年，首先要予以更新。
- 在业务影响分析完成以后，有没有它所涵盖的系统发生了改变？如果有，则需要对其进行修改。
- 是否定义了关键业务功能？是否清楚需要首先恢复哪些系统？
- 灾难恢复计划是否指定了为关键业务功能提供服务的等级？换言之，如果在灾难期间，该业务必须继续进行操作时，该计划是否确定了哪些服务应得到恢复？
- 是否分配了具体的责任？部门或个人是否知道，在紧急情况期间，在不同的时间内对他们的期望是什么？
- 是否清楚哪些硬件、软件和数据应该被恢复？灾难恢复计划是否包括所有必要的支持关键业务功能的设备？

- 灾难恢复计划是否包括备份方案？备份方案是否包括恢复测试的测试要素？灾难恢复计划是否包括用于数据恢复的步骤？
- 备份是否存储在异地？如果发生灾难，异地备份能否容易获得？
- 是否有通信计划？是否有通信的替代方法？
- 是否需要备用位置？想要什么类型的备用位置？预算是否支持所需的位置？
- 设备是否需要考虑在内？这包括不间断电源和备用电源，还包括暖气和空调系统。
- 支持服务是否已经得到解决？例如，如果需要备用发电机，当前是否有足够的燃料来支持处在灾难期间的组织运营？灾害期间是否有足够的食物和水来支持现场人员？
- 灾难恢复计划人员是否经过培训？在灾难发生的前期、中期和后期，他们是否知道职责所在？
- 灾难恢复计划是否经过了测试？为了确认能够按预期工作，是否对过程进行了测试？
- 是否至少每年对灾难恢复计划进行审查？该计划要素被影响时，是否进行了更新？
- 是否对灾难恢复计划的改变进行了跟踪？

本章小结

　　本章涵盖了灾难恢复计划中风险缓解的重要因素。定义了灾难恢复计划及其目的。对灾难恢复计划的成功起到重要作用的几个因素。管理层必须提供资源和领导力。该计划制定者需要理解灾难恢复的概念以及如何组织运行。该计划必须解决的几个主要问题。恢复时间目标明确了关键业务功能必须返回到正常操作所需的时间。必要时，可将关键业务功能移动到备用位置。热站可以在几分钟或几小时内使用，但实施起来费用最高。冷站仅需要一个有电力、水和其他设施条件的建筑物，是最便宜的，但也是最难测试的。温站介于两者之间。另一个关键成功因素是预算。灾难恢复计划必须有资金支持才能成功。

  灾难恢复计划包括不同的要素。以确保各方都清楚的目的和范围作为开始是很常见的。识别范围有助于防止范围蔓延。灾难恢复计划包括特定的步骤和程序。当灾难袭来时，使用该计划中的步骤和程序来恢复系统。企业应该对此类计划进行测试，以验证能够按计划运行。此外，还需要定期更新该计划并对变化做出应对。

Chapter 15
第 15 章 基于计算机事件响应小组计划的风险缓解

计算机安全事件会造成数据或服务的机密性、完整性和可用性的丢失，从而导致攻击者发起攻击并发生其他各种事件。可组建计算机事件响应小组（CIRT）做好准备工作，通过培训使该小组获得降低攻击造成损害的相关知识和专长，并确保小组行动在计划的引导下进行。

计算机事件响应小组计划（以下简称"CIRT 计划"）的首要目的是帮助组织机构做好应对事件及缓解损害的准备工作。该计划会根据成员的作用和职责明确分工。此外，该计划还包括事件相关的策略说明，例如，是否授权计算机事件响应小组成员（以下简称"CIRT 成员"）对攻击行为实施反击，以及有关如何处理事件的详细信息。

15.1 什么是计算机事件响应小组计划

计算机事件是指与安全策略或安全实践相违背的事件或潜在威胁，包括会影响到计算机系统或网络安全的任何负面事项或活动。这些负面事项会影响组织机构的安全，可能造成机密性、完整性和可用性的损失。

"计算机事件"和"计算机安全事件"具有相同的含义并且可以互换使用。例如，部分组织机构会组建计算机安全事件响应小组（CSIRT）和 CSIRT 计划，而非计算机事件响应小组（CIRT）和 CIRT 计划。

即将发生的事件往往来自因违规而造成的各种威胁。通常包括正在发生的威胁，如快速扩张的病毒或蠕虫。即便组织机构中的系统目前未被感染，如果不迅速采取措施则必将不断蔓延。

本章中所提及的事项是指在系统或网络中可观察到的情况，包括网络上的任何活动，如用户访问文件或数据通过网络传输。然而，并非所有的事项都能称为计算机安全事件。负面事项是那些存在负面后果的事项，包括对系统或网络的任何类型的攻击。

有多种类型的计算机事件可能对组织机构构成影响，其中包括：

- **拒绝服务攻击**——该攻击会阻止系统提供服务。拒绝服务攻击由某个独立的攻击者发动，而分布式拒绝服务攻击则来自多个系统。
- **恶意代码**——指任何类型的恶意软件，包括病毒、蠕虫、特洛伊木马及其他意图感染系统的软件。能够复制数据并对计算机造成伤害的病毒和其他恶意软件在计算机网络中十分普遍。
- **越权访问**——当攻击者能够在未获得授权的情况下访问数据时，即为越权访问。它可能是由于不同类型的"社会工程"攻击所致，也可能是为了访问或控制系统而发动的技术攻击所造成的。越权访问通常会造成机密性的丧失。
- **不当使用**——当员工或内部用户违反了可接受使用策略（AUP）或其他内部策略时，会出现不当使用的情况。这种情况可能是用户对 AUP 标为禁止的恶意网站进行了访问，用户将安全系统的专有数据复制到不安全的系统，或者用户在 AUP 禁止时仍在自己的系统上安装 P2P 软件。
- **多成分**——指同时涉及两个或多个事件的单次事件。例如，恶意软件会感染一个系统，然后被用于对其他系统发动拒绝服务攻击。

计算机事件响应小组（CIRT） 指对事件做出响应的一组人员，可事先指定成员或按需组建。例如，大型组织机构将一组安全专家指定为 CIRT 成员，并在发生事件时由计算机事件响应小组做出响应。小型组织机构可能难以形成正式的计算机事件响应小组，但在发生事件时由其信息技术专家作为非正式的 CIRT 成员对事件做出响应。

CIRT 计划是描述组织机构对计算机事件响应的正式文件。该计划会给出安全事件的正式定义，或指定计算机事件响应小组。以下各节将介绍 CIRT 计划的目的和要素。

15.2 计算机事件响应小组计划的目的

CIRT 计划的目的是帮助组织机构做好应对计算机事件的相关准备。准备工作可帮助组织机构识别潜在的事件，然后安全人员可确定降低潜在损害的最佳响应。

这与灾难恢复计划（DRP）的目的相似，通过投入时间编制计划，能够将批判性思维应用于潜在问题之中，对预期会发生的问题进行逻辑思考，并获得专家的建议，研究得出最佳响应。

但是，若没有制定计划，就无法取得上述成效。当事件发生时，响应人员需要不断摸索各种方法。如果没有完备的计划，虽有可能勉强应对，但攻击者仍能继续对组织机构造成更为严重的危害。

CIRT 计划概述了响应工作的目的，即在通常情况下尽可能充分地识别事件，然后限定事件。回答好五个以 W 缩写的问题将是良好的开始，即是什么（what）、在哪里（where）、谁（who）、何时（when）和为什么（why）。为了更好地评判，可加入问题"怎样发生（how）"。

"是什么"针对所发生的攻击类型，可能是 DoS 攻击、恶意软件攻击、越权访问或不当使用。理解"发生了什么"有助于确定影响并优先做出响应。而 CIRT 计划经常会提供各种工具来确定攻击的影响及优先级。

接着应确定从"哪里"发生了攻击。在此过程中，可能会遇到多个系统发出警报的情况，但应检查攻击是否影响到其他系统。如果不止一个系统受到影响，则需要重新评估影响和优先级。

有可能能够确定是"谁"发动了攻击。检查日志的方式特别适用于这种情况，可检查系统的审计日志，也可检查防火墙和路由器日志。如果用户得到认证，日志可以记录攻击所使用的用户账户。如果属于外部攻击，日志会记录外部的 IP 地址，然后通过限制该 IP 地址来阻挡攻击。

确定"何时"发生了攻击比确定何时发现各种症状更为复杂。在攻击之前，攻击者经常会进行侦察，而日志记录会显示在过去一周内曾遭受几次来自相同来源的攻击。

回答"为什么"攻击者会发动攻击的问题有助于理解攻击者的动机。过去攻击者经常会因为无聊而发动攻击，有时候就跟 George Mallory 想要登上珠穆朗玛峰的理由一样："因为它就在那儿。"[①]但是，如今攻击者往往是因为贪婪而发动攻击，希望从攻击中获利，或者希望窃取数据然后换取利益。

例如，一组攻击者定期窃取信用卡数据，然后使用这些数据伪造信用卡，并雇用女性到商场购物。这些女性用伪造的信用卡大肆挥霍，花费数万美元购物，然后将货物带出商场用车拖走。最后，销赃人员以折扣价购入这些货物，再迅速销往各地。

事件频发

早在 1988 年，新闻报道互联网的一台计算机遭到攻击。1988 年 11 月，Morris 蠕虫病毒攻击互联网。CERT 在 CMU 成立，以便应对这种情况，并且开始统计此类事件。

图 15-1 显示了多年来事件频率的上升情况。1988 年发生了 8 起，而到 1998 年增加到 3734 起。2003 年发生了 137529 起，而且该年是 CMU 的 CERT 最后一次报告事件次数。如果现在继续跟踪并报道事件的次数，数量估计已经超出该表格的数据范围了。现在，计算机遭到攻击已经不算新闻了，除非不打开计算机或者根本不联网，否则就无法避免遭受攻击。

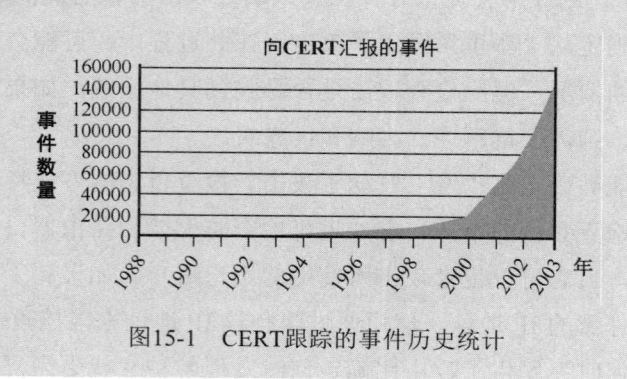

图15-1　CERT跟踪的事件历史统计

[①]译者注：George Mallory，英国著名探险家，在尝试攀登珠穆朗玛峰途中丧生。他在被问及为何想要攀登珠穆朗玛峰时回答说"因为它就在那儿"，成为至今仍经常引用的名言。

> 事件的名称已经过多年变化，但网络攻击和网络恐怖主义仍是常用的词语。现在，网络攻击和网络恐怖主义是对网络的重大危险。

攻击者也可能是出于间谍活动而发动攻击。如今企业间谍活动和国际间谍活动是互联网上比较活跃的两种类型。间谍会定期搜集尽可能多的有关竞争组织或其他国家的数据。

最后，明确攻击"如何"发生，有助于找到系统中存在的漏洞。一旦了解如何成功发动攻击，便可明确未来如何避免遭受攻击。换言之，明确如何成功发动攻击有助于确定控制或对策，以避免未来遭受攻击。

15.3　计算机事件响应小组计划的要素

计算机事件响应小组存在几个不同的要素，但并未特别规定必须包含哪些要素。不过该小组通常会包含其成员信息及策略信息，并且也可能提供有关沟通方法及事件响应程序的详细信息。以下几节简要介绍几种常见的要素。

15.3.1　计算机事件响应小组成员

虽然 CIRT 计划明确了 CIRT 成员，但在编制 CIRT 计划之前可能已经涉及部分成员。而且这些成员在计划编制时会起到一定作用，包括了解会威胁网络和系统风险的信息技术和安全专家。组建计算机事件响应小组时，需要明确该小组成员的职务、职责和责任。

计算机事件响应小组可使用不同的模型，通常根据国家标准与技术研究所（NIST）定期发布的特殊出版物（SP）进行选择。NIST SP 800-61 第 2 版明确了以下三种小组模型：

- **中心事件响应小组**——单个位置的组织机构可使用一个小组，由该小组对所有事件做出响应。此外，也可能由单个小组负责多个位置，小组成员可远程访问所有位置，并且在必要时可随时提供现场支持。
- **分布式事件响应小组**——如果组织机构在多个位置均有重要的计算设施，可能会选择多个小组。此处，每个位置需要一个小组，因此建议将这些小组进行集中管理。例如，如果组织机构具有多个区域性位置且每个位置均有多个小组，那么位于总部位置的人员仍可以集中管理这些小组。

- **协调小组**——该小组拥有知识渊博的成员，可以向其他小组提供建议，但小组成员不可对其他小组行使任何权力。在偏远位置发生事件时，该小组成员将提供必要的协助。

职务

计算机事件响应小组需要平衡成员所具有的技能，旨在确保小组的成员来自组织机构的不同领域并且具备各种技能。此外，小组成员可能担任着一种或多种职务，其中的一些职务如下：

- **组长**——组长负责小组的各项行动。通常情况下，组长是具有安全方面专长的高级主管。但是，部分计算机事件响应小组会指定第一个抵达现场的小组成员担任组长，由其负责事件处理并指挥其他成员的工作。
- **信息安全成员**——这些成员是边界保护方面的专家，其工作涵盖内外网络边界处的防火墙和路由器，能够识别侵害的源头并建议解决方案。此外，这些成员也可能是入侵检测系统及其他系统方面的专家，包括审计日志和审计跟踪。
- **网络管理员**——网络管理员了解网络的各种细节，清楚接入了哪些系统及连接的方式，知晓通过互联网能够访问哪些系统，了解正常信息流量的大小，并能够发现异常信息流。
- **物理安全人员**——由于攻击者可能是"社会工程师"，也可能是企业职员，因此需要在小组中增加物理安全人员。此类人员了解组织机构采用的物理安全控制、控制所在位置及各项控制的目的，并且知道组织机构内部不同类型的监控方法，如视频摄像机及其性能。
- **法律人员**——法律人员可在事件发生的事前、事中及事后对组织机构的法律责任及补救措施提供建议，了解应对攻击者可采取何种法律行动，并清楚实施法律行动应满足的要求。
- **人力资源（HR）部门成员**——如果攻击来自于内部员工，则由人力资源的相关成员负责。此类成员了解组织机构的各项政策，并且也知晓各种可用的实施方法。例如，若员工违反了可接受使用策略（AUP），首次违反时会收到书面警报，第二次或第三次违反则会中止雇用合同。人力资源部门的成员能够掌握员工过去是否已经收到警告。
- **沟通公关成员**——在发生公众事件时负责维护组织机构的对外形象，有助于在情况未得到控制时展现决心解决问题的组织形象。如果没有安排公关人员，则小组成员可能会表现出对攻击的挫败感或困惑感，从而给客户、供应商和股东留下较差的印象。

职责

事件响应小组承担多项职责，包括协助制定计划、协助对事件的响应和协助记录事件。小组的每位成员均具有特殊的技能并对小组承担职责，但小组也作为一个整体承担具体职责。

下面是计算机事件响应小组所承担的几项主要职责：

- **制定事件响应程序**——是响应任何类型事件的基本程序，也可以是不同类型事件的详细检查表。例如，可采用一个恶意软件感染检查表，以及另一个拒绝服务攻击检查表。
- **调查事件**——发生事件时，计算机事件响应小组负责做出响应并调查事件。根据事件的优先级和影响，可由一名小组成员做出响应，也可能由整个小组对优先级较高且影响大的事件做出响应。
- **确定事件的致因**——确定致因是调查的目的之一，了解致因使计算机事件响应小组能够更好地确定最佳响应。例如，假设用户从家中带来的 USB 闪盘驱动器已被感染病毒，在插入到系统中之后杀毒软件会检测到病毒并将其隔离。这个致因是用户通过 USB 驱动器将病毒从家中带到工作用计算机所造成的，幸好杀毒软件发现了该病毒，若部分病毒绕过杀毒软件则后果不堪设想。由于存在这种类型的事件，很多组织机构禁止在自己的系统中使用 USB 闪盘驱动器。
- **预防未来事件的建议控制**——CIRT 成员通常了解避免相同事件再次发生的最佳方案，即便尚不清楚，但仍可通过自身的专长和经验确定控制。控制可能会像升级安全策略一样简单，但也可能更为复杂并要求购买和安装硬件或软件。不管怎样，CIRT 成员应给予相关建议。

- **保护搜集到的证据**——证据在搜集时应确保不被修改。警察在犯罪现场不会踩踏血渍，因为这样做会影响到取证。与之类似，CIRT 成员不得修改证据，也不得访问文件，并且在获得所需的 RAM 内容之前不得关闭计算机。CIRT 成员会使用位拷贝工具来复制硬盘，从而在不修改数据的前提下获得完整的副本。
- **使用监管链**——CIRT 成员负责在采集证据后立即管理证据。"监管链"有助于保证后期展示的证据与之前采集的证据相同，应在获取证据时建立并在证据的全寿命周期中继续维持。监管链会在日志中记录持有证据的人员和时间，并且还会记录证据在非永久性存放位置安全存放的时间。

计算机取证

近年来，计算机取证已经非常盛行。电视剧"犯罪现场调查"（CSI）中的取证专家能够发现犯罪现场中隐藏的各种细节，计算机取证专家也同样能够发现计算机中隐藏的细节。

计算机取证调查通常分为三个阶段：

- **搜集证据**——如果搜集数据，则需确保在此阶段数据没有被修改。工具包可抓取系统中的数据，例如，位拷贝工具可以在不影响硬盘中任何一个位数据的条件下创建硬盘的完整镜像。当然，第一个做出响应的人员不得访问任何文件或关闭系统。
- **鉴定证据**——监管链表格可用于跟踪证据，确认数据在采集后得到保护和控制，以及证据是否可靠。如果没有使用监管链，法院可能不会接受证据，而证据也会被视作存在瑕疵。
- **分析证据**——在此阶段检查并审核数据。如果数据中部分文件存放在磁盘中，则分析该磁盘的副本。如果需要认证原始数据，调查人员会对原始磁盘另做一个副本并分析该副本。

计算机取证是计算机专业人员中的一个新兴发展领域。取证并非限于警方，很多信息技术专家扩展了自己的安全知识并成为计算机取证方面的专家。

任何组织机构的 CIRT 计划均清楚地规定了上述职责，并且组织机构会根据自身的需求或期望在该计划中增加额外的职责。例如，可能希望成员订阅不同的安全公告，或采取其他步骤以确保始终关注当前存在的风险。

责任

计算机事件响应小组还负责协助组织机构对事件做出主动响应，虽然无法避免事件的发生，但仍希望团队能将事件的影响降到最低。

组织机构会经常对小组成员投入大量时间和资金，意在确保对成员的培训及其处理事件的能力。虽然严重事件并非经常发生，但小组成员需要经常考虑安全问题。组织机构希望小组成员持续更新安全威胁及可能的响应，这需要每个小组成员的全力投入。

15.3.2 计算机事件响应小组策略

CIRT 计划还包含 CIRT 策略，可以是简单的策略说明，抑或是计划最后的附录，在事件发生期间可为小组提供指导。

CIRT 成员是否可对攻击者进行还击是需要考虑的主要策略之一。换言之，在调查事件时小组成员有机会对攻击者发动攻击。小组成员应该发动这种攻击吗？

答案通常是否定的。首先，这可能会造成法律后果。窃贼行窃后，受害者不可以此为借口去偷窃他人的物品，若受害者被抓到也会被起诉。辩护时宣称"别人违法在先"并不是法官可以接受的理由。同样，即便攻击者违反法律攻击网络，也不能成为小组成员违法还击的理由。

此外，还击还会造成组织机构与攻击者之间事件升级的风险。比如在拥挤的大街上与他人相撞，如果双方都表示歉意，就可能不会造成任何事件。即便一方比较粗鲁并有意撞到另一方，若另一方表示歉意并继续前行，也不会造成任何事件。但是，如果被撞的一方对另一方大发雷霆，挥舞双臂去推搡别人而且大喊大叫，则必然将这个事件升级为冲突，其后果往往使双方造成更大伤害。

与此类似，如果攻击者攻击网络并失败，可能就会继续寻找下一个更容易攻击的目标。攻击者通常随机选择目标，并且会首先选择那些看上去比较容易攻击的网络。如果受害者去攻击攻击者，便会使事件升级，攻击者可能会把这种还击视为攻击，便会无休止地全力攻击受害者的网络，而且有意攻破网络造成尽可能最大的损失。

那么，试想攻击者会在攻击方面投入多少小时的工作时间。如果为了个人利益，如涉及数百万美元，攻击者短期内可以每天工作 12 个小时或每周 80 个小时。同样，如果攻击者与胆敢还击的组织结怨，则可能会无休止地工作，直到完成报复为止。

总之，建议不要将攻击升级为双方的冲突，让执法部门去实施惩罚。攻击者对组织造成的损害和损失会高于组织对攻击者所造成的损害和损失，因此组织当然没有理由去招惹更多的攻击者。但是，这并非要求组织永远不要还击。因为警察、政府和军事机构均可能设置专门经过培训发动攻击的单位，可以通过攻击来搜集有关犯罪活动的证据，并且可能会有目的地对政府的敌人发动网络战。但是，不承担这项任务的组织机构应避免采取还击的策略。

CIRT 策略还包括与证据、通信和安全性相关的内容。若在调查时需搜集证据以便今后提起诉讼，仍需遵守证据采集和存放的具体规则，而 CIRT 计划会包含用来定义这些规则的策略。

与媒体的交流对没有经验的人员而言是极具挑战性的，但计算机事件响应小组应安排公关人员从事此工作。只须增加一条简单的规定，即只能由负责公关事务的人员与媒体讨论事件。如果媒体向其他成员询问，应将问题提交给公关办公室或具体的公关负责人员。

虽然计算机事件没有诸如飓风或地震等灾难那样危险，但仍可能会造成危害。CIRT 计划会经常提到人员安全是重中之重，因此不得采取任何可能牺牲人员安全的行动。

15.3.3　事件处理流程

CIRT 计划规定了事件处理流程。根据计划的详细情况，这部分内容会占较大篇幅。NIST SP 800-61 第 2 版《计算机安全事件处理指南》中概述了事件的四个阶段，而图 15-2 中列出了这四个阶段的事件响应寿命周期。

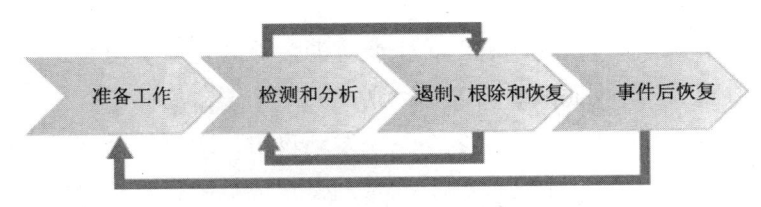

图15-2 事件响应寿命周期

NIST SP 800-61 第 2 版中所提到的四个阶段具体如下：

- **准备工作**——包括编制 CIRT 计划、定义各种事件并组建计算机事件响应小组。小组成员经过培训担任具体的职务和职责，并了解如何识别、遏制并缓解事件。
- **检测和分析**——在该阶段，利用不同的控制手段来检测事件，包括入侵检测系统和杀毒软件。实际上，部分被检测到的事项可能并非计算机安全事件，还需要对该事项进行调查和分析，确定其是否是真正意义上的事件。
- **遏制、根除和恢复**——检测到事件后，需尽快遏制该事件。可以简单地将受影响系统上的网卡（NIC）线缆拔掉，然后再消除攻击源头即可。例如，若系统感染了恶意软件，需隔离或删除该恶意软件，然后将系统返回正常操作。攻击经常会涉及几个组件，在根除其中一个组件后仍要经常重复检测和分析，直到确认已经清除了所有恶意组件时，才可继续进入事件后恢复阶段。
- **事件后恢复**——此阶段涉及行动后的审查工作，需检查事件及响应情况，以确定是否可以总结经验教训。此阶段旨在确定响应是否达到最佳效果且是否可以改进。必要时需修改 CIRT 计划，增加这些经验教训的相关内容。

准备工作阶段针对任何类型的事件均是相同的，由组织机构内部的人员抽出时间进行计划和准备。同样，事件后恢复阶段对于任何事件而言也是相同的。但是，中间的两个阶段随着事件的不同而变化。以下各节将讨论不同类型的事件，以及对这些事件的预防、检测和响应方法。

处理拒绝服务攻击的事件

拒绝服务攻击试图阻止系统或网络提供服务，而且会通过消耗系统资源使系统崩溃。任何系统均有四种主要资源，即处理器、内存、磁盘和带宽。当这些资源对攻击做出响应时，则无法用于正常的操作。

分布式拒绝服务攻击可从多个系统发动攻击，而这些系统通常在僵尸网络中被人操控。以图 15-3 为例，大量的僵尸或克隆计算机已经感染了恶意软件，从而被攻击者通过命令或控制中心进行控制。当攻击者发出命令，僵尸计算机便会发动攻击。

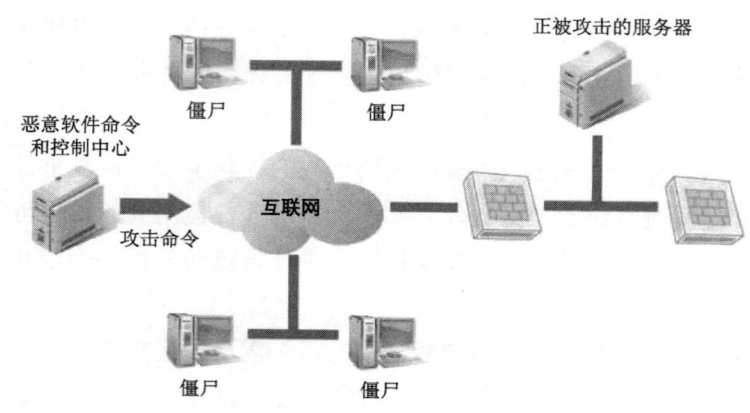

图15-3 从僵尸网络发动的分布式拒绝服务攻击

拒绝服务攻击会以单个系统为对象。出现下列现象可能表明受到此类攻击，具体包括：
- 用户报告反映系统不可用；
- 入侵检测系统发出攻击报警；
- 被攻击系统中资源占用增加；
- 通过防火墙进入被攻击系统的信息流增大；
- 无法解释的连接中断；
- 无法解释的系统崩溃。

通过查看可用的日志便可确认疑似攻击。系统日志包括有关系统活动的信息，而防火墙日志显示进入系统的网络信息流。此外，通过入侵检测系统搜集日志可以识别很多具体类型的攻击。

响应根据攻击的类型而变化。如果因为漏洞而发动攻击，应首先做出的响应是修复漏洞，如应给未打补丁的系统打上补丁。还可通过网络防火墙阻挡很多攻击，也可通过系统防火墙阻挡其他攻击。

很多入侵检测系统具有自动响应能力，可以修改防火墙规则来阻断具体类型的信息流。例如，攻击是基于互联网控制信息协议（ICMP）的，因此入侵检测系统可以配置防火墙来阻断 ICMP 的信息流；SYN 洪水式攻击会扣留 TCP 第三次握手数据包，入侵检测系统则可配置防火墙阻断攻击 IP 的信息流。

如果入侵检测系统没有对攻击自动响应，则可手动修改，从而找出攻击源头，并修改防火墙规则以阻断信息流。例如，可以修改路由器或防火墙的基本数据包过滤规则，或者根据 IP 地址、端口和部分协议（如 ICMP）来阻断信息流。

此外，网络服务供应商（ISP）能够过滤信息流使得攻击无法进入网络，因而可要求该供应商协助做出响应。

处理恶意软件事件

恶意软件事件是由恶意软件造成的，如病毒和蠕虫。如今，存在种类繁多的恶意软件，而且新的恶意软件也层出不穷，主要有以下几类：

- **病毒**——病毒会附着在应用中，并在开启应用时被执行。病毒分为三个阶段，即复制、激活和扩充。病毒首先被复制到其他应用中，然后激活和扩充，最后将病毒中包含的有害程序散播出去，这也是病毒程序最危险的部分。病毒会对系统或网络造成损害，有时扩充还会连接僵尸网络中的控制服务器，下载更多的恶意软件。
- **蠕虫**——蠕虫是一种会自动复制的程序，无需像病毒一样依附在主应用中。通常情况下，蠕虫会包含一个病毒组件，利用蠕虫组件在网络中扩展，进入网络后便安装病毒。
- **移动代码**——包括不同类型的恶意软件，在用户访问网站或打开电子邮箱时便会执行。所使用的编程语言和方法包括 Java、ActiveX、JavaScript 和 VBScript。
- **特洛伊木马**——特洛伊木马看似某种有用的程序，但程序中也包含了某个恶意组件。例如，特洛伊木马可能看上去像游戏或屏保，但实际上包含恶意软件，而且部分特洛伊木马在卸载原始应用之后仍然保留已安装的恶意软件。

应对恶意软件的主要手段为杀毒软件。有很多组织机构采取三管齐下的方法。首先在组织机构内部的全部系统上安装杀毒软件，接着在电子邮箱服务器上安装杀毒软件，从而避免恶意软件通过电子邮箱传递。最后，在内网和外网的边界安装杀毒软件，即在内网与互联网连接处过滤所有信息流中的潜在恶意软件。

此外，杀毒软件的签名文件必须定期更新。大多数组织机构采用自动安装杀毒软件的技术并定期更新签名。

第二重防护是利用培训和学习。很多用户没有注意到恶意软件如何传播，也不了解恶意软件可能造成的损害程度。因此对用户提供定期培训，使其知晓恶意软件的威胁类型，从而了解系统被感染后应该采取何种措施。

有的组织机构会列出用户系统被感染后应采取的措施，并将这些检查表张贴在用户经常可见的位置。在识别了病毒之后，第一步便是遏制威胁，并且利用这些检查表删除网卡。

如果恶意软件感染了电子邮箱服务器，最好将该服务器隔离，直到恶意软件被完全遏制为止。根据恶意软件的影响范围，可能需要关闭电子邮箱服务器并重建，将网卡上的线缆拔掉直至恶意软件被清除。

最后，很多组织机构配置网页浏览器和电子邮件读取器以避免执行恶意移动代码。例如，微软会使用组策略配置网络中的所有系统，因此只须设置组策略一次，便可限制所有用户系统的脚本执行或未签名的 ActiveX 控制。

处理越权访问事件

越权访问事件在尚未获得访问授权的个人访问资源时发生。有时也还会发生意外的越权访问。例如，如果管理员授予用户太多特权，用户可能会意外接触机密数据。但是，本节主要讨论攻击者越权访问的情况，攻击者可能通过社会工程或技术攻击实现访问。

一旦实现访问后，攻击者会尝试利用访问发动攻击，并且经常利用权限升级技术取得更多的访问。下面是几种常见的越权访问事件：

- 攻击并损坏 Web 服务器；
- 上传或下载文件传输协议（FTP）服务器的数据；
- 未经许可使用无人值守工作站；

- 未经许可查看或复制敏感数据；
- 使用社会工程技术搜集数据；
- 猜测或破解密码并使用凭证登录；
- 运行封包嗅探器如 Wireshark 来抓取网络上传播的数据。

组织机构外部攻击者发起的攻击占大多数，并且经常会通过互联网访问服务器或其他内部资源。面向互联网的服务器最容易遭受来自互联网的攻击。

确保所有服务器均经过强化防护，是理应采取的基本保护措施之一。强化服务器的步骤如下：

- **缩小攻击面**——如果服务不适用，应禁用服务；如果不使用协议，应删除协议；如果攻击者利用服务器上未安装的协议发动攻击，应提供服务器保护。
- **保持系统更新**——缺陷会造成安全漏洞。若发现漏洞，软件供应商会发布补丁和更新，应定期更新保护系统。
- **启用防火墙**——防火墙过滤信息流以确保存在漏洞的系统避免收到不需要的信息流。基于网络的防火墙为网络中的计算机提供一层防护，而基于主机的防火墙提供了另一层防护，这两类防火墙均应启用。
- **启用入侵检测系统**——入侵检测系统检测到攻击。被动式入侵检测系统会在检测到攻击后发出通知，而主动式入侵检测系统会修改环境并在发生损害之前阻止攻击者。

此外，基本访问控制也可提供保护，并确保所有用户在访问资源之前获得网络授权。另外，最小权限原则保证用户只能访问其所需的数据，而不能访问其他数据。

即便网络外部的攻击者不会获得所有访问权，但无法完全避免攻击者使用社会工程策略获得进入网络的凭据。社会工程师会欺骗用户泄露有价值的信息，如用户名和密码，然后使用这些信息发动攻击。

可通过几种方法检测越权访问事件。入侵检测系统经常在攻击之前提供有关侦察活动的警告。例如，攻击者可能会扫描开放端口服务器，以确定正在运行何种协议。而在侦察攻击中所获得的数据，可在后期用于访问攻击。

有教育经历的用户能察觉到社会工程方面的攻击尝试，但社会工程师仍会通过欺诈和欺骗促使用户泄露密码。见多识广的用户会辨别各种攻击企图，并报告给管理员。没有教育经历的用户则会在没有察觉的情况下泄露密码。而且大多数人都有乐意帮助他人的品质，社会工程师则会尝试利用这种人性的特点。

此外，部分攻击可能难以检测到。换言之，攻击者可能会访问数据库的数据，并在被发现之前离开，即便访问会记录在日志中，但仍可能无法检测到实际发生的事项。等到发现出现问题时已经迟了，被窃取的数据可能是研发数据并且已经被竞争对手利用了。被窃取的数据还有可能是客户的信用资料。例如，2013年对塔吉特公司所发动持续好几周的攻击，等到美国司法部通知该公司时它仍然没有发现这个漏洞。

响应应根据攻击的不同而变化，但是与其他攻击一样必须实施遏制措施。如果检测到攻击正在发生，则需要隔离受到影响的系统，但并非必须隔离所有用户对系统的访问，而是隔离攻击者对系统的访问。例如，可以修改防火墙规则阻止攻击者的 IP 地址。

如果发生账户失窃的问题，可禁用该账户。如果属于升级账户（具有更多许可权限的账户），应检查其他账户是否使用该账户创建。例如，攻击者可能会窃取管理员账户的凭证，一旦登录立即利用管理员许可创建另一个账户，即便锁定并隔离了第一个账户，攻击者仍然可以使用第二个账户。

处理不当使用的事件

当用户违反内部策略时，会造成不当使用的事件。通常没有外部事件那么严重。然而，根据活动的不同，这些事件也会造成相当严重的后果，导致组织机构资金方面的损失。

在部分不当使用中，用户可能会做出以下行为：
- 向同事发送垃圾邮件；
- 访问禁止的网站；
- 故意绕过安全策略；
- 使用文件分享或使用 P2P 程序；
- 向组织机构外部发送带有敏感数据的文件；
- 在组织机构内部对其他计算机发动攻击。

安全策略有助于避免很多事件的发生，经常需要可接受使用策略（AUP）明确可以接受的使用和不可接受的使用各有哪些。

例如，可接受使用策略可规定禁止使用电子邮件宣传个人业务，并且禁止使用互联网访问赌博或色情网站。与此类似，该策略通常会禁止使用匿名网站。大多数代理服务器能够检测并阻止对匿名网站的访问。组织经常会惩罚违反可接受使用策略的用户。

通常情况下，可接受使用策略会限制使用 P2P 软件。人们经常会使用 P2P 软件下载并分享盗版音乐、视频和应用。数据泄露是使用 P2P 软件所面对的主要问题之一。如果 P2P 软件在未告知用户的情况下便分享用户的数据就会造成数据泄露。例如，用户可能在计算机中存有包含个人数据的文件，诸如密码或信用卡信息。P2P 软件可采取措施保护这些文件。如果用户没有对这些文件提供保护，P2P 程序可能会将文件分享给使用相同 P2P 程序的其他人。如果用户计算机安装了 P2P 程序，则用户可以分享专有数据。

与伊朗共享的海军陆战队一号直升机计划

2008 年，一家政府承包商在互联网上意外分享了全新海军陆战队一号（Marine One）直升机计划。海军陆战队一号是美国总统的专属直升机，而空军一号（Air Force One）是美国总统的专属飞机。

该承包商在家中和工作计算机上安装了一个 P2P 应用。当时，海军陆战队一号直升机的计划以及其他机密数据存放到该承包商的计算机中。而该用户可能没有注意到 P2P 应用在分享该用户的计算机数据，甚至包括海军陆战队一号计划在内的各种机密数据。这是比较经典的数据泄露案例，即 P2P 程序在用户不知情的情况下分享系统中的数据。

2008 年夏季，Tiversa 公司的人员在网上发现了这些数据，并且这家私营公司立即将此情况告知该承包商，然后承包商通知美国海军和白宫。Tiversa 公司将其所得的全部数据提供给上述各方。在 2009 年相同的数据出现在伊朗的一台计算机上。此时这个事件才被报道出来。Tiversa 公司又一次发现并汇报了此情况。

> 即便数据于 2008 年夏季首次泄露,但到 2009 年之前媒体都没有报道。还有多少其他的数据被泄露并且没有被报道出来呢?
>
> 大多数组织机构禁止使用 P2P 软件,用户经常认为这样是为了控制隐私。但真正的原因却是存在数据泄露的极大风险。

可以通过很多不同的方法来发现不当使用的事件,包括报警、日志审查及其他用户的报告。

防火墙和代理服务器会将所有信息流计入日志中,然后可扫描日志确定用户是否违反策略。此外,可配置入侵检测系统以自动检测并汇报禁止的活动。

很多组织机构还会使用数据丢失防护(DLP)软件。管理员可在软件中配置与专有数据相关的关键词,还可以配置搜索个人身份信息(PII)。例如,社会保障号由九个数字和两个连接号组成,数据丢失防护扫描器会寻找符合"###-##-####"格式的文字,并扫描进出网络的全部信息流。如果发现格式匹配的数据,便会发出警报。

对不当使用进行检测的另一个方法可以通过其他用户进行。其他用户会收到某名员工的宣传广告或宣扬宗教的垃圾邮件,而且其他员工可能会看到违规者计算机上不适当的图片。当员工报告这种情况时,组织会对此类事件做出响应。

主要响应要依据现有策略,包括安全策略和可接受使用策略。如果不存在此类策略,就需要创建策略,在员工违反策略时使其承担责任。如果不存在此类策略,则由组织机构承担责任。

除了制定策略之外,显然还需要注意策略的执行。部分组织机构在编制策略时走过场,到执行策略时敷衍了事,员工就很快便意识到策略的两面性。一种是不必遵守的书面策略,而另一种是不成文的潜规则。

处理多成分事件

多成分事件指涉及两个以上其他事件的计算机安全事件。这些包含的事件彼此关联,但并非一定立刻显现。例如,假设用户收到一个附件中带有恶意软件的电子邮件,用户打开附件时该恶意软件便会感染用户的系统,这便是第一个事件。

恶意软件有三个目标。第一个目标是释放蠕虫组件，在网络中搜索并感染计算机，这便是第二个事件。

接下来，恶意软件会联系某台正在管理僵尸网络并连接到互联网的服务器。此时被感染的系统就成了僵尸系统，等待来自僵尸网络控制服务器的指令，然后根据指令执行各种行动。

由于被感染的系统已经传染了网络上的其他系统，更多被感染的系统会继续去搜寻并传染其他系统，最后都变成僵尸网络中的"僵尸"。

随后，僵尸网络控制服务器向所有被感染的系统发出一个命令，要求对某台互联网服务器发动攻击，网络中的所有"僵尸"便会发起攻击，这便是第三个事件。

从遭受攻击的服务器角度来看，仿佛是组织自身发动了攻击。被攻击的一方会询问网络服务供应商（ISP），并报告组织发动了攻击。从而导致该供应商可能提出中断对组织的服务。此时，网络服务供应商与组织联系便是组织存在问题的首个征兆，此前组织可能并未注意到这个问题。

在这种情况下，基本防护便需依靠杀毒软件，因此要确保杀毒软件已经更新。更新后的杀毒软件可以降低系统被感染的概率，但并不能保证不会被感染。虽然降低了感染概率，但仍然容易遭受新的威胁。

基于异常的入侵检测系统可能会注意到网络活动的增加，因此首先应确定一个正常活动的基准，在活动增加到超出所规定阈值之后，入侵检测系统便会发出存在异常的警报。

发现存在多成分事件时，要找出其根本原因。在上述例子中，根本原因是最初存在的恶意软件，若除去这个根本原因，则能够消除其他问题。但是，多成分事件中的任何一个单独事件均具有自身的活动期，每个事件都可以触发另一个多成分事件。

15.3.4 通信升级程序

事项被确认为事件的过程称作"升级"。首先，确认事件需要召回一名或多名 CIRT 成员，可使用电话簿或其他传统召回方式进行。

此外，事件可能会恶化。例如，初期报告可能发现只有一台计算机上存在病毒，但 CIRT 成员可能发现这个恶意软件被电子邮箱服务器发送到网络中的每个客户端。现在看似小问题，但有可能造成巨大破坏。此时，CIRT 成员可升级响应，而组织机构在必要时可以激活整个计算机事件响应小组。

> **组织机构的声誉**
>
> 需要处理好组织机构的外部沟通。如果各大媒体获悉事件发生，便会开始提出各种问题，而组织机构内部人员对这些问题的回应均会影响到组织机构的声誉。即使组织机构能很好地对事件做出响应，但如果对媒体的回应存在含糊不清或自相矛盾时，也会造成负面的宣传效果。
>
> 最好的选择是列出可以提供帮助的公关专家，在理想情况下计算机事件响应小组内部应有一名负责公关事务的成员。此外，所有人员应明确对媒体的提问都必须由该公关人员处理。
>
> 公关专家了解如何与媒体有效地沟通，即便在发生重大事件时也能够为组织带来有力的帮助。但这并非意味着公关专家知道所有问题的答案，或者可以回答所有的问题。但公关专家清楚如何做出诚恳积极的回答。
>
> 技术人员可能会说："这次蠕虫病毒对我们打击很大。我之前从来没见过这么多服务器停机。我不知道怎样才能让服务器尽快恢复运行。"
>
> 公关人员可能会采用不同的表达，"我们遭受了攻击。我们目前还有几项控制措施，但是攻击似乎非常复杂并且同时针对我们网络的几个要素发动攻击。我们的计算机事件响应小组目前正在现场处理。据我所知，他们正在调查问题的根源，并正在着手解决问题。"
>
> 两种陈述均正确，但第一种陈述会给人一种混乱或无法控制的印象。技术人员的陈述虽然正确，但可能会对组织机构的声誉造成负面影响。公关专家的陈述不但正确而且还会维护组织机构的声誉。

事件发生期间的通信非常重要，并且要牢记在事件发生期间的通信可能会受到阻碍。例如，电子邮箱或即时信使系统可能无法使用，若主要通过这两种方式而没有其他备用通信方式，那么事件期间的通信便会成为难题。

灾难恢复计划通常会为潜在通信问题提供解决方案，而这些方案也可用于计算机事件。例如，可以为 CIRT 成员配备一键通移动电话或对讲机，也可以设置一个"战情室"（war room）用于面对面的交流。战情室应始终有人值守，小组成员应将发现的情况汇报给战情室中的工作人员。

15.3.5 事件处理程序

如果怀疑有事件发生时，可使用检查表来指导行动，并在 CIRT 计划中利用检查表作为对事件响应的程序。被告知可能存在事件的信息技术专家可以使用这些检查表，而且 CIRT 成员在对事件做出响应时也可以使用检查表。

虽然难以为每个可能事件的响应编制检查表，但仍可以根据不同类型的事件定制检查表。例如，可以编制一个基本检查表应对大部分事件，然后再创建其他检查表，以明确针对不同类型事件应实施的行动。

影响和优先级计算

明确事件的影响和优先级是事件处理的重要措施之一。CIRT 计划为帮助人员确定影响和优先级提供了各种工具，小组成员可在事件发生时使用这些工具。

例如，表 15-1 中的数据明确了攻击的影响，而 CIRT 成员将风险的实际影响与其定义进行比较，从而得出一个数值或等级。假设组织机构在全国各地涉及多个位置，任何位置均不存在的影响属于最低影响。例如，某个位置存在的严重影响属于中等影响，而多个位置存在的严重影响属于关键影响。每个等级均应指定相应数值。

表 15-1 中的数值可用于确定当前和预计的影响。例如，可能会对 Web 农场 Web 服务器中的一台服务器发动拒绝服务攻击，如果只有这台服务器受到攻击，那么影响程度可能是最低等级的。但如果攻击没有尽快解决，可能会影响到 Web 农场的全部服务器，则预测的影响程度可能为中等。

表 15-1 影响等级定义

定 义	等级	数值
任何位置或关键基础设施均无影响	最低	10
单个位置存在严重影响或多个位置存在最低影响	中等	50
多个位置存在严重影响	关键	90

可利用表 15-2 确定攻击的严重程度，具体则应根据系统的重要性或关键程度而定。

接下来，可以使用表 15-1 和表 15-2 中的等级确定整体得分。尽可能确定当前影响和预计影响，具体如下：

- **当前影响等级**——最低。由于当前仅影响了 Web 农场中的一个 Web 服务器，得分为 10 分，占总影响得分的 25%（10×0.25=2.5）。
- **预计影响等级**——中等。由于可能会蔓延到 Web 农场中的其他 Web 服务器，得分为 50 分，占总影响得分的 25%（50×0.25=12.5）。
- **关键程度等级**——中等。由于 Web 服务器会影响单个位置的关键任务系统，得分为 50，占总影响得分的 50%（50×0.50=25）。

然后，可以使用以下公式确定影响程度：

（当前影响等级×0.25）+（预计影响等级×0.25）+（关键程度等级×0.50）

= 10×0.25+50×0.25+50×0.50

= 2.5+12.5+25

事件影响得分+40。

确定了事件影响得分之后，可以对事件影响进行评级。表 15-3 提供了一个事件评级举例。需注意得分 40 表示该事件影响等级为"中等"。

表 15-2 关键程度等级定义

定义	等级	数值
非关键系统	最低	10
单个位置的关键任务系统	中等	50
多个位置的关键任务系统	关键	90

表 15-3 事件影响等级

得分	等级和优先级
0～25	最低，低优先级
26～50	中等，中优先级
51～100	关键，高优先级

这些数字比较容易混淆，尤其是在发生危机时。可以创建一种工具实现自动计算。例如，可创建一个电子表格，然后增加方框并列出等级。这

需要进行一些基本计算，但可以采取隐藏和锁定的方式。CIRT 成员只需要打开电子表格，勾选适当的方框即可。

使用基本检查表

明确如何计算影响和优先级之后，需要用到检查表。基本检查表应包括下列内容：

- **确认事件已发生**——可以保证事项确实已成为事件，而不是误报的事件。例如，部分入侵检测系统会在事件尚未真实发生时发出异常活动的错误警报。
- **确定事件的类型**——确定事件是否为拒绝服务、恶意软件、越权访问、不当使用或多种类型的事件。如果事件存在检查表，则可从 CIRT 计划中获取该检查表。而部分事件可能需要专家的协助，召回相关专家。
- **确定事件的影响或潜在影响**——确定攻击的范围。例如，可能是一种病毒影响了单个工作站，一种蠕虫影响了多个服务器，或者一次 DoS 攻击导致每小时能带来 20000 美元收入的主要 Web 服务器崩溃。如果影响较大，则响应应为高优先级。
- **报告事件**——如果计算机事件响应小组以外的人员向该组成员报告事件，尽可能注明事件的影响和严重程度，确保事件报给管理层。影响大的事件应尽快报告，而影响小的事件可以在得到控制后报告。
- **采集事件的任何可用证据**——确保实施了证据保全，并在采集证据后尽快建立监管链，包括接受证据的时间、日期和人员姓名。如果证据在人员之间传递，或送到存放地点，应更新监管链并且确保证据没有被修改。不得访问任何文件或关闭系统。如果访问了文件，则会导致证据被修改；如果系统断电，则会删除内存中的数据。
- **遏制事件**——确保事件不会蔓延到其他系统，拔掉或禁用系统的 NIC 以隔离系统。如果影响了多个系统，需隔离网络上的所有系统，或隔离网络设备从而隔离网络。例如，可以切断或重新配置路由器以隔离僵尸网络。
- **根除事件**——找出被攻击的漏洞，并找到减少缺陷的措施。如果涉及恶意软件，确保完全清除恶意软件；如果面向公众的服务器遭受攻击，确定如何强化服务器以避免再次发生攻击。

- **事件后恢复**——事件被根除之后，将系统恢复到正常操作状态。根据系统和损害的状态，可以简单地重启系统，也可能需要完全重建系统或重新应用一个系统镜像。如果系统被重建，应确保在恢复操作之前已经打好补丁并做更新，保证系统处于正常运行。
- **记录事件**——文件记录包括诸多要素。确保行动后报告描述发生的事件，包括事件发生期间采集的所有详情，以及根除事件并实现事件后恢复所需采取的全部措施。如果形成了监管链，需保证在采集证据时得到维护，因为在后期可能需要使用证据。

CIRT 成员可使用基本检查表或对事件做出响应时的具体检查表。以下内容提供了其他类型事件检查表所需使用的信息。

处理拒绝服务攻击事件

发生拒绝服务攻击时，可以使用专门设计的检查表应对攻击。可设计独立检查表，或设计某种检查表与基本检查表一起使用。

为拒绝服务攻击创建检查表时需要考虑以下项目：

- **遏制**——尽快中止攻击。可能需要在路由器或防火墙上增加过滤器，根据攻击所使用的互联网协议地址、端口或协议阻止信息流。如果无法在自身网络中阻止，则可要求网络服务供应商提供帮助。最后的措施是断开服务器连接。一旦断开连接则会停止服务，这也是拒绝服务攻击的首要目标。
- **根除**——识别导致攻击的漏洞。服务器没有充分强化也会成为漏洞。例如，有的系统许可协议未被使用，服务器没有使用最新的补丁等。漏洞识别后应采取措施减少漏洞。
- **恢复**——确定服务器是否存在有长期影响的损害，并应修复这些损害。攻击可能已经安装了恶意软件，可使用更新后的杀毒软件扫描恶意软件。恢复后，测试系统以确保系统正常运行。

处理恶意软件事件

如果恶意软件造成了事件，除了基本检查表中的措施外可再增加几项措施。在必要时，可针对恶意软件事件创建特殊检查表，还可使用单独的恶意软件检查表，或将各个项目加入到基本检查表中。

创建恶意软件事件检查表时需考虑以下项目：

- **遏制**——识别所有被感染的系统并断开系统与网络的连接，明确杀毒软件没有检测到恶意软件的原因。例如，如果杀毒软件被禁用，或防病毒签名已过期，则应更新防病毒签名并确保杀毒软件已启用。如有必要，配置防火墙或路由器规则，以阻止恶意软件传播到其他系统，或从被感染的系统传播。
- **根除**——对系统运行全面扫描。赛门铁克（Symantec）和迈克菲（McAfee）等杀毒软件供应商，通常会通过提示页面的形式，显示删除多成分病毒及其他高级杀毒软件的详细步骤。如有必要，分步删除系统中恶意软件的全部组成，然后杀毒、隔离或删除受影响的文件。
- **恢复**——更换已经删除或隔离的系统运行文件，并确认系统感染已被清除。如果需要多个措施来清理系统，在恢复系统运行之前再实施一次全面扫描。

处理越权访问事件

可分步骤对越权访问事件做出响应。与其他类型的事件一样，可创建单独的检查表应对越权访问事件，也可用越权访问事件检查表补充基本检查表。

创建越权访问事件检查表时需考虑以下项目：

- **遏制**——如果发现攻击正在进行，需确定受攻击的系统，并通过拔掉网卡线缆或禁用网卡将系统与网络隔离。此外，也可使用基于主机的防火墙，在记录所有连接尝试时阻止全部信息流。如果事件是因内部账户引起，可禁用该账户，并应确认最小权限原则是否适用于该账户。此外，还应确定攻击者是否绑架了该账户，以及其他系统是否也遭受攻击。成功攻击了一个系统后，攻击者通常会试图攻击相同网络中的其他系统。在必要时，可遏制其他系统。
- **根除**——确定那些确已受到攻击的缺陷，确保完成强化服务器所需的各项步骤，并保证系统采用了强密码。根据需要，考虑更改系统的密码。检查在攻击发生时是否有些额外的账户被创建，这些账户可能在将来被用来访问系统。如发现此类账户，应禁用该账户并考虑删除账户。

- **恢复**——在消除漏洞之后，重新连接系统并确认系统可以运行。测试系统确保按预期运行，并考虑增加额外的监控功能（如入侵检测系统），以便今后尽早识别事件。

创建越权访问的跟进报告时，需要考虑攻击期间已访问的数据。如果属于客户的私人数据（诸如信用卡数据），组织机构可能需对该事件承担相关责任。因此，应确定这些责任，并记录在报告中。管理层则负责确定如何处理这些责任。

不当使用事件的处理

不当使用事件需要做出特殊的响应以缓解其造成的影响，可将这些响应措施与基本检查表中的措施相结合，或创建一个单独的检查表逐个处理不当使用事件。

需注意内部用户违反组织政策时可能发生不当使用事件。创建不当使用事件检查表时，需考虑以下内容：

- **遏制**——考虑禁用用户账户直到管理层采取行动为止。例如，如果用户在发送宗教材料给组织机构中的每个成员，可以禁用该用户的电子邮箱访问，或禁用该用户的账户。当然，要注意禁用网络访问会导致员工无法履行日常工作任务。因此，用户及其管理人均需立即应对此项问题。

- **根除**——部分组织机构要求用户在恢复访问之前接受特殊培训，而其他组织要求其管理人在员工记录表中记录此活动。如果员工屡次违反或事件非常严重，员工可能会被解雇。例如，如果用户在自己的计算机中安装了 P2P 软件，由于数据泄露造成极具价值的研发数据丢失，雇主则可以立即解雇该员工。

- **恢复**——如果账户被禁用，可在完成适当的行动后启用账户。例如，在员工完成培训后，或人力资源的负责人员告知记录了该事件，则可以启用该账户。如果员工被解雇，应根据组织策略禁用或删除该账户。

15.4 计算机事件响应小组计划如何缓解组织机构的风险

CIRT 计划有助于组织机构准备应对各种事件。经过充分准备，组织机构可以更加迅速和有针对性地应对事件。

明确 CIRT 成员是 CIRT 计划的主要优点之一。该计划明确所需的成员，使得组织机构了解这些人员，并且小组成员也可以了解自身的作用和职责。

确定好计划和成员之后，组织机构便可以更好地了解所需的各项技能，并对成员进行培训，以确保具有提供支持所需的各项技能。

如没有计划，信息技术和安全专家就没有更多时间来分析各种响应。例如，拔掉网卡线缆阻止针对服务器的拒绝服务攻击，尽管阻止了攻击，但也使得服务器无法提供预期的服务。如果没有告知管理员，则可能使网络中存在被感染的系统，随后还会感染其他系统。管理员可能会对攻击者发动还击，如果被攻击者发现，则可能造成一系列更加严重的攻击，从而适得其反。

15.5 实施计算机事件响应小组计划的最佳做法

实施 CIRT 计划时，可以采用几种最佳做法，如下所示：

- **定义计算机安全事件**——不同组织机构对于事件的解释各不相同，因此 CIRT 计划中的事件定义必须使各方都能理解。员工与 CIRT 成员均需充分了解哪些事项属于事件。
- **在 CIRT 计划中增加策略以指导 CIRT 成员**——这些新增策略可与 CIRT 成员对攻击者的还击相关，还包括监管链的使用或证据的保护工作。此外，可以增加与通信和安全性相关的策略。计划中增加何种策略取决于策略对组织机构的重要性。
- **提供培训**——确保 CIRT 成员及最终用户均受过培训。CIRT 成员应了解自身的职责，以及对不同类型事件做出响应的最佳方式。全体人员应了解各种威胁，以及可以采取哪些基本措施缓解这些威胁。

- **增加检查表**——检查表可以是必须按照具体顺序分步实施的正式检查表，也可以是为确保 CIRT 成员不会忽略关键数据而专门设计的非正式公告说明。可增加基本检查表或针对特殊事件类型的检查表。
- **订阅安全通知**——可以订阅多种安全公告，通过电子邮件了解不同类型的威胁，包括最新出现的威胁。US-CERT 会定期发出电子邮件和快讯，可登录 http://www.uscert.gov/mailing-lists-and-feeds/订阅。

本章小结

本章介绍了计算机事件响应小组及 CIRT 计划。组织机构应预计会造成计算机安全事件的各种攻击，其中包括几种常见的事件。拒绝服务攻击试图阻止系统提供服务；恶意软件攻击包括病毒、蠕虫、特洛伊木马及其他类型的恶意软件；越权访问事件发生在人员越权访问数据之时，而且越权访问也可能因技术攻击或社会工程策略而发生；员工或内部用户违反组织策略时会发生不当使用事件，而且部分事件具有多成分的特点。

计算机事件响应小组会对攻击做出响应并缓解其影响。CIRT 计划明确了各项策略，例如，关于 CIRT 成员向攻击者发动攻击的条件。当然，该计划还包括对不同类型事件做出响应时所使用的程序或检查表。通过准备工作和培训，CIRT 计划有助于组织机构缓解与事件相关的风险。

附录 A 缩写词

ACD	Automatic Call Distributor	自动呼叫分配器
AES	Advanced Encryption Standard	高级加密标准
ALE	Annual Loss Expectancy	年度预期损失
ANSI	American National Standards Institute	美国国家标准协会
AO	Authorizing Official	官方授权
AP	Access Point	接入点
API	Application Programming Interface	应用编程接口
APT	Advanced Persistent Threat	高级持续性威胁
ARO	Annual Rate of Occurrence	年发生率
ATM	Asynchronous Transfer Mode	异步传输模式
AUP	Acceptable Use Policy	可接受使用策略
AV	Antivirus	抗病毒
B2B	Business to Business	企业间电子商务
B2C	Business to Consumer	企业对消费者模式
BBB	Better Business Bureau	商业改善局
BC	Business Continuity	业务持续性
BCP	Business Continuity Plan	业务持续性计划
BGP4	Border Gateway Protocol 4 for IPv4	边界网关协议 4.0 版本
BIA	Business Impact Analysis	业务影响分析
BYOD	Bring Your Own Device	自带设备
C2C	Consumer to Consumer	个人间电子商务
CA	Certificate Authority	证书颁发机构
CAC	Common Access Card	通用访问卡
CAN	Computer Network Attack	计算机网络攻击
CAN-	Controlling the Assault of Non-Solicited	反垃圾邮件法

SPAM	Pornography and Marketing Act	
CAP	Certification and Accreditation Professional	认证与鉴定专家
CAUCE	Coalition Against Unsolicited Commercial Email	联合反对未经请求的商业电子邮件
CBA	Cost-benefit Analysis	费用效益分析
CBF	Critical Business Function	关键业务功能
CBK	Common Body of Knowledge	通用知识体系
CCC	CERT Coordination Center	CERT 协调中心
CCNA	Cisco Certified Network Associate	思科认证网络工程师
CDR	Call-detail Recording	详细呼叫记录
CERT	Computer Emergency Response Team	计算机应急响应小组
CFE	Certified Fraud Examiner	欺诈注册审查师
C-I-A	Confidentiality, Integrity, Availability	机密性、完整性和可用性
CIPA	Children's Internet Protection Act	儿童互联网保护法案
CIR	Committed Information Rate	承诺信息速率
CIRT	Computer Incident Response Team	计算机事件响应小组
CISA	Certified Information Systems Auditor	注册信息系统审计师
CISM	Certified Information Security Manager	注册信息安全经理
CISSP	Certified Information System Security Professional	注册信息系统安全专家
CMIP	Common Management Information Protocol	公共管理信息协议
CMMI	Capability Maturity Model Integration	能力成熟度模型集成
CND	Computer Network Defense	计算机网络防御
CNE	Computer Network Exploitation	电脑网络开发
COPPA	Children's Online Privacy Protection Act	儿童网络隐私保护法
COS	Class of service	服务等级
CRC	Cyclic Redundancy Check	循环冗余校验
CSA	Cloud Security Alliance	云安全联盟
CSF	Critical Success Factor	关键成功因素
CSI	Computer Security Institute	计算机安全协会
CSP	Cloud Service Provider	云服务提供商

CTI	Computer Telephony Integration	计算机电话集成
CVE	Common Vulnerabilities and Exposures	公共漏洞列表
DAC	Discretionary Access Control	自主访问控制
DB MS	database management system	数据库管理系统
DCS	Distributed Control System	集散控制系统
DDoS	Distributed Denial of Service	分布式拒绝服务
DEP	Data Execution Prevention	数据执行保护
DES	Data Encryption Standard	数据加密标准
DHCPv6	Dynamic Host Configuration Protocol v6 for IPv6	动态主机配置协议
DHS	Department of Homeland Security	国土安全部
DIA	Defense Intelligence Agency	国防情报局
DISA	Direct Inward System Access	直拨系统接入
DMZ	Demilitarized zone	非防护区
DNS	Domain Name Service OR Domain Name System	域名服务或域名系统
DoD	Department of Defense	国防部
DoS	denial of service	拒绝服务
DPI	Deep Packet Inspection	深度数据包检测
DR	Disaster Recovery	灾难恢复
DRP	Disaster Recovery Plan	灾难恢复计划
DSL	Digital Subscriber Line	数字用户线
DSS	Digital Signature Standard	数字签名标准
DSU	Data Service Unit	数据服务单元
EDI	Electronic Data Interchange	电子数据交换
EIDE	Enhanced IDE	增强型 IDE
ELINT	electronic intelligence	电子情报
EPHI	Electronic Protected Health Information	受保护的电子健康信息
EULA	End-User License Agreement	最终用户许可证协议
FACTA	Fair and Accurate Credit Transactions Act	公平准确信用交易法案
FAR	False Acceptance Rate	错误接受率

FCC	Federal Communications Commission	联邦通信委员会
FDIC	Federal Deposit Insurance Corporation	联邦存款保险公司
FEP	front-end processor	前端处理器
FERPA	Family Educational Rights and Privacy Act	家庭教育权利和隐私权法案
FIPS	Federal Information Processing Standard	联邦信息处理标准
FISMA	Federal Information Security Management Act	联邦信息安全管理法案
FRCP	Federal Rules of Civil Procedure	联邦民事诉讼规则
FRR	False Rejection Rate	错误拒绝率
FTC	Federal Trade Commission	联邦贸易委员会
FTP	File Transfer Protocol	文件传输协议
GAAP	Generally Accepted Accounting Principles	公认会计准则
GIAC	Global Information Assurance Certification	全球信息保险证书
GigE	Gigibit Ethernet LAN	千兆位以太局域网
GLB A	Gramm-Leach-Bliley Act	格雷姆·里奇·比利雷法案
HIDS	host-based intrusion detection system	基于主机的入侵检测系统
HIPAA	Health Insurance Portability and Accountability Act	健康保险携带与责任法案
HIPS	Host-based Intrusion Prevention System	主机入侵防范系统
HTML	Hypertext Markup Language	超文本标记语言
HTTP	Hypertext Transfer Protocol	超文本传输协议
HTTPS	Hypertext Transfer Protocol Secure	安全超文本传输协议
HUMINT	human intelligence	人类智能
IaaS	Infrastructure as a Service	基础设施即服务
IAB	Internet Activities Board	互联网活动板
ICMP	Internet Control Message Protocol	互联网控制信息协议
IDEA	International Data Encryption Algorithm	国际数据加密算法
IDPS	Intrusion Detection and Prevention	入侵检测和防御
IDS	Intrusion Detection System	入侵检测系统
IEEE	Institute of Electrical and Electronics Engineers	电气与电子工程师学会

IETF	Internet Engineering Task Force	互联网工程任务组
IGP	Interior Gateway Protocol	内部网关协议
IMINT	Imagery intelligence	图像情报
InfoSec	Information Security	信息安全
IP	Intellectual Property or Internet Protocol	知识产权或互联网协议
IPS	Intrusion Prevention System	入侵防御系统
IPSec	Internet Protocol Security	网际安全协议
IPv4	Internet Protocol version 4	互联网协议第 4 版
IPv6	Internet Protocol version 6	互联网协议第 6 版
IS-IS	intermediate system-to-intermediate system	中介系统协议
(ISC)^2	International Information System Security Certification Consortium	国际信息系统安全认证协会
ISO	International Organization for Standardization	国际标准化组织
ISP	Internet Service Provider	网络服务提供者
ISS	Internet Security Systems	互联网安全系统
ITIL	Information Technology Infrastructure Library	信息技术基础设施库
ITRC	Identity Theft Resource Center	身份失窃资源中心
IVR	Interactive Voice Response	交互式语音应答
L2TP	Layer 2 Tunneling Protocol	第二层隧道协议
LAN	Local Area Network	局域网
MAC	Mandatory Access Control	强制访问控制
MAN	Metropolitan Area Network	城域网
MAO	Maximum Acceptable Outage	最大可接受中断
MASINT	measurement and signals intelligence	测量与特征情报
MD5	Message Digest 5	消息摘要
modem	modulator demodulator	调制解调器
MP-BGP	Multiprotocol Border Gateway Protocol for IPv6	多协议扩展边界网关协议
MPLS	Multiprotocol Label Switching	多协议标签交换

MSTI	Multiple Spanning Tree Instance	多生成树实例
MSTP	Multiple Spanning Tree Protocol	多生成树协议
NAC	Network Access Control	网络访问控制
NAT	Network Address Translation	网络地址转换
NFIC	National Fraud Information Center	国家欺诈信息中心
NIC	Network Interface Card	网卡
NIDS	Network Intrusion Detection System	网络入侵检测系统
NIPS	Network Intrusion Prevention System	网络入侵防御系统
NIST	National Institute of Standards and Technology	国家标准与技术研究所
NMS	Network Management System	网络管理系统
NOC	Network Operations Center	网络运行中心
NSA	National Security Agency	国家安全局
NVD	National Vulnerability Database	国家漏洞数据库
OPSEC	operations security	操作安全
OS	Operating System	操作系统
OSI	Open System Interconnection	开放系统互连
OSINT	open source intelligence	开源情报
OSPFv2	Open Shortest Path First v2 for IPv4	开放最短路径优先版本2
OSPFv3	Open Shortest Path First v3 for IPv6	开放最短路径优先版本3
PaaS	Platform as a Service	平台即服务
PBX	private branch exchange	用户小交换机
PCI	Payment Card Industry	支付卡行业
PCI DSS	Payment Card Industry Data Security Standard	支付卡行业数据安全标准
PGP	Pretty Good Privacy	优秀密钥
PII	Personally Identifiable Information	个人可识别信息
PIN	Personal Identification Number	个人身份识别号
PKI	Public Key Infrastructure	公钥基础设施
PLC	Programmable Logic Controller	可编程控制器
POAM	Plan of Action and Milestones	行动和里程碑计划

PoE	Power over Ethernet	以太网供电
POS	point-of-sale	销售点
PPTP	Point-to-Point Tunneling Protocol	点对点隧道协议
PSYOPs	psychological operations	心理战
RA	Registration Authority or Risk Assessment	注册中心或风险评估
RAID	Redundant Array of Independent Disks	独立磁盘冗余阵列
RAT	Remote Access Trojan or Remote Access Tool	远程访问木马或远程访问工具
RFC	Request for Comments	请求注解
RIPng	Routing Information Protocol next generation for IPv6	下一代路由选择信息协议（应用于 IPv6）
RIPv2	Routing Information Protocol v2 for IPv4	路由信息协议版本 2（应用于 IPv4）
ROI	Return on Investment	投资回报率
RPO	Recovery Point Objective	恢复点目标
RSA	Rivest, Shamir, and Adleman（algorithm）	RSA 算法
RSTP	Rapid Spanning Tree Protocol	快速生成树协议
RTO	Recovery Time Objective	恢复时间目标
SA	Security Association	安全关联
SaaS	Software as a Service	软件即服务
SAN	Storage Area Network	存储区域网
SANCP	Security Analyst Network Connection Profiler	安全分析公司的网络连接分析器
SANS	SysAdmin, Audit, Network, Security	系统管理、审计、网络、安全
SAP	Service Access Point	服务访问点
SCADA	Supervisory Control and Data Acquisition	数据采集与监控
SCSI	Small Computer System Interface	小型计算机系统接口
SDSL	Symmetric Digital Subscriber Line	对称数字用户线路
SET	Secure Electronic Transaction	安全电子交易
SGC	server-gated cryptography	服务器网关加密
SHA	Secure Hash Algorithm	安全散列算法

S-HTTP	secure HTTP	安全超本文传输协定
SIEM	Security Information and Event Management system	安全信息和事件管理系统
SIGINT	signals intelligence	信号情报
SIP	Session Initiation Protocol	会话初始化协议
SLA	Service Level Agreement	服务等级协定
SLE	Single Loss Expectancy	单一预期损失
SMFA	Specific Management Functional Area	特定管理功能区
SNMP	Simple Network Management Protocol	简单网络管理协议
SOX	Sarbanes-Oxley Act of 2002（also Sarbox）	2002年萨班斯·奥克斯利法案
SPOF	Single Point of Failure	单一故障点
SQL	Structured Query Language	结构化询问语言
SSA	Social Security Administration	社会保障事务管理局
SSCP	Systems Security Certified Practitioner	系统安全认证从业人员
SSID	Service Set Identifier（name assigned to a Wi-Fi network）	服务设定识别符（给Wi-Fi网络分配的名称）
SSL	Secure Sockets Layer	安全套接字层
SSL-VPN	Secure Sockets Layer virtual private network	安全套接字层虚拟专用网
SSO	single system sign-on	单系统登录
STP	Shielded Twisted Pair or Spanning Tree Protocol	屏蔽双绞线或生成树协议
TCP/IP	Transmission Control Protocol/Internet Protocol	传输控制协议/互联网协议
TCSEC	Trusted Computer System Evaluation Criteria	可信计算机系统评价标准
TFA	Two-factor Authentication	双因素认证
TFTP	Trivial File Transfer Protocol	简单文件传输协议
TGAR	Trunk Group Access Restriction	中继线组使用限制
TNI	Trusted Network Interpretation	可信网络破译
TPM	Technology Protection Measure or Trusted Platform Module	技术保护措施或可信平台模块
UC	Unified Communications	统一通信机制

UDP	User Datagram Protocol	用户数据报协议
UPS	Uninterruptible Power Supply	不间断电源
USB	Universal Serial Bus	通用串行总线
UTP	Unshielded Twisted Pair	五类非屏蔽双绞线
VA	Vulnerability Assessment	脆弱性评价
VB AC	View-based Access Control	基于视图的访问控制
VLAN	Virtual Local Area Network	虚拟局域网
VoIP	Voice over Internet Protocol	网际网络电话
VPN	Virtual Private Network	虚拟专用网
W3C	World Wide Web Consortium	万维网联盟
WAN	Wide Area Network	广域网
WAP	Wireless Access Point	无线接入点
WEP	Wired Equivalent Privacy	有线等价保密算法
Wi-Fi	Wireless Fidelity	无线保真
WLAN	Wireless Local Area Network	无线局域网
WNIC	Wireless Network Interface Card	无线网卡
WPA	Wi-Fi Protected Access	Wi-Fi 网络安全接入
WPA2	Wi-Fi Protected Access 2	Wi-Fi 网络安全接入版本 2
XML	Extensible Markup Language	可扩展标记语言
XSS	Cross-site Scripting	跨站脚本

附录 B　关键术语

A

接受（Accept）：风险管理的一种技术[①]。当降低风险的成本大于潜在损失时，就会接受该风险。如果管理层认为这种风险是业务所需且可以承受，也会接受该风险。

可接受使用策略（Acceptable Use Policy, AUP）：用来告知员工对于信息技术系统和数据哪些可以使用。提示标识和屏幕登录会用该策略给予提醒。

账户管理策略（Account management policy）：为确保用户和计算机账户安全管理而创建的书面策略。该策略确定创建账户的细节，如使用"名字+姓氏"的格式。明确如何处理未使用的账户。还包括对账户锁定和密码策略的要求。这项书面策略通常采用技术策略强制执行。

高级加密标准（Advanced Encryption Standard, AES）：由 NIST 定义的用于对称加密的标准。该标准快速、高效，通常用于驱动器上的数据加密，包括 USB 闪存驱动器。

亲和图（Affinity diagram）：用于创建威胁、漏洞或响应计划列表的方法。它从一个大的主题开始，如某个问题语句，然后将问题缩小分解到每个源问题。

年度预期损失（Annual Loss Expectancy, ALE）：某给定风险的年预期总损失。通过单一预期损失和年度发生率相乘计算得到年度预期损失。年度预期损失是定量风险评估的一部分。

年发生率（Annual Rate of Occurrence, ARO）：预计某一威胁在一年内造成损失的次数，与单一预期损失一起用来计算年度预期损失。年度发

[①] 译者注：文中称为风险承担。

生率是定量风险评估的一部分。

匿名网站（Anonymizer）：在互联网上隐藏用户活动的网站。用户访问匿名网站，然后请求来自其他网站的页面。匿名网站会检索该网页，并像从自身网站提供服务一样为用户提供该网页的服务。

资产管理（Asset management）：用于管理所有类型的资产。资产管理包括比库存管理系统更加详细的信息。例如，包括安装的组件、硬件外围设备、已安装的软件和更新版本等。

资产评估（Asset valuation）：确定资产市值的过程。可以通过实际成本确定资产的价值，也可以根据组织机构的资产内容确定其价值。

攻击面（Attack surface）：服务器可受攻击的数量。每个额外服务、协议的运行或启用都会增加攻击面。可以通过禁用不需要的服务或协议来减少攻击面。

总检察长（Attorney General, AG）：代表州或联邦的立场。州总检察长在所有法律事务中代表该州的立场。美国总检察长是美国司法部的负责人。

审计（Audit）：检查组织机构是否遵循规则和准则。漏洞评估审计用来检查是否遵循内部策略。

审计日志（Audit trail）：在一个或多个日志中记录的一系列事件。审计日志会记录事件的人物、事件、位置和时间。这些内容可以包含在操作系统日志（如微软安全日志）或者应用程序日志（如防火墙日志）中。

可用性（Availability）：确保数据或服务在需要时可以使用。通常使用容错和冗余技术来保护数据和服务。

规避（Avoid）：风险管理的一种技术。可以通过消除风险来源或者避免资产暴露在风险中来规避风险。企业可以停止风险活动或转移资产。

B

大数据（Big Data）：指那些非常庞大、复杂，难以用现有数据库工具进行处理的数据集。专家会构建新的应用程序来满足处理这些大型数据集的需求。

黑名单（Blacklist）：在垃圾邮件过滤器中用于阻止电子邮件的列表，

是电子邮件地址或电子邮件域的列表。将这些地址或域名添加到黑名单中，可确保这些来源的电子邮件始终标记为垃圾邮件。

头脑风暴法（Brainstorming）：可以产生大量与主题相关想法的创造性方法。鼓励参与者提出任何想法，并不加任何判断地记录下来。

缓冲区溢出（Buffer overflow）：一种针对公共服务器的常见漏洞。在缓冲区溢出攻击中，攻击者会发送比预期更多或与预期不符的数据。使用缓冲区溢出攻击可以在系统上获得额外的特权。

业务持续性计划（Business Continuity Plan，BCP）：有助于企业应对不同类型紧急情况的综合性计划。其目标是确保关键任务功能在灾难发生后仍能继续运行。

业务影响分析（Business Impact Analysis，BIA）：业务持续性计划的一部分，能够识别一个或多个信息技术功能失效对业务产生的影响。

C

能力成熟度模型集成（Capability Maturity Model Integration，CMMI）：改进管理过程的方法。包括从 0 到 5 六个级别，0 级表示该过程不存在，5 级表示该过程非常成熟、有效。

因果分析图（Cause and effect diagram）：也被称为石川图（Ishikawa diagram）或鱼骨图，显示了原因和问题之间的关系。

证书（Certificates）：用于安全的文件，其用途包括识别和加密。可向用户或系统颁发证书，然后将这些证书提交给其他实体。证书包括与其他人共享的公钥，公钥总是与私钥保持匹配。

权威认证（Certification Authority，CA）：颁发和管理证书的实体。CA 可以是公共的，也可以是私有的。公共 CA 可以在互联网上访问。私有 CA 是组织机构内部的。证书是用户和系统出于安全目的使用的，如识别和加密。

变更管理（Change management）：对所需变更进行审查的正式程序。只有在批准后才会实施变更，这将减少因未经授权的变更而造成中断。

儿童互联网保护法案（Children's Internet Protection Act，CIPA）：2000 年通过的美国法律，要求接受 E-Rate 计划基金的学校和图书馆要过滤特定互联网内容。主要目的是保护未成年人免受淫秽或有害内容的侵害。

计算机事件响应小组计划（CIRT plan）：组织机构为应对计算机事件而创建的正式计划，包括计算机事件的定义。该计划还会正式指定计算机事故响应小组。

云计算（Cloud computing）：允许组织机构通过公共网络（如互联网）访问所需服务的技术。组织机构经常与第三方供应商签订合同来使用云计算提供的服务。

COBIT：参阅"信息和相关技术的控制目标"。

冷站（Cold site）：灾难恢复的备用位置。冷站是一个可用的建筑物，有电、自来水和休息室，但是没有设备或数据。冷站的维护成本较低，但要使其发挥作用需要付出很大努力。此外，对冷站进行测试也非常困难。其他备用位置有温站和热站。

常见漏洞和风险（Common Vulnerabilities and Exposures, CVE）：由 MITRE 企业维护的漏洞数据库。MITRE 与美国国土安全部合作共同维护 CVE。该列表含有超过 40000 个项目。

合规性（Compliance）：当组织机构遵守相关法律和法规时即为合规。许多组织机构都制定了相关的计划以确保合规性。

计算机事件（Computer incident）：也称为计算机安全事件，指任何威胁计算机系统安全的活动。计算机事件会对组织机构的安全性造成影响，可能导致机密性、完整性和可用性的丧失。

计算机事件响应小组（Computer Incident Response Team, CIRT）：对事件做出反应的一组人员。CIRT 可以是提前指定的正式团队，也可以是事件发生后创建的非正式团队。

机密性（Confidentiality）：保护数据免遭未经授权的披露。可使用访问控制和加密技术保护数据。

配置管理（Configuration management）：用于确保系统配置相似的标准。此外，还可定期执行合规性审核，以确保未对系统进行不当修改。

持续监测（Continuous monitoring）：以"确保安全需要持续努力"为原则的理念。首先要实施控制措施，随后可以执行检查和审核，以确保控制措施仍能按预期工作。

信息及相关技术控制目标（Control Objectives for Information and related Technology, COBIT）：信息技术管理中良好做法的框架之一。COBIT 得到广泛认可并经常使用，包括五个原则和七项促成因素。COBIT 是信息和相关技术控制目标的首字母缩略词。ISACA 现在只使用缩写形式的 COBIT。

控制（Controls）：采取行动或改变以减少弱点或潜在损失。控制也被称为对策。

纠正控制（Corrective controls）：通过功能识别的一类控制。纠正控制试图扭转被利用的漏洞所造成的影响。例如，防病毒软件作为纠正控制，可以清理被感染的文件并改正问题。

费用效益分析（Cost-benefit Analysis, CBA）：用于确定如何管理风险的过程。如果控制的效益超过成本，则可以实施控制以降低风险。如果成本大于效益，就应接受风险。

对策（Countermeasure）：安全控制或保护。对策的目的是降低风险，通过降低脆弱性或威胁影响实现这一目的。

关键业务功能（Critical Business Functions, CBFs）：对组织机构至关重要的功能。如果关键业务功能失效，组织机构将失去执行任务所需的关键操作能力。

关键路径图（Critical path chart）：描述项目关键任务的图表。如果关键路径中的任何任务出现延迟，都会导致整个项目延迟。

关键成功因素（CSFs）：组织机构取得成功所必需的因素。关键成功因素通常有助于关键业务功能。

D

损害评估小组（Damage Assessment Team, DAT）：在中断发生后，搜集数据以确定损害程度的团队。损害评估小组搜集关于系统和设施损坏的数据，并将数据呈报给紧急管理小组。紧急管理小组、损害评估小组和技术恢复小组都是由业务持续性计划指定的团队。

数据泄露（Data leakage）：组织机构数据的丢失。许多对等网络（P2P）程序会导致数据泄露。P2P 程序通常用于下载盗版音乐、电影和应用程序。

用户通常不知道 P2P 程序也会共享他们系统上的数据。在用户不知道的情况下，共享用户系统上的数据就会发生数据泄露。

数据挖掘（Data mining）：从数据仓库中检索数据的过程。数据挖掘允许决策者从不同的角度查看数据。决策者还可以利用数据挖掘对未来的行为或结果做出预测。

数据仓库（Data warehousing）：从不同的数据库中搜集数据并集中存储的过程。使用"提取、转换、加载"（ETL）过程。从原始数据库中提取数据，然后进行转换，使其与目标数据库相匹配。最后加载到目标数据库中。

深度防御（Defense in depth）：提供多层控制的安全原则。即使单个控制可以提供保护，也会添加额外的控制以提供更强的保护。深度防御策略可以确保在一项控制失效的情况下仍能缓解风险。

非防护区（Demilitarized zone, DMZ）：将互联网与内部网络相隔离的缓冲区。非防护区通常由两个单独的防火墙创建，然后将面向公众的服务器（如 Web 服务器或电子邮件服务器）放在非防护区中。

拒绝服务（Denial of service, DoS）攻击：阻止系统提供服务的一种攻击方式。DoS 攻击通常从单个客户端发起。

国防部（DoD）信息安全认证认可流程（Information Assurance Certification and Accreditation Process, DIACAP）：适用于美国国防部系统的风险管理过程，在国防部指令 8510.1 中有完整的记录。系统必须经过正式的认证认可流程才能获得授权。

国土安全部（Department of Homeland Security, DHS）：美国政府的一个主要部门，其职责是保护美国免受威胁和应对紧急情况。

检测控制（Detective controls）：通过功能识别的一类控制。检测控制可以检测到利用漏洞的时间。入侵检测系统（IDS）是检测控制的实例。

电子签名（Digital signature）：一种用于识别的方法。电子签名使用 CA 颁发的证书。创建一个信息散列，然后使用发件人的私钥对散列进行加密。如果接收者可以用发送者的公钥对加密的散列进行解密，则可验证它已被加密并且是与发件人的私钥一起发送的。只有发件人拥有私钥。

灾难恢复（Disaster recovery）：系统失效后使其恢复使用的过程。灾难恢复发生在灾难之后。灾难恢复计划作为业务持续性计划的一部分记录灾难恢复的步骤。

灾难恢复计划（Disaster Recovery Plan, DRP）：灾难发生后恢复系统的计划。灾难恢复计划是业务持续性计划（BCP）的一部分。

分布式拒绝服务（Distributed denial of Service, DDos）攻击：同时从多个客户端发动的 DoS 攻击。DDoS 攻击通常包括僵尸网络中控制的僵尸计算机。

应有关注（Due care）：采取合理的步骤防范风险。

尽职调查（Due diligence）：花费合理的时间和精力识别风险。进行尽职调查的个人或组织机构将对风险进行调查，从而了解风险。

E

紧急管理小组（Emergency Management Team, EMT）：由高级管理人员组成的团队，在中断或灾难期间可以全权处理。紧急管理小组、损害评估小组和技术恢复小组是由业务持续性计划指定的团队。

E-Rate 基金（E-Rate funding）：专门为学校和图书馆接入互联网提供折扣的项目。向 E-Rate 基金项目申请折扣的学校或图书馆必须遵守 CIPA 规则。CIPA 要求为 17 岁以下儿童对互联网内容进行过滤。

漏洞利用（Exploit）：启动漏洞的行为。通常为利用某项漏洞在执行命令或程序时发生。例如，缓冲区溢出、DoS 攻击和 DDoS 攻击。

漏洞评估（Exploit assessment）：试图发现攻击者可利用的漏洞。漏洞评估也称为渗透测试。

漏洞测试（Exploit testing）：尝试利用漏洞的测试。通过脆弱性测试识别潜在的漏洞，通过漏洞测试确定这些漏洞是否真的可以被利用。漏洞测试可能导致系统瘫痪。

周三漏洞（Exploit Wednesday）：周二补丁日的第二天。在发布补丁后，攻击者会尝试对补丁进行反向工程以了解这些漏洞。然后，在补丁得到广泛应用之前，利用漏洞发起攻击。

F

故障转移集群（Failover cluster）：即使单个服务器发生故障，也能确保服务可以继续运行的技术。故障转移集群至少有两个服务器，一个服务器处于活动状态，另一个处于非活动状态。如果活动服务器发生故障，另一个则可以接管该服务。

家庭教育权利和隐私权法案（Family Educational Rights and Privacy Act, FERPA）：1974 年通过的美国法律。该法案规定应保护学生的记录信息，包括任何具有教育或健康数据的记录。任何接受联邦教育资金的机构均受本法律管辖。

联邦存款保险公司（Federal Deposit Insurance Corporation, FDIC）：1933 年成立的联邦机构。FDIC 在 FDIC 银行为存款人的资金提供保险，其目的是提高对美国银行的信心。

联邦信息安全管理法案（Federal Information Security Management Act, FISMA）：2002 年通过的美国法律。FISMA 要求联邦机构保护信息技术系统和数据。此外，这些机构必须进行年度检查，为安全计划提供独立评估。

联邦贸易委员会（Federal Trade Commission, FTC）：1914 年成立的联邦机构。其主要目的是促进对消费者的保护，尽可能防止不公平的竞争方式。

受托责任（Fiduciary responsibility）：两个实体之间的信任关系。受托人是可以信任的人，并且有责任维护这种信任。

防火墙（Firewall）：防火墙可以过滤流量。通过在防火墙上配置规则，可以定义允许通过和需要阻止的流量。网络防火墙是硬件和软件的组合，单个系统可能包括单个基于软件的防火墙。

防火墙设备（Firewall appliance）：设备齐全的防火墙解决方案，包括为网络提供安全保护的硬件和软件。

防火墙策略（Firewall policy）：对允许或阻止的流量进行标识的文档。防火墙策略通常用于实现防火墙的规则。

G

甘特图（Gantt chart）：用于显示项目进度的条形图。甘特图通常用于项目管理，也可用于风险管理计划。

缺陷分析（Gap analysis）：将应受控制的漏洞与已受控制的漏洞进行比对而创建的报告。任何不受控制的漏洞都代表了安全方面的空白。当组织机构试图遵守诸如《健康保险携带与责任法案》的相关要求时，通常要进行缺陷分析。

格莱姆·里奇·比利雷法案（Gramm-Leach-Bliley Act, GLBA）：1999年通过的一项法律，适用于金融机构。财务隐私规则和保护规则适用于信息技术安全。企业应告知客户，他们如何使用客户的数据。此外，企业要采取措施保护财务数据。

组策略（Group Policy）：自动化管理工具。进行一次配置设置，然后将设置同等地应用于所有用户或计算机，比分别在单个计算机上进行配置更为有效。

H

强化服务器（Hardening a server）：通过默认配置确保服务器安全。更改默认配置，减少攻击面，使系统保持最新状态。

健康保险携带与责任法案（Health Insurance Portability and Accountability Act, HIPAA）：1999年通过的美国法律，规定了对健康信息的保护。任何处理健康信息的组织机构都必须遵守此法律，包括医疗保健提供者，还包括提供健康计划的雇主。

基于主机的入侵检测系统（Host-based intrusion detection system, HIDS）：安装在单个主机（如工作站或服务器）上的入侵检测系统，会对入侵和攻击行为进行检测。

热站（Hot site）：灾难恢复的备用位置。热站包括在短时间内接管业务功能所需的所有设备和数据。热站能够在几小时内，甚至几分钟内接管操作。热站的维护成本非常高。其他备用位置有冷站和温站。

I

影响（Impact）：由于威胁利用漏洞而导致的损失。损失可以用货币价值或相对价值来表示。通过影响确定损失的严重性。对影响的评判可来自于专家意见。

隐式否定（Implicit deny）：用于路由器和防火墙的相关理念。除非明确允许，否则所有流量都会被阻止。例如，可以打开端口 80 以允许具有防火墙规则的 HTTP 流量通过。如果没有其他规则，则不允许其他流量通过。即使防火墙上没有规则明确拒绝端口 77（或 80 以外的任何其他端口）上的流量，但流量仍然会被拒绝。

信息技术基础设施库（Information Technology Infrastructure Library, ITIL）：由英国政府商务办公室开发的一组标准，记录了可用于信息技术网络的良好做法。

现场对策（In-place countermeasure）：当前安装的对策。对策可以是现场制定或计划制定的。

无形价值（Intangible value）：与物质资产的实际成本没有直接关系的价值。无形价值可能包括未来损失的收入、客户信心和客户影响力。无形价值是相对于有形价值而言的。

完整性（Integrity）：确保数据或信息技术系统不会被修改或销毁。通常使用散列确保完整性。

知识产权（Intellectual Property, IP）：个人或组织机构创建的数据，可能包括创作作品，如文学、音乐或艺术。还可能包括工业品外观设计、商标、发明和专利。

故意威胁（Intentional threats）：对组织机构有敌意的行为。故意威胁来自罪犯、破坏者、不满的员工、黑客及其他人。

国际电工委员会（International Electrotechnical Commission, IEC）：国际标准化组织。IEC 侧重于电气、电子和相关技术。IEC 与 ISO 在某些标准上共同发挥作用。IEC 发布了 IEC 31010 风险管理—风险评估技术。

国际标准化组织（International Organization for Standardization, ISO）：国际标准化组织。ISO 公布的三个与风险相关的文件是 ISO 27002、ISO 31000 和 ISO 73。

入侵检测系统（Intrusion Detection System, IDS）：可用于监控网络并在检测到入侵时发送警报的系统。通常使用基于主机的 IDS（HIDS）和基于网络的 IDS（NIDS）系统。被动的 IDS 只能对攻击进行记录并发出警报。主动的 IDS 可以阻止检测到的攻击。

入侵防御系统（Intrusion Prevention System, IPS）：与流量共同在线

的系统，用于监视入侵，可以防止恶意流量入侵内部网络。

库存管理（Inventory management）：用于管理硬件清单，包括基本信息，诸如型号、序列号和位置。

信息技术治理（IT governance, ITG）：有助于确保信息技术资源实现组织目标的过程。ITG 还有助于确保这些资源有用且高效。

J

岗位轮换（Job rotation）：通过不同的工作轮换员工。这会促成对以往交易的额外监督，有助于防止或减少欺诈活动（如串通）。岗位轮换还可以增加人员对特定系统的专业技术知识。

M

恶意软件（Malware）：恶意软件包括病毒、蠕虫、特洛伊木马或其他类型的恶意代码。

强制休假（Mandatory vacation）：要求员工每年休假至少连续五天。员工在休假时，其他人必须执行该项工作，以增加发现非法活动的可能性。

最大可接受中断（Maximum Acceptable Outage, MAO）：在对任务产生影响之前，系统或服务可以关闭的最长时间，直接影响到所需的恢复时间。换言之，系统必须在达到最大可接受中断时间之前得以恢复。

里程碑（Milestone）：项目的预定事件，用以表示一个主要任务或一组任务的完成。里程碑用于跟踪项目的进度。

里程碑计划图（Milestone plan chart）：主要以里程碑的图形表示，显示了里程碑彼此之间的时间关系。该图还显示出彼此的依赖性（如果存在）。

关键任务（Mission-critical）：被确定为对组织使命至关重要的系统、功能或过程。关键任务系统和活动对于保持组织运行十分必要。

缓解（Mitigate）：风险管理的一种技术。缓解也称为风险降低。通过实施控制或对策减少漏洞。

N

国家网络安全和通信集成中心（National Cybersecurity and Communications Integration Center, NCCIC）：国土安全部（DHS）内的一个

部门，与私人、公共和国际团体合作，以保护网络空间和美国的网络资产。

国家标准与技术研究所（**National Institute of Standards and Technology, NIST**）：美国商务部的一个部门。其使命是促进美国的创新和工业竞争力。信息技术实验室（ITL）隶属于 NIST。ITL 发布了广泛用于信息技术风险管理的特别出版物。

网络负载均衡（**Network load balancing**）：允许在多个服务器之间共享负载的技术。当新客户端接入时，会被指向到负载最小的服务器。负载均衡常用于 Web 农场。

不可否认性（**Nonrepudiation**）：用于防止有人否认自身采取的行动。审计日志记录事件的人物、事件、位置和时间的详细信息。如果审计日志在用户登录后记录下用户的操作，那么用户就不能否认该操作。数字签名也用于不可否认性。

O

操作影响（**Operational impact**）：安全控制对操作的影响。对策经常消耗资源，如果不进行控制，这些资源可能会影响正常操作。

P

密码策略（**Password policy**）：指定密码安全性要求的书面或技术策略。要求包括长度、年龄和复杂性。例如，密码策略可以指定密码至少为 8 个字符，并且每 90 天必须更改一次。复杂性要求指定使用大写、小写、符号和数字。

补丁管理（**Patch management**）：确保在需要时部署修补程序。软件会经常产生缺陷。当发生这种情况时，供应商应发布补丁以纠正问题。补丁管理可以确保部署了适当的修补程序。许多缺陷存在严重的安全风险，所以如果没有部署补丁，系统很容易受到攻击。

周二补丁（**Patch Tuesday**）：微软通常在周二发布 Microsoft 产品补丁。周二补丁日是每月的第二个星期二。与周三漏洞相关联。

支付卡行业数据安全标准（**Payment Card Industry Data Security Standard, PCI DSS**）：用于保护信用卡数据的国际标准。这些标准由 PCI 安全理事会确定。商家必须遵守该标准。

渗透测试（Penetration testing）：执行测试以查看是否可以利用漏洞。渗透测试是在漏洞评估之后进行。渗透测试可以是侵入性的，可导致系统瘫痪。

物理控制（Physical controls）：限制对区域或系统的物理访问或保护物理环境的相关控制。例如，包括门禁、警卫、照相机，以及用于控制环境的加热和冷却系统。

行动和里程碑计划（Plan of Action and Milestones, POAM）：用于跟踪风险管理计划中相关活动的文档。行动和里程碑计划为特定任务分配责任，使管理层更容易跟进任务。

计划对策（Planned countermeasures）：计划在未来某个时候增加的对策。对策可以是现场制定或计划制定的。

预防控制（Preventive controls）：通过功能识别的一类控制。预防控制试图阻止风险的发生。例如，从服务器中删除不需要的协议以使其得到强化，该服务器上任何针对此协议的攻击都会被阻止。

最小权限原则（Principle of least privilege）：一种安全原则，仅授予用户执行其作业所需要的最低权利和权限，与"需者方知"原则类似。但"需者方知"原则仅关注数据权限而非权利。

"需者方知"原则（Principle of need to know）：一种安全原则，允许用户只访问执行其作业所需的数据。这类似于最小特权原则。但最小特权原则包括权利和权限，而"需者方知"原则仅关注数据权限。

可能性（Probability）：用于定性风险评估，指的是发生风险的概率。当威胁利用漏洞时就会发生风险。对可能性的评判可来自于专家意见。

程序控制（Procedural controls）：根据上级管理层指导的规则和原则实施的控制。有时称其为管理控制。

盈利能力（Profitability）：企业赚取利润的能力。盈利能力的计算可用收入减去成本。风险管理要考虑盈利能力和生存能力。

代理服务器（Proxy server）：用于接收来自客户端网络访问请求的服务器，检索网页并将其提供给客户端。代理服务器可以过滤请求，以使客户端无法访问某些网页。代理服务器可作为CIPA的技术保护措施。

Q

定性风险评估（Qualitative risk assessment）：用于风险评估的主观方法。该方法使用基于专家意见的相对价值。定性风险评估可以快速完成，没有固定的公式。

定量风险评估（Quantitative risk assessment）：用于风险评估的客观方法。该方法使用数字，如实际货币价值。定量风险评估需要大量的数据，有时可能难以获得。计算时需要将数据输入公式中。

R

合理性（Reasonableness）：企业用于确定是否应实施风险管理的判断测试。如果一个理性的人希望管理风险，那应该进行风险管理。

恢复点目标（Recovery Point Objective, RPO）：系统可接受的最大数据丢失量。RPO 可以短至低于一分钟，甚至是故障发生当时，也可以更长，如一天或一周。RPO 取决于数据的价值，以及重现数据的能力。

恢复时间目标（Recovery time objective, RTO）：必须恢复系统或功能的时间。RTO 要等于或小于最大可接受中断（MAO）。例如，如果最大可接受中断时间是 10 分钟，则 RTO 应不超过 10 分钟。

独立磁盘冗余阵列（Redundant Array of Independent Disks, RAID）：也称为廉价磁盘冗余阵列。通过多个磁盘一起使用来提供容错。磁盘发生故障后，系统可以允许故障的发生并继续运行。

剩余风险（Residual risk）：采取控制后仍然存在的风险，也称为可接受的风险。剩余风险用以下公式表示：剩余风险=总风险-控制。

投资回报率（Return On Investment, ROI）：用于决定是否购买或改进系统的货币收益价值。如果控制成本接近年预期效益，则可计算 ROI 以确定控制在全寿命周期内是否有价值。

风险（Risk）：可能导致损失的不确定性。当威胁利用漏洞时会发生损失。风险通常表示为：风险=威胁×脆弱性。

风险评估（Risk Assessment, RA）：基于对资产的威胁和脆弱性分析来识别和评估风险的过程。风险根据其重要性或影响程度进行量化，然后对这些风险进行优先级排序。

风险管理（Risk management）：识别、评估、控制和缓解风险的方法。风险管理的技术包括规避、分担或转移、缓解和接受风险。

风险陈述（Risk statements）：用于对风险进行归纳总结的表述语句。风险陈述通常使用"如果/那么"格式。语句的"如果"部分标识风险要素。语句的"那么"部分标识相应结果。

行为规则（Rules of behavior）：用户在访问系统之前必须阅读的文档，标识了用户在系统上允许和禁止的行为。管理和预算办公室（OMB）通函A-130 附录III规定了 OMB 机构行为规则的使用。在大多数私营组织机构中，行为规则也被称为可接受使用策略（AUP）。

S

安全措施（Safeguards）：控制的另一术语。安全措施和控制用于缓解风险，可以通过减少威胁的影响来缓解风险，还可以通过减少漏洞来降低风险。

安全措施的价值（Safeguard value）：安全措施或控制的实际成本。这些数据可用于进行费用效益分析。

萨班斯·奥克斯利法案（Sarbanes-Oxley Act, SOX）：2002 年通过的美国法律。适用于任何公开上市的企业。高级官员和董事会成员直接负责数据的准确性。如果谎报数据，可罚款或处以监禁。

向外扩展（Scale out）：通过向服务添加其他服务器来增加其功能的方法。有效的向外扩展技术不需要修改核心应用程序。例如，可以将附加服务器添加到 Web 农场，而无须更改核心 Web 应用程序。然后，负载在服务器之间平均分配。

向上扩展（Scale up）：通过向服务器添加其他资源来增加其功能的方法。可以通过添加额外的 RAM 或升级处理器来扩展服务器。

范围（Scope）：风险管理计划的边界，定义了计划应涵盖的内容。定义范围有助于防止范围蔓延。

范围蔓延（Scope creep）：由不受控制的更改导致的项目问题。应避免范围蔓延，它会导致成本超支和进度超期。

脚本小子（Script kiddies）：攻击者对于编程以及他们可能造成的潜在

危害并没有充分的相关知识。其含义是指，一些黑客工具非常容易使用，即便一个小孩也可以使用它们。

证券交易委员会（Securities and Exchange Commission, SEC）：管理证券行业的联邦机构。证券包括股票、期权和其他证券。任何公开交易的企业或交易证券的企业都需要遵守 SEC 规则。

安全策略（Security policy）：高级管理层制定的书面策略。它确定了在组织机构中实现安全的资源和计划。通常包括单独的策略，如密码策略，以及可接受的使用策略和防火墙策略。

职责分离（Separation of duties）：确保不会让单个人控制某个关键过程所有功能的原则。旨在防止欺诈、盗窃和失误。

服务水平协议（Service Level Agreement, SLA）：确定预期绩效水平的文档。它可以指定最小正常运行时间或最大停机时间。通常写入服务提供商和客户之间的合同。如果不符合条款，SLA 可以确定相应的罚金。

服务包（Service pack, SP）：适用于特定操作系统的一组更新、补丁和修复。大多数 SP 都是累积的。包括自操作系统首次发布以来的所有更新、补丁和修复。

单一预期损失（Single Loss Expectancy, SLE）：单个事件造成的总损失。损失表示为货币价值，包括硬件、软件和数据的价值。可用于计算年度预期损失（年度预期损失=单一预期损失×年度发生率）。单一预期损失是定量风险评估的一部分。

单一故障点（Single Point of Failure, SPOF）：任何可能导致系统完全损失的单个组件的故障。通常通过添加冗余来处理 SPOF。例如，可以使用 RAID 保护磁盘驱动器。此外，故障转移集群可以去除单一故障点的服务器。

嗅探器（Sniffer）：用于捕获网络上的流量以便对其进行分析的工具。Wireshark 是一个免费的封包分析器，可以用作嗅探器。如果数据以明文发送，捕获的流量就能被很容易地读取。

社会工程（Social engineering）：用来诱骗人们泄露敏感信息或采取不安全行动的策略。社会工程策略包括通过电话或亲自操控他人，还包括网络钓鱼和其他技术策略。

矛式网络钓鱼（Spear phishing）：针对特定企业的网络钓鱼企图。该方式看起来往往像是来自企业内部人员，对未经培训的员工更容易得手。

SQL 注入攻击（SQL injection attacks）：攻击访问数据库的网站。攻击者使用结构化查询语言（SQL）代码来检索或修改数据库中的数据。开发人员应采取措施来防止 SQL 注入攻击。

利益相关者（Stakeholder）：在项目成功中拥有相关利益的个人或团体。利益相关者对项目有一定的权利。此外，利益相关者可以为项目提供资源。

生存能力（Survivability）：企业从风险造成的损失中得以幸存的能力。有些损失可能非常严重，如果不进行管理就会导致失败。

SYN 洪水式攻击（SYN flood attack）：常见的 DoS 攻击。攻击者在三次握手中拒绝第三个数据包。当攻击者在短时间内重复这样做时，服务器的资源被消耗，从而可能导致服务器崩溃。

T

有形价值（Tangible value）：资产的实际成本。与无形价值进行比较。

技术控制（Technical controls）：使用技术来减少漏洞的控制。例如：防病毒软件、入侵检测系统、访问控制和防火墙。技术控制可实现自动化。

技术恢复小组（Technical Recovery Team, TRT）：负责在发生中断或中断后恢复关键系统的团队。业务影响分析标识关键系统。紧急管理小组、损害评估小组和技术恢复小组都是由业务持续性计划指定的团队。

技术保护措施（Technology Protection Measure, TPM）：CIPA 的要求。TPM 将过滤掉学校和图书馆计算机上的攻击性内容，确保未成年人接触不到不当内容。如果成人需要使用计算机，则可以禁用 TPM。

威胁（Threat）：表示任何可能产生危险的活动，包括可能会对企业资产的机密性、完整性和可用性产生不利影响的情况或事件。

威胁评估（Threat assessment）：用于识别和评估潜在威胁的过程。其目标是识别尽可能多的潜在威胁。然后评估这些威胁，以确定威胁利用漏洞的可能性。

威胁建模（Threat modeling）：用于识别可能影响系统的威胁过程。

威胁建模试图从攻击者的角度来看系统。

威胁/脆弱性配对（**Threat/vulnerability pair**）：当威胁利用脆弱性时，会产生有害事件或造成损失。

总风险（**Total risk**）：受影响的资产价值已知时的风险总额。总风险通常表示为：总风险=威胁×脆弱性×资产价值。

交易（**Transaction**）：数据库术语。交易要求多个数据库语句作为一个整体才能成功实现，或者若任何单个语句失败，则导致整个交易失败。失败的交易不会用于数据库。

转移（**Transfer**）：风险管理的一种技术。通过将责任转嫁给另一方来转移风险。可以将风险完全转移，或通过部分转移来共担风险。可以通过购买保险或外包活动来实现。

U

不确定性水平（**Uncertainty level**）：指示数据准确性的方法。评估数据的一致性以确定其确定性水平。然后，可以将100减去确定性的百分比作为不确定性水平。

无意威胁（**Unintentional threats**）：没有过错主体的威胁，包括以下类别的威胁：环境、人类、事故和故障。

不间断电源（**Uninterruptible Power Supply, UPS**）：用于在电源故障时为系统提供即时电源的电池或电池组。UPS 单元旨在提供短期内的功率。这给系统足够的时间从容地关闭或切换到长期电源。

美国计算机应急准备小组（**United States Computer Emergency Readiness Team, US-CERT**）：国家网络安全部的一部分。US-CERT 负责响应支持并防御网络攻击者。重点是保护联邦政府的资源，还与州和地方政府以及其他公共和私营部门合作并共享信息。

美国总检察长（**U.S. Attorney General**）：联邦执法高级官员，美国司法部长，总统内阁成员。

V

版本控制（**Version control**）：确保控制和跟踪文件更改的过程。版本控制通常用于应用程序开发。程序员检查某个模块或文件并进行更改，然后检查文件。

虚拟化（Virtualization）：允许单个物理服务器托管多个虚拟服务器的技术。虚拟化节省了硬件和设施成本。此外，虚拟化可用于灾难恢复，因为虚拟服务器可以作为文件进行复制并便捷地移动到其他位置。

脆弱性（Vulnerability）：弱点或暴露于威胁之下。弱点可能是资产或环境的弱点。控制措施可以缓解与脆弱性相关的风险。

脆弱性评估（Vulnerability assessment）：用于发现系统弱点的过程。该评估还会对脆弱性进行排序。可以识别对组织机构具有最大风险的脆弱性。

W

温站（Warm site）：灾难恢复的备用位置。温站介于冷站和热站之间，通常包括操作所需的大多数设备，但需要对数据进行更新。通过使用温站，管理工作能将所需成本与可接受的中断时间进行匹配。其他备用位置有冷站和热站。

Web 农场（Web farm）：用于托管单个网站的多个服务器。Web 农场允许服务通过仅添加额外服务器来轻松地支持更多的客户端。如果 Web 农场中的服务器发生故障，客户端不会被指向到该服务器，这将提供容错量。

白名单（Whitelist）：在垃圾邮件过滤器中用于允许电子邮件的列表。它是电子邮件地址或电子邮件域的列表。将地址或域名添加到白名单中，以确保这些来源的电子邮件不会被标记为垃圾邮件。

参考文献

Armstrong, Michael. *Handbook of Management Techniques*, revised 3rd ed. London: Kogan Page Limited, 2006. http://common.books24x7.com.proxy.itt-tech.edu/book/id_18795/book.asp (accessed April 16, 2010).

Biegelman, Martin T., and Daniel R. Biegelman. *Building a World-Class Compliance Program: Best Practices and Strategies for Success*. Hoboken, NJ: John Wiley & Sons, 2008. http://common.books24x7.com.proxy.itt-tech.edu/book/id_24339/book.asp (accessed April 13, 2010).

Bosworth, Seymour, M. E. Kabay, and Eric Whyne, eds. *Computer Security Handbook*. 5th ed. Hoboken, NJ: John Wiley & Sons, 2009. http://common.books24x7.com.proxy.itt-tech.edu/book/id_29816/book.asp (accessed March 31, 2010).

Burtles, Jim. *Principles and Practice of Business Continuity: Tools and Techniques*. Brookfield, CT: Rothstein Associates, 2007. http://common.books24x7.com.proxy.itt-tech.edu/book/id_21623/book.asp (accessed April 29, 2010).

Carnegie Mellon University's Software Engineering Institute, Computer Emergency Response Team (CERT). "CSIRT Frequently Asked Questions (FAQ)." http://www.cert.org/incident-management/csirt-development/csirt-faq.cfm (accessed June 7, 2014).

Chun, Samuel, Ken Dunham, Paul Henry, Michael Mackrill, Christopher Nowell, C. Karen Stopford, and Christopher Trautwein. *Official (ISC)^2 Guide to the SSCP CBK*. 2nd ed. Boca Raton, FL: Auerbach Publications, Taylor & Francis Group, 2011.

Cichonski, Paul, Tom Millar, Tim Grance, and Karen Scarfone. National Institute of Standards and Technology Special Publication 800-61 Revision 2 (NIST SP 800-61 Rev 2). "Computer Security Incident Handling Guide." Gaithersburg, MD: United States Department of Commerce, 2012.

Correll, Sean-Paul, and Luis Corrons. "The Business of Rogueware: Analysis of the New Style of Online Fraud." http://www.pandasecurity.com/img/enc/TheBusinessofRogueware.pdf (accessed June 7, 2014).

Dinsmore, Paul C., and Jeannette Cabanis-Brewin, eds. *The AMA Handbook of Project Management*. 2nd ed. New York: AMACOM, 2006. http://common.books24x7.com. proxy.itt-tech.edu/book/id_11943/book.asp (accessed February 25, 2010).

DoD 8510.1. Defense Information Systems Agency (DISA). http://iase.disa.mil/diacap/ditscap-to-diacap.html#diacap (accessed June 7, 2014).

Dolewski, Richard. *System i Disaster Recovery Planning*. Lewisville, TX: MC Press, 2008. http://common.books24x7.com.proxy.itt-tech.edu/book/id_28338/book.asp (accessed May 6, 2010).

Federal Communications Commission. "Children's Internet Protection Act (CIPA)." September 9, 2009. http://www.fcc.gov/guides/childrens-internet-protection-act (accessed June 7, 2014).

Federal Trade Commission. "The Gramm-Leach-Bliley Act." n.d. http://business.ftc.gov/privacy-and-security/gramm-leach-bliley-act (accessed June 7, 2014).

Federal Trade Commission. "Offices and Bureaus." 2010. http://www.ftc.gov/about-ftc/bureaus-offices (accessed June 7, 2014).

Gregory, Peter. *IT Disaster Recovery Planning for Dummies*. Hoboken, NJ: John Wiley & Sons, 2008. http://common.books24x7.com.proxy.itt-tech.edu/book/id_20419/book.asp (accessed April 26, 2010).

Harris, Shon. *All-In-One CISSP Exam Guide*. 4th ed. San Francisco: McGraw-Hill, 2008.

Hiles, Andrew, ed. *The Definitive Handbook of Business Continuity Management*. 2nd ed. John Wiley & Sons [UK], 2007. http://common.books24x7.com.proxy.itt-tech.edu/book/id_24299/book.asp (accessed March 28, April 19, and April 27, 2010).

Hiles, Andrew N. *Enterprise Risk Assessment and Business Impact Analysis: Best Practices*. Brookfield, CT: Rothstein Associates, 2002. http://common.books24x7.com.proxy.itt-tech.edu/book/id_8576/book.asp (accessed March 2, April 12, and April 19, 2010).

ISACA. *Cybercrime Incident Response and Digital Forensics*. Rolling Meadows, IL: ISACA, 2005. http://common.books24x7.com.proxy.itt-tech.edu/book/id_30836/book.asp (accessed May 10, 2010).

ITT Tech Virtual Library> Main Menu> Books> Ebrary>

Andersen, Erling, S., Kristoffer V. Grude, and Tor Haug. *Goal Directed Project Management: Effective Techniques and Strategies*. 3rd ed. London: Kogan Page, Limited, 2004. Chapter 5, "Global Planning—Milestone Planning," pp. 67-94.

Foster, James, C., Vitaly Osipov, and Nish Bhalla. *Buffer Overflow Attacks: Detect,*

Exploit, Prevent. Rockland, MA: Syngress Publishing, 2005. Chapter 1, "Buffer Overflows: The Essentials."

Gibson, Darril. *SQL Server 2005 Database Developer All-In-One Exam Guide.* San Francisco: McGraw-Hill, 2008. "SQL Injection Attacks," pp. 473-477.

Rollins, Steven C., and Richard Lanza. *Essential Project Investment Governance and Reporting: Preventing Project Fraud and Ensuring Sarbanes-Oxley Compliance.* Boca Raton, FL: J. Ross Publishing, 2004. Chapters 1, 2, and 24.

Krutz, Ronald L., and Russell Dean Vines. *The CISSP and CAP Prep Guide: Platinum Edition.* Hoboken, NJ: John Wiley & Sons, 2007. http://common.books24x7.com.proxy.itt-tech.edu/book/id_17100/book.asp (accessed May 6, 2010).

Leung, Linda. "What's Your Certification Worth?" Global Knowledge, 2010. http://www.globalknowledge.com/articles/generic.asp? pageid=2595&country=United+States (accessed June 7, 2014).

Manley, Anthony D. *Security Manager's Guide to Disasters: Managing Through Emergencies, Violence, and Other Workplace Threats.* Boca Raton, FL: Auerbach Publications, 2009. http://common.books24x7.com.proxy.itt-tech.edu/book/id_30500/book.asp (accessed March 31, 2010).

Martin, Bryan C. "Disaster Recovery Plan Strategies and Processes," ver. 1.3. SANS Institute, 2002. http://www.sans.org/reading_room/whitepapers/recovery/disaster-recovery-plan-strategies-processes_564 (accessed June 7, 2014).

McCallister, Erika, Tim Grance, and Karen Scarfone. National Institute of Standards and Technology Special Publication 800-122 (NIST SP 800-122). "Guide to Protecting the Confidentiality of Personally Identifiable Information (PII)." Gaithersburg, MD: United States Department of Commerce, 2009.

MITRE Corporation. "Risk Management Toolkit." n.d. http://www.mitre.org/work/sepo/toolkits/risk/index.html (accessed June 7, 2014).

National Institute of Standards and Technology. "Federal Information Security Management Act of 2002 (Title III of E-Gov)," in H. R. 2458-48, December 2002. http://csrc.nist.gov/drivers/documents/FISMA-final.pdf (accessed June 7, 2014).

National Institute of Standards and Technology Special Publication 800-30 Revision 1 (NIST SP 800-30 Rev 1). "Guide for Conducting Risk Assessments." Gaithersburg, MD: United States Department of Commerce, 2012.

National Institute of Standards and Technology Special Publication 800-37 Revision 1

(NIST SP 800-37 Rev 1). "Guide for Applying the Risk Management Framework to Federal Information Systems." Gaithersburg, MD: United States Department of Commerce, 2010.

National Institute of Standards and Technology Special Publication 800-53 Revision 4 (NIST SP 800-53 Rev 4). "Security and Privacy Controls for Federal Information Systems and Organizations." Gaithersburg, MD: United States Department of Commerce, 2013.

PCI Security Standards Council. "PCI Quick Reference Guide." 2008. https://www. pcisecuritystandards.org/pdfs/pci_ssc_quick_guide.pdf (accessed June 7, 2014).

Peltier, Thomas R., Justin Peltier, and John A. Blackley. *Managing a Network Vulnerability Assessment*. Boca Raton, FL: Auerbach Publications, 2003. http://common.books24x7.com.proxy.itt-tech.edu/book/id_5973/book.asp (accessed April 6, 2010).

Perrin, Richard. *Real World Project Management: Beyond Conventional Wisdom, Best Practices and Project Methodologies*. Hoboken, NJ: John Wiley & Sons, 2008. http://common.books24x7.com.proxy.itt-tech.edu/book/id_24330/book.asp (accessed February 28, 2010).

Sarbanes-Oxley Act (U.S. House of Representatives. Office of the Law Revision Counsel, January 5, 2009). https://www.sec.gov/about/laws/soa2002.pdf (accessed June 7, 2014).

Schweitzer, Douglas. *Incident Response: Computer Forensics Toolkit*. Indianapolis, IN: Wiley Publishing, 2003. http://common.books24x7.com.proxy.itt-tech.edu/book/id_6056/book.asp (accessed May 10, 2010).

Sharpe, Cat, ed. *How to Conduct a Cost-Benefit Analysis*. Alexandria, VA: ASTD Press, 1998. http://common.books24x7.com.proxy.itt-tech.edu/book/id_6588/book.asp (accessed April 16, 2010).

Sisco, Mike. *IT Asset Management*. Columbia, TN: MDE Enterprises, Inc., 2002. http://common.books24x7.com.proxy.itt-tech.edu/book/id_10959/book.asp (accessed March 18, 2010).

Snedaker, Susan. *The Best Damn IT Security Management Book Period*. Burlington, MA: Syngress Publishing, 2007. http://common.books24x7.com.proxy.itt-tech.edu/book/id_25442/book.asp (accessed April 11 and May 7, 2010).

Sophos. "New Platforms and Changing Threats." http://www.sophos.com/en-us/ medialibrary/PDFs/other/sophossecuritythreatreport2013.pdf (accessed June 7, 2014).

Souppaya, Murugiah, and Karen Scarfone. National Institute of Standards and Technology Special Publication 800-40 Revision 3 (NIST SP 800-40 Rev 3). "Guide to Enterprise

Patch Management Technologies." Gaithersburg, MD: United States Department of Commerce, 2013.

Souppaya, Murugiah, and Karen Scarfone. National Institute of Standards and Technology Special Publication 800-83 Revision 1 (NIST SP 800-83 Rev 1). "Guide to Malware Incident Prevention and Handling for Desktops and Laptops." Gaithersburg, MD: United States Department of Commerce, 2013.

Swanson, Marianne, Pauline Bowen, Amy Wohl Phillips, Dean Gallup, and David Lynes. National Institute of Standards and Technology Special Publication 800-34 Revision 1 (NIST SP 800-34 Rev 1). "Contingency Planning Guide for Federal Information Systems." Gaithersburg, MD: United States Department of Commerce, 2010.

Swiderski, Frank, and Window Snyder. Threat Modeling. Redmond, WA: Microsoft Press, 2004. Chapter 2, "Why Threat Modeling?" http://common.books24x7.com.proxy.itt-tech.edu/book/id_10484/book.asp (accessed March 13, 2010).

Tipton, Harold F., and Kevin Henry, eds. *Domain 1—Information Security and Risk Management. Official (ISC)^2 Guide to the CISSP CBK*. Boca Raton, FL: Auerbach Publications, 2007. http://common.books24x7.com.proxy.itt-tech.edu/book/id_30425/book.asp (accessed March 4, 2010).

Tipton, Harold F., and Kevin Henry, eds. *Official (ISC)^2 Guide to the CISSP CBK*. Boca Raton, FL: Auerbach Publications, 2007. http://common.books24x7.com.proxy.itt-tech.edu/book/id_30425/book.asp (accessed March 8, 2010).

Tipton, Harold F., and Micki Krause. *Information Security ManagementHandbook*. 6th ed. Boca Raton, FL: Auerbach Publications, 2007. U.S. Department of Education. "Legislative History of Major FERPA Provisions." February 11, 2004. http://www2.ed.gov/policy/gen/guid/fpco/ferpa/leg-history.html (accessed June 7, 2014).

U.S. Department of Health and Human Services. "Health Insurance Portability and Accountability Act of 1996." Public Law 104-191, June 25, 2007. http://aspe.hhs.gov/admnsimp/pl104191.htm (accessed June 7, 2014).

U.S. Department of Health and Human Services, Centers for Disease Control and Prevention. "Business Continuity Plan (BCP) Format Guide Version 1.0." 2007. http://csrc.nist.gov/groups/SMA/fasp/documents/incident_response/BCP_For (accessed June 7, 2014).

U.S. Department of Justice. "Justice Department Announces New Intellectual Property Task Force as Part of Broad IP Enforcement Initiative." February 12, 2010. http://www.justice.gov/opa/pr/2010/February/10-ag-137.html (accessed June 7, 2014).

U.S. Office of Management and Budget. "Appendix III to OMB Circular No. A-130, Security of Federal Automated Information Resources." http://www.whitehouse.gov/omb/circulars_a130_a130appendix_iii/ (accessed June 7, 2014).

Vacca, John R., ed. *Computer and Information Security Handbook*. San Francisco: Morgan Kaufmann Publishers, 2009. http://common.books24x7.com.proxy.itt-tech.edu/book/id_32165/book.asp (accessed March 31, 2010).

Waltermire, David, and Karen Scarfone. National Institute of Standards and Technology Special Publication 800-51 Revision 1 (NIST SP 800-51 Rev 1). "Guide to Using Vulnerability Naming Schemes." Gaithersburg, MD: United States Department of Commerce, 2011.

Wrobel, Leo A., ed. *Business Resumption Planning*. 2nd ed. Boca Raton, FL: Auerbach Publications, Taylor & Francis Group, 2009. http://common.books24x7.com.proxy.itt-tech.edu/book/id_264 04/book.asp (accessed May 7, 2010).